长江讲坛

2022年卷

李述永◎主编

光明日报出版社

图书在版编目（CIP）数据

长江讲坛 . 2022 年卷 / 李述永主编 . -- 北京：光明日报出版社 , 2023.8

ISBN 978-7-5194-7438-6

Ⅰ . ①长… Ⅱ . ①李… Ⅲ . ①社会科学—文集 Ⅳ . ① C53

中国国家版本馆 CIP 数据核字（2023）第 171837 号

长江讲坛（2022 年卷）

CHANGJIANG JIANGTAN（2022 NIAN JUAN）

主　　编：李述永

责任编辑：王　娟　　　　　　　　　责任校对：许　怡　温美静
封面设计：中联华文　　　　　　　　责任印制：曹　净

出版发行：光明日报出版社

地　　址：北京市西城区永安路 106 号，100050

电　　话：010-63169890（咨询），010-63131930（邮购）

传　　真：010-63131930

网　　址：http://book.gmw.cn

E － mail：gmrbcbs@gmw.cn

法律顾问：北京市兰台律师事务所龚柳方律师

印　　刷：三河市华东印刷有限公司
装　　订：三河市华东印刷有限公司

本书如有破损、缺页、装订错误，请与本社联系调换，电话：010-63131930

开　　本：210mm×285mm
字　　数：501 千字　　　　　　　　印　　张：30.5
版　　次：2024 年 6 月第 1 版　　　印　　次：2024 年 6 月第 1 次印刷
书　　号：ISBN 978-7-5194-7438-6
定　　价：158.00 元

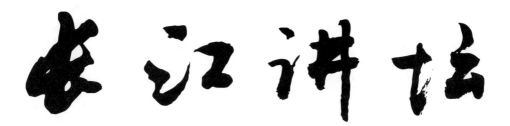

长江讲坛

2022年卷

主　　编：李述永

副 主 编：李　波

编　　委：罗　罡　刘伟成　程福勇　王　涛

王　莉　李　茜　谢　宁

编辑整理：胡　盼　李　蓉　杨　思　余嫚雪

叶　飞

前　言

采荆山之奇雄瑰丽，接长江之滚滚巨流，荆楚文脉，繁盛绵长。

庄周、屈原、宋玉、孟浩然、陆羽、李时珍、闻一多、曹禺……荆楚大地，先贤名流灿若星河。今天的湖北，仍然是学风浓郁、科技创新的人才聚集地。随着我国经济社会的飞速发展，如何更好地发挥高端人才优势，进一步提高全民素质，满足广大人民群众对精神文化生活的要求，是时代赋予我们的光荣使命。

湖北省图书馆不仅是藏书读书之地，也是弘扬社会主义先进文化的阵地。2013年3月，在湖北省委组织部、湖北省委宣传部、湖北省委省直机关工委、湖北省文化和旅游厅的支持下，由湖北省图书馆主办的大型公益讲座活动——"长江讲坛"开讲，为"文化湖北"增添新内容，注入新活力。

立足湖北政治、经济、文化、社会、生态，涵盖荆楚文化、中华文明乃至世界历史文化，"长江讲坛"一经推出，如巨石击水，如黄钟敲响，如春风化雨，如次第花开……

"聆听思想的声音，沐浴智慧的阳光。"每个周末，当这句话在省图书馆长江报告厅响起，读者就知道，"长江讲坛"的讲座开始了。

"长江讲坛"开展10年来，一大批国内外知名专家学者纷纷登上讲台，与读者分享思想和智慧，弘扬优秀文化，传播先进理念。截止2022年底，共举办讲座697场，现场听众近29.2万人。

除了以湖北省图书馆为主要阵地，"长江讲坛"持续下基层、跨省市、援边疆、赴国外开展多地域巡讲，社会影响力由省内延伸到国际，已成为国内知名文化品牌。

每周六和周日，湖北广播电视台教育频道、楚天交通广播（fm92.7）和楚天音乐广播（fm105.8）分别播出"长江讲坛"专栏节目。同时，讲坛已开通微信、微博、B站等新媒体平台，方便读者随时随地预约讲座、观看视频、参与直播，吸引大批读者关注。

几年来，"长江讲坛"为广大听众提供了丰富的精神盛宴。在这里，专家学者广抒灼见，与听众朋友真情互动，大家风范、睿智之声令人印象深刻。为使这一成果惠及大众，传之久远，本书将"长江讲坛"部分精彩演讲化为文字，以叩击思想，为灵台注入一丝清明。

展读全书，或沉浸时代洪流，或倾听心灵花开……相信书中的独到见解和精彩观点会对读者有所启发。"观乎人文，以化成天下"，这才是"讲座之书"集成汇编的真正目的。

编　者

2023年6月

目 录
CONTENTS

第一章　文化感怀

作者简介

陈晓律，现为南京大学历史学院教授，博士生导师，中国英国史学会副会长，江苏省世界史学会荣誉会长，中国南海协同创新中心周边国家平台平台长；享受国务院政府特殊津贴。先后主持国家社科基金一般项目、重点项目、重大攻关项目，国家教委八五、九五、十五、十一五项目和中欧合作项目等10余种；出版《在传统与变革之间》（与钱乘旦合著）、《英国福利制度的由来与发展》《20世纪英国》《世界各国工业化模式》《发展与争霸》《英国发展的历史轨迹》《世界现代化历程（西欧卷）》等著作；在各类学术期刊发表论文80余篇。

社会转型与传统文化 ／陈晓律

　　传统与现代化本质上涉及社会转型与传统文化的问题，社会转型与传统文化之间的关系迫使每一个国家和民族都必须努力寻找在这个世界上的立足点，不仅需要物质的立足点，而且需要精神的立足点。

——题记

一、社会转型与现代化

　　今天很高兴能够在这里与大家交流诸位都比较关心的题目，就是传统与现代化。传统与现代化本质上涉及社会转型与传统文化的问题；社会转型与传统文化之间的关系，在21世纪再次成为世人和学界关注的热点问题，而这种关注与以前类似的探讨有一点不同。

　　这种不同在于，过去是以西方为主，以现代化成功者俯视性的探讨和追赶者仰视性的学习为主，现在更多地开始让位于平行的、多视角的考察。用一句简单的话说，过去是背老师的标准答案来答卷子，现在开始出现了选择题，而且选择的结果并不是唯一的。按照学界一般的看法，社会转型就是社会结构的转换、社会机制的转轨、社会利益的调整与社会观念的转变，而这种转变在当代已经是一种无法抗拒的潮流。换句话说，人们整个生活方式和生产方式都发生了根本性的改变。我上课的时候也曾经和我的学生讲，一百多年前根本不可能出现女学生，但现在，女性接受教育已经是我们社会生活的一种常态，这一点也可以说是社会转型的结果。

学界一般认为，现代化是一种过程，而现代社会则是现代化的产物。对现代化一词学界有各种不同的解释，按照北京大学罗荣渠教授的看法，各种关于现代化的含义大约可以分为以下四类。

第一，现代化是在近代资本主义兴起后，经济上落后的国家通过大搞技术革命，在经济上和技术上赶上世界先进水平的历史过程。第二，现代化的实质就是工业化，可以说，今天所有的发展中国家都共同致力于实现工业化的目标，把它作为根本改变国家面貌和国际地位的战略性措施。因此，用"工业化"来概括现代社会变迁的动力、特征和进程，已为学术界所广泛接受。第三，现代化是自科学革命以来人类急剧变动过程的统称。第四，现代化主要是一种心理态度、价值观和生活方式的改变过程，换言之，现代化可以看作代表我们这个历史时代的一种"文明的形式"。

但是从社会转型的角度来看，现代化最重要的引领力量依然是工业化，因为它使原有社会的基础发生了改变，我们很难想象一种没有工业化的现代化，也许有些小国可以例外，比如马尔代夫只发展旅游，也可以存活。但是任何一个比较大的国家如果没有工业化，我们就很难想象它是怎么实现现代化的。可以说，现代文明不可能建立在一种没有工业革命的基础上。当然，各国的工业化进程是不同的，但是人们依然不能否认，各国的工业化都有一个共同的特点，那就是它以惊人的速度改变着生产方式和生活方式的技术和组织。工业革命与以往一般的技术创新的不同之处在于，它通过采纳新事物不断地更新，包括我们今天在场的所有人，事实上都受到了工业化的影响，如果没有工业化，大家这么多人肯定不可能聚在这里一起听讲座。

工业化作为现代化进程中的显著标志，虽然学者们对它的理解仍然有些分歧，但基本上认为它是欧洲自中世纪以来所发生的一系列变化的结果。正如英国学者汤姆·肯普所说，这一系列的变化，包括文艺复兴，宗教改革（打破了那种束缚创新的传统思想方式），以及新航道的开辟，等等。而这些变化，最终引起了欧洲社会关系的变革，其结果就是资本主义的兴起，它为海外扩张提供了动力和手段，并为生产方式的转变以及从农业社会过渡到工业社会铺平了道路。这是一个漫长的过程，而工业革命只是其中的一个高潮。那么，工业革命的本质或者说内涵究竟是什么呢？大家可以看到这里有一个词——"勤勉革命"。关于如何由农业社会向工业革命的路径前行，一些学者认为，工业革命的本质就是"勤勉革命"，也是对走向工业化进程中劳动集约型路径的表述。美国学者德·弗雷斯提出要用"勤勉革命"（industrious revolution）来替代"工业革命"（industrial revolution）。他改变该词原义，称1650—1850年间英国出现了家庭劳动资源的再分配过程。为取得更多的新式消费品，家庭中劳动投入日益增多（勤勉），包括男子劳动时间加长和妇女儿童参加劳动，从而引起经济增长和发展。"勤勉革命"论得到了不少学者的支持，也受到了许多学者的质疑。"勤勉革命"论虽以消费革命为前提，但强调劳动的关键作用，比将英国消费社会的形成看成工业革命动力的流行理论迈进了一大步。换言之，整个社会已经从根本上发生了变化。

这里探讨"勤勉革命"，不是说以前农业社会的人就很懒惰，但是农业社会受制于大自然的因素，种下粮食，你总要等它正常生长。在等它生长的过程中，想要加速却不能拔苗助长。不知道在座的诸位有没有参加过农村的劳动，如果参加过你就会知道，除了农忙双抢，即抢种抢收的时候，其他时间想忙都不知道该忙些什么。总不能一天守在田里把苗往上拔吧！所以农业社会的这种属性制约了加班加点生产的可能性。"勤勉革命"有个最大的可能就是进入工业社会以后，人们的勤勉能够获得回报，加班加点能够有收入。所以西方的学者把工业革命称为"勤勉革命"是有一定道理的，实际上就是人们想多赚一点钱。

经过几百年的发展，西方已经大体完成现代化的任务。1960年，西方学者在日本箱根举行了一次国际学术会议，给现代化概念立下了至今依旧影响很大的八条标准。（1）人口集中于城市的都市化倾向。也就是人口的城市化。（2）非生命能源的利用。什么意思呢？不用牛，不用马，用石油，用煤炭，包括我们现在的新能源。（3）社会成员的交流与政治参与范围的扩大。这个应该说大家是能够体会得到的。（4）世袭制的瓦解与个人流动性的增加。等级身份制开始逐渐消失，个人流动性增加。（5）世俗化、科学化和文化的普及。宗教信仰和世俗生活分开了，人们的生活主要是按照世俗的标准进行，宗教成为个人自己的事情。科学化这个道理很简单，一切事物都要依照科学的标准进行检验。（6）不断扩大的大众传播系统。就是新闻信息的传播越来越广泛，人们广泛地卷入了大的社会环境中。过去我们下乡的时候，有些人一辈子没有到过县城，除了娘家和婆家这两个地方之外，其他的地方都没有去过。这种人过去有很多，现在肯定是不存在了。（7）现代管理体系的确立。现代管理体系确立就是统一管理，用一个标准在全国进行管理。（8）一国政府控制的人口不断趋向于统一。换句话说，大家都默认自己是这个共同体的成员。

二、现代化的动力

划定了现代化的范畴后，很自然会问到下一个问题，那就是社会转型与传统文化的关系问题，或者说现代化的动力问题。在"现代化"以前，所有社会都是"传统"的。那么，为什么"传统的"英国能够率先开始以工业化为标志的发展？对这一问题的探讨是学界长期的热点，学者们提出了多种解释，这中间包括：第一，近代初期通往东方的新航路和美洲的发现，为西欧的商业大发展提供了十分有利的条件。换句话说，新航道开辟以后，世界的商业活动开始以全球的规模通行。第二，旧的商业活动也随着市场的扩大而进行了改造。而英国处于新的商业航道中心，大家可以看地图，英国正好在欧洲的边缘，在西北部的地方，在大西洋的航道中，所以它自然得到了一个前所未有的发展机遇。在急剧发展的过程中，英国产生了一系列新的社会阶级，他们抓住了发展的机遇，并迅速积累起资金与财富，最终使得英国首先爆发了工业革命，成为世界上第一个工业化民族。

这些解释都有其合理和独到的地方，但是不能解答一个问题：为什么临近英国的其他国家和民族不能同时发展起来？大家条件都差不多，好比为什么他高考考上了，其他人没有考上呢？显然英国人一定有一些独特的东西，使他们在世界历史发展的这一阶段领了先。

于是马克斯·韦伯从文化角度提出的观点，就使人耳目一新。马克斯·韦伯的独特之处在于，他赋予经济学和宗教学以社会学的意义。马克斯·韦伯十分强调加尔文教和清教伦理在发展过程中的作用，他认为正是清教徒严谨的工作习惯和对财富的合法追求，促进了以理性生产和交换的西方工业文明的兴起。

什么是新教精神呢？这种新教精神来源于16世纪欧洲的宗教改革，也就是加尔文教的兴起。加尔文教反对过去只有教会才有权力解释圣经的传统的非理性的观念，换句话说，过去圣经不是人人都能解释的，只有通过教会才能够进行解释，而加尔文教认为这是不合理的。加尔文教认为，个人的良知就有领悟圣经的优先权，不是非要通过教会、通过神父才能解释圣经，只要个人的良知不是糊涂的，他就能够领悟圣经，所以他在个人和教会之间选择了个人优先。同时，加尔文教认为人的命运已经由上帝注定了，只有上帝的选民才有资格进入天堂。但是上帝的选民是谁呢？大家头上又没有刻字，怎么知道你是不是被上帝选中的呢？这就麻烦了。所以在信徒当中就引起了一种焦虑："我究竟是不是被上帝选中了呢？"为了减轻这种焦虑，他们便在行为上表现出自己好像是上帝的选民一样。什么意思呢？我不知道上帝是不是选中我，但是我要认为上帝已经把我选中，我就要与众不同。

最重要的表现是，他们对日常生活做系统的安排并勤奋地工作。什么意思呢？上帝既然选中了我，我就要与众不同，我就要严格要求自己，积极表现，每天勤奋工作，不睡懒觉，这才像上帝选中的人。上帝怎么会选中睡懒觉的人呢，所以他自觉地严格要求自己，绝不能和所谓"躺平"的人混为一谈。

通过统计学的比较，马克斯·韦伯发现他所在时代的德国新教徒，也就是加尔文教的教徒，往往倾向于让自己的子女学习技术、管理或商业。而传统的天主教徒，他们子女的百分比远远低于新教徒，熟练工人的情况更是如此。天主教徒更倾向于留在自己的手工作坊里做个手工师傅，而新教徒多半被吸引到各种现代工厂，从事高级技术工作和管理工作。把这一调查推广到欧洲其他国家，情况也大致如此。因此，在研究英国的现代工业文明兴起的动力机制时，他力图探索人们在生产活动中的精神动机。什么意思呢？他为什么这样勤奋地工作？农业社会，人们不是这样勤奋工作的，没有"三班倒"，没有"996"，像周扒皮那种半夜鸡叫的事情是莫名其妙的——干什么呢？把干活的人都累坏了，也增加不了多少生产收益。

马克斯·韦伯的探索结果，产生了一本影响极大的专著《新教伦理与资本主义精神》。他指出，对于已在西欧发展起来的传统意义上的资本主义来说，适当的经济环境（而且是必需的）

自身并未为其发展提供充分的条件，也就是说，社会结构本身并不会自发地产生发展的动力。如果没有事先或同时发生的人的发展，就没有经济的发展。所以问题最终转为，是什么因素促进了英国"人"的发展，并由此引发了英国资本主义的起源。而马克斯·韦伯认为，其中最关键的一点，是英国的清教信念中蕴含的合理谋利精神，推动了英国"人"的发展，并最终在英国产生了根本性的社会变化。

马克斯·韦伯的说法固然遭到很多质疑，但是他的贡献在于，在以往学者探讨的英国发展"硬件"之外，开始把目光转向英国崛起的"软件"——传统文化与现代性的问题，也就是人们为何要勤勉的问题。尽管制度构建，尤其是英国普通法的影响和英国议会的作用是非常重要的，但马克斯·韦伯的着眼点不一样，他使人们开始探讨支撑制度的文化因素。人们很容易产生这样的联想：既然清教文化可以在英国传播，有适宜现代性生长的因子，那么，在其他国家相应的环境下，是否也可以找到类似的文化？在与原来社会的政治、经济和社会传统的互动中，英国可以容纳并"重塑"这种来自欧陆的加尔文教义，那么，其他国家的传统未必就不能如此，它们也会各自找到与现代性相适应的契合点。这是一个重要的思路，也给每一个试图现代化的民族提供了更大的挪腾空间。

三、传统的宽泛化

但是随之而来的问题是：什么是传统？无论学者们有多大的分歧，尚可对现代性的含义划定一个大致认可的范围，我们刚才已经讲了八条标准，而对传统的争论却远比这样的问题复杂棘手。传统一词拉丁文为"traditum"，意即从过去延传到现在的事物，这也是英语中"tradition"一词最基本的含义。从这种操作意义上来讲，延传三代以上的、被人类赋予价值和意义的事物都可以看作传统。它们包括物质产品，关于各种事物的思想观念，以及对人物、事件、习俗和体制的认识。甚至有人开玩笑说，我们的一些习惯，比如，每年毕业生毕业的时候都要大吃一顿，三届以后，如果学校的毕业生不大吃一顿，大家都觉得不合乎规矩，这就是一种新的传统。当然传统一词还有另外一种内涵，即指一条世代相传的事物的变体链，也就是围绕一个或者几个，被接受或者言传的主体而形成不同变体的一条时间链。这样一种宗教信仰、一种哲学思想、一种艺术风格、一种社会制度，在其代代相传的过程中，既发生了种种变异，又保持了某些共同的主题、共同的渊源、相近的表现方式等出发点，从而它们的各种变体之间仍有一条共同的联系纽带。比如按我们的说法是中国味，其他地方是其他地方的味，就是这个意思。

因此，传统是一个社会的文化遗产，是人类过去所创造的种种制度、信仰、价值观念和行为方式等构成的表意象征，它使代与代之间保持了某种连续性和同一性，构成了一个社会创造与再创造自己的文化密码，并且给人类的生存带来了秩序和意义。然而很多学者认为，目前我们所争论的传统是被现代性创造出来的，也就是说，是现代性创造了传统。因为在现代化学派那里，传统通常用来指代一切非现代的事物，是一种守旧和落后的代名词，而作为非现代的领域，传统显然是过于宽泛了。为什么呢？南非沙漠的游牧民族、哈里法的教权政治、莫卧儿的王国都是"传统"的社会，然而除开它们都不是"现代"社会之外，它们之间很少有共同之处，其差别绝不会比"传统"与"现代"社会之间的差异少。实际上，任何一个传统社会内部的各种差别，都远远超过了人们的想象。因此，学者们开始同意，各种传统社会的同质性比现代社会还要少，这个传统的社会和另外的传统社会相差非常大，它们并非一种高度整合的社会，而是松散聚合的社会。它们不是拥有一种清晰的"传统"，而是保留着一系列的"传统"。

那么，在社会转型的过程中要如何应对这些传统、这些传统的存在会不会影响一个国家的现代化转型等问题，很自然就成为学者们的关注对象。在这一过程中，学者们发现通过现代医疗和普及文化教育等措施，未必能够导致"现代性"。因为信徒们可以更方便地通过现代的方式传教，他也可以通过激光、通过电脑来进行传教；过去的传教需要牧师来督导，现在没有了。所以是不是现在的措施就一定能对传统方式产生冲击，不一定。但是传统的关系却可能成为推动现代化的某种力量。在这个节点上，希尔斯提出实质性传统的观点，使人们耳目一新，他认为几乎任何实质性的内容都能够成为传统，人类所成就的所有精神范型、所有信仰和思维范型等，都可能成为传统，也就是我们所说的传统思想。这表明人们依旧崇尚过去的智慧和成就。

希尔斯批判自启蒙运动以来把传统与科学理性相互对立的观念，指出传统并不完全是现代社会发展的障碍，反传统的人实际上也未必能够逃脱自身文化传统的掌心。因此，一个社会不可能完全破除其传统从头开始或者完全代之以新的传统，而只能在旧传统的基础上对其进行创造性的改造。换句话说，现代化的冲击改造着传统，而传统本身也在改造着现代化。从后发国家的实践来看，希尔斯的观念无疑是值得人们高度关注的。换句话说，传统和现代化也在持续地互动中。

然而不同的传统是有差异的，它的内外生存环境改变会产生诸多效应，但是一个关键的变量是，不同国家的不同传统，在应对现代化冲击时的反应是不一样的。有在西方殖民大潮的冲击下还能保持完整和独立的国家，也有被完全殖民的国家，还有所谓半殖民地的国家。当然也有如同日本那样，最终挤进西方阵营的国家。所以考察不同传统应对西方现代化冲击的不同后果，是一件很有意思的事情。

四、现代化的异质性问题

从全球的范围来看，虽然不同地区的国家面临的西方入侵的殖民者是不一样的，但是由于英国是第一个现代工业化的国家，所以英国对世界其余地区的冲击是最大的。在那些有着深厚历史文化传统的国家，英国的殖民入侵打断了这些国家的正常发展秩序，所激起的反应与社会发展阶段较为落后的国家完全不一样。换句话说，这些国家有自己的一套文明秩序。这不仅是由于英国在这些地区和国家采取了完全不同于本国移民殖民地的政策，而且也在于这些传统文化必然会与英国这样一种"现代化"的外来文化发生激烈的冲突。这在南亚次大陆和东南亚地区表现得最为典型。由于现代化在这些地区的"异质性"，加上英国首先维护自己的殖民利益，所以这些地区和国家现代化进程中所遭遇的种种阻力，显然超越了世界上的任何一个地区。

从殖民者一方而言，他们面临着既要打破原有的自然经济和政治结构，又要创造新的现代政治经济结构的任务，殖民者当然不可能按照当地民众的利益来完成这些任务，于是他们便按照自己的利益来部分打破传统的政治和经济结构，保证那些对自己统治有利的东西。同时也部分地引进了现代政治和经济体系，便于自己的管理。于是在这些地区出现了典型的刘易斯所定义的"二元社会"现象：一方面是现代的制度和行政管理机构，另一方面是传统的个人统治权威。这一点在印度表现特别明显。印度过去的王公贵族还依然保持土邦的治理，但是现代化的大臣是由英国进行西式管理。所以一边是受到西方教育，并且能说一口流利英语的社会上层精英，而另一边是几乎还在传统社会中生活的普通大众。换句话说，这个社会截然分成了两个部分，而且互相不沾边。现代经济部门在一些地区已经建立，但是它的目的并非殖民地本身的发展，而是为殖民者获取最大利润经营的。于是，传统与现代以一种杂乱无章的状态交织在一起，始终未能很好地融合。同时也产生了在西方国家本身没有产生的，我们所谓的"买办阶级"，它本质上就是帮殖民者进行管理，同时分享利润的本地代理人。

而这些地区在20世纪中期先后获得独立后，所产生的问题也就十分突出了。相对落后的地方具有强大的"向后看"的势力，尽管实际上不可能向后看，但是它具有"反现代化"的巨大能量。因为殖民者的入侵，依然生活在传统地区的老百姓的日子比过去更糟糕，他们又分享不到现代化的红利，所以产生了一种反现代化的巨大力量，也就是说现代化带来的好处都被上层集团拿过去了，而底层民众没有任何收益。这个反现代化的巨大力量，对一个国家的现代化进程起着明显的阻碍作用。而殖民时期相对发达的区域，以及各种殖民者的现代化"飞地"，却产生了具有现代化倾向的各种社会力量，他们强烈要求按照英国方式迅速完成国家的现代化任务。两种力量的碰撞往往转化为激烈的社会冲突。在这种大的"二元"背景下，整个国家还由于贫富、种族、宗教信仰等差异分化出若干个"亚社会集团"，不仅使国家要实行的政策发生了种种变异，甚至还产生了危及国家生存的分裂势力。所以，现代化的冲击无论是制度的还是精神方面，在欧美之外的其余地区，都产生了十分复杂的后果。

这种后果最明显地表现为，一方面，全球的交往逐步形成了一些共同的规则，一些可以不必通过战争而解决各国纷争的全球性机构，比如联合国、世界银行、世贸组织等也建立起来。同时，人们通过各种现代交通工具在全球旅游和学习也成为一件很平常的事情。另一方面，各国的发展状况依然千差万别，除开经济的发展程度不同以外，最大的不同还是各国法规、制度、文化和宗教上的差异。即便这些国家公开的制度设置没有什么不同，但其本质的差别依然是十分明显的，而这种差别究竟是各国不同的文化传统的体现，还是现代化任务未能完成的标志，就成为新的热点议题。

展开论述这个问题的时间很紧，大家可以查一下联合国的会员国，各国的管理机构、制度设计表面上相差不大，但是实际上差别还是很大的。同样，正在现代化道路上的国家也面临着这种困惑：自己的现代化任务完成的标准是什么呢？除了我们刚才提到的八个标准以外，是不是按照我们现在所说的，要和美国一样或者是得到美国的承认，才算完成现代化的任务呢？这也是个不用回避的问题，实际上也是一个很难一句话把它回答出来的问题，关键在于如何量化。在提倡多元文化并存的西方世界，发展中国家在追赶现代化先发国家的进程中，除开 GDP 的标准是可以量化的之外，最头疼的就是如何应对自身的传统在现代化体系中的定位：哪些传统是应该抛弃的？哪些是作为多元文化的一部分应该保存的？现代性与多元文化的关系如何？这样的困惑，甚至已经在发达国家以不同的形式出现了。所以传统与现代性之间的纠葛，并没有以快刀斩乱麻的形式解决，反而使人进入了一种"乱花渐欲迷人眼"的困境。换句话说，过去我们认为已经实现现代化的西方国家，他们早就不存在这个问题了，但是没有想到他们居然也出现了这样的问题。也就是说，传统与现代化之间的复杂关系，不是光靠 GDP 的增长就能够解决。当发展中国家为自己的传统陷入现代化的陷阱中而苦恼的时候，人们突然发现，发达国家的现代化模板似乎也不是原来想象的那般清晰和界限分明。

比如，英国的君主立宪制，把传统社会的统治形式一直保留下来；美国若干传统来自英国，却是个联邦制国家，它集共和制、联邦制、总统制于一体，似乎把君主、贵族院和平民院糅合在了一起。德国有总统，实权却在总理手中；法国总理只能管管家务事，独揽大权的是总统。所以，甚至一些国家在向西方学习的时候都感到困惑，应该以何人何国为标准呢？究竟是该向哪个国家看齐呢？哪个国家才是标准答案呢？或许在这种纷乱的场景中，西方国家还能给人以统一印象的，除开法治和牢靠的社会福利之外，最给人印象深刻的，就是他们常常标明的价值观念，比如，自由、民主、平等、人权等，到今天，甚至可以用"政治正确"（political correctness）这种大家耳熟能详的话加以概括。然而因为有了"政治正确"，很多本可以进行学术探讨的问题却一样成为禁区，欧洲不说了，甚至在标榜自由是立国柱石的美国也是如此。

在当今美国，政治正确是一个高度敏感的词汇，它包括如下的内容和形式："对少数族裔的感受必须保持高度的敏感性，在公共领域能发言，绝不能随随便便地丑化少数族裔的形象。……事实上，不能冒犯少数族裔，仅仅是政治正确的一条，美国社会的政治正确文化，完全可以被概括为以下'四项基本原则'：第一，不能冒犯少数族裔。第二，不能冒犯女性。第三，不能冒犯同性恋。第四，不能冒犯不同的信仰或者政见持有者。"而由此产生的种种社会文化问题，使得保守派的势力上升，要求回到"传统"的呼声越来越高，于是，此传统与现代化进程中那些国家的"传统"，究竟是一种什么样的关系，难免使人困惑。换句话说，我们刚才谈了西方挣脱过去的传统，进入现代社会，但是现在突然发觉怎么传统又冒了出来？而原本一些不是问题的领域也开始产生新的麻烦。比如，世俗化和理性化，被公认是现代政治的基本前提，也是现代化的标配之一，但在实现这种标配的过程中，却在一些地区产生了意料之外的后果。本来人们认为，世俗化表现出作为强制性的宗教制度的衰落，能使人有更大的自主性去选择和构造他们的生活意义，让信仰成为个人的私事。

西方国家内部随着全球化的产业漂移，开始了新的布局，新技术造成了人才与资本的全球性流动。而在财富的分配开始更有利于资本和高技术的形势下，政治正确已经在解决本国的人口格局、外来移民、社会福利等问题上无能为力。换句话说，口号和原则面对现实的问题开始无能为力。同时，这些国家的政治正确也使得外来移民——这些带有不同传统色彩的移民——如何融入所在国家的"传统"之中成为一个棘手的问题。发达国家的"传统"是现代性的传统还是现代之前的"传统"，移民应该融入哪种传统？这在宗教文化传统方面尤为麻烦，如果移民不融入以基督教为底色的西方传统，继续保持自己的宗教传统，两者是否能够和谐共存？如果强迫移民改教，是否违反政治正确的原则？这一问题在西方政坛和社会引发了相当程度的混乱。但至今西方的主流民意似乎并未在这一点上达成共识，也并没有真正正视这个非常令人头痛的问题。

五、多重现代性

埃森斯塔德曾提出了"多重现代性"（multiple modernities）的理论，或许能在某种程度上化解这种困惑。然而，如果承认多重现代性是合理的，那么，每个国家和民族根据自身传统发展起来的现代性，其共性是什么？不同之处又是什么？是不是会造成另一个"文明冲突"的根源？

显然，原本认为现代化的进程是不断学习现代先进国家，按照它们的先进方式改造自己传统的事情，变得越来越复杂了。换句话说，老师越来越看不懂学生，学生也越来越看不懂老师。其中最重要的或许是原有的目标达成以后的困惑。西方历史告诉我们，他们是在1500年以后才开始我们所说的现代化进程，这一进程使他们的政治、经济和社会诸多方面都取得了很大的进展。然而，直到20世纪中期，他们才从整体上解决社会的温饱问题，其标志就是国家福利制度的建立。换句话说，无论以哪一种形式发展，最终目标都是如我说的那样很简单，大家都想把日子过好一点。

西方的福利制度各不相同，福利国家可以说是"把日子过得好一点"的最具体的制度构建。不同的福利国家的制度设计所提供的福利差别很大。按照学界通常的看法，从提供福利的方式来讲，可以分为全包、半包和包饭票三类。即提供所有的福利消费项目，国家承担主要责任；国家承担社会福利开支的大头，个人承担小头；以及国家只负担基本的食品救助。第三类是最重要的，国家只发食品券，保证人不饿死就行了。这样的划分可能比较粗糙，但是基本上体现了西方福利制度的差别。无论实际的差别有多大，福利国家制度的建立都表明这些社会有了丰衣足食的制度化的基础，而这种制度化的进步既与经济发展的水平有关，也与社会观念的变化有关。换句话说，欧洲的进步在某种意义上也是观念不断创新的结果。当然欧洲的观念并不是固定不变的，而是随着历史的发展不断演变的。

在这中间最重要的是国籍与福利的问题，福利制度的建立实际上意味着很多原有的观念发生了根本性的变化，但是人们实际上还没有完全领会到究竟发生了什么样的变化。这种变化体现在各个方面，第一个方面，是政府的责任问题。尽管西方国家现代政府早已建立，并且自由市场制度的鼓吹者不希望政府过多地干预经济和社会生活，然而随着福利国家制度的建立，这些争论虽然还在继续，但在政策层面上已经没有什么太大的必要了。绝大多数人相信，政府必须保证人们起码的文明生存条件，即我们所说的丰衣足食，也就是温饱问题。第二个方面，其实是人们生活的态度问题发生了变化。既然吃喝不愁，人生价值和意义就值得重新思考了。过去的奋斗要丰衣足食，现在就不是这样了。在温饱没有解决之前，人们首先考虑的是如何生存，现在既然简单的生存已经不需要努力获取了，人们就希望提高生活的品质。这样一种变化很快在第二次世界大战期间出生的青年一代中反映出来。第三个方面，是隶属于某一特定国家的国籍意识或者公民意识的增强。由于享受福利的资格是与某一国家的公民身份挂钩的，所以某国的国籍就不仅仅是抽象的政治问题，而是与实实在在的福利问题有关。因为国籍提供了你是否能够领取该国福利的资格证明，所以爱国主义由此有了雄厚的物质基础。

六、衣食无忧的躁动

与此同时，这样的变化导致了一种新形势下的社会骚动。社会学家费迪南·兹威格认为这个时期，人们的价值观念发生了深刻变化，"是新的思维感觉方式，新的精神气质，新的报复和渴望的产生和发展时期"①。"有史以来头一遭，人们革命不但是为了面包，还为蔷薇。"意思就是为鲜花而革命。英国的阿萨·勃里格斯在《英国社会史》中描述了20世纪前期的英国政治、社会和经济状况。美国的查尔斯·蒂利在《社会运动，1768—2004》中也考察了18—20世纪社会运动与身份、公民权及资本的关系，有着同样的感慨。过去我们说穷得没有饭吃要暴动，现在是因为没有玫瑰花，说不定爱人没有准时在情人节送花也会有骚乱和暴动。产生的最大问题就是消费主义，后面出生的青年一代，是这种社会骚动的主力军，其原因十分简单。老一辈人对富裕的生活已经十分满足，他们的主要态度就是珍惜并享受这种生活；而青年一代则不同，他们免去了衣食的困扰，还希望自己有更多的人生选择，不至于简单重复老一代人的生产方式，他们要求诗和远方。这种骚动与整个社会的变化有关，其产生的后果当然不完全是积极的，与丰衣足食相关的是物质主义和消费主义观念的盛行。

青年一代比父辈受过更好的教育，却未曾经历过父辈的磨难。因此，尽管以史为荣，他们对社会、文化、政治乃至现成的一切都是不满足的，其结果是他们在衣着上追求奇装异服，在文化消费上追求感官的刺激，在政治上反抗一切权威，在婚姻和道德方面追求绝对的自由。换句话说，他们要求个性不受阻碍地表达，要求将现行社会的一切视为正常的行为颠倒过来，你要正面走他要倒过来走，要求整个社会的运转按照自己的喜好进行，但是究竟要达到什么具体的目标呢？绝大多数人的想法确实过于抽象和虚幻，因为他们既要充分享受现

① 蔡佳禾苗. 当代伊斯兰原教旨主义运动［M］. 银川：宁夏人民出版社，2003：2-4.

存社会提供给他们的一切物质便利，又要反抗其赖以生存的物质基础。这实际上也是近代以来西方知识界的一种传统，那就是始终对现存的政治经济制度持批判态度，即便是美国，其主流文化也不赞赏资本主义。很多美国知识分子高度评价极端个人主义和不受任何限制的个人自由的美德和长处，但是对市场经济和资本主义体制本身却怀有敌意。美国的主要大学，尤其是常春藤大学更是如此。他们的学生常常是左翼力量的主力军，他们反资本主义，反军国主义，反西方的价值观念——在他们的报纸和其他活动中，都非常集中地体现着这一点，即便是从雅皮时代到里根革命，美国主要大学反资本主义的传统也没有发生任何改变，这和我们想象的不一样。所以我们在报纸上看到西方，尤其是美国很多人在反对资本主义，这不是新事物，早就是这样的了。

然而这种反对，并不表明他们不愿意在这样的政治经济基础之上生活，他们并不拒绝现成体制带给他们实实在在的好处。所以，当这些青年人走出学校，走上社会，建立家庭并独立生活的时候，他们的反抗似乎也就无疾而终了。而随着年龄的增长，他们开始不知不觉地成为这个社会的一个有机组成部分——尽管他们并不十分乐意。因此，在成长的阶段，他们躁动不安，他们需要发泄，但是这样的阶段总归是要过去的。当然，这种大规模的反叛浪潮，对西方社会的冲击依然是巨大的，毕竟时代已经不同，青年一代的要求自有其合理的性质，而社会应该如何应对这样的潮流，使其转化为有利于社会进步的力量，也是一个需要认真对待的问题。换句话说，青年人的动力和热情有其必然的合理性。道理很简单，任何一个社会，青年都不应该保守。

从某种程度来讲，二战后西方福利制度的建立，是西方各国人民长期抗争和奋斗的结晶，是他们在自由、平等与民主的旗帜下，与封建主义、君主专制以及其他形形色色的旧观念斗争的产物，他们渴求从人类社会过去的种种枷锁中解放出来，从专制主义、疾病、贫穷和愚昧中解放出来，为创造自由、民主、平等和博爱的世界铺平道路。而青年人只不过在新的条件下，试图重新树立起一杆大旗而已。同时，他们也并非衣食无忧之后真正的"垮掉的一代"，因为他们也面临着新的社会问题：科学和技术中的器物性的理性以及文化和政治的控制，都造成了20世纪一种新形势下的恐怖威胁，核武器和环境污染可能产生的破坏，甚至会导致人类种族的灭绝。因此，如果在一个既十分丰裕又充满危机的社会中生存，如何平衡环境与资源的关系，也是他们必须面对的问题。在这个意义上，青年人的躁动尽管有些过激之处，但是也的确反映出社会进一步发展所面临的困境。

七、国家的双重属性

如何化解这种危机，使青年人的不满和躁动转化为有价值的社会行为，也是二战后西方社会从未遇到过的难题。严格来讲，西方的政治家并未对此做好准备。但是过去几百年间，这些国家取得的制度进步却在无形中化解了这种危机。西方各国有两种制度设计在应对骚动中发挥了重要的作用，就是我们通常所说的政治民主和经济民主。二战后，随着法西斯主义的消灭，西方各国在政治上已经将民主扩展到社会的各个层面，至少在选举的意义上，民主已经成为社会政治生活中的一个必不可少的组成部分。普通劳动群众和工人阶级，无论其实际经济收入如何，都能够通过组成政党或者选举自己满意的候选人来表达自己的政治意愿。因此，西方现在政党的阶级划分越来越模糊，每一个政党都不可能只代表某一特定阶级的利益而忽视其他的利益集团，他能否执政取决于他能否协调各个主要社会集团的利益，甚至地区性的利益，以获取大多数选民的支持。因此，认为工人阶级受改良主义政党或资产阶级政党的代理人欺骗的观点已经站不住脚了。由于民主的范围日益扩大，大众民主的趋势迫使国家机器原本的双重属性，即阶级属性和社会管理属性中的后一种职能越来越明显，也使得国家权力开始成为社会各个集团拼命角逐的目标。在这个意义上，国家机器已经逐渐成为各个社会利益集团协调利益冲突的场所。

在这儿要特别强调美国的一些特例，除开这种制度性设计有利于"调控"青年一代在丰衣足食以后的躁动之外，国家强化正面教育同样具有重要的价值。美国实行的国防教育就是一个很好的例子。早在20世纪50年代，美国就把保卫国家和民族利益作为社会教育的第一要务——注意是第一要务，我们过去很少谈这个问题。把国防教育作为政府的重要职责之一，不光是军队有这个责任，而且国家有这个责任，采取各种手段向国民灌输国家至上、民族的使命感、民主制度不可战胜等思想，激发国民的自豪感和自信心。

美国的国防教育在内容上有一定的体系，它既注重道德、精神方面的教育，也注重科学文化知识的学习、军事技术训练的普及和体育技能的提高。美国政府认为，仅靠经济的发达、技术的先进来维护国家利益是不够的，必须努力强化国民的精神，强调每个公民都要树立献身国家、服务国家的观念，不断克服优越的物质生活条件带来的精神颓靡，克服社会风气的堕落给国家利益造成的危害。而历史教育是其中最重要的一环，比如，美国的历史课本的编纂，书上认为世界上其他的国家都是坏的，美国是好人，解救这个解救那个，学生读了以后很自然地就认为自己国家是最伟大的，谁不听我们的谁就是坏人，所以他们的教育威力是非常大的。

有了道德和精神做保证，政府再把自然科学、数学、外语当作重点学科，然后要求学校认真抓好落实，并且把与军事应用相关的体育项目纳入国防教育内容之列。所以那些与国防教育有联系的学科，比如历史、地理、纯自然科学尽可能地发挥其优势；学习和研究这些学科，对国家的安全是具有现实和前瞻意义的，也收到了预期的效果。其中，世界历史教育尤为重要。美国学校的课程，已经让学生在不知不觉中接受了一种系统性的美国爱国主义教育：从全球历史角度来看，西方文明是人类进步的源泉，美国则是西方的基地和灯塔，因此支持美国就是好人，反对美国就是坏人。总的来看，美国进行的这种综合性素质教育非常成功，按我们的话说就是"彻底地洗脑"。除了军事的常识以外，最重要的是让衣食无忧的本国青年人认识到自己的责任。世界上没有免费的午餐，要享受这种优质的生活，就必须承担相应的责任，因此以各种形式，尤其是能让青年人接受的方式进行一个国家正面的价值教育，是每一个政府必须要做的事情。而全球化的趋势，使各种传统与现代性混杂在一起，更使人类发展的努力变得十分微妙。当然，追求美好生活是人类的天性之一；如何在这种追求中不丧失人类良善的本心，是一个永恒的课题。而更为现实的是，每一个国家和民族，都必须保证自己在全球化形势下能够生存，因此，这种压力迫使每一个国家和民族都必须努力寻找在这样一个世界立足点——不仅需要物质的立足点，也需要精神的立足点。这就是我们认真探讨传统与现代关系的最重要的动力。

讲座就到此结束，谢谢大家。

八、重点提问与解答

提问：历史学科的作用对社会和人类的价值，是不是为了通过历史发展和文化研究，对往后一个个时代的生存和发展进行经验的启迪和传承？主要体现在哪些方面？

陈晓律：历史教育确实是至关重要的，抽象地谈历史学科的重要性大家可能感受不大，但是举个例子大家就明白了。我们对其他国家的教科书，无论它采用什么数理化教材都不会关心，但是一谈到历史教材我们马上就关心了。比如，提到日本历史教科书我们马上就想看，这说明什么？说明历史教科书对国家安身立命的重要价值。简单来说，历史就是认识自己的祖宗，如果连自己的祖宗都搞不清楚，那你在其他方面还有多少意义？从这个意义来说，每一个国家的历史的书写，都是这个国家价值观最集中的体现，所以，历史教育是至关重要的教育。我刚才讲了其实美国没有什么思政课，它有的就是历史教育，通过历史教育就把这一切东西都带上。如果不了解自己国家历史，或者是不全面了解国家历史的，那么自己的工作和其他方面的发展就会受到很大的限制。当然，如果不了解世界历史，那么眼界会受到局限，所以我们不仅要了解自己的历史，还要了解别人的历史，以及别人怎么来解读我们的历史，同时我们应该如何解读别人的历史，只有这样我们才能够真正地理解我们发展的方向。

提问：如何在社会转型中发挥好优秀传统文化的作用？

陈晓律：一个最大的难题是优秀的传统文化是什么东西。坦率地说，这个问题还真的是非常难回答，我想大家在生活中也能体会到，哪些是真正的优秀传统，哪些传统不怎么好，这个不太好说。社会转型中我觉得很重要的一点是，已经有的东西不能轻易地把它抛弃了，一定要在生活实践中检验一下它是否发挥了它应有的作用。比如，过去我们的家庭关系，夫妻之间应该怎么样，大人怎么样教育小孩，其中哪些是好的，哪些是不好的，需要自己去体会，我觉得从抽象的角度来看是很难一句话回答的。我认为在生活中如果大家都觉得这样的一种方式比较理想，那么就把它保持下去。

提问：社会转型与传统文化是否包含了世界历史文化？

陈晓律：当然包含了世界历史文化，如果不包含世界历史文化，那我们就是自说自话了。各个国家都有好的传统文化，当然也有不太好的，所有的文化在我看来都有它的长处，没有自己长处的文化早就消失了。学世界历史有一个简单的东西，就是世界很多民族在历史长河中已经不存在了，所以能够存在下来的民族都有自己优秀的传统文化，否则它肯定早就消失了。从这个意义来说，我们要虚心向一切有优秀传统文化的国家和民族学习，来丰富我们自己，真正做到海纳百川。中华民族的文明源远流长，一个最大的好处是我们永远善于吸收优秀的东西来壮大我们自身。

提问：您觉得人类命运共同体，是利益共同体还是观念共同体，抑或兼而有之？

陈晓律：应该说兼而有之。什么意思？观念的共同体，如果是没有利益支撑就太虚幻了，人类共同体我的理解是这样的，现在是全球化的世界，商业已经渗透到全世界，大家出国留学，贸易也已经全球化了。全球化就是一种经济的往来，在某种意义上就是利益的共同体。而利益的共同体和观念的共同体是不是完全吻合？不完全吻合，但是是有关系的，好比做生意要秉持公平公正的原则，这两者之间应该能够找到很多的契合点。当然观念完全一样是很困难的，但是大家做生意起码要找到一些最基本的观念，比如买卖公平。所以观念的共同体和利益的共同体之间能找到很多契合点，最起码能找到一些最基本的作为利益运作和交换的价值平衡。

提问：传统文化如何走出传统？

陈晓律：其实这个问题很简单。要走出传统，也就是你的生活方式要有与传统完全不一样的基础，你就基本可以说走出传统了。道理很简单，在农业社会中不存在走出传统这个问题，你怎么走出传统？传统是与农业社会的生产、生活息息相关的，大家牵着牛下田耕地，然后上山砍柴，和大家在《水浒传》中看到的生活差不多。而工业社会要买房、要加班，生活方式变了，你想保持原来的传统恐怕也很困难。所以我认为一旦生活方式发生改变，即使你不走出传统，有些东西恐怕也很难存活下去。

提问：传统文化都有世代的传承人吗？为了防止其在时间的洪流中消失，我们能做些什么？

陈晓律：有一些传统文化它是有传承人的，但是有一些也在消失。比如日本的很多手艺人，有很多各种各样的手工的东西，是国家给他传承让他培养徒弟，把技术传下去，但是也非常艰难，为什么？因为有些下一代他不愿意做这个东西。中国是不是这个情况？我不太了解，但是坦率来讲有些传统的行业，它要找人传承已经是越来越困难了，包括刺绣工艺，尤其是一些手工复杂的东西，很多年轻人不愿意继承老一辈的手艺，那么这些东西如何保持下来，坦率地说，现在还没有找到特别有效的办法。不仅是我们国家，其他的国家也面临这个问题。传承是需要下一代人来做这个事情的，如果下一代他不愿意选择父母的职业，不愿意传承，也没有办法强制他做这个事情。所以传统文化要如何传承下去，还真的需要大家群策群力，动动脑筋。

提问：如何看待中国近代传统戏剧变革与中国社会转型的关系？

陈晓律：其实戏剧变革，最主要是要适应现代人的审美，就是现代人看戏、看演出，他们希望能够获得什么样的审美感觉，戏剧必须照顾他们这些人。戏剧如果不迎合年轻人的审美需求，那么肯定会慢慢地没落；这方面做得好的就是我们现在还可以看到的传统戏剧，做得不好的戏剧就逐渐消失了。换句话说，它必须跟上社会大众的审美需求，因为大家看传统戏剧是来休闲娱乐的，在这一点上讲大道理没用，关键是一定要适应现代人的审美情趣。

提问：近来流行汉服，您觉得这对于重振传统文化有什么样的作用呢？

陈晓律：这个真的说不清楚，为什么？我觉得服饰这个东西看着很美，人们肯定喜欢，这个没什么好说的。汉服现在的流行，据我看还是很舒服的，至少女孩子穿着像仙女一样，看着很舒服，看着很养眼。但是还有另外一个问题，我觉得在公交车上看到穿汉服的人会很紧张，怕踩到人家，所以从生活实用性的角度来看好像有点麻烦。因此，穿着就和传统有很大的关系了，我说不上来，因为西方的传统也是在不断地变，在英国也有人穿旗袍，觉得穿着好看的人就穿。至于汉服是不是能重振传统，我倒是觉得央视搞传统的诗歌朗诵节目还真的不错，因为我们的传统诗歌文化是真正有一种永恒的美的，而且对大众的审美情趣有所提高，对知识拓展也很有好处。所以，如果真的要拓展，就拓展汉服的内涵，让人知道穿汉服究竟是为了什么，除了好看之外还有什么内涵，就像我们的古典诗歌一样，那样可能真的会起到振兴传统文化的作用。

提问：学习中国传统文化对个人发展有什么影响？在未来发展中如何发扬历史传统？

陈晓律：传统文化一个很重要的作用是使人更有内涵，不至于那么浅薄，有涵养一点，这是最好的。其他的功利性的作用我说不上来，但是传统文化在教做人的方面确实有很多东西，需要慢慢体会。当然这是一个很大的问题，不是我一个人就可以回答的，只能说已有的历史教育要进一步加强。总体来讲，我觉得我们的爱国教育做得还是不错的，但是对历史和科技以及相关的教育还没有跟上，最主要的体育教育也没有跟上。举个简单的例子，我们在座的诸位有很多是家长，大家注意一下，招一个飞行员，体检的时候非常难，通过的比例相当低，我听部队的同事讲过，有时候招一个飞行员比考清华北大还难。从这个角度来看，我们的体育还很欠火候。

提问：中国的工业化和英国的工业化有什么区别呢？

陈晓律：我觉得最大的区别是规模，英国说到底就是一个湖北省这么大，还差一点。它一个湖北省这么大的国家的工业化和中国这么大一个国家的工业化，从规模上就不能相比，因此，这也是一个巨大的差别。

英国的工业化改变的人口明显和中国的工业化改变的人口不是一个量级，这就是这两个国家工业化最大的不一样。所以中国的发展是一件震动世界的事情，因为所有发达国家的总人口数加在一起是11亿，都没有中国人多。中国现在主要还是在逐步地完成工业化的任务，虽然还没有彻底完成，但是基本上完成了，所以大家突然发现中国对全世界的影响大了。这就是巨大的规模产生的规模效益，做生意的人都知道规模效益多么重要，抢占市场多么重要。中国这么大一个国家，它巨大的工业，又产生了巨大的市场，这两者加在一起就是一个震动世界的大事。

作者简介

　　陈望衡，大阪大学博士，武汉大学哲学学院教授、博士生导师，美国亚利桑那州立大学访问学者。主要从事中国美学、环境美学研究。曾受邀在斯坦福大学、芝加哥大学、北京大学讲学。在《光明日报》《中国社会科学》《文学评论》《文艺研究》等报刊发表论文数百篇，出版著作40余部，代表作有《当代美学原理》《文明前的"文明"》《中国古典美学史》《大唐气象》《环境美学》《中国环境美学》（英文）等。主持国家社科基金重大项目《中国环境美学通史研究》，四次获国家社科基金中华学术外译项目立项。三次获全国高校人文社科优秀成果奖，其中《文明前的"文明"》获一等奖。其美学思想被学界评为"境界本体论美学"。

唐朝：世界文化史一面光辉的旗帜／陈望衡

　　唐朝是一面鲜艳的旗帜，照映着我们奔向复兴中华民族的光辉未来。

——题记

一、唐朝在世界文化史上的作用

　　我们中华民族拥有5000多年的光辉灿烂的历史，最令我们中华民族子孙们感到骄傲的，一个是汉朝，另外一个是唐朝。因为有了汉朝，我们的民族被称为汉族；因为有了唐朝，我们的中华民族的子孙才有了全世界统一的称呼——唐人。

　　今天我给大家讲的是唐朝。一讲到唐朝，我们脑海里就有这样的画面：朝霞满天、姹紫嫣红，一群青春活力、朝气蓬勃的少年男女，还有高山峻岭、汪洋大海。所以在接受《解放日报》采访时，我说现在很多人喜欢宋朝，而我却更喜欢唐朝。很简单，唐朝是我们的青春年代，也许在某些方面它不像中年人那样中规中矩，不像中年人那样学识渊博，它也有很多的小毛病，甚至有很多讨厌的缺点，但是它年轻、它青春、它可爱，一个可爱就压住了百拙，这就是要研究唐代的原因。我想利用今天这个时间，简明扼要地给大家介绍一下唐朝在世界文化史上、在中国美学史上的地位。

唐朝是我们中华民族永恒的自豪。唐朝在中国历史存在的时间是公元618年至公元907年，近三百年。这个时期美洲尚未被人发现，欧洲处于黑暗的中世纪，城市破败、田园荒芜，唯有中国这片土地上充满着繁荣兴旺的景象，兴旺的大唐帝国如旭日东升，辉耀全球。毫无争议，大唐帝国是当时世界第一强国。在那个时候欧洲的强国只有一个法兰克王朝，不是法国。没有德国，没有英国，只有一个罗马，现在罗马只是一个城市，罗马国家已经灰飞烟灭了。但是我们中华民族从黄帝时代开始一直绵延至今，屹立在世界东方，我们的国家五千年都存在着，只是它的名号发生过一些变化，但是都叫中国。所以可以说在那个时代，相对比较安全的地方是唐朝，相对比较富裕的地方是唐朝，人类相对向往的地方是唐朝。

唐朝是当时世界的商贸中心，主要用骆驼作为交通工具的陆上丝绸之路和主要用帆船作为交通工具的海上丝绸之路将唐帝国与世界联系在一起。唐帝国跟世界联系在一起，海上丝绸之路是功不可没的。这条路开辟于汉代，但是在汉代这条路时不时就封闭了，它还不属于中国的疆域，后来唐朝把这条路打通并在这里设立了地方政府，西域正式纳入中国版图。海上丝绸之路也是很了不起的，在玄奘之前中国的高僧法显就已经到印度去取经了，玄奘不是第一个。法显回国从当时的狮子国（现在的斯里兰卡）坐海船，也就是沿着最早的海上丝绸之路回到中国，这条路把中国和世界紧紧地联系在一起。于是，我们看到唐帝国的丝绸、茶叶、瓷器源源不断地输送到了西亚、南亚、欧洲，而西亚、南亚、欧洲的各种产品也源源不断地输送到了唐帝国。

且不说首都长安是花团锦簇，被诸多外国商人誉为人间天堂，就是偏远之地的扬州也是中外商人向往的圣地，"腰缠十万贯，骑鹤下扬州"不是虚话。阿拉伯人苏莱曼的《东游记》里写道："中国海船巨大，波斯湾的风浪险恶，只有中国的船可以畅行无阻。埃及开罗南郊的福斯特遗址发现了数以万计的唐朝的瓷片，南洋婆罗洲北部的沙捞越地方，还发现唐人开设的铸铁厂。"由此可见，唐朝的海船所行路途之远，范围之广。

唐朝是当时世界的文化中心。文化中心首先是人要涌来，因为唐朝是实行开放政策，国门大开，它不像明朝中晚期和清朝闭关锁国，临近的日本人、暹罗人来了，遥远的欧洲人、印度人、大食人、波斯人也来了。不仅人来了、物来了，各种各样的宗教，比如说景教、佛教、拜火教、摩尼教统统都来了。据《唐六典》记载，唐朝与300多个国家与地区相交往，你们知道现在联合国有多少个国家吗？恐怕没有300个。所以那个时候长安成为世界的政治中心、经济中心、文化中心、宗教中心、教育中心、科技中心和娱乐中心。

唐朝也是当时世界的教育中心。我们的教育是成体系的，最高的教育机构叫国子监，上到省一级下到县一级都设有学校，大量的日本、朝鲜、越南的学子经国家派遣来到中国留学，受到优厚待遇。其中有一些还做上了唐朝政府的高官，如日本的晁衡（原名阿倍仲麻吕）。这些留学生带回去大量的中国典籍，用于传播中国文化。其中空海（弘法遍照金刚）大师，他回国以后将他在中国所获得的那些有关诗论的著作加以整理，编成了一本书叫《文镜秘府论》，此书保留了很多中国已经失传的文献。我们大家都知道王昌龄是绝句天子，是最会写诗的，但你知不知道王昌龄是一个理论家？他写了很重要的关于诗歌的理论，比如说什么叫意象，什么叫意境，这些都是他提出来的。那么这个根据在哪里呢？在《文镜秘府论》这本书里面。那为什么中国没有保留？众所周知唐以后战乱频发，中国很多珍贵的典籍灰飞烟灭了，所以很多重要的图书中国没有，但日本有。现在园林界视为经典的《原野》这本书，就是现代我们中国的学者在日本得到后带回来，后来陈直老先生给它做注释出版的。

唐朝为什么能够成为世界文化的中心？这和唐朝的强大，更重要的是和唐朝开放的国策有关。唐朝从唐太宗开始实行开放国策，诸多国家来到中国，真正如王维所写的"九天阊阖开宫殿，万国衣冠拜冕旒"。唐朝开放的国策是唐帝国成功的主要原因，唐帝国的强大、自信支持唐帝国向国际开放，因为强大才自信，因为自信才强大。这样一种开放反过来促使唐帝国更加强大繁荣。所以开放重不重要？重要，大家都知道对外开放现在也是我国的一项基本国策。

二、唐朝在中国文化史的地位

唐朝成为国际上第一强国的根本原因，是唐朝政治、经济、军事、文化的全面强大。注意，我用了"全面"，宋朝就很不全面，宋朝文化上很强大，但军事上很衰弱。唐帝国之所以全面强大，是因为它不仅是汉人帝国，而且是中华民族的帝国。在汉帝国的时候还有夷夏之分，夏是汉人，夷是少数民族。到唐帝国时夷和夏已经合二为一了，统称为华夏或者中华，所以唐帝国虽然就它的强大的序列来讲排在第二，但要从它强大的程度、强大的质量来看是第一。

现在我们谈史前文化，我刚才谈到我的《文明前的"文明"》是谈史前文化的，史前文化到底是谁创造的？汉人创造的吗？是又不仅仅是，应该是中华民族共同创造的。红山文化在哪个地方？在我们的内蒙古靠辽宁东北一带，这一带生活着少数的部族汉人，大多数是回纥族、契丹族、鲜卑族、蒙古族、女真族，红山文化的核心地带就是内蒙古。大汶口文化、龙山文化是我们夏文化的先绪，属于华夏正统，这个地方归属于东夷，东夷是现在的山东、江苏一带。

礼乐文明是谁创立的？周公，周文王的儿子，周武王的一个兄弟，他是意识形态的制造者。周文王是国家政策的统治者，意识形态是周公创立的，而周公是儒家思想的源头，孔子一辈子的事业就是继承和发展周公的思想，做梦都梦到周公。

再来看楚国，我们的老祖宗楚人的祖宗姓熊，不被周王朝所认同的，因为被看成是野蛮的，但是后来楚国人努力学习北方的礼乐文明，尽量把自己变成一个文明人，后来才把楚人看成夏。再举个例子，大家都知道浙江很富裕也很发达，但是在夏商周时代，那是一个野蛮落后的地方。孔子的学生去了，越王勾践要把他留下来做官，但他不愿意，为什么呢？太落后了，披发左衽、茹毛饮血，都是野蛮的。后来越王勾践成为春秋五霸之一，他努力学习礼乐文明，把夷的帽子丢掉变成了夏，所以夷夏的融合实际上不是人种融合，而是文化融合，文化融合才是中华民族的界定。

民族的融合是一个浩大的工程，开始于史前，夏、商、周、秦、汉均有发展，到魏晋南北朝则出现一个高潮，其突出体现的是北朝少数民族政权纷纷向汉文化学习，并且均标榜自己为华夏正统，这些政权中，北魏最为杰出。历经两百多年的南北分裂及各小国纷争后，中国实现了统一，先是隋，接着就是唐。拥有鲜卑血统的李唐王朝，其国家的主流文化是继承周、秦、汉的华夏文化，但唐朝的文化比周、秦、汉的文化开放得多，可以说夷夏之合大成于唐朝。

唐朝的民族政策有三条。第一，国家既安，四夷自服。国家如果强大了，少数民族自然拥戴朝廷。现在我们国家也经常讲，把自己的事情做好，把自己的国家做强大了，好多事情就好办了。第二，胡汉平等。唐太宗说"朕独爱之如一，故其种落皆依朕如父母"，就是说，因为我对他们也是一视同仁，所以他们都把我看成父母。第三，善待少数民族。就是我们今天讲的优待少数民族，唐太宗对少数民族不只是平等，还有点倾斜，对少数民族要好一些。当时唐太宗打败了东突厥，东突厥的很多人民就迁移到了长安附近，唐太宗把他们安置在长安附近生活，并且给予了一定的经济支持。臣上疏，认为"以中国之租赋，供积恶之凶虏，其众益多，非中国之利"，唐太宗不予采纳。在他看来，归顺了大唐，就是大唐的子民，因为来到新的地方生活，应该予以优待。第四，和亲政策。其实我们中国的一些学者还有一些老百姓，对和亲政策不怎么看好，其实这个政策是不错的。唐太宗曾经与他的臣下讨论与北狄外交政策，他说采取军事行为，虽然可以解决问题，但这是暂时的，而且要死很多人，所以和亲并非不好。"朕为苍生父母，苟可利之，岂惜一女！北狄风俗，多由内政，亦既生子，则我外孙，断可知矣。"北狄这个少数民族，它的政治很看重姻亲关系，我的女儿嫁过去生的儿子就是我的外孙，这不是很好的事情吗？正因为唐太宗有这样的胸怀，正因为唐朝有这样的国策，才获得了少数民族的拥护。西突厥打跑了，东突厥打败了，其他的小的部族基本上投降了。正因为我们有和亲政策，吐蕃跟唐帝国的关系也好了几百年。所以唐太宗被少数民族尊称为天可汗，就是天子。

公元788年，新疆的回纥上书唐朝，请改国名为回鹘。鹘就是鸟，为什么要改成鸟的名字呢？"义取回旋轻捷如鹘也"，唐文宗接受，把回纥改名为回鹘，称回鹘的那些首领就是回鹘可汗。在这段文字记载里面留下了这样一句话："海内四极，惟唐旧封，天下一家，与我同轨。"什么叫同轨？同一个步调，同一个政策，同一种生产方式，同一种生活方式，同一种政治态度。

三、唐朝美学在中国美学史上的发展

唐朝是一个美学的时代，一讲到唐朝就能想到唐诗或者歌舞。唐朝是诗兴的唐朝，是浪漫的唐朝。诗是唐朝的标志，是唐朝文化的最重要的载体，唐朝很多文化在诗里面得到承载，所以我特别主张我们的中小学生多读唐诗。我们说唐朝是美学的唐朝，那么这个美学是什么美学？青春美学。青春美学的代表是李白，青春美学不是讲年纪的问题，是讲活力——青春的活力。那么怎么活才叫青春？第一，活出自己。"天子呼来不上船，自称臣是酒中仙。"李白喝醉了酒躺在船上，皇帝下诏令要他赶快进宫朝见，他说对不起啊，我喝酒喝醉了，让我多睡一会吧，我可以不上朝，我想睡一会就睡一会，不管你什么人来召见我。第二，活出自信。"仰天大笑出门去，我辈岂是蓬蒿人。"这首诗是李白在湖北写的，他在这里生活了好多年，过着很安逸的日子。后来想不行，这样下去我这一辈子就荒废了，我要到中原去，我要到长安去，出门时候写了这首诗《南陵别儿童入京》，告别我的妻儿，我到长安去了，"仰天大笑出门去，我辈岂是蓬蒿人。"谁有这个志气？唐朝诗人很多，代表就是李白。李白去了以后不得志，唐玄宗把他养起来作为宫廷诗人，为杨贵妃写诗。李白想我应该是一个政治家，至少安排一个副宰相，最好安排一个宰相，给我什么职务也没有，什么权力也没有，我不干了。唐玄宗说你不干也行，我送金子、银子给你，先生您就听便吧。于是他就离开了长安写了一首诗，"天生我材必有用，千金散尽还复来。"写"千金散尽还复来"的时候他正在酒店里喝酒，已经没有钱去买酒了，叫他的人去赊酒。没关系你跟老板讲，我以后会还给他的，散尽千金还复来。老板还真把酒赊给了他。第三，活出自由。也是李白。"人生在世不称意，明朝散发弄扁舟。"我活得不自在、不高兴，我干脆活就不干了，我要去游山玩水。他高兴起来就发狂，发狂就想象，于是就说"俱怀逸兴壮思飞，欲上青天揽明月"。他就生活在这样的一个空间，这样一个自由的思想空间，也是一个自由的地理空间。活出自由是人生的精彩，李白活出了这份精彩，李白是唐朝美学的代表人物。

青春气概除了活出自由以外，还可以有两种表现。乐观气概就是青春的表现之一。唐人的心态总体上可以用乐观进取来概括。唐朝的诗人不少屡遭贬谪，但总体来说不颓废、不悲观、不消极。刘禹锡就是一个代表，他在贬谪途中遇到朋友有席间赋诗，诗云："沉舟侧畔千帆过，病树前头万木春。"这个金句太重要了。你看江上面好多沉船的，没关系，沉船并不影响千帆过，在它旁边千帆竞发，浪遏东流。你看这个树好像都病死了，没关系，前面还有很多树，那是生机勃勃。倒霉算什么，我还有很好的前途，我这一点损失算什么，我还有更好的收获。刘禹锡写了很多这样的好诗，这里没有引，像写桃花光景的好几首诗，老是讲"前度刘郎今又来"。他不断地被贬，贬回来以后又到桃花观去，一看到桃花盛开说我又来了，每来一次写一首歌。他是在跟当局的那些人叫板：你能把我怎么样，我又回来了，还活得好好的。这里还有一首诗叫作《秋词二首》，其中之一是这样说的："自古逢秋悲寂寥，我言秋日盛春潮。晴空一鹤排云上，便引诗情到碧霄。"怎么上啊？排云上啊，把云排开，直冲云霄，"便引诗情到碧霄"，把我这份诗情、我这份诗心引到碧霄。这是鹤吗？不只是鹤，这就是刘禹锡自己。其实刘禹锡他不生活在盛唐，生活在中唐，如果刘禹锡生活在盛唐，跟李白交往一下，我估计刘禹锡可能成就会更大。

　　唐人很少言失败，更不言绝望。即便是到了晚唐，唐帝国的国势风雨飘摇，但是诗人杜牧心态仍然很好，他在《题乌江亭》一诗说："胜败兵家事不期，包羞忍耻是男儿。江东子弟多才俊，卷土重来未可知。"卷土重来多好啊，现在变成我们的成语了，但是很少成为有些人的座右铭。现在的商界和学界失败的人士，把"卷土重来"放在你的案头上，今天早上我微信发一条帖子，我的一个学生申请国家项目多次失败，我都不好意思再鼓励他了，但他仍然坚持，昨天晚上发消息他中了，一样的题目，一样的设计，就是因为坚持、自信，所以他成功了。

　　第二个是劲爽境界，这是青春的表现之二。劲爽就好在一个"爽"，"爽"又好在一个"劲"，爽对劲，劲对爽，这就是唐朝诗歌的美学风格，就是唐朝人活出那份潇洒来了，活出那种滋味来了，就好像我们咬一口黄瓜清脆的爽劲。你想李白他活得很率真，率真就是劲爽，"将进酒，杯莫停。与君歌一曲，请君为我倾耳听。"这不是口水话、大白话吗，但这些口水话、大白话到了李白的嘴里全是金句，在唐人的口中全是金句。"春眠不觉晓，处处闻啼鸟。夜来风雨声，花落知多少。"孟浩然一说出来就是金句。劲爽之二是轻快，"两岸猿声啼不住，轻舟已过万重山。"这就是轻快，活得不沉重，活得轻快。再就是清新，"江城如画里，山晚望晴空。两水夹明镜，双桥落彩虹"，这个景多么清新。还有流美，这个美是流动的，你看李白的"弃我去者，昨日之日不可留。乱我心者，今日之日多烦忧"。那些把我心情搞得很糟糕的，去你的吧！他说"弃我去者，昨日之日不可留"，我不留你，你走吧。"长风万里送秋雁，对此可以酣高楼。抽刀断水水更流，举杯消愁愁更愁。"这个话既是浪漫的，也是有哲理的。我不是以愁消愁，我是以快乐来消愁，新的快乐可以消除旧的不快乐。唐诗就是这样流美，唐诗读起来就非常流畅。

这两首都是唐诗里面经典中的经典，尤其是第一首在唐朝诗里面排七律第一。"风急天高猿啸哀，渚清沙白鸟飞回。无边落木萧萧下，不尽长江滚滚来。万里悲秋常作客，百年多病独登台。艰难苦恨繁霜鬓，潦倒新停浊酒杯。"我很潦倒，这个酒我暂时不能喝了。如果说在杜甫的诗里面还有几分悲，多少有几分愁，但是在李白这里就一扫而空，他的诗里面就没有悲愁二字，他的字典里面没有悲、没有愁。他说，"凤凰台上凤凰游"，这凤凰台是在哪里？在南京。"凤去台空江自流，吴宫花草埋幽径"，这个吴就是东吴。"晋代衣冠成古丘"，这是东晋。"三山半落青天外，二水中分白鹭洲。总为浮云能蔽日，长安不见使人愁。"这里也有点愁，那是愁什么呢？他实际是想去长安的。他的乐观进取，很值得我们学习。

下面我讲唐代美学除了青春之美以外，它还有三大亮色。第一是山水美。中国美学的山水美从哪里开始？不是从山水开始，而是从人开始，在汉朝的诗里面《古诗十九首》都讲的人的生活。《诗经》305篇，几乎篇篇都是讲我们日常生活，谈恋爱、耕田、到外面去旅行或者是帝王的一些丰功伟绩。都是讲的人，人是主体。到魏晋南北朝时天下大乱，但是中国的南部相对安全，有时候有些知识分子觉得没事可干的，官也做不了，生意也做不了，家里还有一点积蓄，还能够写几句诗，就去游山玩水。所以在魏晋南北朝，尤其是南朝，山水诗被发现了，山水诗人里最有名的就是谢灵运，谢灵运后来做了官，还有王羲之，但写山水诗的还是少数人。一到唐朝，全体诗人都喜欢自然，都喜欢游山玩水，山水向唐朝全盘铺开，向全体唐朝人拉开了山水大幕，所有的唐朝人都拥向山水，扑向自然，山水和自然就融为一体了，就形成了中国美学的一个重要的情怀，叫作山水情怀。

我们讲中国美学有几大情怀，第一是家国情怀，第二是山水情怀。山水情怀开始于魏晋南北朝，成气候的是唐朝，我们可以认为唐朝所有的诗人都是山水诗人。山水诗一开始，自然天地就打开了，表现为"万象为宾客"的胸襟，"我为天地主"的气概。主体精神张扬，自由精神迸发。我觉得杜甫的两首诗"会当凌绝顶，一览众山小""万里悲秋常作客，百年多病独登台"就写得很壮阔。那个时候游山玩水愈为风气，后来就形成了一条唐诗之路，唐诗之路当然是后人命名的。因为中国的江南风景特别优美，很多诗人也喜欢到江南来旅游，尤其是浙江东部地区，所以就形成了一条唐诗之路。这个唐诗之路地处浙东，以剡溪为线，经过镜湖、括苍山、快稽山、天台山。《梦游天姥吟留别》的天姥山就在这个唐诗之路上。

　　走过唐诗之路的诗人有278个，写了1508首诗，占了唐诗的1/8，唐诗的1/8都产生于唐诗之路。李白也讲"此行不为鲈鱼鲙，自爱名山入剡中"，我这次到江南来，不是因为江南的鲈鱼好吃，而是因为我喜欢江南的山水。有人说李白没有去过天姥山，只是做过梦去过的，《梦游天姥吟留别》是在来之前就写好了。其实天姥山他是去过的，他一方面游山玩水，另一方面是去找个人，找唐朝有名的道人司马承祯。司马承祯可了不得，唐朝的皇帝经常把他请去咨询。新昌天姥山下面专门有座庙，是司马承祯的庙，旁边有一座桥叫悔马桥。司马承祯喜欢装腔作势，有点矫情。有一次皇帝诏他去，他刚刚上了马又后悔，于是就不去了，所以叫悔马桥。李白来找司马承祯，没有找到他，又回到南京、扬州那边去了。当时他的追慕者叫魏望，就跟到天姥山来找他，没有找到，结果他俩后来在南京会面，为了这个事情李白专门写了诗，很有意思。

　　山水诗在唐诗里面占的比例很重，写山水写得好的诗人不只是李白、杜甫、孟浩然、王维、韦应物，比比皆是。读唐诗就可以培养自己的山水襟怀，不只是有情怀，还有襟怀。

　　唐代美学的第二大亮色是战争审美。战争审美有两件事情可以谈一下，一个是唐朝的国乐，唐朝的国乐就是《秦王破阵乐》。李世民在破刘武周的战争中，为了激励士气，亲自写词，还找人帮他作曲编舞，创作了一部作品叫《秦王破阵乐》来激励士气。后来改名为《七德舞》，强调战争的正义性，主题不变，成为国乐。唐朝以后规定国家如果是靠文治来创国、靠文来起家的，那么国乐就应该是文乐；如果是靠武来创国的，那么国乐就应该是武音。唐朝是靠武功来创国，所以《秦王破阵乐》就是国乐，国家重要的活动，礼仪活动，奏乐就是《秦王破阵乐》，就好像我们国家重大活动的时候演奏的国歌《义勇军进行曲》。

　　这个曲子表演的场面有点惊心动魄，刀枪剑戟，那个场面有点血腥。他的儿子唐高宗李治不太喜欢，觉得这个歌舞看不下去，太残忍了，不要也罢，一放就放了30年。30年以后，唐高宗手下的大臣跟他讲，《秦王破阵乐》已经久废，如果不演的话，怎么能够引发孝子之情，你孝敬你父亲的那份情感怎么能够寄托呢？于是唐高宗就允许演奏此乐。看了以后，他流着泪说："王业艰难勤苦若此，朕今嗣守洪业，可忘武功？"所以整个唐朝和宋朝有很大的不同，从唐朝开始一直到唐朝结束，都是崇文倡武。唐朝将近三百年的历史过程中战争基本不断，先是打突厥，后来破藩镇，中间还有安史之乱。《秦王破阵乐》后来还传到了印度，很遗憾的是，这首音乐没有流传下来，至今也无法复原。

　　唐朝诗歌的一个重要诗派是边塞诗派，所有的唐诗学本没有不学边塞诗的。边塞诗为什么这么重要呢？边塞诗有个很重要的主题就是家国情怀和公民情怀的统一。家国情怀我刚才已经讲了，王昌龄"但使龙城飞将在，不教胡马度阴山""封侯取一战，岂复念闺阁"，我要实现自己的功名，我怎么一天早晚都想念我的妻子，我的儿女呢？边塞诗里面第一代表是高适。高适是个文人，他是李白的朋友，也是杜甫的朋友，他们一起游泰山，写了很多诗。但是后来高适弃文从武，做了淮南节度使，一跃成为拥兵百万的封疆大吏。高适在他的诗中体现人生价值，"功名万里外，心事一杯中""万里不惜死，一朝得成功。画图麒麟阁，入朝明光宫。大笑向文士，一经何足穷"。你每天都在那里看经书有什么用呢？还不如到边塞去一刀一枪博个功名。他还说"男儿本自重横行，天子非常赐颜色"，男子汉就是应该要建功立业，我们当朝皇帝给的奖励是很丰厚的。

　　边塞诗的第二个代表人物是岑参。岑参虽然没有像高适这样飞黄腾达，但是在价值取向上同高适，他在诗中说"丈夫三十未富贵，安能终日守笔砚""功名只向马上取，真是英雄一丈夫"。功名应该向哪里取呢？战场上。这也涉及唐朝的人才制度，在隋朝的时候已经有科举了，知识分子可以通过科举获得功名，但是科举制度不完善。唐朝前期，至少在武则天以前，科举不被重视，主要靠推介，朝廷大官推介。所以李白就去巴结朝中，"生不用封万户侯，但愿一识韩荆州"。靠巴结权贵是靠不住的，最可靠的办法就是到战场去，到战场去做幕府，做元帅大将的高级顾问，高适就是这样去的，岑参也是这样去的。边塞诗的品位是崇高而壮丽的，唐朝的边塞诗所反映的战争情感具有深刻的内涵，这种情调折射出唐帝国的时代精神，踩着瓦砾，踩着尸骸奋发，呼啸前进。唐朝的边塞诗实质上就是唐朝的国魂——江山是靠军事打下来的，江山也要靠军事来保护的，就是这样一个理念。

唐朝美学第三大亮色是女性审美。大家知道在人之中美的代表无疑是女性，所以爱美是女性的特性，喜欢女性也是人类的特性，女性是人类美的一个标杆。对待女性的态度，在每个时代能够反映每个时代的文明水平，唐朝是什么样的女性审美呢？我举唐朝小说里面的几个例子，很简单地给大家介绍一下唐朝人心目中的女性美是什么样的美。

第一，重识。女孩子最好是有见识的，虽然女孩子都没有上学，但她的见识是有的。有一篇小说叫《虬髯客传》写道，有一个女子叫红拂，这个红拂本来是隋朝宰相杨素的丫头，隋朝晚年的一个英雄叫李靖，他去投奔杨素，想帮助杨素成就一番事业。杨素这个人胸无大志，就把李靖打发走了。红拂站在旁边一看，这个男子不错呀，于是当晚就投奔了李靖，这就是红拂夜奔，京剧有这个戏的。夜奔以后，她就给李靖出了个主意，听说山西太原的李世民是很不错的，我们去投奔他去吧。那天他们来到一个酒店，在那个酒店休息，李靖在刷马，红拂在床头梳头发，这个情景有些温馨，也有些浪漫。此时来了一个不速之客，长着红胡子，骑了一匹驴子来，拿了一个包袱，包袱一丢就丢到红拂的面前。包袱里面装着什么？装了一颗人头，这个举动明显是挑衅行为。李靖他是个大将，后来是唐太宗手下一员大将，平定西突厥是靠李靖的。李靖本想发怒，但是还忍了一下。这个时候看红拂的表现，"张熟视其面，一手握发，一手映身摇示公"，一个手捂着头发，一个手悄悄地在背后向她的丈夫示意。"勿怒"，你不要发脾气，她急急忙忙把头发一梳。"敛衽前问其姓"，很恭敬地问那位不速之客您贵姓。不速之客就回答："我姓张"，红拂说我也姓张。红拂一听说不速之客也是姓张，二人就继续聊起你的年纪多少，我的年纪多少，那你年纪比我小，你应该是我的妹妹，是啊，我应该是你的妹妹。于是他们俩一谈就拉得很亲了，眼看着一场要格斗的场面就变成温馨的兄妹场面了。于是这个不速之客就认红拂为干妹妹，又把红拂的丈夫李靖喊过来，三个人一起喝酒，一起吃肉。这个不速之客就是虬髯客。虬髯客和他们商量以后一起去投奔李世民去了。投奔李世民以后，虬髯客看这个人家天子之相，他说我也想做天子了，看来我跟他一起共事不合适，他说你们夫妻两个可以帮他，我还是干我的事情去吧。后来唐太宗得到天下，有一天红拂得到一个信息，说有个人在东南远海的岛上面建立了一个国，她一听就知道是虬髯客在那里建立的国家。这个国家是哪个地方我不确定，但是这个事情是有的。所以看女子怎么看？首先看你有没有见识。

第二，重情。以《飞烟传》为代表，飞烟本来已经嫁人了，是人家的小妾，有次偶然的机会她见到了赵郎，这位赵郎叫赵相，一看这是非常理想的男子汉。于是他们两个后来就暗暗地相好了，相好以后这个飞烟说了一句这样的话："大夫之志，女子之情，情契魂交，视远如近。"就是我们女子看中的不是高官厚禄，我们看重的是情投意合，恋爱最重要的是两个人能不能心心相印，能不能情投意合，地位金钱都不重要，这样的女子是不是很值得我们尊敬呢？

第三，重美。女子以美为自己最大资本，女子的美很重要。唐朝的女子之美大家去看敦煌的雕塑，还有看很多唐三彩都知道的，当时是以丰腴为美。唐朝对美重视到什么程度呢？大家可以去看看这篇小说《任氏传》，里面写了一个女孩很漂亮，有一天她跟一个男子郑六偶然认识了，认识之后就结为夫妻。郑六有个朋友叫王崟，王崟是个纨绔子弟，到处打听哪里女孩子漂亮，他听说他的朋友郑六娶了个漂亮的女孩，他不相信郑六这个穷光蛋怎么能够娶到漂亮女孩，就派人去打听一下，你看回来以后怎么说。崟迎问之："有乎？"有这个人吗？又问"容若何"，长得怎么样？对方说，"奇怪也，天下未曾见之矣"，我没有看到过。"崟姻族广茂，且夙从逸游，多识美丽。"乃问曰："孰若某美？"因为他见过很多女孩，他一个个拿出来比。他的家童就说："非其伦也！"不在一个档次上。"崟遍比其佳者四五人，皆曰：'非其伦。'"不在一个层面上。"是时吴王之女有第六者"，当时吴王是个侯王，有个女孩排行第六。"则崟之内妹"是他的内妹，"秾艳如神仙，中表素推第一"，她像神仙一般美，大家都称这个女孩长得漂亮。崟问曰："孰与吴王家第六女美？"你觉得那个女子能不能比得上吴王第六女呢？又曰："非其伦也。"崟抚手大骇，什么是抚手大骇？就是插着手大为惊讶。"天下岂有斯人乎？"天下还有这样漂亮的人吗？

唐朝人是非常看重颜值，我们现在也很看重颜值，但是唐朝人更看重颜值。唐朝人看重颜值，是不是不看重内在美呢？唐朝人更看重女孩子内在的美。有一天王崟想欺负任氏，把她推倒在地，开始的时候任氏努力反抗，后来她放弃了反抗，神色大变。王鉴感到奇怪，你为什么不反抗了呢？任氏长叹息曰："郑六之可哀也！"叹口气说，我的老公郑六是很可悲的。鉴曰："何谓？"为什么？对曰："郑生有六尺之躯，而不能庇一妇人，岂丈夫哉！"我的老公也是长得高高大大的，但是他不能保护他的妻子，这哪里是个丈夫呢？"且公少豪侈，多获佳丽，遇某之比者众矣"，你从小就家庭富裕，豪华奢侈，你的女朋友很多，你的女人也很多。"遇某之比者众矣"，超过我的很多。"而郑生，穷贱耳"，而我的老公又穷，地位又低下。"所称惬者，唯某而已"，唯一使他感到满意快乐的，就是因为他拥有了我。"忍以有余之心，而夺人之不足乎？"你就这样来抢夺别人的不足吗？任氏讲的这段话好像是批评王鉴的。后面又回到讲她丈夫："哀其穷馁，不能自立，衣公之衣，食公之食，故为公所系耳。若糠糗可给，不当至是。"我很可怜我的老公又穷，地位又低，不能够自立，做你的跟班，穿你的衣服，吃你的饭，被你控制，如果他有个饭可以吃，他应该不会这样。那就是说如果我的老公有一口饭吃，不做你的跟班，在今天这个场合可能会跟你格斗的。你看这个女子的内心既聪明又高尚，可敬也可爱。就因为这番话讲得好，王鉴就不再欺负她，后来二人就成为好朋友。

四、唐朝对于中华民族复兴的启示

复兴的启示有四点。一是坚持中华民族一体化的观点。唐朝的成功第一是民族一体化，我们今天也要这样。事实上，中国在民族问题的处理上，无疑是世界上做得最好的。现在我们已经做得很好了，但是我们要坚持。二是坚持人类命运共同体的观念。人类命运共同体应该是周朝就开始有的，天下为公。"不独老其老，不独子其子"，不只是把我的父亲看成我的父亲，要把天下老人看成我的父亲，不只是我把我的儿子看成我的儿子，而是把天下所有的孩子看作我的孩子，这就是天下为公的观念。当然现在我们的天下不只是一个国，而是全人类。这个全人类的命运共同体还包括人与自然是命运共同体，就是生态共同体。三是坚持开放的基本国策。四是坚持民族自信的基本观念。中华民族应该有自己的自信，像汉、唐、宋，曾经创造世界辉煌，一直到明朝前期仍世界领先，但是我们从明朝中晚期就开始落后了，到清末已经非常落后，甲午海战是我们沉痛的教训。但是我们相信我们中华民族终究会崛起的，要实现中华民族复兴，民族自信尤其重要。失败不可怕，可怕的是自卑。

唐朝给我们的启示，我个人认为主要是以上四条，这里我没有谈到美学，其实美学的启示可能更多，那讲的话题就大了。唐朝是一本厚厚的书，这其中有无穷的智慧值得我们反复研究、学习、反思、汲取；唐朝是一面鲜艳的旗帜，照映着我们奔向复兴中华民族光辉未来。顶礼唐朝，超越唐朝，超越唐朝为的是复兴中华。我今天给大家讲的内容就到此，谢谢大家！

五、重点提问与解答

提问：请问陈教授唐代和宋代美学审美的区别是什么？

陈望衡：唐朝有唐朝的美，宋朝有宋朝的美，这是第一。如果说不同的话，唐朝的美是青春之美，宋朝的美是庄严之美。唐朝之美重在它青春，它比较崇尚自由。宋朝的美它比较重视修养，像苏东坡的修养多好，李白的修养也好，但是李白的修养能赶上苏东坡吗？但是宋朝的美有更多的规则，有更多的限制，不那么自由。

像李白的"黄河西来决昆仑，咆哮万里触龙门""飞流直下三千尺，疑是银河落九天"，以及"蜀道难，难于上青天"，他就有这样的气概，气吞山河。不仅仅李白是这样的，孟浩然也是这样的，"气蒸云梦泽，波撼岳阳城"，王维也是这样的，"江流天地外，山色有无中"。但是苏东坡有这个气概吗？他的《念奴娇》讲到最后，"江山如画，一时多少豪杰"，最后还是一杯薄酒祭奠大江，"人生如梦"，归结到人生之梦。虽然在游长江的过程中，他的朋友发出悲声来了，他委婉地劝告他，他说老兄，你不要这么悲哀，我们和大自然一样有生老病死，我们把自己看成大自然一样有生老病死，那你还悲哀什么？所以苏东坡这样的豪放派诗人在他的山水诗里面也能够流露出这种悲伤情怀，但是这种情怀在唐朝的代表性诗人里面只有很少一点。

去读读孟浩然吧，因为孟浩然就是我们湖北襄阳人，我对宋朝也很喜欢，但是我更喜欢唐朝，因为各美其美。

提问：有位天津中医药大学文化与健康传播学院的朋友说，有一种说法是经济情况在一定程度上影响了女性的穿着，您如何看待这一观点？唐朝女士服饰的多元化是否跟这一因素息息相关？

陈望衡：那当然，经济条件好就穿得好一点。唐朝女子穿得多漂亮，首饰也是非常多的，脸上擦什么粉，头上插什么首饰，穿什么的都有。唐朝的经济很发达，物质很丰富，贵族女子当然穿得很好。所以经济是基础，一切都要在经济基础上，我们要建立强国首先是经济强国，再就是政治强国，然后是军事强国、文化强国、教育强国，但是经济是基础，这个是马克思基本原理，服装问题也跟经济相关吧。

提问：一水中分白鹭洲，还是二水中分白鹭洲？

陈望衡：这里面谈到晋人和唐人的美学精神自由的区分和联系。晋是有一定的自由精神的，包括王羲之的书法表现了一定的自由气概，唐人也有他的自由气概。这里面有没有集成的关系呢？有的，大家都知道唐太宗特别喜欢王羲之的字，还把王羲之的《兰亭集序》放在他的坟墓中。但是晋人的精神自由跟唐人的精神自由相比，那就是小巫见大巫了。晋人的一些自由，应该相对来讲仅仅是道家的一种想象中的自由，而唐人的自由更多的还是一种在现实生活中体现的自由。如果晋人自由更多地局限于道家哲学、玄学的话，唐人的这种自由更多的是实际生活之中的，所以显得更加大气，更加自由。你看看为什么草书到唐朝的时候登峰造极，后世也不能超越，怀素、张旭，这个草书到了唐朝写得最好了。后来宋朝有没有写草书的？应该有，但是好像没有哪个的名气能够跟怀素、张旭相比，明朝也没有，清朝也没有，所以唐人的自由精神应该是空前的。

中国美学分错彩镂金和初发芙蓉。唐朝美学是初发芙蓉，芙蓉就是荷花，刚刚开放的荷花就是初发芙蓉。错彩镂金就是精雕细刻的那种是宋朝的，宋朝是讲究精雕细刻的；而唐朝就是初发芙蓉，是比较率真的，比较自然的，比较青春的。

提问：作为历史上第一位女帝王的武则天，在位期间，选用曌字将自己的期望寄托在文字上，可见对文字力量的重视，可为什么她去世立碑之时立的却是无字之碑？

陈望衡：如果要问她为什么要立无字之碑我不好回答，但是如果让我讲讲武则天我倒愿意多讲几句。我刚才讲了唐朝的美学有三大亮色，一个是山水审美，一个是战争审美，一个是女性审美。女性审美我讲了一些平常人家的女孩子，我没有说贵族人家的女子，更没有说皇族。贵族比如说《丽人行》里面有贵族人家，皇族首推武则天、太平公主、韦后等。这样一台女人政权的大戏在中国历史上曾经不断演出过，但是成功者大概没有超过武则天的，因为武则天是实实在在做了皇帝的，其他顶多就是垂帘听政罢了。中国的文化跟政治是密切相关的，有什么样的文化就有什么样的政治。中国过去都是崇尚儒家的礼乐治国，把礼乐这种儒家文化转变为政治文化。唐朝初年也是这样的，它崇尚儒家文化，提倡礼乐治国，不错。

另外，唐朝的天下是靠武力打下来的，这个武力打下来得益于什么？得益于在北魏时代北方建立了关陇集团，即关中和陇西结合的军事集团。这个军事集团原来是北魏守边的将军们建立的，其中最有名的是贺拔岳，还有贺拔岳的部将宇文泰。贺拔岳死了以后，宇文泰就出来了，后来北魏分裂，首先分出东魏来，宇文泰就辅佐了北魏的一个王子，成立了西魏。过了几年后，他自己当宰相，后来他的儿子当政的时候把西魏的皇帝废掉了，自己做皇帝，也叫西魏。

东魏也把北魏的皇帝废掉了，姓高的，就是高欢的后代，就叫东魏。西魏宇文泰，他的军事集团叫八柱国，都是一些将军，这些将军之间互相通婚，形成了一个军事集团，杨戬就是八柱国之一，唐高祖李渊的祖父李虎也在其中，这些人是崇尚武力的，所以李世民也是崇尚武力的。为什么那么看重《秦王破阵乐》？因为唐朝的皇帝一直崇尚武功。到了武则天时代就开始发生变化了，武则天就觉得这样下去不行，我要崇尚文治。所以科举制度在武则天时代很好地发展起来了，以文治国，而不是以武治国，到这一步，政治文化就发生了很大的变化。武则天是中国审美文化的嬗变起始，从这里开始变了，原来崇尚神，以神为美，这个神不是神仙的神，是神奇的神。后来又崇尚境，境界发生变化了，又出现了司空图叫"象外之象，味外之味"，就出现这样一种讲究恬淡、讲究含蓄的美学风格。所以武则天在唐朝文化变革上起了很重要的作用。

提问：谈谈苏轼如何面对人生的起起落落。

陈望衡：苏轼面对人生的起起落落与唐朝人对待人生的起起落落态度是不一样的。李白对人生起落是"千金散尽还复来"，是相信我还会东山再起的，"天生我材必有用"。苏东坡则是逃向山水，我失败了，我不做官了，我去当农民，我去做隐士。他基本上是以消极对待积极，而唐朝人对待失败是以积极对待积极。唐朝人并不承认失败，苏东坡则是承认失败的，这是他们很大的不同。唐人随时准备东山再起，而宋人随时准备隐遁山林。

我们要读唐诗，从唐诗里面学习，不是学习怎么作诗，是学习诗里面的精神来陶冶情怀。唐诗里面有知识，有文化，有情怀。读了唐诗以后再读读唐朝的文章，在《古文观止》里面收录进去的唐朝文章都是很好的，那几篇都是有代表性的，包括李白的、韩愈的、杜牧的，读的时候可以感受一下唐朝诗人作文章的那种气氛。

作者简介

　　赵林，哲学博士，武汉大学哲学学院二级教授，澳门科技大学特聘教授，国家教学名师，国务院政府特殊津贴专家，武汉大学珞珈杰出学者。主要从事西方哲学和文化研究。出版《古希腊文明的光芒》《告别洪荒——人类文明的演进》《浪漫之魂——让－雅克·卢梭》《西方哲学史讲演录》等专著20余部。先后获宝钢优秀教师奖、教育部全国高校"教学名师"奖等多个奖项，曾在中央电视台《百家讲坛》和许多城市大讲堂主讲文化专题讲座。

奥林匹克与古希腊文化精神

赵　林

　　当西西弗斯终于把巨石推到了山顶，他又该干什么？或许他只能再去创造一个现实中的或想象中的巨石去继续推动，否则他就只有死亡。事实上我们每个人都在日复一日地推动着自己的巨石，有些人觉得自己的事业比别人更神圣，这只是因为他认为自己推动的石头比别人的石头更神圣而已，他因自己的石头神圣，而石头也因他的感觉神圣。这也就是说干什么不是最重要的，重要的是干什么的时候有所希望。

——题记

　　各位听众新年好！这场讲座正好在北京冬奥会期间，大家每天都可以看到奥运会赛场上的一些情况，大家可能因此对奥运会充满了兴趣。那么我来做关于奥林匹克运动会的讲座，我将介绍一下奥运会的起源、发生背景，以及在古代的发展情况。这场讲座主要是追根溯源，只谈历史背景与精神。我在演讲过程中可能会经常使用奥林匹亚竞技会的概念，因为在古希腊它就叫奥林匹亚竞技会。

一、历史背景

　　首先介绍古希腊的背景，即地理状态。众所周知，希腊文明是西方文明的源头，如同中华文明的源头是黄河流域中下游以及夏、商、周三代，甚至更古老的说法是带有传说色彩的黄帝、炎帝文明。今天的希腊是一个民族国家，在联合国占有一席地位，而希腊在古代并不是一个国家，它是一个多城邦的文化集合体，这也就是说古代希腊的状态可能和中国春秋时代非常相似，即诸国林立。每个国家都是独立的，城邦就是古代的国家。希腊文明是西方文明的第一个阶段，在此之前还没有出现罗马，西方人并不熟悉大一统中央集权的格局。最早西方的国家形态叫城邦制，奉行分离主义原则，彼此之间在政治上保持各自的独立性。希腊的城邦基本是沿着海岸线分布的，不往内陆发展。面对海洋，风景优美，气候宜人，海上资源丰富，以渔业和商业为主，所以他们的生活无忧无虑，自由自在，对发展强大的政治、繁荣昌盛的经济并不是太感兴趣，对他们而言，人生的意义在于物质的满足。平时一个鱼头、几片洋葱、几个橄榄，一天的食物问题就解决了。所以希腊文明对后世西方文明最重要的贡献虽然不能直接推动生产力的发展，但却可以使人赏心悦目，陶冶人的心智。他们的宗教叫奥林匹斯宗教，对以宙斯为首的神崇拜，在这种宗教崇拜基础上产生了文学，如《荷马史诗》、赫西俄德的《神谱》，还有一些游吟诗人的叙事诗，以及后来出现的悲剧、喜剧、抒情诗、艺术作品等。他们受奥林匹亚竞技会的影响而展现出人体的优美，展现出人体的魅力，特别是希腊的造型艺术，已经登峰造极。在世界顶级的艺术殿堂卢浮宫，有三件艺术瑰宝被民间老百姓称为"镇馆三宝"，其中有两件是古希腊的，足以说明古希腊雕塑的厉害程度。

　　我们今天要讲的奥林匹亚竞技会在古希腊完全是一种无聊的游戏，是一群有身份的精英追求卓越的活动，这种精神当然在今天还保存了一些。古希腊没有奖金，人活着就是为了追求崇高，他们喜欢自我挑战，展现身体的力量，表现自己多么像神。古希腊人追求崇高，追求卓越，对务虚的东西充满了兴趣。与此同时，他们也不喜欢去征服别人，去建立一个大帝国，他们只想优哉游哉地、自由自在地享受着这种独立生活，所以叫分离主义。那么与之相对的就是帝国主义，帝国主义渴望建立一统江山大帝国，所以罗马是帝国主义的。希腊作为西方文明的第一种国家形态就是城邦制，所有的城邦顺着海岸线遍布整个爱琴海，甚至广阔的地中海。直到今天，西班牙、法国、北非都留有希腊的城邦，所以古希腊的概念是广泛的。

这么多城邦既在政治上不统一，又在经济上各自为政，那我们为什么要把他们都叫作希腊文明呢？因为他们都有某一种文化上的共同基因。首先，他们说同一种语言，只不过方言有差别，由于地域位置和背景不同，语言逐渐开始有了分歧和差异。其次，他们都喜欢分离主义、小国寡民的状态，他们都喜欢追求超越一些我们在今天看来无聊的东西，他们对美、智慧、卓越（卓越表现为运动力量）充满兴趣。最后，他们共同信仰奥林匹斯宗教。七大城邦主要集中在希腊的南部和今天的土耳其沿岸，古代叫作爱奥尼亚地区，今天属于土耳其。在希腊北部有一座山叫作奥林匹斯山，这是全希腊最高的山，古代人认为神都住在高山之巅。除此之外，建立希腊城邦的人早先都是从北方过来的入侵者，他们认为神就住在奥林匹斯山上，这些神因为他们的据点而得名奥林匹斯神。古希腊人信仰很多神，并且神之间都是有血缘关系的，是一个族群，多神教在不断地发展变化。到了希腊城邦全盛的时候，人们崇拜的是以宙斯为首的居住在奥林匹斯山上的一批神。这批神有两代，第一代是宙斯兄弟姐妹六个，三男三女，宙斯是雷电之神、众神之王，哥哥是海神波塞冬、地狱之神（冥王）哈得斯，姐姐是灶神赫斯提亚、农神德莫忒尔以及婚姻女神赫拉。那时候婚姻很乱，宙斯和不同女神结合生了一批孩子，他们被称为第二代神，如智慧女神雅典娜、文艺之神阿波罗、商业之神赫尔墨斯、火神赫淮斯托斯、美神阿佛洛狄忒（在罗马叫作维纳斯）等，人们全部居住在奥林匹斯山上。希腊的神就是这样产生的，人们首先对山川河流、日月星辰、风雨雷电自然现象崇拜，然后将智慧、战争、商业、锻造、美等人类社会现象人格化，加以顶礼膜拜，最后把他们变成了有血有肉的神。

宙斯坐在正中间，他旁边手持矛盾的是其女儿——智慧女神雅典娜，雅典城邦正是因她而得名，雅典直到今天都是希腊的首都。手持三叉戟的是波塞冬，后面的既是他的妻子也是他的姐姐——赫拉。拿着三弦琴的是阿波罗，拿笛子、披披风的是商业之神赫尔墨斯，世界顶级品牌 hermes（爱马仕）就是以他的名字命名。还有月亮女神艾尔特米斯、美神阿波罗利特、战神阿里斯等，他们都是最主要的神。宙斯和神结合生下的就是神，和人结合生下的叫英雄。英雄即半人半神，他是介于人和神之间的第三类，所以希腊神话不仅讲神的故事，也讲英雄的故事，并且英雄有时候往往比神更加引人注目，因为英雄在面对死亡的时候必然会表现出大义凛然、视死如归的英雄本色，这是希腊神话的一个特点。

二、希腊的竞技

由于希腊人崇拜神，并且希腊城邦主要是在南方，靠着海边，而奥林匹斯山在崇山峻岭的北方，所以人们为了纪念北方的奥林匹斯诸神，就建了一个小镇叫作奥林匹亚，每隔四年举行一次崇拜北方奥林匹斯诸神的活动，这个活动以表现自己多么像神的形式举行。希腊的神有一个最大的特点，就是肌肉发达、身材伟岸，女神也是男性化的形象，不爱红装爱武装，充满力量感。这种文化特点很可能跟希腊城邦的建立者很多都是北方的入侵者有关，他们反客为主，在当地建立了政权和城邦，所以他们崇拜武力，崇拜征服，崇拜战争、杀戮和劫掠，所以从这个意义上来说，希腊的神一样充满着魁梧有力的特点。与基督教崇拜的耶稣是完全不一样的，耶稣至柔至弱，他被人定在十字架上，没有任何还手之力，逆来顺受，但希腊神自刚自强，它充满着一种孔武有力、争强斗狠的特点。有什么样的人就会有什么样的神，既然神是如此模样，那么人当然也应该极力表现出人像神一样。从公元前776年开始，每隔四年，就会在奥林匹亚举行一次崇拜北方奥林匹斯诸神的活动，极力展现自己的身体多么像神，肌肉是何等发达，身形是何等矫健，以及战斗技能是多么高超。神向来都是争强斗狠、能征善战、所向皆靡、战无不胜的，所以人在崇拜神的过程中极力表现自己高超的战争技能，他们把用于打仗的这种技能以和平的方式加以表现，然后出现了体育竞技。早期希腊的古典五项——跑步、跳远、投标枪、掷铁饼、摔跤全部是用于打仗的，这种活动出来之后就迅速成为希腊各城邦精英社会和主流社会最崇拜、最崇尚、影响最大的活动。

在四年一届的奥林匹亚竞技会上，至少爱琴海周边的城邦都会派代表团到奥林匹亚参加，大家聚集一堂，一展风采，表现自己的肌肉身体和战争技能。这个活动对主流社会的影响特别大，受到各城邦官方的大力推崇。有身份的上流社会贵族青年，战争的时候就打仗，没事的时候就锻炼身体，然后到奥林匹亚竞技会上一展身手，这逐渐成为上流社会和主流社会的一种规则。到了公元前6世纪，希腊城邦达到鼎盛时期，此时又出现了三大竞技会——

皮提亚竞技会、科林斯地峡竞技会、尼米亚竞技会。所以古希腊一共有四大竞技会，奥林匹亚竞技会在公元前8世纪最早出现，影响最大。除此之外，还有很多地方性的城邦内部竞技活动。这四大竞技会有的四年一届，有的两年一届，所以希腊人每年至少会参加一届这种国际化竞技活动。

在希腊还有一种影响更大的活动，叫作戏剧，因为戏剧是普罗大众都可以看的。希腊有许多露天剧场，依山而建，免费且公开的，所以老百姓就是在剧场里面开始接受文明教育的。奥林匹亚竞技会毕竟只有精英们才能去，老百姓不可能去的，特别是妇女——古希腊的奥运会是没有妇女项目的，因为古希腊是一个男权社会，女人没有社会地位，既没有政治权利，也不能参加崇高的宗教活动；参加者都是裸体运动，表现自己强壮的身体。但妇女们也有她们自己的文化生活——戏剧，这本来是一种很粗野的、下里巴人的活动，是一种民间对酒神的崇拜，后来逐渐发展成一种影响非常大的、雅俗共赏的艺术形式。戏剧既是一种表演，也是一种狂欢。与奥林匹亚竞技会把战争技能加以表演不同，戏剧是模仿一个经历各种苦难的人，并在喝酒之后手舞足蹈、载歌载舞，完全是率性而为。所以后来希腊各城邦的人们基本上都是在剧场里长大的，他们是看着戏剧长大的。这些东西都是在崇拜奥林匹斯神的过程中产生的，上流社会崇拜奥林匹斯山上那些冠冕堂皇的主流神，极力模仿他们的战争技能，展现身体的魅力，其结果就演变出了体育竞技——奥林匹亚竞技会，以及诸如此类的其他竞技活动。同样地，下层老百姓尤其是妇女们崇拜不能登上大雅之堂的酒神狄奥尼索斯，借酒狂欢，因此也演绎出一种文化形式，叫作戏剧，叫作表演，这是雅俗共赏的。当希腊城邦达到鼎盛时期后，这两件事情就成为被希腊人自诩为文明人的标志。精英认为参加奥林匹亚竞技会非常崇高，因为它追求卓越。奥林匹亚竞技会的门口原来有一排台子放头像，但那并不是获得冠军的头像，而是犯规、作弊的人花钱为自己雕的塑像，寓意着永远禁止进入奥林匹亚竞技会。而看戏是普罗大众的活动，它代表了希腊人的教养，因为戏剧本身就具有很深的哲理意义，从悲剧里面呼唤出哲学，所以希腊人在看戏过程中，不仅领悟到一些戏剧内容和神话传说故事，而且更重要的是从里面领悟出了人生哲理，提高了自己的智慧，因此希腊人因自己会看戏而自豪。所以，当到了希腊城邦鼎盛时期，希腊人认为自己是文明人，而周边的民族如东方的波斯帝国、历史更加悠久的埃及、繁荣昌盛的巴比伦等都是野蛮人。虽然他们的经济繁荣，政治发达，但他们不懂得欣赏戏剧，不会参加奥林匹亚竞技会，所以依旧是野蛮人。

所有希腊时代产生的文化形态，不管是奥林匹亚竞技会、戏剧、文学、艺术，还是其他的神话传说，都是在崇拜奥林匹斯诸神的过程中产生的。希腊人生活在非常浓郁的宗教氛围中，它是多神对风雨雷电、人类社会的战争和平、商业智慧的崇拜，他们从小听着神话传说故事长大，无论我们在奥林匹亚竞技、剧场还是其他地方看到的雕塑，都可以从中感受到深深的、浓郁的、神的宗教氛围，神话的氛围。因此要想走进奥林匹亚竞技会，你首先得走进奥林匹亚竞技会赖以生长的希腊厚重的文化土壤。希腊为了崇拜神，建起了神庙，直到今天，希腊任何一个古老的城邦一定都有断壁残垣的神庙，而且神庙往往建立在高山之巅。由于希腊人崇拜神，所以奥林匹亚竞技会直接启发了一种非常重要的艺术——人体造型。古希腊奥运会是裸体运动。古希腊人跟我们的道德观念不一样，他们不以裸体为耻，而以裸体为荣，他们觉得人生在世有一副好身体，肌肉发达，身材伟岸，能够参加四年一届的奥林匹亚竞技会或者其他竞技活动，能够在竞技场上获得冠军，获得锦标，那是人生莫大的荣誉，所以他们从不羞于展现自己美丽的身体，无所谓遮羞一说。同时，希腊人认为一切美的东西都应该暴露无遗，不仅对男人如此，女人也应该如此，所以后来希腊的雕塑艺术发展一定水平后，他们表现女性的时候也越来越大胆，美神一定要裸体，如果不裸体，美将体现在何处？希腊人的美是人体美，希腊人觉得天地之间最美的莫过于人体，所以希腊的艺术品从来不去画花草山水，最美的是活生生的、生龙活虎的人。希腊大量的雕塑艺术很多都是赤裸的人体，不管是男人还是女人，美的东西就应该一览无余。希腊人完全是率性的，充满了童趣，没有太多复杂的道德观念，功利的束缚也没有，所以他们自由自在、无忧无虑地生活在爱琴海，心胸像爱琴海一样湛蓝，像天空一样蔚蓝。他们是纯净的民族，这就是希腊整个奥林匹亚竞技会以及其他的艺术文化得以产生的共同艺术基因。希腊人举办奥林匹亚竞技会模仿神，由此极大地刺激了人体雕塑艺术。为了赞美神灵，人们发展出讴歌神灵、讴歌大自然、讴歌男欢女爱的崇高价值；为了表现受苦受难的经历，人们发展出悲剧，演绎神的苦难历程，提升人的智慧水平；最后为了超越对感性表象的神的膜拜，希腊发展出一个最高的文化形态——philosophy（哲学）。

哲学在希腊可以说是最后攀上高峰的，它批判比较直观的、浅显的宗教，它开始呼唤一种崇高的宗教，它认为真正的神应该以精神取胜，实际上它在间接地呼唤着几百年后出现的基督教。基督教的神代表着精神，希腊的神代表着肉体；肉体的崇拜是一种童年的崇拜，精神的崇拜是一种成年的崇拜，所以基督教的神尽管看起来不是那么的光彩，远远不能跟希腊神相比，后来却取代了希腊神，因为人总要长大，文明也要逐渐生长。基督教代表着很高的东西，它代表着一种矛盾的、悖反的、看到的和信仰的是相反的一种更高的反思的文化主义，而希腊是直观的，所见即所得。哲学虽然是在希腊所有文化形态中产生最后攀上高峰的，但是它已经开始批判希腊主流的东西了，包括苏格拉底、柏拉图等主要的希腊哲学家对奥林匹亚竞技会的批判。他们觉得真正文明的、有品位的、有智慧的人应该让精神去运动，而不是让肉体去运动。即使这是一个历史的、悲哀的故事，但它就是历史的发展。不同的文化形态在希腊都是从无到有，依次发生，这个过程就像我们在托儿所接受的是感性教育，在小学开始稍微抽象一点，在大学更抽象，我们逐渐把握世界背后的规律，把握本质。古希腊的文化形态也是这样的，从浅到深，从简单到复杂，从比较感性到比较理性，而哲学是最后出现的。19世纪德国大哲学家黑格尔有一句名言：密涅瓦的猫头鹰在黄昏起飞。密涅瓦是雅典娜，雅典娜是智慧女神，雅典娜的吉祥物是猫头鹰。西方猫头鹰的影响特别大，猫头鹰代表智慧，而猫头鹰在黄昏起飞也就是说，只有当一个人、一个民族、一种文明到了黄昏时代才开始高高地翱翔，但是当智慧开始翱翔的时候生命也即将结束了，这是一场人生的悲剧。你年轻的时候充满力量，身体充满真实，所以去参加奥林匹亚竞技会，去展现外在的东西，而这都是对自己身体力量的自信；到了晚年，我们的身体已经慢慢丧失了行动能力，这时开始思考智慧的、精神的东西了，所以哲学是对智慧的热爱，而智慧不同于常识，智慧是最高的东西。奥林匹亚竞技会代表着一种青春的力量，所以奥林匹亚竞技会以及奥林匹亚竞技会启发的技术就相当于我们青春少年时期的学习和水平，荷马史诗相当于幼儿园、小学的水平。在希腊城邦时代，随着奥林匹亚竞技会的出现，雕塑、建筑和奥林匹亚竞技会代表着对身体的自觉、对青春的自觉，充满了青春的力量。我们每天早上都会有一种力量在体内开始迸发，而这样一股青春的力量表现为外在的艺术形式，表现为奥林匹亚竞技会以及雕塑、建筑这些造型的东西。所以我们说它只是一个阶段，往后就是悲剧，悲剧就到了成年，开始反思人生的一些重要哲理，哲学就到了老年，进入智慧生命也即将结束了，所以智慧呼唤死亡，这就是人生的整个历程，而希腊整个文明的发展就演示了这样一个人生历程。

公元前5世纪的希腊发生了一场战争，东方的帝国主义国家波斯入侵分离主义的希腊城邦，结果发生了一场希波战争，其结果是希腊人团结起来，共同保家卫国，打败了强大的波斯帝国，捍卫了自己的分离主义和自由。这场战争于公元前5世纪上半叶开始发生，在此之前希腊人还不知道帝国主义，对波斯并不了解，只听说过它，且对它嗤之以鼻。那时希腊人各城邦聚集在一块，进行一系列的文化活动，除了四大竞技会，还有其他的宗教活动，如雅典娜节、宙斯节、酒神节等。但希腊的每个城邦都是独立的，没有首都。希腊城邦衰落以后，北方马其顿的一个统治者把整个希腊统治了，他当时称奥林匹亚是希腊的首都，可见奥林匹亚对希腊的重要意义。奥林匹亚竞技会是全希腊产生最早的，于公元前776年出现，所以希波战争发生时奥林匹亚竞技会已经举行了几百年。奥运会据说起源于一段神话传说，为了纪念古代的大英雄珀罗普斯和一个国王赛车获得胜利，后来希腊人就以赛车的方式来纪念他。很长时间后，希腊发生了灾害，传言是因为希腊人疏于对奥林匹斯诸神的崇拜，所以神发怒了，降下灾害，于是人们开始举行崇拜神的活动。公元前776年开始，伊利斯的一个城邦和斯巴达开始联合起来在奥林匹亚小镇举办体育竞技，最初仅仅是作为祭神活动进行，以竞技的方式来表现对神的崇拜，但随着活动不断地发展，它的影响越来越大，参加的城邦也越来越多，逐渐成了全希腊影响最大的文化活动。奥林匹亚竞技会已经举办了293届，1100多场，奥运会从不受任何事情影响。古希腊人有一点非常崇高，叫作神圣休战原则，也就是说开运动会的时候绝不打仗。因为希腊各城邦之间经常会有利益冲突，彼此会发生战争，也会诉诸武力，但只要到了开奥运会前的一个月，人们就不再打仗了，大家来到奥林匹亚竞技场上，以和平的方式竞技，结束后再继续打仗。据说公元前480年，东方的波斯帝国第二次入侵希腊，当时斯巴达的国王率领壮士在希腊北方的关隘温泉关收尾，波斯人费了三天的时间终于前后夹击把这个关隘拿了下来。波斯人感到很奇怪，希腊有那么多的城邦，怎么只有这300个壮士顶着，后来打听才知道，希腊正在举办奥林匹亚竞技会，从此以后希腊人更加瞧不起波斯人。而波斯人也觉得无所谓，奥林匹斯诸神不是波斯人崇拜的，所以希腊人举办奥林匹亚竞技会对波斯人没有约束力，可见这就是文化的差异。乃至公元后希腊已经成为罗马的殖民地，希腊人还在举办这个活动，而这个活动对罗马人也有一定的影响，但罗马人最多只是发展赛车活动，其他的活动让奴隶们去干，最后竟发展成为一种血腥的暴力角斗活动。因为罗马人是以血腥而著称的，他们喜欢真刀真枪地在战场上争权夺利，建功立业，他们看奴隶角斗，作壁上观。希腊人追求卓越，自我满足；罗马人追功逐利，追求利益。希腊人更多注重内心的感受，自我的感觉，而不是外在的名利。

希腊叫宙斯，罗马叫朱庇特；希腊叫雅典娜，罗马叫弥涅耳瓦；希腊叫阿佛洛狄忒，罗马叫维纳斯。很多人知道罗马对神的称谓，但不知道希腊对神的称谓，实际上罗马是从希腊复制过来的，罗马人没有文化品位，仅仅是东施效颦，只不过换了一套拉丁名字而已。公元4世纪，随着基督教逐渐成为罗马的国教，罗马狄奥多西大帝就把这个活动叫停了，因为这是崇拜宙斯的活动，宙斯是邪灵鬼怪，而基督教是神教，只崇拜一个神——耶稣。一直到1896年，在法国人顾拜旦的倡导下，人们才开始把奥林匹亚竞技会复活，叫作现代奥林匹克运动会。第一届于1896年在雅典举行，此后依旧是四年一届，但是今天我们远远不如希腊人那么崇高，1920年由于第一次世界战争停了一届，1940年和1944年由于二战停了两届，还推迟了一届。如果古希腊人复活，他们会觉得现代人太鄙俗、太卑劣了，居然在奥运会期间还世界大战，跟波斯人一样野蛮。所以从这个意义上来说，现代人远不如希腊人崇高，尽管今天更加发达，更加繁荣昌盛，但是在道德层面远远比不上古代人，就像我们永远比不上孔孟，比不上春秋战国时期人的品位一样。从1896年到今天，奥林匹克运动会共举办了31届，120多场，而古代奥运会举办了293届，1100多场，差不多是现代的十倍，虽然这不是全世界的运动会，但却是全希腊的竞技会，它在某种意义上仍是国际性的，更主要是其有着崇高的原则。

最早的奥运会活动只有赛跑、跑步，今天叫短跑。古代人的身体比现代人强壮，所以他们的度量衡与我们不同，他们跑的距离大概是191~192米，从这边跑到那边，然后折返跑，于是来回跑逐渐发展成为长跑，发展成为跳远，还有负重跳远。之后很快出现了古典五项——铁饼、跳远、标枪、赛跑和摔跤。这五项全部都是用于打仗的，标枪本来就是希腊人的武器，希腊人打仗就是远投标枪，近身肉搏用刀剑，所以标枪人手一支，甚至好几支；当时部队是分等级的——重甲兵、轻甲兵和轻兵，轻兵甩石头，重甲兵全副武装投枪、长剑、短剑，掷铁饼就是甩石头发展出来的，摔跤是近身肉搏。最早的奥林匹亚竞技会只举办一天，之后发展到五天，从第14届后越来越完善，但第一天是不举行比赛的，而是举行隆重的祭祀仪式。因为奥林匹亚竞技会崇拜北方奥林匹斯山上的神，尤其崇拜宙斯和赫拉，所以奥林匹亚竞技会竞技场有两个神庙，分别是宙斯和赫拉的神庙，直到今天取圣火依然是到赫拉神庙的门口。

竞技会的第一天举行隆重的祭祀仪式，由祭司引导着大家崇拜、赞美，以各种各样的仪式、表演和诗去赞美神、崇拜神。而到了今天的奥运会已经没有了崇拜神灵的活动，因为这是个逐渐祛魅化的时代，大家已经没有太多的宗教信仰了，于是就把祭祀仪式演变成了开幕式、文艺表演、商业宣传等。古希腊的竞技会有几个特点，首先是文化上的纪元方式。公元是以基督耶稣的诞生为元年开始纪元的，也就是说按照基督教的观点，如果耶稣今天还活着，应该是2023岁了。西方文化曾成为全世界的主流文化、强势文化，通过当时的坚船利炮和更先进的政治、经济、文化之路，把影响散播到全世界，于是大家就开始逐渐接受这种纪元方式。而在古希腊时期耶稣还没有诞生，耶稣没有诞生就没有公元纪元，没有公元纪元就没有公元前。所以第一届奥林匹亚竞技会的时间为公元前776年是倒推出来的，而不是说古希腊人已经会用这个方式纪元。古希腊的各城邦彼此在政治和经济上是独立的个体，城邦有自己的纪元方式。他每年都会选一个命名执政官，以其名字命名；古希腊人说一件事，这件事发生在第几届奥林匹亚竞技会的第几年，以此来纪年，所以这就构成了希腊记载历史的基本方式，正是因为有了统一的纪元方式，历史才成为可能，历史书写才成为可能。没有统一的纪元方式就没有书写的历史，没有书写的历史就没有文明，那就是一片蛮荒、野蛮。其次，这个活动是全希腊影响最大的，是主流精英社会的贵族参加的，所以一定是很纯洁的，严格规定参加者没有犯罪记录，而且裸体运动就是要展现人体的魅力，没有女人参加。赛诗会是女人参加的活动。古希腊的奥林匹亚竞技会不仅没有女子项目，而且只倡导未婚女子观看，这说明他们对美充满了崇尚，男人的身体之美会激发起她心中无限的想象力。2004年，第27届奥运会在雅典举办，开幕式上的演员们表现出各种运动的姿态，身穿白色紧身服，再现古希腊奥林匹亚竞技会的裸体表演。最后是军事休整，所有的城邦在竞技会召开以前就开始做准备了，运动员们往往提前一个月到来，自带干粮，自带盘缠，进行训练。每年竞技会在夏至以后的第一个月圆之日召开，大家集聚一堂，和平竞争。所以奥运精神的内涵就是崇尚和平、团结友爱、公平竞争、相互帮助、相互理解，最重要的当然是和平。之后还会举行神圣的火炬传递仪式，1896年是没有火炬传递活动的，这是希特勒于1936年搞起来的，当时希特勒刚好上台不久后，野心勃勃地要重振德国，想要抓住这个机会举办一个轰轰烈烈的奥运会，所以他派人到希腊取火种，一路接力，最后跑到德国点燃了柏林会场的火炬台。直到第14届伦敦奥运会，希特勒被打垮了，法西斯被消灭了，大家觉得这个仪式很有意义，于是就传承了下来。

火在希腊人的生活中很重要，火元素的地位很高，它不仅给我们带来了光明，而且还可以让我们吃熟食，摆脱了茹毛饮血的生活，所以在奥林匹亚竞技会一定要点燃火。奥运会既没有奖金，也没有任何利益，冠军叫作锦标。一旦获得某个比赛的锦标，就由一帮童男童女用金刀从金橄榄树上砍下树枝做成花冠；一旦得了冠军，裁判员就会当众宣布某某城邦的某某获得了某项比赛的冠军，花冠虽一文不值，但荣耀无限。戴着花冠回到城邦，就会被城邦人像神一样崇拜，一辈子受人顶礼膜拜。所以在古希腊，人生最荣耀的莫过于戴上奥林匹亚竞技会的花冠，获得人生的卓越。古希腊的四大竞技会各有各的花冠，奥林匹亚竞技会是橄榄枝花冠，皮提亚竞技会是月桂枝的花冠，伊斯米亚竞技会是松柏树枝的花冠，尼米亚竞技会是野芹菜的花冠，都代表了人生之殊荣，是人生的**最高荣耀**。希腊老百姓无缘登上奥林匹亚殿堂，他们开始进行酒神崇拜，自娱自乐，他们把**葡萄藤**摘下来编花冠戴在头上，喝葡萄酒聊以自慰。现在希腊的很多商店都会卖铂金或是银质的橄榄花冠，里面包橄榄枝，晒干后外面烫金或烫银，希腊人一直以这个标志为荣。

希腊人以追求获得奥林匹亚竞技会桂冠为人生之殊荣顶峰，而罗马精英贵族以能够获得战场上的胜利、回国举行凯旋仪式为人生莫大的殊荣。所以罗马人最荣耀的就是凯旋仪式，庞培举行过三次，恺撒举行过四次凯旋仪式，这都是大名鼎鼎的英雄。虽然罗马人瞧不起这个活动，但是他们却把希腊的这种荣耀保留了下来，所以罗马的统治者举行凯旋仪式时，头上一定要戴上希腊奥林匹亚竞技会的橄榄花冠。一直到284年以后，戴克里先受东方的影响戴上了冠冕，波斯皇帝、埃及国王头上也戴着黄金的冠冕，从此东方专制主义开始取代西方追求荣耀的东西。

三、希腊的艺术

竞技会对希腊的文学艺术产生了重要影响，可以说是穿越时空，甚至古代的奥林匹亚竞技会停了，但文学艺术影响从没有终止，一直传到今天。古希腊竞技会是裸体运动，运动员肯定是身体最矫健、肌肉最发达、身材最伟岸的，跑得快，跳得远。古希腊人本身就崇拜裸体，他们的审美观与我们不同，他们对山水、花草、动物不感兴趣，他们觉得最美的是人体，尤其是裸体，尤其是健康、强壮的人，奥运会就是要把美丽的人体淋漓尽致地展现出来，因此对人体的崇拜影响了希腊人的审美，并奠定了西方的审美理念，直到今天。他们崇拜硕大，他们崇拜健康，充满了力度；我们喜欢阴柔，喜欢樱桃小嘴，杨柳细腰。我们不突出力感，不突出健康，而表现财富，表现娇柔；希腊崇拜力量健康，不管男人还是女人一定要突出力感。所以美与力是联系在一起的，美与健康也是联系在一起的，否则就不叫美，而像林黛玉那种风一吹就倒的叫作病态。这种审美风格从古希腊影响到古罗马，到基督教时代被打入冷宫，到文艺复兴时期又复兴了，一直传承到今天，所以在西方艺术殿堂基本看不到山水花草画，花草雕塑也很少，都是健美的人体，充满着力量，充满着强悍。运动员展示裸体，给艺术家们带来莫大的启发，艺术家们在很多公开场合都能看到这些鲜活的肉体，自然临摹水平就高。

后来亚历山大征服了希腊，统一了希腊各城邦。他当年特别崇拜奥林匹亚竞技会，敢跟任何一个国家的国王举行一场体育比赛，因为打仗的时候他从来都是身先士卒，每次第一个攻上城墙的就是他。乃至他东征经过小亚细亚，路过阿喀琉斯的墓，为了表示对这位传说英雄的敬仰，亚历山大和他的同伴在阿喀琉斯墓前举行了裸体祭祀，以此表示对他的崇拜。因为阿喀琉斯赛跑第一，所以亚历山大也举行了裸体跑步比赛，从这个意义上来说，希腊人把裸体活动看得非常崇高，这也极大地启发了艺术家们的艺术表现能力。

奥林匹亚竞技会的训练场现在是废墟了，当年是有回廊的。在奥林匹亚有宙斯和赫拉的神庙，断壁残垣的地方是古代的祭坛，祭坛是点火崇拜神灵的地方，由祭司向神献祭，进行祈祷。赫拉神庙是极其崇高的地方，当举行奥运会的时候才可进入点燃火炬。女祭司在祈祷池赞美宙斯，赞美太阳神阿波罗，进行各种各样的表演以及宗教的舞蹈等。耻辱台放着的是犯规作弊的人的头像，代表着不允许进入殿堂。走进拱门是世界上最早的竞技场，白色的石头是起跑线，在191米开外的地方有一块白色石头，是终点线。马拉松是希腊人最早举行的。希腊的奥运会留下了很多矫健的身影，极大地启发了艺术家，艺术家通过艺术将他们留下来。

希腊有两种艺术，一种是凝固于空间的艺术，主要是雕塑、建筑、绘画；另一种是流动在时间的艺术，主要是诗歌乐舞、吟诗作赋、唱歌跳舞、悲剧喜剧。后人们可以看到在空间凝固的艺术——雕塑、绘画和建筑，以表现健美的裸体人为特点。正因如此，奥林匹亚竞技会极大地推动了希腊艺术的建筑发展。中国古代也有反映体育运动的，如蹴鞠、马术等，但是后来的艺术发展开始淘汰体育运动，反映民间的风土人情。希腊运动有大量的艺术，浮雕里有人在跑步，有人在投掷，也有人在摔跤、肉搏，全部都是裸体的。正是由于浮雕上裸体运动员的身形活灵活现地显现了，极大地启发了人们的想象，于是大量发展出神和英雄的雕像。谁也没有见过奥林匹斯山上的神，运动员都是模仿神，神的身体肯定比运动员更加健美；有模特进一步把它发展成理想的水平，极大地推动了希腊雕塑艺术的发展。

早期希腊雕塑艺术水平较低，受埃及的影响，早期的雕塑跟东方的很像，大体上是个人形，半头半马的；还有对称的，人体最早是两条腿一前一后，两手下垂，身体正好有个中轴线，千篇一律，显得比较呆板。到了公元前6世纪，由于四大竞技会的裸体司空见惯了，于是就极大地推动了希腊艺术的发展。到了公元前5世纪，希腊艺术猛地上了一个台阶，开始逐渐出现越来越栩栩如生的雕塑，如德尔菲青铜雕塑、宙斯神像等，雕塑得如此完美。

虽然希腊有大量神的雕像，但是女神是要穿衣服的，女人不能全裸，比较保守。当时出现的一些经典艺术充满着人体之美，即力量之美。美是有个比例的，圆头圆脑，肩膀宽，腰杆粗壮，腰肢精壮，臀部宽阔，短腿粗壮有力，人体比例达到了竞赛级别。随着希腊城邦由盛转衰，希腊人开始逐渐堕入无聊，人们开始崇拜男人女性化，不要有肌肉，皮肤要柔滑如水，不要结实要修长，要长腿。公元前4世纪开始，人类最初文明已经达到烂熟，人们低吟浅唱，醉生梦死，得过且过，随波逐流。文化品位也变了，人们越来越喜欢比较阴柔的、比较女性化的雕塑，男性的力量特质逐渐被遗忘了，出现了搔首弄姿的特点。普拉克西特列斯的《尼多斯的阿佛洛狄忒》是希腊第一座全裸的女雕像，刚开始骇人听闻，但很快大家就接受了，因为这也是一种美。正是受全裸女子的影响，男人才开始变得女性化了，整个风气开始逐渐向阴柔的方向发展，男人香艳，非常华丽。希腊化时代开始集大成，出现了很多精美的艺术作品，如《断臂的维纳斯》不卑不亢，恰到好处，尽善尽美，希腊的艺术水平登峰造极，表现手法前无古人，后无来者，达到了人体之典范；《萨莫色雷斯的胜利女神》也打造得尽善尽美；梵蒂冈的镇馆之宝《拉奥孔》比较有争议，雕塑来自希腊的一对父子，其秉承了希腊文化，可以说达到了希腊的最高水平。这座人体雕塑充满着静中的动感，表现的是祭司和他的两个儿子由于得罪了神灵，被神派的大蟒蛇活活缠死，他们在痛苦地挣扎。这种于静中体现动的艺术，这种对肌肉、人体的比例分寸的拿捏，达到了经典的巅峰，不可超越，这是希腊艺术。有神像就有建筑，浮雕确切地反映了当时的情况，而这些建筑非常巍峨，比如说著名的宙斯神庙。希腊的绘画水平不高，因为希腊人的透视感不强，绘画比雕塑更难，在平面里表现立体难度更大。希腊水平最高的是雅典的神庙，今天已经是断壁残垣了，它于17世纪毁于战火，但今天依旧可以看出其极其精彩，极其辉煌。帕特农神庙展现了雅典娜与波塞冬争斗的场面，当地人民选择了雅典娜，所以将城市命名为雅典。1687年，帕特农神庙被威尼斯人的炮弹击中，半壁神庙坍塌。1800年，英国驻土耳其大使额尔金（Elgin）爵士将一部分雕塑和神庙残片运到英国，珍藏于大英博物馆。

希腊的奥林匹亚竞技会追求崇高，追求卓越，进而衍生出热爱和平的精神，强调团结友爱、公平竞争、相互理解。希腊人认为卓越是超越功利的，他们纯粹是想在奥林匹亚竞技会上获得锦标，表现出自身更强的竞技能力，比一般人更像神，这就是古希腊人所追求的卓越内涵所在。希腊人追求荣耀，罗马人创造光荣。我说希腊是仰望星空的民族，超逸浪漫；罗马是俯抱大地的民族，功利务实，这是两个民族完全不同的定位。

四、重点提问与解答

提问：古希腊文化精神对奥林匹克运动的形成是否存在直接的必然影响？

赵林：毫无疑问是存在的。因为古希腊的文化精神主要是崇拜奥林匹斯诸神，它是一种非常荣誉的宗教精神，与我们今天追求科学不同。人们在不同的时代追求的主要价值不一样：有的时代人们把美作为人生最高目标，希腊人就是这样；有的时代人们把利作为人生最高目标，罗马人就是这样；有的时代人们把善作为人生最高目标，基督教文明就是这样；有的时代把追求真理和利益作为人生最大目标，现代社会就是这样。所以我们这个时代要强调科学之真，当然也包括功利，生活的幸福要与功利直接挂钩，但是古希腊以美为人生之和平、人生之最高目标。

对美的追求充分体现在所有希腊文化赖以生长的奥林匹斯宗教崇拜上，希腊的文化精神从对北方奥林匹斯山上诸神的崇拜中产生唯美的精神，这种美使人超越功利，成为仰望星空的民族，创造出一系列美轮美奂的但不能直接产生现实功利效果的文化形态，比如说奥林匹亚竞技会，比如说戏剧、雕塑、建筑、哲学等。它不同于经济、法律，不同于商业或军事、政治，它不可以直接开疆拓土，建功立业，也不可以带来繁荣昌盛，但是希腊人就是如此。所以一般而言，希腊文化精神很难理解，我们很难去体悟到希腊人的想法。

这种文化精神不仅影响了奥林匹亚竞技会，也影响了希腊各种各样的文化形态。奥林匹亚竞技会最大的特点就是追求卓越，追求卓越更多的是自我超越，而不是对外在事物的征服和在意。

提问：基督教文明为什么尊上帝为教主？谈起希腊文明大家言必称希腊，在此基础上建立希腊文明有什么意义？

赵林：这两个问题不太相干。可以说西方文明经历了三个阶段，第一个阶段是希腊，希腊主要为后世的西方提供了一套务虚的文化形态，无论是文学、艺术、宗教、奥林匹亚竞技会，还是哲学，都是希腊人开创的，并影响了西方。我们生活中离不开文学，离不开艺术，离不开哲学，也离不开竞技活动，这都是希腊人创造的对后世的影响。第二个文明阶段的根基是罗马，罗马文明为后世西方文明提供了务实的制度形态，如法律、行政管理、国家体制、军队建制、行省编建制等，这都是罗马人为了建功立业开创的，能够直接推动国家的发展，推动经济的繁荣。直到今天，尽管英国的全称是大不列颠及北爱尔兰联合王国，美国的全称是美利坚合众国，但他们实际上都沿袭了罗马的共和制度，两党两院，只不过加了政党制度而已；无论是英国的保守党和工党，还是美国的共和党和民主党，都是近代衍生的，基本的制度都来自罗马，甚至法律也深受罗马的影响。第三个阶段就是基督教文明，基督教逐渐壮大最后反客为主，将罗马帝国全覆盖，罗马帝国崩溃了，基督教长存于后世。基督教文明对后世西方最重要的贡献是一套西方人赖以安身立命的信仰体系，与这套信仰直接相关的价值观念有契约精神、诚信意识、一夫一妻的家庭伦理，还有近代发展出来的对平等、自由、民主观念的追求，直到今天，这都是西方人赖以安身立命的重要精神价值。所以三个阶段不同的文明带给西方的贡献是不一样的，虽然它们之间有很多重合之处，但它们各具特点，如果想要了解今天的西方，这三个根基是首要的。

提问：请问奥林匹亚精神在古希腊哲学思想上有什么具体体现？

赵林：这很难解答。希腊奥林匹亚精神追求卓越，希腊人的哲学也追求卓越，但这种卓越却是一种超越。哲学是最后才开始攀上高峰的，当哲学高高翱翔之时，基本上会唾弃、鄙夷希腊此前的文化形态，所以哲学家都是自视甚高的。希腊哲学家苏格拉底、柏拉图一开始就是自绝于民的，他们不屑于跟大众为伍，他们觉得大众沉迷于戏剧之中，沉溺于尝试之中，日益随波逐流，而自身追求智慧，要往高处走，所以这些哲学家对整个希腊文化本身采取一种否定态度、一种鄙夷态度。

奥林匹亚精神对哲学思想的影响就很难说了，因为哲学也追求超越，而超越恰恰是对奥林匹亚精神、对所代表希腊文化本身的超越，这是一种否定意义上的超越、一个辩证的超越，它呼唤着更加深刻的另一种宗教——基督教的出现，所以他们后来成为基督教的重要思想来源。基督教最早的神学思想是从希腊唯心主义哲学家产生的，这些唯心主义哲学家本身就是对希腊文化的叛逆，他们反叛希腊文化。苏格拉底由于其思想被雅典人处以死刑，柏拉图被赶出城邦，差一点沦为奴隶，因为雅典人不能容忍这样自视甚高、自绝于民、与大众格格不入的人，大众总是带有保守主义的倾向，对于很新潮的人当然嗤之以鼻。

这说明哲学家跟希腊的主流文化是背道而驰的，他们是战败者，于他们而言，那个时代来得太早了，他们本属于基督教文明，却不幸早生，所以会有辩证掉轨的过程，文化现象很复杂。希腊的神与基督教的神相差十万八千里，希腊哲学是对希腊文化、希腊宗教的否定，同时对基督教的互换，然后结合在一块。

提问：古希腊文明对我们现代生活有什么影响和激励吗？

赵林：追求真、追求利是我们这个时代的基础，但是追求真和利的过程中，不妨也追求一点美。一百年前中国最早的五四运动、新文化运动有一帮知识精英，当时那一批激进的思想家们包括后来走向共产主义阵营的陈独秀、李大钊和走向三民主义阵营的胡适、蔡元培，他们当时站在同一个阵营，为了砸碎中国传统文化，引进西方先进文化——科学和民主。但他们很快发现西方的科学实际上处在很浓郁的宗教背景中，无论是希腊、罗马多神教，还是基督教，都是一种宗教的文化，所以有很深的宗教氛围。中国自古以来"子不语怪力乱神"，六合之外，存而不论。所以中国思想家孔子等人是不谈鬼神的，他们更多谈的是安身立命、修身养性、道德修养、经世致用，敬鬼神而远之。西方的科学是从浓郁的宗教色彩中逐渐发展形成的，是极其复杂的过程，在发展过程中与宗教构成互补，一方面仰望头顶星空，另一方面守住心中道德，头顶星空可以交给科学，交给牛顿力学，严格遵循万有引力的必然规律；而我们心中的道德需要一个根基，需要一个支撑，这个支撑是我们相信彼岸有上帝，只有这样我们才会始终保持警觉态度。

后来宗教和科学在西方经过启蒙运动的发展形成互补。今天即使在科技最发达的美国，总统就职宣誓首要是《圣经》；在重大关头发表演说，最后一句一定是"上帝保佑美利坚"。心中守住神，这对80%的美国人来说是毋庸置疑、天经地义的。所以"9·11"恐怖袭击事件以后，美国人首先想到的不是原子弹，而是上帝保佑美利坚。从这个意义上来说，它就很好地完成了和科学的互补。而中国的启蒙思想家蔡元培等人意识到中国人对宗教素来不推崇，所以我们在引进科学的同时，以美育来代替宗教，进而形成互补。科学既可以造福于人类，也可以危害于人类，一个有科学思想的、有科学知识武装的人干坏事可能比愚昧的人更在行，因此必须有另一个跟道德联系在一块的东西，在西方以宗教来维系、制约，在中国以美育来互补。如果人要追求美就不会只追求科学所带来的功利，因为科学是追名逐利的，探索真理的目的就是为了征服世界，造福于人类。知识是要变成力量的，要征服自然，让自然为人类造福，所以追求科学不仅仅是追求真理，而是要掌握真理以后造福于人类，所以近代的科学真和利是连在一块的，真一定要带来利，如果只有真没有利那就没有任何意义。

蔡元培先生意识到科学的真和利需要有一个东西来束缚，否则就如同失去缰绳的野马，因此提出美育。其实有些东西会让我们获得一种征服外在世界的力量，如科学，不管是自然科学还是社会科学，都会让我们获得征服自然、驾驭社会的知识技能。但文学、哲学、艺术、历史等并不是解决外部思想的，而是解决内心世界的，它提高你的品位，提升你的审美能力，拓深你的睿智，解决内心的疑问。哲学最主要的功能不是改造世界，而是改造自己，我们掌握了科学知识和社会知识，最后要用它征服世界、征服客观，并让它造福于我们。我们很少谈如何让自己的内心变得更丰盈，活得更快乐、更美、更睿智，尽管生活很艰难，但我依旧可以自得其乐，这一点恰恰是希腊精神对我们的最大影响。

希腊悲剧的艺术水平极高，奥林匹亚精神是外在的、是肉体的，希腊悲剧已经开始启发人生，上升到哲理了，所以希腊悲剧远远超过莎士比亚悲剧的水平，如卢浮宫镇馆三宝里有两个是古希腊雕塑一样，西方被称为悲剧大师的有三个是古希腊人，分别是埃斯库罗斯、索福克勒斯、欧里庇得斯，最后一个是近代的莎士比亚，可见希腊的悲剧水平之高。

提问：综观希腊文化的衰落演变过程，其他文明的演变是否也有盛极而衰的周期规律呢？

赵林：答案是肯定的，任何一个文明都有盛衰。希腊本身小国寡民，它的盛衰并不引人瞩目，只是文化形态本身的变化，但罗马的盛衰却是一部令人扼腕而叹的故事。当年的罗马气势如虹，地跨欧亚非三大洲，土地面积590万平方公里，但后来土崩瓦解，直到今天，罗马依然是西方人心中的不竭理想。近代最早崛起的第一个西方大国是西班牙，如今已成为资本主义的末流，后来的奥地利、法国、德国、俄罗斯相继觉醒，往后是英国、美国。所以大国的兴衰是毫无疑问的，天下没有不衰落的帝国，没有不衰落的文明，这是每个文明都要经历的。

提问：希腊城邦的人们从北方来，崇尚杀戮、战争、力量，本身就带有侵略性与扩张性，那为什么表现在希腊城邦反而是分散主义呢？

赵林：希腊本身还有城邦以前的史前史，经过克里特文明和迈锡尼文明两个不同的阶段以及三百多年的黑暗时代，北方的野蛮入侵者将此前的文明都毁灭了，但是新的文明却没有建立，出现了三百多年的空白期。后来在《荷马史诗》等因素的影响下，才开始出现了希腊城邦文明。古代人确实崇尚杀戮和战争，但是那时候的人口非常有限，战争规模也跟今天没法比，几百上千个人就可以成为侵略者，靠武力、军队、兵权统治、镇压，所以他们虽然崇尚武力、崇尚杀戮，但这并不能意味着他们一定要建立大国家。

希腊人不熟悉建立大国家，没有这种概念。世界上第一个建立帝国主义的国家是波斯帝国，公元前6世纪，波斯人就建立了大帝国，那时候希腊还是小国寡民的城邦，罗马还是湖泊上的弹丸之地，中国还处在春秋天下分裂的状态中。帝国的特点是攻城略地、开疆拓土，要人口众多、幅员辽阔，但希腊却不如此，首先是由于环境、气候各方面的影响，其次是希腊城邦都建在海内，向海洋扩张没有意义，向穷乡僻壤扩张也没有意义，所以他们就在海边。这样一来，虽然他们崇尚暴力，崇尚杀戮，崇尚武力，奥林匹亚竞技会和雕塑都充满了力量感，充满了征服，但他们仍然习惯于小国寡民的城邦制。

希波战争后希腊人变了，波斯人入侵希腊，希腊团结起来打败了波斯帝国，但帝国主义却像传染病一样传给了希腊。公元前5世纪后半叶，希腊内部出现了两强斗狠的局面，斯巴达和雅典各自组成了同盟，几乎把希腊的所有城邦裹胁在内，两大城邦开始争相斗狠，打得两败俱伤，最后亚历山大大帝的父亲腓力二世崛起，将多败俱伤的希腊城邦全部尽收囊中，希腊城邦的命运也就结束了。不过亚历山大帝国昙花一现，罗马人很快就接踵而来了。亚历山大十一年征服了帝国，一直打到印度河流域，从帕米尔高原到西边的马其顿，南边的埃及、西亚、小亚细亚全部被征服了，但昙花一现，不过建立大帝国的梦想从此鼓舞着西方一系列雄才大略的军事家、政治家，所以我把它称为"亚历山大综合征"。亚历山大综合征和苏格拉底的理想不通，苏格拉底的理想是超越的理想，要建立幸福的天国，而亚历山大综合征是一种人间理想，在人间建功立业，开疆拓土，建立大帝国一统江山，这个理想直到今天还影响着美帝国主义，从恺撒、屋大维、图拉真，到中世纪的查理大帝、近代的拿破仑、现代的希特勒，他们全都被亚历山大综合征激励着、点燃着，都想建立当年亚历山大的丰功伟绩，但最后却都昙花一现。大英帝国通过殖民的方式实现了"日不落"，美国也想通过商业控制的方式实现全球帝国的理想。

当时希腊城邦时代有个使臣叫斯巴达，斯巴达大体上在公元前6到5世纪达到鼎盛，斯巴达人占了当地人口的1/12，他们是统治者，掌握着国家政权和公平权。柏里伊赛人属于中间等级，占当地人口的4/12，7/12是黑劳士，即奴隶，是当地的斯巴达人。1/12的斯巴达人依靠武装征服统治7/12的当地斯巴达人。那为什么罗马可以做大？罗马共和国最初建立的时候只有900平方公里，最后发展到590万平方公里，土地面积增长了几千倍。罗马每每征服后不仅不把当地人沦为奴隶，而且还会让其成为罗马公民，并肩战斗，一致对外。人口扩大，统治基础就会夯实，一致对外，利益均沾，越做越大。但在征服意大利统一后就不再这么慷慨了，意大利以外的地方人民沦为奴隶或者二等公民，虽是自由人，但没有公民权，虽不能参与罗马政治生活，但可以享受经济权益，罗马正是依靠这种方式长治久安的。

提问：今天的希腊还崇尚那时的奥运精神吗？

赵林：今天的希腊人仍然追求崇高，但是举办奥运会的水平并不是很高，根究其原因是落后。奥运竞技的水平是与国家实力连在一块的，体育竞技往往是有钱有势的国家举办，如美国、德国等。希腊人活得很快乐，他们始终追求内在超越，一切都是以游戏的方式为主，包括游行、示威、抗议等都像游戏一样，所以今天的希腊在欧盟里是最落后的国家之一。希腊的经济从来没有发展过，政治也没有强大过，好不容易想强大一次，结果却两败俱伤，从此没落了。

作者简介

张昌平，武汉大学历史学院教授，曾担任湖北省文物考古研究所研究员，中国科学院、普林斯顿大学、哈佛大学等机构客座教授。研究方向为商周考古和中国青铜时代青铜器，目前主持盘龙城遗址考古发掘等田野考古工作，出版著作《曾国青铜器研究》《吉金类系——海外及港台地区收藏的中国青铜器研究》等。

考古学的现实意义 ／ 张昌平

考古延伸了历史轴线，增强了历史信度、丰富了历史内涵、活化了历史场景。考古工作是一项重要文化事业，也是一项具有重大社会政治意义的工作。

——题记

今天是我第一次讲考古学的现实意义。其实这不是一个很好讲的问题，但好在我们现在有一个强大的背景。关于考古学的意义这一问题，习近平总书记有过专门的阐述："考古工作是一项重要文化事业，也是一项具有重大社会政治意义的工作。"大家可能会有这样的一个感受，这些年考古成为热点，以至于社会上受过教育的人士，都知道考古大概要做什么。我大学学考古是从1982年开始的，直到我毕业工作，刚才主持人也介绍了我在湖北省文物考古研究所工作过。我工作若干年后，当我介绍我是考古的，人家往往不知道考古两个字怎么写。一些听众应该了解，20世纪90年代，如果去商店买东西要开个发票，经常是写白条，我们要在白条上写的单位就是考古队，人家就会问考古队的考古两个字怎么写，是敲鼓吗？或者是敲骨头等，各种说法都有。但是现在几乎所有社会大众对考古都有一定程度的了解，而且经常会有人问到考古的意义是什么，考古和我们现实有什么关联。上面我也讲到习近平总书记说考古工作很重要，他还特别强调考古工作有重大的社会政治意义。这些都是我今天想谈谈考古学现实意义的原因和动力。

习近平总书记在"9·28"讲话中专门阐述了考古的意义。考古首先是延伸了我们的历史轴线，增强了我们的历史信度，丰富了历史内涵，活化了历史场景。这具体是什么意思，大家可以在我后面的演讲中慢慢体会到。我们过去所了解的历史以及我们过去对历史的理解是比较短暂和有限的，而考古学对于我们了解和理解历史是非常有帮助的。比如说湖北省博物馆最近推出了很多新的展览，其中有一个展览我相信很多观众去看过，是关于曾国的。这个展览叫《曾世家》，"世家"这个词是从《史记》中得来的，《史记》里面有楚世家、晋世家，但是并没有曾世家，那么这个展览取名《曾世家》是想要体现什么呢？其实这里表示出"考古写出了历史"，考古发现给人们揭示的曾国就是一部《曾世家》，博物馆通过展示这些考古出土的曾国遗迹现象和文物，给大家讲述不见于文献记载的曾国历史。

通过《曾世家》展览，我们知道展示考古工作成就最好的地方就是博物馆，所以在中国每个省都有省级博物馆，每个地级市都有市一级的博物馆，大部分县也有县一级的博物馆，所有这些博物馆都是免费对公众开放的。我们湖北在全国博物馆建设方面是做得非常好的，有很多县级市博物馆，还有许多行业和专门博物馆，这些博物馆也有很多对公众开放。

我以前在湖北省文物考古研究所工作，那个时候考古所和博物馆其实是一家。我刚刚毕业的时候，还在博物馆当过保安，做过讲解员。那个时候博物馆接待观众数量最低为一天一人，甚至有时候一天连一个人都没有。而现在如果要去湖北省博物馆，下了公交车后，大概要步行500多米走到省博的南大门进馆参观。我们经常可以看到，特别是节假日，我们走不到南大门，而是从黄鹂路那个转盘开始就要排队往前行进。那是一条很长的"人龙"，所有人都是为了去参观博物馆。现在博物馆已经是我们生活中特别重要的组成部分了，二十年左右的时间，考古、博物馆已经对我们的生活产生了很大的影响。

回到我们今天的主题，我当年在湖北省博物馆工作的时候，在1990年以前湖北省博物馆只有曾侯乙墓出土文物陈列，我以前开玩笑说湖北省博物馆其实应该叫曾侯乙墓出土文物陈列馆。我大学毕业不久，带着一个中学同学去看这样的文物，当时特别骄傲，因为我是学考古的，我用所学知识进行了专业介绍，讲完了后还对他说："你看看古人多伟大，多牛！"

然而他却说："我觉得做这些东西是吃饱了撑的，这么大一个鼎搬起来都费劲，煮肉也很费劲，簋用来装吃的东西也很费劲，为什么要做这些玩意儿？"其实这是我们很多人都会问的一个问题，这也是今天我要讲的，几十年来我也一直在想这样一个问题，考古工作的意义是什么？这不是一个简单概括就能说清楚、讲明白的问题。我们中国古代有很多精美的青铜器和其他材质的器物，我们会去想我们的祖先为什么要做这些东西，放在今天这些东西对我们而言它的意义又是什么。

这也是我今天要给大家分享的一个内容，从这个维度去思考，与大家沟通交流，来看一看考古对我们有哪些现实的意义。我主要从三个方向来和大家分享，第一个方向是我们考古工作有一些意义是在我们不知不觉中完成的，可能很多人还没有意识到，但是考古学已经改变了你的一些认知。第二个方向是考古所展现的文化，它是如何影响我们中国的。我们的现在是由我们的过去所铸就的，我们的现在又会决定我们未来的方向，所以一个国家未来的发展，其实和它的历史是息息相关的，而这个过程中文化的力量是至关重要的。最后一个方向来讲一个实例，一个最近的热点，就是关于三星堆的考古。我们来谈一谈三星堆与我们当今文化有什么样的关联，它和我们考古的意义之间又有什么样的关联。

一、我们那些被考古学改变的观念

我们经常去博物馆，但是博物馆在很多层面与大家是有距离的。首先我们去博物馆可能会很困扰，这些东西是干什么用的、怎么用、叫什么名字。其实博物馆这些文物，有些我们是很熟悉的，比如中国国家博物馆的司母戊大方鼎，也是官方称的后母戊大方鼎。像这样的一些青铜器（图1），它对于过去的人们生活意味着什么？我可以用下面这个例子来给大家做一个展示，考古是怎么做的，考古对古代社会做怎么样的理解。我现在所展示的这三幅图片，最左边的是一件石器，是一个打制的石器，大家可以猜到这件石器所处的年代是旧石器时代；中间是一个彩陶，是新石器时代的器物；最右边的是后母戊大方鼎或者叫司母戊大方鼎，是商代的青铜器。它们分别代表了旧石器时代、新石器时代和青铜时代人类三个不同的发展阶段，这些也是考古学的概念术语。

图 1 博物馆文物（图片来源：作者拍摄）

简单来说，我们可以用这几件器物来分析当时的社会。最左边的这件石器，我们可以想象古人，清晨在河滩上捡一块石头，用两个小时打造出这样一个石器来，接下来一天的劳作，或者他进行狩猎时就会用到这个工具。那个时候人是流动的，家庭也还没有出现，人很多时候都是群居生活，这样大家就可以猜到当时整个社会生产力发展的情形，是非常落后和原始的。新石器时代出现了陶器，而且还有彩陶，陶器不能随意到处搬动，所以定居出现了，彩陶出现表明艺术也产生了。人类定居与农业的产生有很大的关系。农业的出现对于人类社会发展是一个特别大的推进，我们可以种植粮食，不再只依赖于狩猎。狩猎不是完全能保障获得食物的，很多人都看过动物世界，狮子捕猎最厉害，但如果到了一个比较干旱的季节，狮子可能也是没有食物的。人类发明农业以后，整个生活就有了保证，同时农业还提供了另外一种可能，就是人类开始有更多的粮食，也有了剩余的劳动力，也就意味着有艺术水平的人有闲暇的时光专门来生产这种带有艺术价值的陶器。在这个时候还有一个很大的变化，由于定居的出现，人类开始出现家庭，家庭并不是人类与生俱来的。有了家庭后才有了社会，才有了人类越来越往前的发展。这样的一个过程，我们在历史文献里是完全找不到的，特别是彩陶的出现，这种陶器的出现就意味着人和过去不一样了：我可以烹饪，可以吃上美味，同时我还能赏心悦目，味觉视觉都得到享受，真正的"吃货"在这个阶段开始得以培养。

　　而人类在青铜时代又是一个怎样的发展呢？比如，司母戊大方鼎是在安阳生产的，当时的安阳处在平原地区，我们都知道青铜器的主要成分是铜、铅、锡三元合金，安阳没有铜，没有铅，也没有锡，在做大鼎的时候取材需要跨越非常远的距离，而青铜的资源主要来自长江中游地区。那个时候没有高速公路，商王也没有办法给南方写一封信，南方也没有人可以阅读他的信，只有一个特别复杂的社会组织，才能创造出这种器物。所以到了金属使用的时候就意味着有了国家，有了国家就意味着有了一个非常广域的地盘。这是我们通过考古发现的物质文化材料能够看出的人类发展景象，从中也能知道古代社会王权的演进，而这一系列演进的过程都是考古学为我们提供的。刚才讲的例子，就是在说考古学家是怎样去研究历史的。

　　但是，考古是一个特别小众的行业，在全世界都是这样，中国具有田野考古发掘资质的考古学家大概有2000人，这在我们中国可能不是最小的行业，但也一定是最小的行业之一。可是，考古给社会带来的改变却是显著的。

　　我们看到的图片是洪山礼堂（图2），这是我们湖北省开两会的地方。洪山礼堂，除了功能性建筑以外，有两个标志性的地方：上边是一排编钟，这是曾侯乙编钟，下边是虎座鸟架鼓，这是楚文化的象征。洪山礼堂的两个标志物是与我们湖北历史文化有关的，而这些标志物是通过考古发现的，然后被社会大众所认识、接受。

图2 洪山礼堂

社会对考古的宣传报道也越来越多、越来越重视。我们在中央电视台经常会看到很多考古节目，每年可能有几十档，像我这种特别不喜欢出现在公共媒体的人，也有被请去做节目的时候，常常会在那里碰到我们的同行。相信很多人都看到过，2022年春晚上的"三星堆K3青铜大面具"、2021年春晚上的佛头造像回归等。由此可见，考古和我们生活的关联非常紧密。

2008年北京奥运会开幕式上有一个千人击缶的表演，这个表演项目我专门关注过，据说张艺谋导演对这个项目特别重视，敲缶的1000多个表演者是专门从武警部队里面抽调出来的，表演者身高必须超过1.8米。去过湖北省博物馆的人应该都有印象，这种缶在曾侯乙墓展厅里见过，那个缶一看就知道不是用来敲的。那张艺谋为什么创作了一个敲缶的节目呢？记得我上中学时学过一篇课文《史记·廉颇蔺相如列传》，是讲蔺相如的外交能力，当时赵王和势力很大的秦王在一起交谈时，蔺相如为势弱的赵王争取到了一个权益，让秦王很尴尬，就是秦王要为赵王击缶。这个故事讲的缶在古代好像是一个乐器，但考古学发现告诉现代人，缶从来没有做过乐器，是一种装水或装酒的容器。而这个故事想表达的是秦王面子上输了，他为赵王击缶，或是某种意义上为唱和打节拍，所以敲了一两下面前的缶而已。

曾侯乙墓出土的缶叫鉴缶，外边的是鉴，里面的是缶，鉴和缶之间有一个隔层，博物馆的讲解员会说这是世界上最早的冰箱，夏天贵族可以从井中把冬天储存的冰放到这个隔层里面，便能喝上冰镇的酒。当然相信到了冬天这个隔层可以装上温水用来温缶里的酒，我们中国古代有喝温酒的习惯。所以这样一个非常高级的器物，其实只是一个酒器，而不是拿来奏乐的乐器。而这样的情况是通过考古告诉今天的人们的。

2008年北京奥运会开幕式上，其实不只是这一个节目，还有很多的节目都是在展现我们的文化、我们的历史。当我们观看这样的场面时，会因为我们是中国人而感到骄傲，同时也会对我们的文化、我们的历史感到骄傲，这是文化自信的一个方向。考古就是让大家了解我们祖先的历史和文化，带给我们文化自信、文化自强。

（一）商周考古是如何改变我们的观念？

1. 一百年前：信史的建立

考古学改变了我们对中国历史的认识。如果做一个历史回顾，我们回到100多年以前的中国近代社会，可知那是一个不断被西方列强压迫的过程。而这个过程中有两个节点对我们的影响特别大，一个是1894年的甲午战争，我们被日本打败，这对我们中国人的自信心造成很大的冲击，因为很长时间以来，日本在某种意义上来说是一个对中国进贡、臣服于中国的国家。另一个是1900年八国联军进北京，西方列强占领了我们整个首都，这个时候我们中国人的自信都被打掉了。这体现在很多方面，当时很多知识界的人士开始反省，有人说我们的文化不行，这里还包括说我们的文字不行，说我们的文字都应该换掉。当时有一个非常有名的学者叫顾颉刚，他说我们的历史有问题，提出"层累地造成的中国古史"的说法，说我们的历史都是假的，是层层造假形成的历史！为什么会这么说呢？鲁迅曾说有一个脸通红的人——大禹，这个人在中国历史上被认为是夏代开国的君主。顾颉刚就说大禹这个人在战国之前的先秦文献里没有多少记载，是到了战国时期才开始变多的，到了汉代的文献说他的越来越多。还有历史上的三皇五帝等，先秦文献里、很早的史料里，找不到多少关于这些人物的记载，而后来倒越来越丰富。这说明什么？说明这些历史都是造出来的。

大家都知道，当一个国家自信心缺失到连自己的历史都怀疑的时候，这个民族就已经到了快要崩塌的阶段。但就是在这个时候有一件特别重要的事发生了，就是甲骨文的发现。最早发现甲骨文当然不是通过考古，而是与中国考古学的前身——金石学有很大关系。金石学从我国宋代开始一直到明清，都是被贵族阶层所重视和喜欢的。甲骨文被发现以后，有一些学者如罗振玉，特别是王国维，他发现甲骨文记载的商代的王，特别是契之前的先公和契以后的商王和历史文献的记载是能对应得上的。甲骨文最早是在殷墟发现的，而且数量巨大，而殷墟是商代的都城。这说明一个什么样的问题？这说明先秦的文献，特别是《史记》，对于商代的历史记载是没有问题的，也就是说我们现在不能考订的那些历史不是虚构出来的，而是实实在在存在的。1928—1937年国民党政府成立了中央研究院，中央研究院设立了一个相当于现在中国社会科学院考古研究所的机构——历史语言研究所，我们经常简称为"史语所"，在安阳这个地方连续做了15次考古发掘。

安阳的考古发掘，当时在国内产生了重要的影响，在海外也有特别多的报道，并被誉为20世纪上半叶世界最有名的三大考古工作之一，其他两个分别是埃及图坦卡蒙墓的发现以及两河流域乌尔王陵的发现。但无论是图坦卡蒙墓，还是乌尔王陵，都和安阳殷墟的考古发现无法相提并论。殷墟考古发现影响巨大，乃至于新中国成立后搬到台北的"中研院"史语所一直到20世纪70年代之前都是"中研院"最大的一个研究所。当时很多的学者，哪怕不是学考古的，都有很大的热情投入考古工作中去。比如，我们民国特别有名的学者梁启超，他的二公子梁思永就是一个考古学家，他的大公子梁思成所学习的知识跟考古也非常有关联，为什么会这样？是因为当时考古学大大促进了我们中国人自信心的恢复。

2. 五十年前：夏朝踪迹——二里头文化与夏

因为殷墟的发掘，我们确认了商代（商代晚期）的存在，我们知道商代晚期之后又了解到夏、商、周三代。过去我们知道周是靠谱的，商因为甲骨文的发现而确定，也确定了商代晚期的都城，顺着这个线索往前推，到了20世纪50年代的时候，发现了可能是商代早期的都城，到了20世纪70年代末，我们发现二里头这个地点应该是夏朝的都城。虽然到现在也还有一些争议，因为二里头这个地点没有发现文字，但是我们相信它应该就是我们夏、商、周三代第一个王朝夏的都城。2019年二里头夏都遗址博物馆建成开放。遗址博物馆是我国近年新兴的一种考古博物馆。比如，在盘龙城做考古，我们就建设了盘龙城遗址博物馆，而且这也是我们国家目前最好的遗址博物馆之一。

学术界现在基本认同二里头遗址是夏代都城遗址。抗战时期，很多人觉得夏朝遗址在东北，因为日本人攻占东北，我们觉得我们祖先可能在那个方向，激起了大家爱国的情绪。后来有好多学者说夏朝在山东等一些地点，20世纪70年代末我们在河南偃师做了很多考古工作，考古发现证明夏朝的都城在二里头基本是没有问题的，这样我们中国历史上第一个朝代通过考古就找到了，证明它是实实在在存在的，所以我们夏、商、周的历史也就建立起来了。这样的考古发现的过程，这样的以考古来证实我们的历史的过程，我们的考古学课本会直接去讲到的。

3. 四十年前：中华文明的摇篮

这是发生在我们身边的事，这个话题与中华民族的摇篮有关。记得我们上小学的时候，课本上会说黄河流域是我们中华文明的摇篮，但是我们现在或者现在的课本上会是怎么说呢？现在变成这样：长江流域和黄河流域是我们中华文明的摇篮！这样的转变与盘龙城有关。

我在中央电视台做过宣传盘龙城遗址的节目，我说过，"如果坐飞机到武汉来，出了机场第一个看到的地名就是盘龙城"。它代表着武汉的开始，因此也被我们称为"武汉城市之根"。为什么说盘龙城是"武汉城市之根"，而且盘龙城的意义远远不止如此？盘龙城遗址是1954年发大水的时候发现的，但真正开始考古工作是在1974年。这是当年盘龙城开始考古工作的一个老照片（图3），这个走在第一位的小老头是北京大学的教授俞伟超先生。

图3　盘龙城考古老照片

要给大家回顾一下我们国家的高等教育。大家都知道我们是1977年恢复高考的，但实际上，很多人也都知道，我们恢复大学教育是在1972年。1972年开始恢复经济、文化、科研，也恢复了过去停办的一些科研杂志，大学也开始恢复招生，招生的形式主要是推荐工农兵大学生。在恢复的大学招生专业中就有考古，考古的学生到了三年级（1974年）要去实习。选哪里实习？在之前所有中央级别的考古工作，都会在中原地区、黄河流域来做，因为中国古代的都城绝大部分都选在那里，而且南方做考古工作特别困难，因为南方土壤条件对于遗址的保存效果很差。

俞伟超先生当时是北京大学历史系考古专业的教授。他第一次带刚刚恢复招生的北京大学考古专业的这些同学到盘龙城遗址实习，而且有非常了不起的考古发现，就是我们现在盘龙城城址内的1号宫殿基址。到了1976年北大另有一位著名的考古学家李伯谦先生，又率队来盘龙城实习，发掘了2号宫殿基址。盘龙城1号、2号宫殿基址的发现、发掘使得盘龙城遗址的考古价值和历史地位得以体现，1号、2号宫殿的前朝后寝的建筑方式，以及发现的城墙，都与当时中原商王朝的一样，表明盘龙城起码是商王朝在南方最重要的一个城市。

这张照片上这位是20世纪70年代我们湖北省委书记韩宁夫同志，当时他去视察盘龙城的考古工作。我放这张照片的意思是想给大家强调一点，新中国成立后，国家一直重视文物工作，许多高级别的领导，即便是在我们过去经济、文化都不发达的时候，也都是特别重视考古的。20世纪90年代，我在湖北省文物考古研究所工作的时候，去和一些建设工程部门打交道，需要他们提供工程动工前必须进行的文物保护所需的考古经费的时候，很多工程部门都会拒绝，他们认为我们跟在他们推土机后面捡就可以了。而在领导层面，他们一定懂得文物的重要性，一定会特别强调文物保护的必要性。比如，我们国家开展三峡工程时，原总理李鹏亲自批示要重视文物考古工作，要把文物考古的保护经费落实，因此在三峡水库蓄水之前，我们国家进行了规模浩大的三峡文物保护工程。这个工程历时十年，对我国文物保护事业影响深远，是中国考古工作的里程碑。现在全国考古工作是怎么开展的呢？简单地给大家讲解一下，一个工程如修一条高速公路或者做一处房地产开发，要把投资拿出一部分来，先做考古工作，考古工作完成后，证明这些地方的文物保护已得到了保护，工程部门才能施工。我们国家经济发展了，国家对文物保护事业的重视也不断提高，现在全社会对文物保护工作越来越理解和支持了。

我们再回到盘龙城的考古工作上来。1974—1976年在盘龙城做了很多的考古工作，包括对这个城的年代、性质的认识和确定等。其中特别重要的一点是，在盘龙城发现了很多青铜器。其数量是很大的，大到一个什么程度呢？盘龙城是商代早期（公元前16世纪到13世纪）在南方的重要城市，而当时商王朝的都城在郑州，盘龙城当时发现的青铜器比那个时候在郑州发现的商代早期的青铜器还多。

现在郑州市是建立在商代早期的都城遗址之上的，在郑州曾发现了很多商代早期的青铜器。我们在盘龙城发现的这些青铜器，和郑州发现的一模一样，而且有很多青铜器的精美程度，完全不亚于甚至超过郑州商代都城遗址里出土的青铜器。因此，到了20世纪80年代，就有很多的学者（大部分还不是考古学家），开始谈论我们不应该再只说黄河流域是我们中华文明的摇篮，在公元前16世纪，长江流域就已经达到了很高的文明程度，所以长江和黄河都应该是我们国家文明的摇篮。

20世纪90年代，因为有很多学者呼吁"长江流域和黄河流域是我们中华文明的摇篮"，这样的一个说法就成为社会主流的说法，乃至我们年轻人很自觉地就接受了这样的一个讲法。我本人是因为到盘龙城做考古工作，要做这样的学术史研究，因此能比较清楚地看到社会思潮的变化。其实盘龙城不只是影响了我们思潮的变化，它还体现出在社会上乃至于政治学上的意义。为什么这么说呢？过去中原王朝所控制的区域主要是在黄河中游一带，到了西周都城在西安附近，这点是很确定的。但是直到东周我们才确定，诸侯国到了长江流域，至少在商代时，我们是不确定商代的政治范围能不能到长江流域。我们经常会说到某某地方自古以来就是中国的领土，自古自到什么时候呢？或者换一句话说，长江流域自何时起是我们中国的领土？我们现在知道至少是自早商以来。更多学者相信是从夏朝晚期开始的，夏朝晚期以来我们长江流域就和中原王朝是一体的。这些认识都是考古学给我们揭示的。

我们刚才讲到盘龙城是武汉的城市之根，其实它的意义不只是武汉城市之根，它有更重要的意义。为什么这么说呢？我们知道黄河中游一带，从关中一直到华北平原这个区域，是过去中原王朝活动的一个核心地带，我们可以称之为当时的一个中央区域；盘龙城的建立意味着形成了一个以黄河流域为政治中心的政治周边区域；或者说我们形成了中央和地方的模式。这个模式有两个特点，第一，中国和世界上大部分国家是不一样的，世界上大部分国家都是小的国家，而中国王朝自建立以来就形成了一个跨长江和黄河流域的非常大的地域。这样的地域从政治组织结构上来说，一定是有非常强有力的地方组织，直到现在还是这样，一个强的地方组织和中央就形成了中央和地方二维的政治组织模式。这个模式因盘龙城而被看得很清楚，郑州和盘龙城之间的互动关系，其实也是中国古代社会一直以来中央与地方之间二维关系的代表。第二，也是特别重要的一点，刚才讲到在盘龙城所发现的青铜器和中央王朝是同样的特征、同样的精美程度，我们会注意到那些青铜器有觚、爵、角等是用来喝酒的，还有鼎是用来煮肉的。那我们再看看曾侯乙墓的九鼎八簋。中国古代社会的核心是什么？敬天崇祖。自古以来我们对祖先的崇拜、祭祀是用吃饭的器物来表达的，这种表达在世界上独一无二，而且形成了一个从商到周的传统。这个传统一直影响到当代的社会，这也就是我们常说的礼制。我们中国人有独特的敬天敬祖方式，这是我们中华文明从新石器时代以来形成的传统，这个传统就是文化所具有的力量。大家都能感受到的文化力量，从传统的角度来讲是什么样子呢？这里我们从以下几个方面去讲。

二、文化的力量

（一）古人对文化重视的程度

考古出土的文物，不只有艺术欣赏的意义，它自古以来就带有社会的意义，或者说政治的意义。汉武帝是中国第一个开始用年号的皇帝，当时在汾水（现在的山西省南部地区）发现了一件青铜鼎，汉武帝就把他的年号改了，改成元鼎。在中国古代不仅是皇帝，一些贵族也热衷于古物收藏。比如，南昌老福山一个汉代普通贵族墓葬里，就出土了一件商代的青铜酒器——"瓿"。2015年南昌海昏侯墓是很重要、很有社会影响的一个考古发现，墓里发现了西周早期的"提梁卣"，也是酒器。从考古学家的角度来说，可以确定这两件酒器不是汉代当时生产的，更不是商和西周时期江西地区生产的，而是墓主人的收藏，为什么这么说呢？是因为在商和西周早期的江西地区是不应该出现这类青铜器的，这类青铜器属于当时的中原文化系统，而那时的江西地区还没有这种类型的器物。也就是说，无论是海昏侯还是老福山的贵族，都是从别的地方专门收藏了这类器物，带到他所居住的江西地区，然后再把它下葬到他的墓葬里，而不是说他在当地挖出后随意地埋在自己的墓葬里。因此可以说中国古代就有对文物重视的迹象。

在这方面北宋最为明显，北宋有一位著名的艺术家皇帝——宋徽宗。宋徽宗是一位了不起的书法家、画家，还是一个了不起的艺术史老师，他专门设置皇家艺术学院来教学生。宋徽宗虽然丢了国家当了俘虏，但他在位时很重视文化，北宋时期自皇室至士人掀起了一股复古风，十分重视夏商周时期青铜器等的收集和研究，并大量仿制三代的青铜器，从而形成中国历史上著名的"金石学"。北宋时期很多贵族就用仿制的三代青铜器下葬。宋徽宗不只是喜爱古代的这些精美青铜器，由他所倡导形成的"金石学"强调的是礼制，是对古代礼制的一种恢复、追求。这对统治者而言是在寻求政治上的合法性。

（二）对社会尺度的维系

我们一直强调古代礼制，那么礼制是什么？我们以最通俗的说法来讲，春秋战国只有诸侯才可以与曾侯乙一样用九鼎，如果你是其他级别的贵族就要用数量少一些的鼎。这是一个维护社会秩序的过程。所以宋徽宗喜欢古物不只是一个玩物的过程，实则是在讲政治。

皇帝对于古代礼制的追求在不同阶段都有所表现，以至于灭了宋的元定都北京后，也同样和宋人一样，大量对礼制进行复古。另外还有一位皇帝——乾隆，如果宋徽宗是最有名的艺术家皇帝，那么最有名的收藏家皇帝就是乾隆。网上经常能看到大家评价乾隆的艺术水准差，写的字也不怎么样，其实人家的水平还是非常高的，特别是文物鉴别水平很高，虽然他的收藏里面有不少是假的。他专门让大臣编纂和研究古代礼器的图录，其中很有名的《乾隆四鉴》编了四本图录。为什么叫"鉴"？这里与司马光《资治通鉴》的意思是一样的，是关于社会政治、社会治理方向的，而不纯粹是一个玩物，是用物来对礼制进行复原。甚至我们现在看到的紫禁城，做得非常规范，而这种规范的方式是古人所设想的，认为古代帝王所居的宫城就应该是这个样子。作为考古学家我们知道，这些皇帝当然是想错了，但是他们错与不错都不要紧，因为他们要宣扬的是古代礼制，他们的政治线路是正确的。所以乾隆做了很多的青铜礼器，就是模仿商周的。

为什么这么做？我们可以用孔子的一句话去理解，"唯器与名，不可以假人，……器以藏礼，礼以行义，义以生利，利以平民，政之大节也。若以假人，与人政也。政亡，则国家从之，弗可止也已。"是因为"器以藏礼，礼以行义"等一些方式可以表达礼仪的方向，包括现在的社会大众很多也有这样的认识。大家都知道下面这些成语的意思："问鼎中原"，楚国北上想要争霸时，向王孙满询问九鼎的大小轻重，有取而代周之意；"三足鼎立"的"鼎"代表国家；"加官晋爵"的"爵"指君主封贵族的等级；等等。

（三）中国文化在国外的影响

这张图片上的展览是改革开放后我们国家在美国进行的青铜器展（图4），西方学者称其为《伟大的中国青铜时代》展览。这个展览在西方社会产生了非常大的影响，甚至到目前为止西方一些有名的、研究早期中国的教授，都是在这个时候开始转来学习中国考古学的。其实这个展览的意义不只体现在学术上，20世纪70年代中国开始和西方进行往来，打破了中西之间的壁垒和隔阂，文化在其中起到了重要的作用。从1972年开始，我国就开始在日本、美国、欧洲不断地举行文化活动，主要的文化活动就是文物展览。其中的一个高潮就是1980年的这个青铜器展览，这个展览让整个西方社会掀起了研究中国文化的热潮，这是特别有重要意义的一件事。

图4 青铜器展海报

前不久华中师范大学历史系请英国牛津大学李约瑟研究所所长来做演讲。这个所长是非常杰出的学者，而李约瑟一辈子都在做中国历史文化研究，他们所从事的事业都是进行中西文化交流。我经常感慨，一种文化只有处在交流之中才能迸发出更大的力量，交流的前提首先是这种文化是有活力的，这样文化和文化之间的相互交流和融合才能相互理解。

图5 纽约大都会博物馆

在纽约大都会博物馆里我们能够看到多个中国文物展厅。图中是中国青铜器展厅（图5），靠右手的是商代青铜器，靠左手的是周代青铜器。在这里还有一个商代青铜器的小展厅，这样的小展厅在现在国内的博物馆里也经常会看到，只展出几件青铜器。我们来看这件青铜器，这是商代晚期的一种叫方彝的青铜器，这件青铜器上装饰的是一个兽面纹，这是我们中国古代青铜艺术的一个很重要也很常见的艺术形态，这种艺术形态是很抽象的。这种器物在商代晚期比较多，而这件器物有很多很特别的地方，它高24.5厘米，大概一张 A4 纸大小，如果将其放大，我们能够清楚地看到其上兽面纹的眼睛、眉毛、角，以及其他一些部位。这个兽面纹是半浮雕的，半浮雕上面有纹饰，半浮雕下面还有纹饰，下面的纹饰叫地纹。如果把这些地纹放大，放大20倍，大家都知道如果把我们写得比较端正的字用复印机扩大一倍，那个字就会变丑，而我们现在看一下这个地纹，放大了20倍以后，逆时针旋转过来，这其实是一个很规矩的四边形，即便放大了20倍你还是能看到这个四边形里很整齐的四个三角形，原因就在于它做得相当规整，让人产生视觉上的错觉。最高的工业水平设计就是一种艺术，工业设计的艺术感在哪里？简单的美丽。我们看这样一个方形，就是简单的美，在公元前1200年就已经做得如此棒，放大了20倍以后，还能感觉到它非常漂亮。这个方彝还有一个特别有意思的地方，就是盖子上的兽面纹与器身上的兽面纹方向是相反的，为什么是这样呢？因为古人是席地而坐，所以这个器物是放在地面上的，看它的时候是从上往下看，这样视觉效果会更加舒适一些。大家可以看我这个苹果笔记本上的 logo，你们看是正的，但如果把笔记本合上再看就是反着的。苹果公司一直以来都认为它的这个设计水平很高，并以此作为一个宣传方式。当西方学者跟我说这件事的时候，我说公元前1200年的中国人就是这么做的。今天我们只是简单地从艺术角度来谈这件青铜器所达到的艺术高度。

青铜器在我们中国达到了非常高的艺术高度和艺术水准。西方一位研究中国青铜器最有名的、普林斯顿大学教授，也是我很好的一个朋友，他在上课的时候，没有办法仔细为美国的学生讲解中国青铜文化所达到的高度，他就直接对学生说：你可以这么理解，"中国的青铜器就是当时的波音飞机"。我觉得他这个形容非常有趣，也是很贴切的。波音飞机意味着什么？一是代表当时世界上最尖端的科技水平。二是代表着复杂的生产组织，比如，我们刚才那一件很小的青铜器，生产程序是很复杂的。要知道生产青铜器不是一下子就能铸造好的，先需要去找铜矿，找铜矿本身就是一个难度很高的技术活。然后把这个铜矿从地下采出来，再提炼成铜，又要经过长途运输到当时的都城，这也只是完成了铜资源的筹备。三是代表着多源的资源配置。青铜器不仅需要铜原料，还需要其他的金属原料，等到所有的金属资源都准备好后，才能开始做青铜器。这也就意味着要在不同方向找铜、铅、锡还有制陶范等一些特别复杂的不同的资源配置。就像波音飞机也不只是在美国生产，比如波音飞机的一些配件也是在我们中国生产，它是一个世界性的生产。夏商周青铜器的铸造在当时既要涉及黄河流域，也涉及南方的长江流域等不同地区，这是我们三代青铜器在当时能够达到一个很高技术水准和艺术维度的基础。

当我们去展示古代工艺和艺术水准的时候，我们能感受到我们文化的自信，以及中国文化对于西方世界的影响力，这样的一些文物就是其中的典型代表。

（四）稻作文化传统与中国的形成

现在来说说我们的吃。我们可能很多时候没有特别在意，因为我们都很习惯吃中餐，中国的吃法是围绕吃"饭"，我们把吃叫"吃饭"。这个词本身就特别有意思，中国人吃的是米饭，中国古代社会没有小麦，小麦是外来物种，汉代以后才慢慢多起来。古代早期的中国北方吃的是粟，南方吃的是水稻，粟也好，水稻也好，都属于烹煮系统食品。在西方是以小麦为主，吃面包，而面包属烘烤系统，这种烘烤又体现出西方文化和我们不一样，它的农业和畜牧业结合得很好，所以在吃面包的时候会吃肉喝牛奶。西方的吃是一个极简的系统，吃西餐一个盘子就可以了，点一份牛排或是一份意大利面；而中国人吃饭，不只是吃米饭，还需要几盘炒菜。

米饭是中国人对世界特别突出的一个贡献。古代世界不同区域产生、发明、驯化不同的植物，比如我们现在吃的土豆是从美洲过来的，我们吃的小麦是从西亚过来的。西亚是西方文明的摇篮，所以整个西方社会都是围绕着小麦。我们中国人贡献特别大，最核心的是什么呢？我们培植了水稻和小米这两类食物。其实中国古代对世界的贡献远远不止我们所熟知的四大发明，比如全世界吃的水稻就是在中国出现的。水稻对中国文化产生了很大的影响。为什么这么说？大概一万多年前，我们的祖先就已经开始驯化水稻，从此中国人的生产、生活方式都是围绕这种稻作农业系统而进行的。在植物驯化中水稻驯化是最复杂的，因为从种子的培育到收割，这个过程中每一步都要人盯在当地，这就意味着农民必须在当地一直去照看水稻，其他的作物不是这个样子的，所以中国古代一直强调固农，就是固定农民让他不要随便流动。如果农民频繁流动，农业就会崩溃，农民固家守业，农业就会有好的发展，大家就会有粮食吃，天下也就稳定了。从这个角度想，社会上很多组织形式都与这个有很大的关系。

大米包括小米的热量比面粉低，围绕它就会生产很多的蔬菜，而烹煮所需的炊器相对就比较复杂。所以水稻发明以后，包括其他农作物开始驯化以后，新石器时代陶器就特别发达，这从考古学文化中可以看到。中国新石器时代遗址，一挖就能挖出几吨的陶片，当时社会需要大量陶器，陶器生产就很发达。这个和我刚才给大家讲的西方人食物多为面包和肉奶等，吃饭用一个盘子就够了，而我们中国人吃饭有饭还有很多菜，因此就需要很多的餐具等这些情况是相符的。中国人的饮食习惯也就让中国的文化与西方有极大的不同。而在中国之内的考古学文化，虽然我们会把它划成长江上中下游地区、黄河上中下游地区以及辽河流域不同的文化，但是这些文化因为有共同的饮食习惯，因此它们之间都有很大的共性。中国人强调"民以食为天"，不只是在古代，一直到现在都是如此。

我们武汉人爱吃热干面，一个和热干面特别相似的是意大利面，很多人都吃过，所以能猜得到意大利面不是意大利人发明的，而是我们中国人发明的。为什么？因为西方人做饭不煮，而面是煮出来的。中国人吃面从北到南也有很多的不同，面食首先是从北方传进来的，中国北方以面食为主，南方以米饭为主。南方人也吃面，但可以看到南方人吃面和北方人是不同的，北方多是手工面，南方则多是机器面，到了江西、广州一带就多是吃煮的米粉了。我们武汉是属于南北文化交汇的区域。

讲这些要表达的意思是，正因为中国人以吃为大，所以中国古代的礼制也就用这些与人们生活息息相关的东西来体现身份等级。用九个鼎的级别高，用七个鼎的级别就稍低，用三个鼎的就是一个小贵族。这样的一套规矩就成为维系整个社会秩序的一个重要系统。这个系统一直影响到我们当代，这也是我们中国文化和西方文化完全不同的一个方向。

春秋时期，各个国家都在争霸，战国时期又群雄并立，再到秦统一，中国最终走向大一统是由秦始皇完成的。前面我们说到"问鼎中原"，那么是谁在问鼎？是楚国，楚国原来是在长江流域活动，随着它的势力强大，到楚庄王的时候，他要北上去问鼎中原。秦国原来是位于周王朝很西边的一个诸侯国，秦国在强大的过程中不断地向东、向周王朝统治的核心区域迁移，其都城是从甘肃一直迁到西安的，一直在往东进，可见所有国家的争霸其实是在逐鹿中原。为什么这么做？是因为这里有一个被大家都认同的文化圈。假设秦被楚打败了，楚统一后所形成的中国格局也还会是这样的。因此，最终目的其实都是为了能够成为中国，之所以能有我们中国，是因为有文化价值的认同。

我们中学课本里写到秦，统一了度量衡，统一了货币，统一了文字。我们现在能知道的中国最早的文字是甲骨文，甲骨文到商周的金文，都是一个系统延续下来的，是以象形文字为主的系统。到春秋战国时期，六国文字发展的是有些不一样，但总体的特征并没有改变，这是因为有一个超级的文化价值的认同在里面。我们过去谈到秦统一，讲原因，讲到政治优势、政治制度的改革，讲到秦国的军事，等等，其实一直以来都忽视了一个特别重要的点，就是当时的文化认同对秦统一的支持。

我们现在应该可以理解考古学在社会政治方面的意义，甚至说在更大的层面上，自新石器时代以来，中国文化所形成的传统，意味着中国文化和西方文化就是两条不同的道路。我们是不是可以进一步地理解，世界上除了美国模式，还有中国模式。这是从人类文化发展的角度来说的，也是一个很好理解的方面。从这些角度去理解考古，考古的现实意义可以说凸显在很多方面。

三、多元一体的中华文化——以成都平原为例

刚才讲到秦统一是有文化价值的认同，这样的价值认同大家可能觉得很遥远，那我就以成都平原为例，讲一讲三星堆。三星堆是这两年大家非常关注的一个考古发现。有些人觉得三星堆是外星人，和我们中国文化没有关系，其实并不是这个样子。三星堆文物，在20世纪初就已经有了，考古学家在那时也做了很多的工作，但是为大家所知道的主要是1986年考古发现的两个祭祀坑。祭祀坑中出土了很多稀奇的文物，为什么稀奇？因为它不是我们刚才看到的商周的那一套系统，而是有很多人像，人像就属于偶像崇拜，这与我们中国文化的传统是不大一样的。在商周中原文化体系中人的形象都是非常低贱的，没有像希腊或者古埃及，比如拉美西斯二世那样的很大的雕像。因为考古条件有限，20世纪80年代三星堆只

发现了两个祭祀坑，到了2019年、2020年又陆续发现了其他六个坑。三星堆现在的考古工作是在考古方仓里进行的，也就是在六个坑外面搭了一个大的棚子，叫考古大棚，然后在棚子里边给各个坑做了发掘方仓，考古工作者进方仓会穿隔离服，为什么会这样要求？因为如果我们比较随便，就很容易把一些外界的东西带进坑内，而我们这一次发掘要做到很精细，因此也挖到过去所不能想象的东西，比如丝织品的残留痕迹。丝织品很容易腐朽的，稍有不慎，痕迹很快也会灰飞烟灭。但三星堆这次发掘做到了非常高精度的考古，如此高的工作水平也体现出中国考古水平在世界上已经非常领先。三星堆考古工地树立的"建设中国特色、中国风格、中国气派的考古学"，是习近平总书记在政治局学习上讲的，充分体现出党和国家对中国考古学的殷切期待。

（一）中国青铜文明在长江流域的进程

从中国考古学的角度来说，自新石器时代开始长江流域和黄河流域就有联系和交流，但也是各自发展，形成不同的区域文化，而这些不同的区域文化因为有共同的粟稻系统，从而产生了大体相同的文明价值观。三星堆的考古发现，证明古代四川盆地有自己独有的文化，但其与中原、长江中下游地区的文化交流是明显的，文化体系从大范围看仍然归属于中原文化系统。

1. 夏至早商时期

公元前20世纪，在黄河流域的中游建立了第一个王朝——夏朝。考古学证明，每一个中原王朝的建立都意味着它要统治长江流域。因此，长江流域和黄河流域之间的互动是不同阶段都会存在的。从文明演进的角度来说，中原王朝建立后，青铜文明影响了南方，可以说在长江的中下游之间，乃至长江上游的三星堆平原已经有了夏王朝的影响。所以在夏、商、周阶段基本上是中原王朝在中间对于周围地区产生辐射性影响。

2. 中商时期

从夏朝开始，一波又一波的文化、政治统治浪潮席卷长江流域。盘龙城在夏和早商时期，是中央王朝在南方地区的一个重要城市，到了中商阶段就基本被放弃了。这几年在武汉市黄陂区鲁台山遗址发现了较大规模的铸铜遗存，鲁台山可能是中商及以后中央政权在长江流域的一个政治中心。这几年的考古工作表明，到了这个时候长江流域开始有了自己的青铜文化，如果说夏朝的建立给长江流域带来了青铜文化，那么到了中商，长江流域就开始进入了自主性的青铜文化发展阶段，随之长江流域开始出现了自己的青铜器。三星堆的铜尊和安徽出土的铜尊是一样的，其实这种铜尊不只在这两个地方出土，长江流域多个地点都曾有发现。这表明长江流域已形成了多个青铜文明中心，当时整个长江流域的青铜文化水平已经很发达了。不光是中央王朝做青铜器，地方也可以做青铜器了，大家可以按照自己的价值观念去理解和铸造青铜器，三星堆就是其中的代表。

3. 晚商时期

在三星堆阶段，也就是晚商时期，三星堆青铜器中除了我们看到的很稀奇古怪的器物以外，还有和中原文化体系青铜器看上去比较接近的器物，而这些器物往往和长江流域其他地方出土的同时期同类器物基本一样，比如刚才讲到的那些用来吃喝的铜器。

图6 三星堆出土　　　　　　图7 殷墟妇好墓从出土

这两件铜尊，一件是三星堆出土的（图6），一件是殷墟妇好墓出土的（图7）。两件尊细节上还是有区别的，比如脖子上的纹饰，中原一定是这样的三角形的更复杂的纹饰，而三星堆的不同。但是，我负责任地给大家讲，三星堆的尊和长江中游地区出土的尊是一样的，比如长江中游的岳阳出土的鱼钫山罍。这个一样是指什么呢？指生产的产地是一样的。三星堆的一些青铜容器，应该在长江中下游地区生产出来，然后顺着长江一直往上游走，到达四川盆地。所以四川盆地和中原、长江中下游地区之间不仅是有交流，而且是有非常大密度的交流。从这个维度来讲整个三星堆的发现里面，有很多是中原文化背景的东西，比如说这样的玉器、这样的青铜容器。

（二）中原文化在三星堆的进程

我们来谈谈三星堆的人像（图8），特别是这些和我们现代人长得不一样、有点像外星人的人像，而且这些像都很大。这是我一个同事去三星堆参观时拍下的照片，我觉得拍得不错就放在这里了，其中有一株很特殊的神树，还有更特别的是人像伸出很长的眼珠子，以及他的鼻梁上伸出一个特别怪模怪样的东西。

分析一下这些看上去像外星人的人像，它的特点是什么？这些人像大小不一，表达方式也各有不同。比如，很多学者研究后认为，这个人像王一样戴着一个冠，说明这种人级别高，而那种人级别低，因为他的发型不一样。有一个被大家所忽视的重要方面，就是这些人的面部表达是高度一致的。这些大大小小的人像，如果我们把它放成同样的一个比例就可以发现，这些人都有这样的一对棱形的眼睛，一个像蒜头一样的鼻子，一对非常特别的耳朵。这些人像，很多细节的东西都高度一致，即便是我们看到的最小的人像，大概只有我手指这么大，而大的是有我们真人大小，乃至于像这种特别大的、50多厘米高的人头像，他们的眼睛、鼻子和耳朵也都做得高度一致。我要说的是什么意思呢？就是对于三星堆人而言，他

图8 三星堆人像

对于人的认知表达是非常具有一致性的，他觉得人就是这个样子的。这些东西都是他表达的他们那个世界的人，而那个世界的人又有不同的等级和不同的地位。而这些又要怎么去表达呢？用大和小。

1. 人物形象与身份

世界上所有的文明里面，不管是古代的文明还是当代的文明，大的一定是地位高的、更重要的，小的则是地位低的、更次要的，古今中外无一例外。三星堆这样的一个全身人像是有真人大小的，人通冠高180厘米，下面还有一个台子，连着台子这个人像高达260厘米。同时也有相当于实际真人大小的1/3大的人像，还有只有10厘米左右高的。所有10厘米左右高的全身像的人都是跪着的，也是我刚才说的经济地位很低的人。有资格站着的人，而且要站在一个台子上，就说明他的地位很高，这可能是代表王的形象。

王带着队伍来做祭祀活动，他手上拿着祭拜祖先的东西，那谁是祖先呢？是另外一类人。祖先类的人像也有级别区别，大部分能够被祭拜的祖先，可能是相当于王的贵族，所以他们戴着面具。而且往往只有一个头像，并和真人一样大小，为什么？因为他可能是插在一个木头桩子上。全身的人像是表达现实中的人，供祭拜的对象只用一个脑袋代表就可以了，甚至用一个面具代表就也可以。那种超级大的面具可能就是地位特别高的祖先。我们祖先的地位高低不一样，这是历朝历代每个家族相同的情形。这里我主要想表达一个意思是：这些人像和现实世界人的形象是一样的，所以他可能是祭祀者，代表的是现实世界的人；这些以面具为主的人像，可能代表的是死去的祖先。

古代的祭祀系统中，除了祖先还有别的，比如神灵类，形象很高大，有凸起的眼珠子，说明他的地位很高。还有一类是神灵和人之间的结合，所以他的眼珠子和神灵是一样的，但他的面孔上的其他部位又和祖先那一类人像是差不多的，这可能是在神和灵怪之间的一类。如果我们把刚才说的这些人像来做一个集中表达，大概就是这个样子：有和真人差不多大小的，或者比真人稍小一点的，代表现实世界中的人；涉及祖先这个类别的，有可能是地下世界的比较怪异的灵的状态；还有一类级别比较高，是在和人能够打交道的系统里最高级别的，属于神这个类别。

在三星堆人的祭祀系统中有用眼睛来代表人、祖先和神的。梭形眼睛表达的是和现实世界的人一样的，所以他可能是祖先，也可能是现实世界的人。椭圆形的眼睛代表灵或者是神，这和人的距离隔得比较远。还有一类级别最高，也是最大的，是代表天，是圆形的眼睛。这样宽60厘米左右的圆形眼睛在三星堆最开始发现的两个坑中出土了70多件。这样接近1米的，复原的只有6件，但出土的特别多，我们假设这种也有70件，那么如果想要把这些东西放在同一个祭祀场，就需要一个比我们现场更大的场地。

2.祭祀者——进奉

（1）祭祀场景

在祭祀场景里，有很多用木头树起来的一些祖先、神的形象，构成了三星堆的祭祀世界。去参加祭祀的人代表现实生活中的人，而能进行祭祀活动的人只有一个，就是国王，剩下的都是跪着的代表很多现实世界中的小人物，而这些人手上要拿着东西。特别要给大家强调的是这个顶着尊的人像，这个尊大家应该熟悉，就是我们刚才说的中原文化系统的尊，因此，我们就能理解三星堆祭祀的情形了，首先有一个大的祭祀场，祭祀场中受祭的人有祖先、神等，祭祀场中有一个像祭台一样的东西，这是神树以及挂在神树上的东西，人把祭祀物通过祭坛贡献给神、祖先。这是我们能想象到的祭祀场景。

（2）进奉人

进奉活动是由像人一样的那些人像来体现的。其中还有一些进祭的人，他们的形象都很低小，跪着或者朝一个方向作揖，我们新的考古发现也都是这样。新的考古还发现跪着的全身人像，这样的人像说明其地位是很低的。

（3）进奉物

还有一类是贡品，也就是进奉的东西。这些东西一类是从中原文化圈"进口"的，比如尊、玉器等都是中原文化的产物，还有一类是外来的，比如黄金、海贝等东西。我们现在能知道三星堆的人为什么有发达的文化，因为这个地方就是一个资源组织中心，能把外来的印度河流域或者西亚来的黄金、海贝，甚至有可能还包括大象转运到中原，同时又引进来中原文化很多高级别的礼制性的东西。三星堆考古新发现了顶着尊的人像，媒体上把这种人像称为顶尊人像，我觉得应该叫作人像顶尊。为什么呢？顶尊人像的中心词是人像，而人像顶尊的中心词是尊。从这个顶尊的人像分析，这是一个社会等级很低的人，而他顶的尊，是进奉给上帝、神，或是祖先的，因此这样的一件器物的重点是人像上面的尊。从这个角度看，在三星堆人的价值系统中，中原文化的这些东西具有崇高的地位。

关于在三星堆人看来中原文化的东西具有崇高的地位，我们还可以举一个例子。这个看上去像外星人的人像（图9），它的鼻梁伸出非常奇怪的东西，如果仔细观察和分析，其实它一点也不奇怪，它来源于中原文化。这个尊是中原文化系统的，我们称之为龙虎尊，因为上面有一条龙，还有一只虎。如果我们做一个拓片，老虎身上的装饰就是这个样子的。而这是虎身

图9 三星堆人像

上的毛，要把它拿一根出来，将它放大，它的样子是不是与这个人像鼻梁伸出的东西很像。将老虎一根只有3厘米左右的毛变成了50多厘米，把它放得如此之大，这就说明三星堆人把中原文化的因素放在特别崇高的位置上，进行学习。整个三星堆的祭祀系统里面，祭祀的有祖先、神、天，这就又回到了中原的文化系统，中原文化的祭祀就是这样的。所以三星堆人看上去像外星人，但我们现在知道，无论是他们的文化还是他们的价值观念，其实都和中原文化是一脉相承的。有很多人说三星堆都是人像，人像是西亚的。我们可以从三星堆的技术系统来看，在两河流域做一个人像是用失蜡法，而中国

的青铜器是范铸法，是顺着一个器物竖着去分范的，所以一般也称之为块范法。三星堆是典型的块范法，它的技术系统就是中原文化的，所以我们说三星堆文化不仅不是外星人的，从它的价值认同到它的技术系统，都是和中原文化有着非常密切的关联的。为什么我们称之为三星堆文化？是因为它和中原文化还是有区别的，这也是我们考古学上常讲的区域文化。但是我们可以看到三星堆所在的整个成都平原和中原地区有密切的联系，以及他们对中原文化和中原价值观的认同。我们回到前面讲的春秋战国时期诸侯逐鹿中原，最终走向一统，形成统一的、建立在中原文化基础之上的中华文明。三星堆也是这样的，它的价值体系是和中原系统一致的，所以整个成都平原从三星堆开始，一直到战国再到西汉，是越来越往中原文化系统靠拢，最终融入中华文明中来。100多年来，中国考古学不断发现和考证了中原文化和中原地区周边的文化，这些周边文化比较早期的时候和中原文化区别比较大，但是在大的系统上和中原文化是一致的，然后有一个越来越接近中原文化的过程。在成都平原是这个样子，在长江中下游地区也是这样的，甚至更远的区域都是如此，只是有时间早晚的区别。

因此，我们可以看到中华文明是怎样的一个形成发展的过程。中华文明在形成的早期不是中原文化或其他任何一种地方文化，它是越来越以中原文化为主，并不断吸纳越来越与中原文化接近的周边地区文化。为什么是这样？这就是我们上面讲到的稻作农业系统中的价值认同。这种价值认同成为中华文明形成发展的一个巨大凝聚力，这种凝聚力在中原文化中具有超强的内涵性，并由此让中原文化产生了超强的向心力，让诸多地方文化逐渐融入中原文化中来。很多地方文化都有一个被中原文化融合的过程，这个过程也就是彼此认同的过程。在这个过程中我们能体会到文化的动力，这种文化动力构成了早期多元的、往前发展越来越一致的中华文明，这也是为什么我们称之为多元一体。多元一体是一个过程，而不是一个静止的状态。而这样的认识，我们更多的是依赖考古学得到的。也就是从物质文化的角度去寻找，或者说通过考古学的研究，才能达到这样的认识和理解。

今天我想用这样的一个讲座给大家讲讲考古学的现实意义，讲讲考古学是怎样认识中华文明及其形成的，以及考古学对于我们社会的发展能做出什么样的贡献。

我今天要讲的内容结束了，谢谢大家。

四、重点提问与解答

提问：根据目前考古发现来看，盘龙城遗址是不是不同新石器文化的延续或结果？

张昌平：这是一个很有水平的问题。新石器时代，其实不只是江汉地区，包括长江下游地区，都形成了非常发达的文化。比如，石家河文化形成了非常强的势力。石家河之前的屈家岭文化也是这样，但是大概是在公元前20世纪以后，石家河文化迅速走向衰落。所以盘龙城所代表的是中原文化，是中原文化往南发展的结果，因此我们看到的盘龙城基本上都是中原文化，也能够看到一些当地的因素，但是非常少。这也是中原文化所代表的夏商在周围的强势发展。

提问：请问考古学与现实经济社会之间的联系是什么？

张昌平：考古能生产粮食吗？如果从这样的一个经济角度来说，考古对经济是没有作用的，但实际上并非如此，考古还是有很大的意义和作用的。讲一个典型的例子，陕西某年的 GDP 接近50%都是来自旅游经济，是旅游对经济的拉动，考古对经济的作用至少在陕西表现得非常充分。而就我个人的理解而言，如果把围绕从秦始皇兵马俑到汉唐之间的都城的考古成果做一展现，可能对于经济的意义会更大。最近陕西新开了一个博物馆叫陕西考古博物馆，博物馆对公众开放以后，公众特别踊跃。文化的发展对经济的影响很大，而考古学在现如今我们文化的发展中有了重要的作用。

提问：如何提高青少年对考古学、历史学等人文学科的兴趣？

张昌平：这是一个特别好的问题。很多家长或者很多小朋友都能感受到学历史特别无聊，因为全是死记硬背的东西，一点儿也不好玩。那要如何提起兴趣呢？

首先我觉得我们现在的教育除了书本以外，还可以用业余的时间，比如放假的时候去逛博物馆，也可以去看和博物馆相关的历史文化的东西，多去欣赏，不要一上来就说要去博物馆做研究。欣赏有两个方向，比如博物馆这个词本身是从西方引进过来的，英文中"museum"（博物馆）和"music"（音乐）是同一个词根，都是和艺术相关联的东西。所以博物馆既是一个我们对历史文化进行了解的地方，同时也是一个对艺术进行了解的地方，因为那么多的实物，特别容易触发小朋友，包括年轻学生的兴趣，从欣赏的角度入手，对于历史知识的理解和感悟自然而然就会很好，这个过程就是一个自己兴趣产生的过程。

其实即便是在大学，我们上大学的时候一开始也没觉得考古有多好，但是不断有与实物接触的机会，这就比死记硬背的东西有趣得多，所以大家要先去和场景接触，和实物接触。

提问：三星堆人是否和石家河有关？

张昌平：有的，有考古学家专门做过这方面的研究。

提问：老师怎么看盗墓小说，它和考古学有关系吗？

张昌平：我其实没有看过盗墓小说，但是我知道很多考古的同学会看盗墓小说。我觉得不奇怪，这是文化多元性的一个方向。盗墓本身对于考古的误解非常多，这刚好是一个有趣的地方，是需要我们进行辨识的。就好像看电影，在西方也是一样，西方很多人对考古感兴趣是因为看了《古墓丽影》，我们中国也许也有这样的同学。《古墓丽影》中的很多东西也许不一定对，是荒唐的，但是这并不要紧，因为这是我们大众文化的一个方向，但是随着我们对考古有了越来越多的了解，我们就会产生越来越多更好、更专业的理解。

提问：盘龙城出土的青铜器和铜绿山有没有关系？

张昌平：这个问题有一点复杂，可能很多人会关心这个问题。很多人会觉得中原王朝建立以后会在南方建立一个据点，是为了得到南方的铜。我们现在确定地知道，考古发现和考古研究的进展表明，铜矿开采最早是在山西南边的一个叫中条山的山脉，中原王朝最开始的铜资源就来自中条山，一直持续到中商文化时期，大概是在公元前13世纪。公元前13世纪以后中原王朝的铜资源主要来自长江中游，但不一定是铜绿山，目前铜绿山还没有西周晚期之前的考古发现，这是目前铜绿山矿冶考古的一个基本面貌。

从这个角度有几点可以展开来说。其中一点是，王朝最早的扩张肯定有获取资源的因素，但是获取资源不一定是王朝扩张的全部原因，所以我们不能完全想着说盘龙城是中原王朝建立的，就是为了来获取铜资源，这是两个不同方向的内容。但是无论如何从资源的角度去理解早期王朝的一些活动，是特别有意义的。我们经常能看到包括青铜器铭文里面说，某某到南方得到了铜，或者说我们现在在南方能看到这种大型的矿冶遗址，比如江西瑞昌等很多地点都可以看到这样的遗址和遗存，但是这个和我们说的盘龙城可能还没有直接的关系。

提问：多元一体的"元"指什么？另外，考古学如何能够实现透物见人？

张昌平：这个"元"，简单地说是元旦的元，多元的因素就是各种不同的因素，最后汇聚在一起，这是一个简单的说法。刚才以三星堆文化作为例子，我们可以看出它的地方因素是非常强的，或者说它是一个自主的地方文化。再通俗一点就是三星堆区域的人不归商王朝管，但是其文化继续往前发展汇聚到了中原文化中，看上去有点源头的源的意思，但是总体而言是文化的多元性，不同的东西同时往前的共同发展。

第二个问题是如何能够实现透物见人。因为我们考古人看到的都是物，我们经常会往这个方向去努力说透物见人，这是一个相对而言的概念。从方向上来说，毕竟物和社会是两个不同方向的东西，打一个比方，三星堆文化一定是一个国家吗？不一定的，不能直接画等号。但是我们又能够经常猜出来，或者说通过它的文化现象我们可以看出当时的社会或者当时的人的状况。我讲的那些例子主要想说的其实不是物，而是讲到对人的理解，比如我说到三星堆人的思想层面上的东西，它总体而言的价值观念对中原文化是很崇尚的，很向往的，这是我们对当时的人的一个理解。我们也知道对于三星堆的人而言，他世界里的人的形象就是我们现在看上去怪怪的形象，但是他认为这是他的一个写实的方向，所以这个透物见人是能够看出他的很多行为的，这种行为也包括我刚才给大家举的例子，一个石器，一个青铜器一样可以看出不同阶段的发展方向的人。比如我们刚才讲的新石器彩陶，可以看出这是具有很高艺术水准的人，为什么？那个时候没有现在的电脑能做划分，这样的一些弧线他要拿着笔从脖子或者从下边画起，一般是从上面画起，线条往前画一圈，非常流畅地形成了立体的东西。如果透物见人，通过这样一个物，我们可以看出这位艺术家的水准，以及他对于世界的抽象性的理解。

作者简介

刘进宝，浙江大学历史学院教授，浙江省文史研究馆馆员，国家民委中亚与丝路文明研究中心主任，《丝路文明》主编。兼任国家社科基金评审专家、中国敦煌吐鲁番学会副会长、中国唐史学会副会长、中国敦煌石窟保护研究基金会理事、浙江省敦煌学与丝绸之路研究会会长。长期从事敦煌学与丝绸之路研究，个人学术论著有《敦煌文书与唐史研究》《敦煌学通论》《唐宋之际归义军经济史研究》《敦煌文书与中古社会经济》等，主编著作有《转型期的敦煌学》《百年敦煌学：历史·现状·趋势》《丝路文明的传承与发展》等，在《中国社会科学》《历史研究》等刊物发表论文多篇。

"莫高人"的敦煌情——从常书鸿、段文杰到樊锦诗

刘进宝

坚守大漠，甘于奉献，勇于担当，开拓进取。

——题记

各位听众大家上午好！今天讲座的题目是《"莫高人"的敦煌情》，在确定题目时我有两个选择，一是"'敦煌人'的莫高情"，二是"'莫高人'的敦煌情"。因为我曾经写过一篇文章，叫《"敦煌人"和敦煌石窟》，我当时将1966年前到莫高窟，对敦煌石窟的保护、临摹、研究做出了贡献的人士，称为"敦煌人"。当时我给"敦煌人"的定义，主要的界定标准，是不包括改革开放后敦煌条件改善，尤其是在兰州建立院部后，调入敦煌研究院的同志。此处的"莫高人"，则是指不管年龄大小，也不论何时到达敦煌，即包括所有在敦煌工作的同志。这与敦煌研究院提炼的"莫高精神"，即"坚守大漠，甘于奉献，勇于担当，开拓进取"是一致的。那么，我们如何看待敦煌？如何看待莫高人？敦煌的魅力是什么？"莫高人"的奉献精神和他们的选择，也是我一直思考的问题。所以我选择了"'莫高人'的敦煌情"作为今天的讲座题目。

今天我主要讲三代敦煌人，常书鸿、段文杰和樊锦诗，因为他们代表了坚守敦煌的三代

人。常书鸿1943年3月27日到了莫高窟，一直到1982年服从国家的安排，离开敦煌在文化部任职。段文杰1947年到了敦煌，他一直生活在敦煌，直到95岁高龄才安详地去世。樊锦诗1963年从北京大学毕业后到了敦煌，直到现在80多岁了还在莫高窟。

常书鸿、段文杰、樊锦诗，他们是三代敦煌人的代表，从1943年到2015年，从国立敦煌艺术研究所、敦煌文物研究所到敦煌研究院只换了三位领导，七十余年只有三位领导，这在中国的任何机构中都是没有的。所以敦煌艺术研究所、敦煌文物研究所、敦煌研究院也就成了探讨我们国内学术机构管理的一个个案，可以作为一只麻雀进行解剖。

一、敦煌守护神——常书鸿

现在言归正传，我先从常书鸿开始讲起。我们把常书鸿誉为"敦煌的守护神"。1927年，常书鸿到法国巴黎留学，学习艺术。当他学有所成时，当时的教育部长王世杰请他回国，担任国立北平艺术专科学校的教授。为了报效祖国，常书鸿于1936年回国，任教于国立北平艺术专科学校。抗战爆发，北平艺专南迁，随后又与杭州艺术专科学校合并，成立国立艺术专科学校。后来常书鸿又到重庆，任教育部艺术教育委员会委员。当1942年国家筹备成立敦煌艺术研究所时，教育部长陈立夫推荐他做敦煌艺术研究所的筹备委员。

为什么在20世纪40年代成立国立敦煌艺术研究所呢？20世纪40年代初，抗战进入关键时期，当重庆变成陪都时，西南成了文化的基地，西北成了经济建设的后方，兰州在西北经济建设中的地位更加凸显。要建设西北，就要了解西北、研究西北，而要了解西北，首先就要考察西北。正是在这样的大背景下，从20世纪30年代后期开始，许多政府要员如朱家骅、罗家伦等不断赴西北考察，由政府有关部门或学术机构组成的各种考察团也开赴西北。如民国时期的中央研究院等单位组织的"西北史地考察团"，教育部的"西北艺术文物考察团"、中央设计局的"西北建设考察团"，经济部的"西北工业考察团"，农林部的"西北调查团"，国父实业计划研究会的"西北考察团"，中华自然科学社的"西北科学考察团"，党政工作考核委员会的"甘宁青区考察团"，等等，还有张大千等人以个人名义赴敦煌考察、临摹壁画。上海等地的一些工业企业搬到了兰州，修建了兰州到新疆的公路，玉门油矿等也开始兴建。

在社会各界考察西北的热潮中，1941年，63岁的于右任来到西北考察，10月5日恰好是中秋节，他到了莫高窟，同到者有高一涵、马云章等大部分民国时期监察院的人，以及其他政府要员。这时张大千正在莫高窟临摹敦煌壁画，大家的话题自然就谈到了敦煌，认为敦煌文物多年来不断遭到外人的劫夺，目前大量艺术珍品得不到妥善管理保护，许多洞窟濒于坍塌，由于气候恶劣，有的壁画大块脱落，而有关方面却对敦煌国宝漠然视之。在座诸人无不痛惜。在以后几天的参观考察中，于右任对敦煌艺术无法估量的价值和它濒临毁灭的危机，有了更深刻的认识，他写了很多关于敦煌的诗，其《敦煌纪事诗》之一曰：

敦煌文物散全球，画塑精奇美并收。
同拂残龛同赞赏，莫高窟下作中秋。
斯氏伯氏去多时，东窟西窟亦可悲。
敦煌学已名天下，中国学人知不知？

这里的"斯氏"是英国的斯坦因，"伯氏"是法国的伯希和。他们于1907年、1908年把敦煌好多的文献拿到了英国，拿到了法国。莫高窟就是千佛洞，"东窟西窟"指莫高窟东面的榆林窟和西面的西千佛洞。为什么敦煌学在那时已名天下呢？1925年8月，日本大阪外国语学校的石滨纯太郎在大阪的演讲中，已经多次使用了"敦煌学"这个名词。到了1930年，陈寅恪为陈垣的《敦煌劫余录》作序的时候，也使用了"敦煌学"这个名词。中日两位学者在不同时段各自使用了"敦煌学"这个词，提出了"敦煌学"这门学科，是与当时国际学术的潮流相契合的。当时国际学术的潮流是"东方学"，而"东方学"主要是用历史比较语言学来研究中国周边的文化，"敦煌学"就是在这样一个背景下提出的，同时提出的还有"西夏学"等。因此于右任才有"敦煌学已名天下，中国学人知不知"的感叹。

图1　1941年10月23日《西北日报》报道

图1是1941年10月23日《西北日报》的报道，于院长访谈，提出"倡设敦煌艺术学院"。于右任从莫高窟返到兰州谈视察观看时，就提出设想要成立敦煌艺术学院。1941年12月11日，他完成了对西北的考察。14日离开西安，返回重庆。在兰州时，于右任接受中央社记者访问。"谈及敦煌千佛洞时，于院长更欣然谈称，此乃东方各民族艺术之渊海，为我国之'国宝'，惟以保管无方，湮没堪虞，决创设敦煌学院，并倩刻在该洞考察之名画家张大千主持，以保存此前人名贵之遗产。"于右任作为政府高级官员，亲自撰写《建议设立敦煌艺术学院》的建议书，并送达国民政府，要求设立"敦煌艺术学院"，以鼓励学人研究敦煌艺术。

于右任作为国民党的元老，又是现任的监察院院长，他的建议自然得到了政府相关部门的高度重视。1942年1月12日，在重庆召开的国防最高委员会第75次常务会议讨论通过了监察院院长于右任关于设立敦煌艺术学院的提议，决定交教育部负责筹备。而教育部认为学院乃是大学内的一个单位，如称敦煌艺术学院容易产生混乱，故成立敦煌艺术研究所，"其性质与北平研究院之各所相同，由高等司主管"。

1942年1月15日，国民政府同意设立敦煌艺术研究所，交由教育部管理。既然由教育部筹备，筹委会的人员当然以常书鸿为主，因为常书鸿当时在教育部任职，是教育部艺术委员会的委员。但是这个提议是于右任提出来的，所以教育部组成筹备委员会，就要和于右任商量，希望于右任来提出名单。1943年1月18日，教育部正式公布了国立敦煌艺术研究所筹备委员会成立的消息及筹备委员、主任、副主任和秘书名单。由甘宁青监察使高一涵任筹备委员会的主任，教育部的常书鸿任筹备委员会的副主任，教育部西北艺术文物考察团的团长王子云任筹备委员兼秘书，还有另外四位筹备委员（张维、张大千、张庚由、窦景椿）。七位委员中于右任推荐了五位，教育部推荐了两位。

筹备名单公布以后，教育部让常书鸿尽快去敦煌，常书鸿等人于1943年2月初抵达兰州，在兰州召开筹备会议后再到敦煌。因为当年兰州到敦煌的交通非常不便利，一辆汽车要走好几天才能够到安西县（今天甘肃省瓜州县），从瓜州县到敦煌连公路都没有，坐牛车还要三天，所以常书鸿等人于1943年3月27日才到达莫高窟。

教育部公布的敦煌艺术研究所筹备委员的名单中，王子云是兼任秘书，但是名单公布以后王子云没有参加筹备活动，他认为自己是研究雕塑的，常书鸿是研究油画的，两个人的理念不同，他就提出辞职。筹备委员会又报请教育部同意，聘任李赞亭为筹备委员兼秘书。到甘肃工作的时候，为了得到甘肃省地方政府的支持，又报请教育部聘任甘肃省教育厅的厅长郑通和为筹备委员。

敦煌的生活是非常艰苦的，20世纪40年代去敦煌需要一个多月，我们今天去敦煌可以坐飞机、坐火车，交通相当便利。1984年9月到10月，我在莫高窟山上住了一个月，晚上到门口的河里打一桶水静置，第二天早上至少有半盆的泥沉淀在水桶下方，用上面清澈的水洗脸漱口。敦煌位于西北地区，河西走廊西端。常年干旱少雨，年蒸发量很大，降水量很少，主要靠祁连山的雪水灌溉。可想而知，当年敦煌的生活是极

图2《九十春秋：敦煌五十年》

其艰苦的，干旱、交通不便，如果要到敦煌县城，要走40多里路，当时最多是牛车，还有很多人步行，到敦煌县城就要4个小时。

常书鸿到敦煌不久，他的妻子陈芝秀携带孩子也到了敦煌。后来由于各方面的原因，陈芝秀离开了敦煌，她到兰州后登报声明和常书鸿协议离婚。常书鸿与陈芝秀育有一对儿女：常沙娜和常嘉陵。常沙娜出生在法国巴黎，常嘉陵生在四川嘉陵江畔，所以叫常嘉陵。后来常书鸿和李承仙结婚，又孕育两子：常嘉煌、常嘉皋。常嘉煌出生在敦煌，常嘉皋是生在兰州皋兰山下。他们那一代人、他们的下一代和下下代人，在敦煌既献了青春，又献了子女。

图2是《九十春秋：敦煌五十年》。常书鸿1994年去世，他的骨灰要撒在敦煌，那时恰好我在敦煌，他的夫人李承仙和儿子常嘉煌送给我一本《九十春秋：敦煌五十年》，这是常书鸿的回忆录。

常书鸿的回忆，曾在1980年的《文化史料丛刊》上以《铁马响叮当》为名连载过一部分。1994年出版的《九十春秋：敦煌五十年》也很快脱销。

图3《九十春秋：敦煌五十年》　　　　　图4《愿为敦煌燃此生》
（甘肃文化出版社）

2004年甘肃文化出版社又重新出版了常书鸿的《九十春秋：敦煌五十年》。图3是最近常书鸿的孩子们以常书鸿《九十春秋：敦煌五十年》为基础，又重新修订成的常书鸿的自传《愿为敦煌燃此生》（如图4）。

实际上《铁马响叮当》《九十春秋：敦煌五十年》和《愿为敦煌燃此生》的内容是没有太大变化的，分别是常先生在不同年代写的。由于时代不同，个人的处境也不同，所以表达也可能会有微妙的变化。

常书鸿是浙江人，他是浙江甲种工科学校（今天浙江大学工学院的前身）毕业的。在他一百周年诞辰时，浙江省敦煌学研究会等单位编了一本书《浙江与敦煌学——常书鸿先生诞辰一百周年纪念文集》。上述书目都是目前有关常书鸿的介绍与传记。

图5 常书鸿的塑像

图6 常书鸿之墓

图5是常书鸿去世以后，敦煌研究院为常书鸿修建的塑像。图6是常书鸿之墓，在三危山下，面对鸣沙山的敦煌石窟，"敦煌人"的墓葬都在这里。我每次去敦煌时，尽可能都会在他们的墓地上坐一会儿，望着对面的九层楼，感受他们对敦煌的奉献，心里有一种难以言表的感受。

2000年为了纪念藏经洞发现暨敦煌学百年，敦煌研究院在莫高窟举办了"2000年敦煌学国际学术讨论会"。会议期间的7月31日晚，在莫高窟九层楼广场，国家文物局和甘肃省人民政府举行了隆重的颁奖仪式，对半个世纪以来在敦煌文物保护研究中做出特殊贡献的七名个人和三家集体授予"敦煌文物保护研究特殊贡献奖"。获得特殊贡献奖的个人分别是常书鸿、段文杰、季羡林、饶宗颐（中国香港）、潘重规（中国台湾）、邵逸夫（中国香港）和平山郁夫（日本）。三个集体分别是中国敦煌研究院、日本东京国立文化财研究所和美国盖蒂基金会。因为常书鸿先生已经去世，所以由他的夫人李承仙代表常书鸿接受"敦煌文物保护研究特殊贡献奖"。

图7　常书鸿先生诞辰100周年纪念座谈会

我们今天如何来评价常书鸿或者是如何弘扬常书鸿精神？"敦煌守护神"，这个称呼已经得到了大家的认可。在20世纪30年代艰难困苦的条件下，常书鸿能够毅然决然地离开法国巴黎回到祖国的怀抱；20世纪40年代，他能从重庆到大漠戈壁的敦煌；此后，无论遇到什么艰难困苦，政局发生怎样的变化或动荡，他几十年一直坚守在敦煌。仅凭这一点我们就应该记住常书鸿，感谢常书鸿。

二、敦煌事业的开拓者——段文杰

第二个要讲的是段文杰。提到段文杰，大家可能会想到"大漠隐士"的称呼。2015年新华社的记者曾问我：如何谈敦煌精神或者莫高精神，给段文杰"大漠隐士"这个称呼是否合适？我认为"大漠隐士"这个词确实无法代表段文杰，我前不久在与其子段兼善的交谈中还问到"大漠隐士"是谁提出来的。还有人用"圣土人杰"，我感觉这个词也无法代表。最近人民日报社甘肃记者站站长董洪亮用"敦煌艺术导师"来概括段文杰。

我曾将1980年段文杰开始主持敦煌文物研究所的工作到1998年在敦煌研究院院长的岗位上退下来的十八年，称为敦煌研究院史上的"段文杰时代"。后来在《段文杰与敦煌研究院》一文中，总结了段先生对敦煌研究院的贡献，即高度重视学术研究、创办《敦煌研究》刊物、创建敦煌研究院、延揽和大力培养人才、建立中国敦煌石窟保护研究基金会、推动敦煌学走向世界，他对敦煌的贡献是非常大的。另外，段先生个人在敦煌壁画临摹和敦煌艺术研究方面成就突出，根本不是一个"艺术导师"就可以概括的。段文杰先生去世后，甘肃省给他的悼词中提到他是敦煌学的领军人物。但是敦煌学的领军人物有很多，并不单一指代段文杰，不像一提到"敦煌守护神"就想到常书鸿，一提到"敦煌的女儿"就想到樊锦诗，具有标志性。不管是"大漠隐士""敦煌艺术导师"还是"敦煌学领军人物""圣土人杰"似乎都不恰当。我个人认为，应该是"敦煌的开拓者"，这里应该再加上事业，"敦煌事业的开拓者段文杰"，当然这仅仅是我自己的想法。

1945年7月段文杰从国立艺专毕业后，直奔敦煌。到兰州后，时逢抗战胜利，国立敦煌艺术研究所大多学者复员返乡，又遇到敦煌艺术研究所改隶主管单位，直到1946年中秋节前夕才到达莫高窟。为什么说他是敦煌事业的开拓者呢？段文杰先生到莫高窟后，曾任国立敦煌艺术研究所考古组代组长；1950年后，历任敦煌文物研究所美术组组长、代理所长；1980年任敦煌文物研究所第一副所长，主持研究所的工作；1982年4月任敦煌文物研究所所长。1984年敦煌文物研究所升格为敦煌研究院后，为首任院长；1998年以后任名誉院长。在他的一生中，做了许许多多的事情，使敦煌走向世界，使敦煌文物研究所发展成了国际化标志性的研究机构，所以段文杰的贡献是非常大的。因此，我认为"大漠隐士"

等词语无法代表段文杰。

图8是2007年为纪念段文杰先生从事敦煌艺术保护研究60周年而出版的《敦煌之梦》，这是段文杰的回忆录和绘画集。2022年年初，在《敦煌之梦》的基础上重新进行修订，出版了《敦煌是我生命的全部》（如图9）。

图8《敦煌之梦》　　　　　图9《敦煌是我生命的全部》

为什么用这个书名呢？当时出版社选用"大漠隐士"，段兼善不同意。而后为什么用了"敦煌是我生命的全部"？因为这是当年记者采访段文杰时他所说过的话。实际上"大漠隐士"也是2000年纪念藏经洞发现一百周年，段文杰接受上海东方周刊采访时记者所采用的名称。

段文杰到敦煌后，最初主要是从事敦煌壁画的临摹。这种临摹主要是在洞窟里进行各种观察，段文杰为了临摹壁画做了许许多多工作，图10是段文杰正在复原临摹《都督夫人礼佛图》。

图10　段文杰复原临摹《都督夫人礼佛图》　　　　　　　图11《都督夫人礼佛图》

图11《都督夫人礼佛图》是唐代的，这里就要谈到为什么1942年向达说张大千破坏敦煌壁画。去过敦煌莫高窟的人都知道，鸣沙山其实不大，从北魏开始，直到隋唐，开凿的洞窟已经基本上占满了整个崖面。宋代以后，王公大族和普通民众再次建造功德窟或家窟、家庙时，崖面上已经没有空地了，就会改造已有壁画的洞窟，即将洞窟内下层的壁画遮盖住，在壁画的上面用泥遮盖一层，然后在上面画自己需要的画面和供养人。这就涉及上层和下层壁画之间的夹层可能会脱落。当张大千带领于右任等人参观张编第20窟（敦编第130窟）时，上层的壁画已经即将脱落，下层的壁画也裸露出来了，一个士兵一拉就有一块上层的泥掉下来，从而出现了张大千破坏敦煌壁画之说。对此，20世纪80年代初张大千在台湾还有过说明：

白彦虎之乱的损伤，加上白俄炉灶的烟熏，使壁画破坏剥落。当时于右任先生路过敦煌去看我，有骑兵第五师师长马呈祥相随，见墙壁破落处下层知有前代画迹，我就对于先生说：下层必然有画。马师长乃令其部下以石击落上层烧毁的壁画，赫然发现唐开元间晋昌郡太守乐庭瓌父子供养像，敷彩行笔，一派阎立德画法，与154窟（敦编第332窟）武周氏所画《维摩变》笔法脱脱相通。此窟盖宋时重修，上敷石灰一层，将原来的壁画遮盖着。[①]

这里所说的都督夫人，就是唐开元间"朝议大夫使持节都督晋昌郡诸军事守晋昌郡太守兼墨离军使赐紫金鱼袋上柱国乐庭瓌"的夫人。所谓都督夫人礼佛图，就是莫高窟第130窟进口处甬道南壁的一幅大型唐代壁画，画面高3.12米，宽3.42米。宋或西夏时又在此画上面重新绘画。1941年张大千在敦煌时，无意中将上层壁画剥离，使盛唐时期"朝议大夫使持节都督晋昌郡诸军事守晋昌郡太守兼墨离军使赐金鱼袋上柱国乐廷瓌"的夫人礼佛图显露出来。这幅画场面宏大，人物面相丰腴，体态健壮，服饰艳丽，对复原临摹的要求很高。

"都督夫人礼佛图"刚剥出来时，画面比较清楚，色彩绚丽夺目，后来壁画开始脱落，色彩褪变，越到后来"更加漫漶不清，如果再不进行抢救性复原临摹，这张画将永远湮灭"。为了留存这幅有重要价值的壁画，段文杰先生决心将其临摹。"但当时壁画的现状，形象已经看不清楚了，无法临摹。要保存原作，只有复原，把形象和色彩恢复到此画初成的天宝年间的面貌"。段先生就"开始了复原的研究工作，在八平方米斑驳模糊的墙面上去寻找形象"。这幅画共有十二个人物，经过历史的风雨后，有的面相不全，有的衣服层次不清，有的头发残缺，这样就没有了复原的依据。虽然有许多的困难和不便，但段先生没有放弃，他首先"对盛唐供养人和经变中的世俗人物进行调查，掌握了盛唐仕女画的脸面、头饰、帔帛、鞋履等等形状和色彩，把残缺不全形象完整起来"，然后又"查阅了历史、美术史、服装史、舆服志和唐人诗词"等。正是因为有了"这一切的历史依据，这样就提高了临本的艺术性和科学性"[②]。

因为原本《都督夫人礼佛图》有泥层阻隔没有氧化，颜色也完好。当段文杰等人1946年到敦煌时，壁画已经开始氧化变色了。我们常说文物要修旧如旧，不能修旧如新，也就是说段文杰这不仅仅是简单的临摹，而是复原性的临摹。《都督夫人礼佛图》就是段文杰最好的也是最经典敦煌壁画临摹品，被同事誉为"临本中的典范之作"。

———————————

① 贺世哲.对张大千"不曾破坏敦煌壁画"之质疑［J］.敦煌研究，2001（01）：176-180.

② 于右任.右任诗文集［M］.台北：正中书局，1963：12-13.

　　段文杰当时是怎样临摹壁画的呢？当然与今天临摹壁画的艺术家们不一样。当年他们临摹壁画每天上午去洞窟，晚上才回来，甚至因为早上光线好，就带点馒头直接歇在洞窟里。以前面壁十年八年才临摹一幅敦煌壁画。我们应该学习段文杰他们那代人的定力、基础和功力。

　　不难看出段文杰确实把敦煌壁画中的各种形象临摹得栩栩如生。段文杰在敦煌壁画的临摹方面，迄今是没有人能够超越的。

图 12《观无量寿经变》

　　图 12 是段文杰 1956 年 7 月 19 日在榆林窟第 25 窟临摹《观无量寿经变》。他一坐就是一天，用几个月甚至几年时间临摹一张壁画。要临摹一幅壁画，就要把这幅壁画各个方面的细节都了解清楚，首先要知道这幅壁画是根据哪个佛经得来的。敦煌石窟是佛教石窟，佛教石窟的每个壁画都是根据佛经来绘的。佛教在印度产生后传到阿富汗、中亚、新疆，为了给普通民众宣传佛教，便用通俗易懂的方式绘出来，这种壁画以前还有变文，如果将壁画比作连环画，那么变文就是图画下方的说明文字。因此，要临摹一幅壁画，首先要清楚这幅壁画在佛经中的含义，

以及要表达的内容，只有清楚了解后，才能将壁画中的人物一一对应，进行临摹。

段文杰对敦煌壁画的临摹至今无人超越，他不仅是临摹事业的开拓者，还对敦煌壁画的临摹从实践上升到理论的高度，其撰写过《谈临摹敦煌壁画的体会》《临摹是一门学问》《谈敦煌壁画临摹中的白描画稿》等文章，为我国在艺术学科创建临摹学科做出相当大的贡献。2007年，在敦煌召开了敦煌壁画艺术继承与创新的国际学术研讨会，纪念段文杰先生从事敦煌文物和艺术保护研究60周年。同年国家文物局和甘肃省人民政府授予了段文杰敦煌文物和艺术保护研究终生成就奖。

三、敦煌的女儿——樊锦诗

第三个要讲的是敦煌的女儿樊锦诗。1984年1月3日，《光明日报》发表了报告文学《敦煌的女儿》，宣传了樊锦诗坚守大漠的事迹，使樊锦诗成了家喻户晓的人物。从此以后，就像"敦煌守护神"是常书鸿的符号一样，"敦煌的女儿"也成了樊锦诗的符号和专称。从1963年北京大学考古专业毕业被分配到敦煌，樊锦诗一直坚守在莫高窟，将自己的一生献给了敦煌，成了一代"莫高人"的代表。2018年12月18日，樊锦诗被中共中央和国务院授予"改革先锋"荣誉称号，获颁改革先锋奖章，获评"文物有效保护的探索者"。2019年9月17日，又被授予中华人民共和国国家勋章和"文物保护杰出贡献者"国家荣誉称号。

图13《我心归处是敦煌》

《我心归处是敦煌》（图13）是樊锦诗的自述。这本书出版后，我手上有五六本，都是敦煌研究院不同部门送我的。2020年8月樊锦诗又送给我一本带有亲笔签名的。我认为我对樊锦诗非常熟悉，拿到书并没有详细阅读。直到有人要我讲讲樊锦诗，并为《我心归处是敦煌》写书评，我才认真看了这本书。我把稿子写好后传给樊锦诗，听说她比较满意，随后我们通电话时她说："我认为你用14个字概括了我。"她说的14个字，就是我文章中所说："对于个人的回忆录或自述，如果能做到'别人看了不摇头，自己看了不脸红'，就算成功了。因为工作的关系，我与樊锦诗有多年的接触和交往，读她的自述作品，深觉该书所写非常真实，书中描述的传主与我了解的樊锦诗是一致的。"我为什么要用"别人看了不摇头，自己看了不脸红"这14个字概括樊锦诗的《我心归处是敦煌》呢？我在电话中说："因为您的回忆录写得很朴实，没有写出一个高大上的樊锦诗，似乎就是一个邻家老太婆在拉家常，现在许多的人物传记、回忆录等都有拔高或是虚构的地方，您的却没有。所以我用了'别人看了不摇头，自己看了不脸红'这14个字。"

2021年9月我在敦煌开会时，曾去莫高窟樊院长的家里看望她，我们聊了很多。我们谈到了她将吕志和奖的奖金2000万港币（兑换成人民币1800多万元）全部都捐了。我问她为什么自己不留一些，因为我也是中国敦煌石窟保护研究基金会的理事，知道她的两个儿子生活都很一般。樊锦诗说：这个奖虽然是以我的名义奖励的，但是这也是给从常书鸿、段文杰到我几代"莫高人"的，这是给全体"莫高人"的奖赏，我仅仅是作为代表领奖了，我怎么能独用。后来，她将所得的何梁何利基金也全部捐献了。

图14是孙纪元的雕塑《青春》。樊锦诗说："那个雕塑很像一个上山下乡的知识青年，也像我刚到敦煌时候的样子，那是我的青春。"1983年8月，中国敦煌吐鲁番学会成立大会和全国首次敦煌学术研讨会在兰州召开。正是在这次会议上，中共中央宣传部部长邓力群将樊锦诗作为新中国自己培养的知识分子代表作了表扬。随后，《光明日报》以《敦煌的女儿》为名，宣

图14 孙纪元的雕塑《青春》

传报道了樊锦诗坚守大漠、勇于奉献的事迹。与此同时，甘肃省也在敦煌文物研究所的基础上，扩大编制，提高规格，组建了敦煌研究院，樊锦诗被任命为敦煌研究院的副院长。当樊锦诗决定留在敦煌时，她就意识到"此生命定，我就是个莫高窟的守护人"，"敦煌的女儿"诞生了。樊锦诗说："我已经习惯了和敦煌当地人一样，日出而作，日落而息，日复一日，年复一年地进洞调查、记录、研究。我习惯了每天进洞窟，习惯了洞窟里的黑暗，并享受每天清晨照入洞窟的第一缕朝阳，然后看见壁画上菩萨的脸色微红，泛出微笑。我习惯了看着洞窟前的白杨树在春天长出第一片叶子，在秋天又一片片凋落。"也正因如此，我才会说樊锦诗根本离不开敦煌。

宣传樊锦诗的材料中可能提到过，她和彭金章先生相恋未名湖，相爱珞珈山，相守莫高窟。这是如何得来的呢？ 2016年年底到2017年年初，彭金章先生患胰腺癌，已经到了生命的最后关头。此时中央电视台的《朗读者》想要邀请樊锦诗，樊锦诗本意是拒绝的，但由于彭金章很喜欢这个节目，希望樊锦诗去，于是樊锦诗答应录制这个节目。要上《朗读者》节目，需要将他们的人生做一个简单的总结。由于他们两位是北大同班同学，读书时成了恋人，1963年毕业时，樊锦诗被分配到敦煌，彭金章被分到武汉大学。他们在武汉大学结婚，晚年又一直生活在敦煌，所以彭老师此前就有了"相恋未名湖，相爱珞珈山，相聚莫高窟"的人生总结。当樊院长到北京后，感觉最后的"相聚"不太好，就将其改为"相守"，成了"相守莫高窟"。彭老师赞同这个修改，认为改得好。樊院长给我说：这里的"相守"，并不是她和彭老师两个人的相守，而是指一代代敦煌人的坚守。

樊锦诗认为，敦煌文物保护得再好，也需要数字化永久保存。为此樊锦诗经过与各方面的顽强"斗争"，在莫高窟法制保护方面做得非常好，当然也包括对敦煌石窟数字化的推动。

樊锦诗离不开敦煌，除了她将一切献给敦煌，对敦煌充满感情外，她还有一个心愿，即莫高窟的考古报告。可以说，敦煌考古报告的编写，是樊锦诗念念不忘的重要使命。直到2011年，樊锦诗带领敦煌研究院考古团队，历经十余年编写的《敦煌石窟考古报告》第一卷《莫高窟第266~275窟考古报告》才得以面世，并得到了国内外学者的高度肯定和良好评价，它不仅标志着敦煌石窟考古进入了一个新的阶段，而且为中国石窟寺考古报告树立了典范。[①]
敦煌石窟考古报告第一卷的成功，既使樊院长信心大增，又为后续的编写工作奠定了基础。
2014年底樊锦诗卸任敦煌研究院院长后，更是把自己主要的精力放在了组织考古团队持续编
写敦煌石窟考古报告第二卷、第三卷的工作中。正因为如此，每当我看到春节时樊锦诗与其
他职工一起在研究院食堂包饺子的照片时，我心里更加清楚了：樊锦诗离不开敦煌，她已将
自己融入了敦煌，敦煌成了她的生命，离开敦煌她将心无所依。正像她的自述作品的书名所
说："我心归处是敦煌！"

谢谢大家。

四、重点提问与解答

提问：想了解莫高人的文化精神对当今精神世界的影响？

刘进宝：这个问题我有些不知怎么回答。因为莫高精神是说他们那一代代人
的奉献，从常书鸿、段文杰到樊锦诗，他们一代又一代人在那里坚守下来，那一
代人是有承诺的。敦煌的教育条件差，20世纪60年代，他们在莫高窟工作，要把
孩子送到县城里读书，学习一周后再用牛车拉回来，回来的第一件事就是抓孩子
身上、衣服上的虱子。由于教育条件差，他们的孩子大部分学习不太好，没能上
好的学校。所以他们是既献了青春，又献了子女，这就是莫高人精神。因为那个
时代是有诚信的、讲奉献的。我经常会想，随着上两代学人，尤其是"莫高人"
的退休、离世，我们不仅仅失去了学业上的老师，更失去了精神上的导师，我们
在做人做事方面缺少了楷模，这可能是需要我们这个时代反思的问题。

提问：请问国际上敦煌学的学派有多少？各自特点是什么？

刘进宝：从国际上划分敦煌文献现在有三大派别，中国、日本、欧美，欧
美以法国为中心。中国学者主要研究的是传统的四部书，经、史、子、集以及

---

① 刘进宝．石窟寺考古报告的典范——评《莫高窟第266—275窟考古报告》[J]．敦煌研究，2015（01）：133-140．

中国的传统文化历史。因为敦煌莫高窟在中国，所以对于敦煌艺术的研究还有传统四部书的研究，中国是领先的。日本学者在宗教方面尤其是佛教方面的研究是独树一帜的。欧美学者，尤其是法国学者，在民族语言文字的研究方面是最为领先的。

提问：请问莫高窟敦煌文化对中国的影响有哪些？

刘进宝：莫高窟是一个佛教石窟，敦煌壁画主要宣传的是佛教艺术，敦煌文献中佛经占90%以上。为什么能在敦煌留存下来？除了气候干燥便于保存外，还因为敦煌是中西文化交流的枢纽，是丝绸之路的"咽喉"之地。汉唐时期中国的政治中心在北方，中国的都城大都在西北，再加上造船术不发达，指南针还没有运用，航海技术不发达，中国对外交往的路线只有陆上的丝绸之路。陆上丝绸之路从长安到敦煌有多条路，从敦煌到帕米尔高原也有多条路，只有敦煌一地是唯一绕不过去的必经之地，所以敦煌是中西文化交流的一个窗口。其中不仅仅有佛教的内容，还有道教的东西、三夷教（景教、祆教、摩尼教）的东西等，留存下来的还有一些世俗的东西。因此，敦煌的文献是应有尽有，可称其为中国中古时期的百科全书。这就是敦煌学为什么能够经久不衰，为什么能够成为世界性的学问。

改革开放后国家提出科学技术是第一生产力，大家利用敦煌文献研究科技，包括天文学、雕版印刷、医学、酿酒等方面的内容。2013年国家提出"一带一路"的倡议后，敦煌学者又关注丝绸之路的研究，因为敦煌是丝绸之路的枢纽，各民族的文化，世界的文化都在敦煌汇聚。敦煌学如何推动"一带一路"倡议，是国家所面临的课题。为什么敦煌的地位如此重要，主要是因为它在国家现代文化建设方面的贡献，尤其是我刚才讲的莫高精神或者是常书鸿、段文杰、樊锦诗他们这种献身大漠、甘于奉献的精神，对我们今天来说是很有启发的。

提问：莫高精神是一种坚守。莫高人日复一日坚守敦煌，但人生匆匆数十年。这给年轻人树立了一种怎样的榜样？

刘进宝：这主要是老一代敦煌人做出的成就贡献，当今社会我们在提倡奉献的时候，还应该考虑到实际情况。我建议敦煌研究院通过甘肃省和国家文物局，向中央有关部门提出建议：第一，对敦煌研究院的职工按照"985"高校给予津贴，保障他们的生活；第二，在敦煌市建职工宿舍，让到莫高窟工作的人能够有一套住房。因为现在我们在事业留人、感情留人的时候，需要考虑到他们的实际情况，还要用待遇留人，不要让他们奉献了自己，却得不到生活上应有的保障。

提问：请老师谈谈莫高窟与中国佛教的关系。

刘进宝：刚刚讲过，敦煌石窟是佛教石窟，它的壁画是用来宣传佛教经典的，敦煌文献的大部分也都是佛教的内容，即主要是佛教的经典。我们知道佛教发源于印度，佛经主要是用梵文和巴利文撰写的，但传到中国后翻译成汉文，它就有一些走样了，因为我们大部分佛经不是从梵文、巴利文直接翻译过来的，从魏晋南北朝时期到隋唐时期，熟悉中国佛教又懂梵文、巴利文的高僧是极个别的。实际上传入中国的佛经大部分是经由中亚的少数民族翻译的，因为中亚少数民族当时是各个城邦、各个国家，他们对于梵文、巴利文熟悉，他们翻译成自己的民族语言，我们再翻译成汉文，在翻译的过程中就会融入自己的思想烙印。比如，一些我们今天的西方的经典著作，有一些是德文、法文写的，但是好多却不是从德文、法文原文翻译过来的，而是根据英文翻译的，因为懂英文的人多，懂德文、法文的人少。敦煌的佛经有一些是既有汉文，又有梵文的原文，根据这种双语文献的对照，可以恢复佛经的本来面目。再就是敦煌壁画，许多经典壁画我们是用《大藏经》来进行对照的，所以我刚才说敦煌文献是百科全书，敦煌壁画是墙壁上的图书馆，它可以说是能够把佛教佛经的东西和世俗的东西结合起来。

提问：请问数字文化莫高窟最终目标是到哪一步？

刘进宝：三维打印，将整个莫高窟用数字化的方式反映出来，就是为了将其永久地保存下来。因为敦煌现在的气候，甚至会发生地震、水灾等各方面自然灾害，莫高窟作为实物，是不可能永久保存的。利用数字化的方式就是想要将整个莫高窟永久保存下来，目前已经在探索过程中了，樊锦诗等人编的《敦煌石窟全集第一卷》其实就已经在做这个工作了，但是这个工程量非常浩大，其他各地是没有可比性的，也不可能复制，把这个工作做好确实是一件很艰难的事情。

第二章　文学天地

作者简介

六神磊磊，金庸迷，作家。2013年开设专栏"六神磊磊读金庸"，文章广受欢迎。在金庸小说已然被众多读者反复解读、诠释的情况下，六神磊磊的金庸解读仍然脱颖而出，以其犀利、独到的视角独树一帜。著有《给孩子的唐诗课》《六神磊磊读唐诗》《翻墙读唐诗》《你我皆凡人——从金庸武侠里读出的现实江湖》《越过人生的刀锋——金庸女子图鉴》《六神磊磊读金庸》等。

金庸越读越有味／六神磊磊

> 金庸小说是爽文，金庸小说是趣文，金庸小说是美文，金庸小说是世情之文。

> ——题记

　　大家上午好！特别感谢武汉，感谢香港汉办等各方面的机构，感谢湖北省图书馆，感谢长江讲坛，谢谢大家。尤其是要谢谢金庸先生的家人，**让像我这样的金庸迷有机会、有缘分来到这么好的金庸展，谢谢大家！**简单地做一个自我介绍，我叫王晓磊，有个很奇怪的笔名叫六神磊磊，我现在的职业是民间野生草根热爱金庸协会骨干成员。我们的协会很有趣，大家互不相识，也不知道会长是谁，愿意来的人都是协会的成员，今天来的朋友都是我们协会的成员。2018年10月，老先生离开了我们。我当时的心情是叹息、震惊、哀伤、怀念。为了表达对金庸先生的一点小小的心意，我们做了"天涯思君不可忘"的朗读活动。

　　言归正传，今天给大家做一个小小的分享，叫《金庸越读越有味》，把我自己读金庸的体会和大家做一个交流，也作为对金庸先生的致敬。说到金庸老爷子都会想到一副对联，"飞雪连天射白鹿，笑书神侠倚碧鸳"。对联是由金庸先生每一部小说的书名的开头第一个字组成的，《飞狐外传》《雪山飞狐》《连城诀》《天龙八部》《射雕英雄传》《白马啸西风》《鹿鼎记》《笑傲江湖》《书剑恩仇录》《神雕侠侣》《侠客行》《倚天屠龙记》《碧血剑》《鸳鸯刀》，14本书，一副对联。这在中国文学史上是一个有趣的现象，一个作者的书名组起来能够成为一副对联，其最简单、最直接的好处是可以简单地分辨出哪本书不是金庸先生写的。比如，《大侠风清扬》一看就知道这不是金庸先生写的，因为对联里没有大字；《剑圣风清扬》肯定也不是金庸先生写的，因为对联里没有剑字。除了以上的书我读过，《天龙八部》有一个续集《乾坤残梦》，我也读过；《神雕侠侣》有一个前传《剑魔独孤求败》，我也读过；《射雕英雄传》有一个前传《风流老顽童》，还有一部前传叫《一代魔女梅超风》，我也读过。少年乱翻书，我全读过，这都是金庸先生带给我的少年记忆。

在当年，能有这样体量、这样规格的金庸展是不可想象的。举个例子，有一位老师叫新垣平，他是北大的高才生，后来也研究金庸。他与我讲小时候他和他的父亲讲条件，他说别的书都不看了，就让我把金庸先生这14本书看完，他爸爸怒斥他：你骗我，14本？难道人家以后不会再写吗？后来事实证明不会再写了。所以今天能够有这样的展览，这样的环境，我感到非常开心和振奋。

一、金庸小说是爽文

那说到这里想跟大家聊一个问题，金庸小说到底是什么？我们从小就在思考这个问题，老师、家长也在问这个问题，他的书到底是什么，是武侠名著，是通俗名著，还是经典名著？到底是什么，这里我给大家第一个回答：金庸小说是爽文。什么叫爽文？让读者感到"很爽"就叫爽文。现今很多朋友喜欢看网络小说，包括我自己也在看网络小说，甚至可以同时看五六本网络小说。在网络小说里"爽文"就是其中一种主要的类型，目的就是为了让读者看过后感到很舒服，很开心，很爽。

大家知道现在网络小说里有哪些"爽"的套路吗？比如，第一熟悉的"金手指"。金手指是什么？就是bug。从天上一掉下来就有一个东西比别人强，这就叫金手指。如果现在大家在网络平台上写小说，刚开始写时编辑就会问你金手指呢？读者读小说读到一百字时，就会开始不耐烦说都没看到金手指，所以网络小说得有金手指，有金手指才能叫爽文。又比如，现在的爽文还有一个套路叫"有仇不过夜"。什么叫"有仇不过夜"？就是主角如果受了委屈，被人误解，被人欺负不能过夜。如果过了夜读者就不高兴了，就很难过，怎么还不打回去，所以有仇不能过夜，这就是我们今天的爽文。其实这些都是老爷子玩过的，现在小说里有一个常见的梗，叫"退婚梗"。什么叫"退婚梗"？就是男主角一出场就会被退婚，就会有岳丈家的人来说我们姑娘不能嫁给你，因为你没本事。就仿佛我们现在觉得对一个男士最大的伤害就是阻止他结婚。然后这个小说的主题必然变成当年你退掉的婚我会在别的地方结回来，其实金庸先生的《笑傲江湖》就是"退婚梗"。《笑傲江湖》一开始是不是退婚梗？华山派的令狐冲被退婚了，其实从《笑傲江湖》整部书的内核不难看出，华山公司不要我当大弟子，日月神教让我当副教主，就是为了让大家爽。华山公司不要我当女婿，日月神教让我当女婿，华山公司的剑法和气功不传给我，但我学了吸星大法、独孤九剑，其实就是为了让大家开心。

所以今天可以回答当年很多老师、很多家长的问题：当时你们看金庸小说，到底在看什么？其实就是因为当时金庸小说是我们的代言人。我们当时有很多的课文，有很多推荐的文学都很好、很经典，但是很少有作为少年人的代言人。我们少年人在成长的时候会遇到很多的东西，我们会遇到很多过不去的坎，心里也有很多问题解决不了，我们难过，我们困惑，我们喜欢的人不在乎我们，谁来当我们的代言人？在我们那个年代是金庸。卢梭曾经有一句话说："青春期的孤苦，就是你在孤苦的时候不知道别人也同样地孤苦着。"少年的我们在难过的时候，以为自己就是世界上最难过的那个人，但是金庸告诉我们不是，还有许许多多的人面临和你一样的情况，他们成长也有困惑，也有阻碍，心里也有过不去的坎，也有很多"你爱的人不爱你"的痛苦，金庸帮助我们成长。所以，爽文是金庸带给我们的第一个东西。

二、金庸小说是趣文

说了爽文，我觉得金庸小说还有第二层内容叫趣文，不但爽，如果仔细看还特别有趣。金庸小说"处处有趣"，而且要注意，爽文谈不上文学，如果一部作品只是让你"爽"，就和文学没有关系，但是"趣"就触碰到了文学，它在某种程度上够到了文学的标准。那金庸小说怎么有趣呢？举个例子，他有时候一句话就可以塑造一个人物，这样的例子太多，比如，有位大侠咱们都认识——洪七公。洪七公这位大侠要出场，金庸先生用特别有趣的一句话就塑造出他来了，这句话叫什么？"撕作三份，鸡屁股给我。"当时的情景是郭靖、黄蓉在做一只烧鸡，忽然旁边有个声音说"撕作三份，鸡屁股给我"，这个出场太精妙了，一句话就把洪七公这个人的形象、气质还有大马金刀的感觉写出来了，特别妙！而且爱吃鸡屁股，口味也很独特。

又比如，我们再说一个人物的出场——杨过。也是一句话把杨过这个人物写出来了，怎么写的呢？郭靖，憨厚的中年人上去问："小兄弟你叫什么？"大家知道杨过是怎么回答的吗？杨过说："我姓倪，名字叫劳子。"郭靖很憨厚地说："倪小兄弟对不起，认错人了。"这不是一句话写出一个人，是一句话写出两个人，既写出了杨过的狡猾、蔫坏，又写出了郭靖的老实厚道，都已经是大侠了，还被这么一个小孩一句话给绕进去了。

还有很多，比如，金庸一句话就塑造出了华山派的一个老头——高老者。怎样的一句话呢？高老者当时上去和昆仑派的掌门夫人班淑娴打招呼，班淑娴的丈夫姓何，高老者嬉皮笑脸上去说了一句话："我也姓何，何夫人请了。"一句话描绘出高老者油滑、惫懒，淋漓尽致。写过小说的朋友应该知道，这是很难的，很要功力的。而且金庸还在这帮我出气，出什么气呢？因为何夫人不是好人，又横又霸道，大家都不喜欢，金庸先生正好借高老者出来调侃她一下，读者看了暗暗开心。

还有许许多多金庸一句话就写出来的小人物，也特别有趣。比如，有一位神医叫王通治，出自《天龙八部》中的一小段情节，怎么回事呢？乔峰当时错手打伤了阿紫，阿紫命悬一线，全靠乔峰的真气给她续命，乔峰就带着阿紫去看医生。有个小镇医生就叫王通治，王通治先给阿紫把脉，把了一会儿之后忽然转向乔峰，把手放在乔峰的脉上给乔峰把脉，乔峰说医生你这是做什么？王通治说你送来的明明是个死人，还来找我治，我看是你有病，我给你把一把脉。乔峰当时大怒，很想一掌打过去，但是忍住了，乔峰心想对方不会武功，我岂能欺凌于他。金庸先生说王通治一生都不知道自己已经在鬼门关上走了一遭，如果当时乔峰没有忍住，金庸先生说十个王通治都通通不治了，就这样一个小情节写出了一个可爱好玩的小人物。

又比如，寿南山，他是《倚天屠龙记》里的一个小人物。这人是个小坏蛋，跟着一帮大坏蛋做坏事，被主角张无忌擒获，擒获之后也没有严惩他，而是让他干什么？做事干活，端茶倒水，洗衣服拖地。他兢兢业业干了很多天，还给张无忌炒菜做饭，最后大家要分开的时候，张无忌的女朋友赵敏吓唬他说你身上已经被我们使了暗劲，你已经中了暗招，从此以后你这一生要避风寒，不然你就会……寿南山就信了，辞别张无忌之后直奔向南方，一路向南，一直到岭南，就在那居住不走了，然后每天小心保养，唯恐生病，一有病就去找王通治。最后金庸先生说了一笔，当时是元末，这位寿南山先生因为注重养生，一直活到明朝永乐年间才去世，名字取得真好，寿南山。太有趣了，这都是金庸随笔之间给我们带来的养分，所以金庸小说是趣文。

三、金庸小说是美文

上述所讲金庸小说是爽文、趣文，第三个要谈的是美文。金庸小说是美文，什么叫美文？20世纪90年代，那时我们特别喜欢做一件事，就是拿一个小本子抄一些我们认为写得美的文章、字句。我们觉得很美，那就叫美文。后来慢慢长大，审美的标准变了，觉得那些文章和字句不是那么美了，因为空洞，因为没有内容。当时觉得金庸先生的小说很平淡，没有文采，就像大白话一样，我也能写得出来，然而越看越有味道，越看越觉得文字很美。我们选择两个片段来看看到底有多美。这一段是说郭襄寻找杨过的，老先生随笔来了一段：

这三年来到处寻寻觅觅，始终落得个冷冷清清，终南山古墓长闭，万花坳花落无声，绝情谷空山寂寂，风陵渡凝月冥冥。

她心头早已千百遍地想过了："其实，我便是找到了他，那又怎样？……但明知那是镜花水月一场空，我却又不能不想，不能不找。"

美不美？太美了。不是因为金庸先生要玩弄辞藻，不是因为他要使用排比，而是因为他用这些词能够写出一个少女的心声，太美了，所以这也是为什么会有那么多人怜惜郭襄。

再看一段，这在描写什么呢？吃的食物。岭南，就是寿南山先生养生的那个地方，金庸先生要说那个地方吃的东西多，也是随笔来了一段：

那百粤之地毒蛇作羹，老猫炖盅，斑鱼似鼠，巨虾称龙，肥蚝炒响螺，龙虱蒸禾虫，烤小猪而皮脆，煨果狸则肉红，洪七公如登天界，其乐无穷。

有文采，特别美，这不是一般的没有积淀的作家能够挥洒出来的文字。而且从这里能得看出来金庸先生爱吃，懂吃。

再看一段和我们湖北有关的，描写的是汉水。令狐冲和一代侠客莫大先生分别，分别的场景金庸先生又来了一小段，我觉得这也是金庸小说里最美的文字之一。这一段是这样描写的：

（令狐冲）一凝步，向江中望去，只见坐船的窗中透出灯光，倒映在汉水之中，一条黄光，缓缓闪动。身后小酒店中，莫大先生的琴声渐趋低沉，静夜听来，甚是凄清。

太美了，青年侠客和老年侠客的分别，汉水之畔，胡琴咿呀，那个江湖让人神往。有一次我和金庸先生的博士生，浙江省社科院的卢敦基老师，比赛背诵金庸，卢老师当时就背了这段，让我觉得压力非常大，直到我狂背《射雕英雄传》的开头："钱塘江浩浩江水，日日夜夜无穷无休地从临安牛家村边绕过，东流入海。江畔一排数十株乌桕树，叶子似火烧般红，正是八月天时。村前村后的野草刚起始变黄，一抹斜阳映照之下，更增了几分萧索。"这才将他打败。

金庸小说是美文有一个原因，也是金庸小说的一个特点，就是小说中有很多的诗。金庸先生写诗、用诗不是强行引用，他与当年我们看到的一些水平不高的武侠小说不同，他们强行用诗，如一个侠客走在路上突然吟诵了一首诗，没有铺垫，没有原因，不讲技巧。而金庸小说却是将诗词歌赋全部融入小说里，像食盐入水，无迹可寻。之前提到有很多朋友觉得金庸先生写的小说没有文采，那是因为太有文采了，都没有注意到。我们举例子，感受什么叫"出语皆为诗"。《天龙八部》里有这样一小段，大侠乔峰要和他的好兄弟，女真族的首领完颜阿骨打分别，完颜阿骨打就和乔峰说了一段话："哥哥喝酒，你不如便和兄弟共去长白山边，打猎喝酒，逍遥快活。中原的蛮子啰里啰唆，多半不是好人，我也不愿和他们相见。"就这样的一段话，我们觉得平平无奇，看不出妙在哪里，文采在哪里。但是如果用回车把它一句一句分开，就是一句绝好的诗，叫做《哥哥喝酒》：

> 哥哥，
>
> 喝酒，
>
> 不如便和兄弟，
>
> 共去长白山边，
>
> 打猎喝酒，
>
> 逍遥快活，
>
> 中原蛮子，
>
> 啰里啰唆，
>
> 多半不是好人，
>
> 我也不愿，
>
> 和他们相见。

美不美？太美了。为什么出语都可以变成诗？节奏、韵律，所以才可以做到将其分开就能得到一首好诗。

诗歌词赋好像是生长在金庸小说里的，很自然。就好像金庸小说是一座巍峨的高山，而诗歌词赋是什么呢？苍松翠柏，鲜花碧草，自然地生长在这座大山里面。比如《射雕英雄传》，一开场就是一个说书人，张十五，手拿几片梨花木板这么一打，小鼓一敲，说了一段书，最前头念了几句诗："小桃无主自开花，烟草茫茫带晚鸦。几处败垣围故井，向来一一是人家。"[①] 这个诗用得太妙了，因为当时的社会就是兵荒马乱，生灵涂炭，民不聊生，所以这个在民间的说书艺人张十五自然而然地就说了这么一段开场的诗，又特别符合牛家村的情景。而且这个诗还是一个特别奇妙的谶言、预言，因为牛家村此刻虽然还有很多人居住，可是十余年后，牛家村就变成颓垣败井，十几年后郭靖带着黄蓉回到牛家村见到的是一片荒芜，颓垣败井。全在张十五这首诗里说了。而"向来一一是人家"，是郭家，是杨家，都是

---

① 宋·戴复古《淮村兵后》

很好的人家，现在变成了颓垣败井。这首诗就像是生长在金庸小说里面一样。

再比如，说回到湖北。有这么一段情景，郭靖带着侄儿杨过骑着马巡视襄阳，郭靖在路上给杨过进行爱国主义教育，郭靖讲到襄阳保卫战忽然心潮澎湃，情不自禁吟诵了几句诗：

大城铁不如，小城万丈余。

……

连云列战格，飞鸟不能逾。

胡来但自守，岂复忧西都。

……

艰难奋长戟，万古用一夫。

杨过很感动，说郭伯伯你真有文采，郭靖说诗不是我作的，我听你黄伯母经常吟诵，就记了下来。这是什么诗？杜甫"三吏三别"中的《潼关吏》。金庸先生让郭靖在那个时刻情不自禁地吟诵出杜甫的这几句诗是天作之合，当时襄阳城正在打保卫战，而郭靖自己正是"艰难奋长戟，万古用一夫"，他就是诗中的"一夫"。所以这首诗会在他的心中激起涟漪。而且吟的是杜甫的诗，一直有传言说襄阳有杜甫故居，襄阳和杜甫有缘分。所以金庸先生不是随笔让《潼关吏》在此处出现的，这是大才！

这样的例子还有很多。比如，《天龙八部》里面乔峰、段誉等三兄弟要阻止宋辽开战，辽国大兵压境，当时形势已经是危在旦夕，段誉看着眼前的情景，情不自禁地说："士卒涂草莽，将军空尔为。乃知兵者是凶器，圣人不得已而用之。"然后乔峰也很感动，乔峰说兄弟这个诗是你作的吗？段誉说不是，这是大诗人李白的诗。乔峰说听见你念此诗，我也想到了我们族人的一首歌："亡我祁连山，使我六畜不蕃息。亡我焉支山，使我妇女无颜色。"两个人，一对兄弟，不同的民族，都用自己民族的诗歌表达了他们对和平的向往、对战争的拒绝、对美好生活的期盼。这就是金庸用诗梗。

我们再看另一种风格。比如，《天龙八部》中金庸写到这样一个场景，乔峰溜进段正淳的卧室，乔峰看见了一幅字，是段正淳写的，这个诗的风格与之前不同：

含羞倚醉不成歌。纤手掩香罗。偎花映烛，偷传深意，酒思入横波。

看朱成碧心迷乱，翻脉脉、敛双蛾。相见时稀隔别多。又春尽、奈愁何。[①]

真的美。出现在段正淳的卧室里太贴切了，而且妙在段正淳这个书法下面还有落款："少年游付竹妹补壁。星眸竹腰相伴，不知天地岁月也。大理段二醉后狂涂。"是写给姑娘的，而且是"大理段二"，醉后还"狂涂"。从中我们可以看到段正淳这个人的风流、潇洒、任性、浪荡，但好像又有一点率真，非常妙。其实我跟大家讲，这首词不是金庸先生最开始写的版本，金庸先生的小说最开始是连载版，等到后来出金庸迷中说三联版的时候，金庸先生把词换成了这首更为贴切的《少年游》。

美妙的诗词还出现在金庸老爷子写的武功招数里，武打小说中有很多武功招数，其实都是很美的。简单列举几个武功招式，来看美在哪里。比如，岳不群。他在嵩山上比剑，金庸先生写了他的招数，叫做"青山隐隐"，是从杜牧"青山隐隐水迢迢，秋尽江南草未凋"中而来，金庸越读越有味，再品一品，其中深味。岳不群先生与青山隐隐太配了，为什么？因为他看不清，猜不透。"江上有奇峰，锁在云雾中，平时看不见，偶尔露峥嵘。"这是不是在表达岳不群先生？所以他真的就是"青山隐隐"，就是看不清楚的山。因此，老爷子把这个招式配给他，我认为还是有心思。岳不群先生有个最大的敌人是左冷禅。左冷禅的招数是什么？老先生给他配了一个"千古人龙"，而且金庸先生说左冷禅所在嵩山剑派的招数大部分都是他亲手修改订正的。为什么左冷禅这位大枭雄的招数叫"千古人龙"？千古人龙是出自诸葛武侯牌坊上的字。从"千古人龙"中能看出他的雄心、抱负、志向。再比如，张三丰绕指柔剑，这里就不细讲典故和故事了。

前面所述都是运用传统文化中古典诗词的，但众所周知，金庸先生不但是一位"土才子"，还是一位"洋才子"。金庸先生从小就在中西文化的熏陶之中成长，所以他的小说中融入了很多世界文学的技法桥段。比如，塞浦路斯国王，皮格马利翁喜欢雕刻，雕了一位女士的像，接着他就爱上了这个像，爱得不能自拔。此时可以联想到金庸小说中的无崖子、段誉，无崖子和段誉就是皮格马利翁。又比如，乔峰。提到乔峰会想到希腊神话里的大力士勇

---

① 宋·张耒《少年游》

士，赫拉克勒斯。他打狮子，打巨蛇，乔峰也可赤手屠熊搏虎。赫拉克勒斯的妻子为了留住丈夫，听信他人谣言，让丈夫误穿了带毒血的衣服，造成了英雄的悲剧。而乔峰的结局也喝了毒酒。金庸先生写到这里，一定是受了希腊神话的启发。我们看一下金庸先生描写的当时阿紫偷偷给乔峰喂毒酒的那一段：

> 萧峰接过酒碗，烛光下见阿紫双手发颤，目光中现出异样的神采，脸色又是兴奋又是温柔。

这个自作聪明的、傻乎乎的小姑娘，真的以为这一杯酒下去，乔峰就会永远属于她了，她以为自己就要得到她期盼的爱情了，多么动人的金庸小说。

我们还可以做一个对比，郭靖很像希腊神话里守特洛伊城的赫克托耳。郭靖保卫襄阳，赫克托耳保卫特洛伊。并且两个人的情感也很像。赫克托耳和他的妻子安德洛玛刻，两个人的感情极好，一往情深；而郭靖和黄蓉也是感情极好，一往情深。需要注意的是在希腊神话里，英雄们的感情往往都不专一，唯独赫克托耳例外。两者的夫妻感情都特别好，也都是一个人，一座城。甚至写给赫克托尔的战歌放在郭靖身上也非常合适，其中个别字句我有做一些调整，"摇篮前，看着你面容，俯首告别亲吻"，想到了郭靖和他的家。"披战甲，踏出那宫殿，露水沾湿清晨。那座城，日出前温度，不忍惊扰谁梦。再回望，被风沙阻挡，家园战火仍烧焚。"这就是写给郭靖的赞歌。金庸先生他是怎么写出这些作品的呢？兼容并蓄，海纳百川，成就了金庸。

四、金庸小说是世情之文

金庸先生的小说除了刚刚讲的是爽文、趣文、美文，同时还是世情之文。意思是其小说中有特别丰富、特别耐人寻味的世道人心，所以又称为世情之文。随着年龄的增长，阅历的增多，金庸越读越有味道。

再来举几个例子。比如，金庸先生写母爱很深刻。在《笑傲江湖》中有一位少年人林平之，他的家被敌人围攻，敌人非常残暴将他们家的人一个一个杀死，令全部家庭成员都陷入了恐慌之中，到了晚上林平之的母亲对林平之说："孩子，今天晚上你陪娘睡，保护娘，娘害怕。"林平之作为一个少年人，一听特别振奋说："好，我练武功不就是保护爹娘的吗？"于是晚上带着宝剑保护他的母亲。其实，林平之母亲的武功比他高，内力也比他强，为什么还需要儿子保护？她实际上是要贴身保护儿子。因为母亲懂儿子，少年人心高气傲，如果妈妈说孩子我来保护你，林平之一定会拒绝，所以母亲才把话反过来说。小小的一笔就写出了深厚的母爱。父母不但保护子女的安全，还保护子女脆弱的自尊。这就是金庸先生笔下的母爱。

再比如，金庸先生写君臣。《鹿鼎记》里，康熙和韦小宝这对君臣很久没见面了，两个人还都是少年，康熙就忽然兴起说："来，小桂子我们很久没见了，我们都长高了，咱们比一比到底谁高。"这是一道送命题，皇上要和你比谁高，怎么比？要不要比？韦小宝就很兴奋地上去说，来来来比比比。两个人背靠背，韦小宝一观察，发现两个人差不多高。这时老爷子写，他微微蹲低一点点，康熙身手一摸发现自己高一点，然后康熙就笑眯眯地说咱俩一样高，大家可以体味一下这个过程，双方都在用心地呵护着他们的关系。韦小宝蹲低是保护皇上的尊严和面子。康熙摸到自己高，满意了，然后说出咱俩一样高，这是在给臣子一个柔和的、温馨的回应，没必要在身高这种小事上压你一头。这就很有意思，你可以把它解释为封建社会君臣之间的虚伪做作，但也可以解释成两个儿时的玩伴，时过境迁，身份也越来越不同，他们都在用心地呵护友谊，怎样理解都可以。但是不可否认，这里的描写极妙。

再来看金庸先生是怎么写世道人心的。刚刚讲到君臣，现在来说上下。韦小宝很想追求一个美丽的姑娘阿珂，但阿珂不爱他，反而爱王爷郑克爽。韦小宝因此非常生气，就找侍卫朋友们帮忙，讲一些郑克爽的坏话，其实都是他自己杜撰的。韦小宝添油加醋地把事情与侍卫朋友们讲了，侍卫朋友们需要巴结他，听到韦小宝的这一段话后，一心想巴结他的侍卫会说什么？就以我的水准，最多说一句：怎么可以这样，太气人了，郑克爽太过分了，韦爵爷您的事就是我的事，我帮您去揍他。这是普通水准。而金庸先生就让一位侍卫说出了特别妙的一句话："这小子敢调戏韦爵爷的姑娘，就好比调戏我的老娘。"太妙了，这就是世道人心。

又比如，金庸先生写世道人心，讽刺社会生活中一些人心中丑恶的现象。他就写了一个令狐冲的困惑，不知道大家读《笑傲江湖》时有没有发现，令狐冲很爱师父，他可能是这个世界上最爱师父的人，没有之一，一心一意地爱师父，可是师父偏偏不爱他，师父总是觉得与他有隔阂，甚至是看他不顺眼。令狐冲就很疑惑，为什么师父不爱我？令狐冲不懂，但是我读懂了。有一次令狐冲在背后和别人开师父的玩笑时说了一句话："站着打，我师父天下第八。"当我看到这句话时，就觉得令狐冲没前途，这辈子也不会有出息。大家可以仔细品品，哪个师父愿意听到自己是天下第八。我们可以对比一下别人是怎么夸奖岳不群的：

> 有不少趋炎附势之徒……大声欢呼："岳先生当五岳派掌门，岳先生当五岳派掌门！"华山派的一门弟子自是叫喊得更加起劲。
>
> 数丈外有数百人等着，待岳不群走近，纷纷围拢，大赞他武功高强，为人仁义，处事得体，一片谄谀奉承声中，簇拥着下峰。

请问，令狐冲你去簇拥了吗？请问你有没有高喊？你没有，你只是说我师父天下第八。请问这样师父怎么能够爱你？

再对比一下金庸小说里面别人是怎么夸赞任我行的：

> 又有一人道："古往今来的大英雄、大豪杰、大圣贤中，没一个能及得上圣教主的。孔夫子的武功哪有圣教主高强？关王爷是匹夫之勇，哪有圣教主的智谋？诸葛亮计策虽高，叫他提一把剑来，跟咱们圣教主比比剑法看？"诸教众齐声喝彩。

相比之下，令狐冲确实不行，令狐冲只会说任先生天下第五。看到这里可能会有一个疑惑，如此夸奖他能信吗？他信。金庸先生写了任先生的心理活动，任先生认为大家说的没错，没有夸张。任先生心想，孔夫子门徒三千，出色的也不过七十二人，而且孔夫子一辈子流窜于诸国，连孔夫子自己都说自己像丧家之犬，哪里赶得上我。然后任先生还想，关云长固然武功很高，过五关斩六将，但是如果关公真的与我动手，怎么可能敌得过我的吸星大法；诸葛亮智谋算是高，但是诸葛亮六出祁山未见尺寸之功，哪里比得上我翻掌之间扫平江湖。他信大家说的，因此令狐冲没前途。这就是金庸小说写出的世道人心。他犀利地点出了那个时代的人心中丑恶的现象。

这也是为什么金庸小说会越读越好玩。我们今天总结到金庸小说是爽文、趣文、美文、世情之文，其实还有很多，比如金庸小说是哲思之文、批判之文等，总结不完。说到这里想与大家分享一个体会，什么是好的文学？好的文学总是和你并肩而行。什么意思？不管你在什么年龄遇到它，你总会感觉到它特别贴心地与你肩并肩地奔跑，好像既不会跑得很远，领先太多，又永远不会被你落在身后。就像金庸笔下写的乔峰和段誉赛跑，比赛过程很有趣：

> 那大汉（乔峰）迈开大步，越走越快……但只要稍缓得几口气，段誉便即追了上来。那大汉斜眼相睨，见段誉身形潇洒，犹如庭院闲步一般，步伐中浑没半分霸气，心下暗暗佩服，加快几步，又将他抛在后面，但段誉不久又即追上。

其实这就是金庸小说给我的感觉，小时候看金庸觉得是爽文，再长大了看好美，再长大了看好有文化，再看里面好多世道人心，再往上看一层一层永远有味道，它永远和你并肩而行。

其实，每一个作者能陪伴我们前进的距离都是有限的，从小到大你会发现有的作者只能陪我们走一小段路，然后我们就要和他告别，一个人继续前行去找新的旅伴；但是也有很少的作者，他们会一直陪你走，走到无尽的远方，就像金庸小说。我还有一个工作是解读唐诗，我们很小就开始读唐诗，它好像是一个很温馨的、很和蔼的长辈，蹲下来和小朋友们讲话，"床前明月光，疑是地上霜""鹅鹅鹅，曲项向天歌""欲穷千里目，更上一层楼""门泊东吴万里船""两个黄鹂鸣翠柳"，等等，它是小朋友的伙伴，可是不管你怎么长大，又或是变成了大学者、大专家，你会发现唐诗还是和你并肩而行，你想把唐诗抛在身后是不可能的，终其一生也不可能，这是伟大的文学。

"上接九霄，下接地气"，这就是金庸。你每成长一点它也提速一点，永远不即不离，伴你前行，陪你去最远的地方。怀念作家最好的方式就是去读他的书，希望读过金庸的，没读过金庸的朋友们，都可以再去看看金庸小说。

谢谢大家。

五、重点提问与解答

提问："侠之大者，为国为民"怎么理解？

六神磊磊：在襄阳城下金庸先生写郭靖和敌军的首领忽必烈有过一段对话，忽必烈是这么说的，郭叔父英雄，因为郭靖和他的父亲拖雷是结义兄弟，他说郭叔父你承不承认赵宋君臣无道，郭靖说没错。忽必烈说郭叔父你一代英雄，何必为奸臣昏君卖命。这个问题其实挺犀利的，但是郭靖的回答是郭某虽然不肖，岂能为赵宋君臣所用，郭某一腔热血是为神州千万老百姓而洒。这时的郭靖对他为什么保卫襄阳做了正面直接的回答，我为什么参与这场战争？我的一腔热血是为千万老百姓而洒的。对于"侠之大者，为国为民"的理解，郭靖给出了回答。这里金庸让郭靖说出了正面答案，这就是金庸把武侠小说的境界提高了一个新的阶段。为国为民，既为国也为民，归根结底是为了民。

提问：请问如何看待金庸旧版和新版的区别？

六神磊磊：从文学价值上来说，我更喜欢旧版。老先生修改是有他的理由和考虑的，有他的考量，也在找寻平衡，修改也有很多闪光的地方。举一个例子，新版小说里让王语嫣回到表哥的身边，这个其实是被支持最多的修改，大家觉得很对，因为王语嫣本来不爱段誉，回到表哥身边这就很对。但是老爷子他写这个是有个寄托，就是想说感情是善变的，爱情有时候不能持续，这是他通过修改想要表达的一个内涵。

再举一个例子，王语嫣回到表哥的身边就把另外一个人物"吃掉"了，这个人物就是阿碧，金庸先生当时写天龙八部时，他的架构和设计是，阿朱、阿碧是一对姐妹，阿朱是明写，阿碧是暗写，阿朱是主角，阿碧仿佛是配角，但是这两个人的感情线却是一个爱上了北乔峰，一个爱上了南慕容，最后她们的人生结局是一个陪伴北乔峰于地下，一个陪伴南慕容于潦倒，这是老爷子的匠心。小说旧版的最后慕容复疯了，只有阿碧陪在他身边，段誉刚开始觉得阿碧姑娘真可怜，然后他发现阿碧的眼神里满是欣慰和喜悦，段誉就明白了，何必让自己去代替别人的想法，你以为阿碧姑娘此刻很可怜，但你怎么知道她此刻不是心中平安喜乐，这一句话就把情的多变、情的复杂写得非常深刻。现在王姑娘回去了，阿碧就被"吃掉"了，阿碧人物线怎么写，又该如何自处，这在文学上有一点可惜。

提问：谈谈金庸笔下女性人物的魅力。

六神磊磊：我举个小人物的例子，金庸笔下的女性人物都很闪光。讲一段小情节，笑傲江湖里，任盈盈被一群坏人围攻，这些坏人原来都是她的属下，原来都对她效忠，也都承过她的恩情，可是为了利益都选择围攻任盈盈。这群人都是小人物，但是唯独有一个人站了出来，说圣姑对我们恩情深重，我们不能伤害她，这个人就是张夫人，都没有具体的名字。你看金庸在这七八个坏人里唯独安排一位女性说出这样的话，为什么？我们不是对女性有刻板印象，也不是刻板偏见，有的时候女性对感情更忠贞，更义勇，所以金庸安排张夫人说这句话。说出来没多久张夫人就死了，然后任盈盈、令狐冲被这群坏人抓住了，逼迫他们交出剑谱，最后使了巧计，反败为胜，把这些坏人一个个杀死。杀到最后只剩两个坏人，桐柏双奇一男一女，任盈盈举着剑，正要严惩两个恶人的时候，忽然想到一个事，任盈盈说你们两个老在一起，是不是夫妻？桐柏双奇中的女性吴柏英朗声说："我们两个虽然不是夫妻，可是比别人夫妻还好呢！"意思是我们被你们抓住了，要杀要剐悉听尊便，可是我们的爱情不用你质疑，不用你评判，我们虽然不是夫妻，可是我相信我们比夫妻还好。一个反面女性说出这句话，很让人感动。然后任盈盈呸了一声说滚，两个人不是夫妻还在一起，丑也丑死了。然后任盈盈刚说完这句话她就脸红了，因为她想到她和令狐大哥也不是夫妻。任盈盈虽然表达着嫌弃和厌恶，但还是把两人放了，赶走了，为什么？任盈盈被他们的爱情打动了，虽然嘴上说着丑也丑死了，但是被爱情打动了，爱情完成了救赎。这就是金庸笔下女性的力量，张夫人、吴柏英两个普通的女性，但是对感情坚贞，对爱情相信。所以大家看金庸小说时不要错过了里面的小人物，也不要错过里面的女性，每一个人都值得品味。

作者简介

汤哲声，文学博士，苏州大学文学院特聘教授、博士生导师、一级学科通俗文学研究方向学术带头人。主要从事中国现当代文学、中国现当代通俗文学研究。曾到韩国和中国台湾、香港地区从事教学和学术研究。主要社会兼职有：中国武侠文学学会副会长、中国现代文学学会理事、江苏省现代文学学会副会长、苏州大学中国通俗文学与大众文化研究中心主任。

作者简介

郑保纯，笔名"舒飞廉""木剑客"等，华中师范大学副教授、硕士生导师。中国武侠文学学会理事。曾任《今古传奇·武侠版》杂志主编。出版有《射雕的秘密》《草木一村》《绿林记》《阮途记》等。

金庸与文学史／
汤哲声　郑保纯

　　金庸小说具有当代意义的文化价值，其讲究国家意识和民族意识，还创建了成长模式，蕴涵了丰富的知识，展示了许多人生哲理。

——题记

一、初识金庸小说

　　汤哲声：各位来听我们讲座的朋友们和同学们早上好！来到长江讲坛，跟各位讲金庸我感到非常荣幸，首先谢谢大家！

　　郑保纯：大家上午好！汤老师是我的老师，我是他的学生，今天由汤老师主讲，我配合汤老师来提问。

　　汤老师，我刚才在路上想到一个问题，您是1956年生人，我是1974年生人，正是两个年代的人。而金庸是在1956年前后开始写小说，到20世纪70年代封笔，改小说。也就是说，金庸开始写小说的时候您出生了，封笔的时候我出生了，我们都是在阅读金庸小说中成长。我们可以讲一讲您是怎么看金庸小说的，我是怎么看金庸小说的，您的体验是什么样子，我的体验是什么样子。

汤哲声：我很愿意和大家分享我读金庸小说的体验。我是1978届本科，当时我在苏州大学，年纪大一点的人可能会知道，金庸小说真正进入大陆的时间是1981年，最早进入大陆的一本书是《书剑恩仇录》。1981年年底，苏州大学是五届同堂，77届和78届只相差半年。我记得当时学校图书馆进到天津出版的《书剑恩仇录》。五届学生抢这本书看，轮到78届看书，时间就只有一星期。我记得很清楚，看《书剑恩仇录》时，一个宿舍一天时间，每个宿舍是7个人，7个人平均分配24小时，每个人大概是3小时。我印象很深刻，因为我非常不幸地抽签抽到凌晨3点，这个时间段很容易一觉睡过去，所以那天我一直盯着前一个人，到了3点准时跳下来，开始看书。

看完以后天快亮了，当时我最大的感觉是世界上原来还有这么好看的书。后来我当了中学老师，电视台开始播放83版的射雕英雄传。我是江苏镇江人，每天《铁血丹心》的音乐一响起，全城的路上几乎是空无一人，在座有的朋友肯定也有过这个经历。后来金庸的每一本书我都看过，以此推展到看各家各派的武侠小说，这也决定了我读硕士、读博士的方向全部是研究中国的通俗文学。通俗文学有很多文类，包括言情、侦探等，但是我最喜欢的还是武侠这个文类。可以说金庸的书影响了我的学术专业的选择。谈到这个话题我很感慨，也算是向金庸致敬。

郑保纯：1987年我读初一，才十二三岁，当时有人借给我一本小说就是《连城诀》，但是家人不让我看，我就只好带着《连城诀》到村子前面的棉花地里躲着看，一天就看完了，这是我读金庸小说的开始。之前我来参加过这次展览的开幕式，他们讨论的一个话题就是金庸与湖北的关系。

汤哲声：金庸写过很多湖北。

郑保纯：对，金庸写过很多湖北，而且影响很大。说到襄阳，很多人不知道襄阳的守将是吕文德和吕文焕，却知道金庸《射雕英雄传》里的郭靖和黄蓉；说到武当山就会想到张三丰，并不知道武当山上的宫殿是由明成祖朱棣盖的。我认为金庸写湖北写得最多的一本书就是《连城诀》。我刚才跟您在路上讲到我们湖北最好的博物馆可能是荆州博物馆，《连城诀》主要的故事发生地，抢夺的宝藏就在我们荆州的郊外，那是六朝时梁元帝的宝藏，埋在那里，小说是这样写的。但是实际上梁武帝死后，他的儿子们互相争夺皇位，抢夺财富，最终梁元帝成功登基，将天下的财宝和书都抢到了荆州。这就是《连城诀》中隐藏的故事，是兄弟们争夺宝藏的原型故事，也是我们荆州的故事。我们回到金庸与文学史，老师，金庸的小说到底好在哪里，有什么价值？

二、金庸小说在史学上的价值

汤哲声：我们今天的主题是金庸与文学史，关于金庸小说，它在史学上的价值，我认为有四个方面。

第一，他的小说将中国优秀的传统文化和"五四"以来的新文化糅合在一起，构成了具有现代价值以及当代意义的文化系统，这是特别要提出来的一点。在金庸小说中，他将中国的儒家、道家、墨家和释家，都用小说的形式展现了一遍。特别值得夸奖的是，这个作家他不重复自己。一个作家即使作品再多，但如果一直重复自己，就代表这个作家的创造力或者原创力正在枯竭。作品量多，并不能代表成就。金庸小说一共15部，文化将其糅合成一个整体。我将他的重要小说的主要文化特征大致做一下梳理。

看《书剑恩仇录》就会想到中国的《水浒传》，换句话说，它将中国传统侠义小说由古代到现代连接起来。《书剑恩仇录》主要的思想是儒家思想，其中讲究的是什么呢？讲究的就是修身、齐家、治国、平天下，陈家洛讲究的最主要的观点就是国家为大。国家是最大的，民族的融合是最重要的。接下来一部是《碧血剑》，《碧血剑》也是同样的观点。紧接着下一部就是《射雕英雄传》。《射雕英雄传》这部小说以墨家为主，墨家与儒家从源流上来讲是一家的，后来才分开。儒家讲究的是君子，而墨家讲究三教九流，但是他们都讲究爱，特别是墨家讲究大爱，这点在郭靖身上得到了充分的体现。郭靖身上没有君子风采，但是国家之爱、人民之爱在郭靖身上表现得很充分。除此之外，墨家还有个特点，就是看准、认定了一个目标之后就不再改变了，这叫足不旋踵。郭靖就是这样的典型。他的衣服不是长衫，是短衣。他不像陈家洛那样穿长衫、拿扇子，那是儒家的风采。再往下就是《神雕侠侣》。《神雕侠侣》偏向于道家思想，其中道家思想核心的内容就是有一种自我意识在前面，什么是正，什么是邪，什么是善，什么是恶，都以自我的标准来进行衡量。整个故事发生在宋朝，宋朝是讲究礼学的，严格来讲，杨过娶小龙女，放当时是不行的，这属于师生恋，小龙女在故事中失了身，按照宋朝的理念女人失身后是要自杀的。杨过在古墓与小龙女结婚时他发表了一段结婚宣言，结婚宣言讲得非常清楚，什么失身不失身，我要我的爱。这在相当程度上是以杨过个人的价值观念做判断。《射雕英雄传》之后，金庸小说的文化观念又发生了变化。

这次推荐给大家的小说有《连城诀》《天龙八部》，我这里多讲一点《天龙八部》。当写完儒、墨、道后，金庸小说进入了《天龙八部》，这是一部写佛家的武侠小说。侠文化是路见不平拔刀相助，是扶弱济贫，是要磨炼自己，让自己成为一个武功高、拳头硬的人。武侠小说可以与儒家合在一起写，因为儒家是讲究建功立业的文化。也可以与道家合在一起写，因为道家讲究天人合一，天人合一就能成为高手。当然也可以与墨家合在一起写，侠和墨本身就有很大的关系，都是"三教九流"。但是最难写的就是佛，佛是什么？消弭、放下。既然要消弭，就要放下，而武侠既然要练武功，就要出人头地，这两者融合很难。而《天龙八部》开创了一个新天地，它告诉我们武功最高的境界是放下，武功最高的境界是消弭，武功最高的境界是互相的沟通，武功最高的境界是无。武侠小说把佛文化写到这个程度，又如此地融合在一起很了不起。

在《天龙八部》中，大家要特别注意一个人物：最能体现佛家思想的是虚竹。佛家是讲究因缘关系的，是你的就是你的，不是你的怎么强求都不是你的。慕容复拼命想要恢复燕国，但不是你的终究不是你的；虚竹他并不想做什么首领，但是因缘关系梦到了梦姑，该是你的就是你的，这就是因缘关系。小说中的围棋描写也充分体现了佛家思想。有一个情景是段延庆带领众人从少林寺出来，到了珍珑棋局面前。谁能把珍珑棋局阵势破掉谁就能得到逍遥派的绝世武功。这情节可不是乱写的，这里面很有门道。第一个下棋的是第一大恶人段延庆。下围棋，走正路，段延庆为人怪僻，身世多舛，还是一个残疾人，他下棋路数走得很怪。鸠摩智就说，你怎么老是走怪招，这样还想得到人家的认可。段延庆一听想到了自己的身世，便要拿自己的杵戳自己，结果被救了下来。

第二个是慕容复下棋。下围棋要胸怀大局才能赢，但是慕容复不是，他老是在角落里面跟人家缠斗，没能破解棋局。鸠摩智说你这人还想恢复燕国，还想当皇帝，老是在角落与人斗，格局太小。结果慕容复也要自杀。

第三个是段誉下棋。下围棋要把对方的棋围得无路可走，但是他老不痛下杀手，按照我们现在的话来说就是心太软，果然也失败了。当其他人都下过后，只剩下小和尚虚竹，他从小就在菜园子里种菜，一辈子都没有看过围棋，但是每个人都要下。小说此处写得特别精彩。精彩在什么地方？他把眼睛一闭，抓了个棋子往棋盘上一扔，看到棋子跳了两下，将一条大龙的龙眼给堵死了，但把这条龙拿走一看，全盘皆活，最后他得到了一套绝世武功。看起来很有意思，其中的文化非常值得去品味。什么文化呢？因缘。该是你的就是你的，挡都挡不住，这就是佛的最高境界。

与之相似的还有石破天破解李白的《侠客行》。侠客岛上有《侠客行》，参透就可习得绝世武功。众人每日都站在山洞前参透，站得最久的已经有20年了，这些人就从"侠"字入手，单人旁，是不是要将一只手举起来，"夹"是不是要夹一下，显然不对。便又开始想这个字除了简体字还有繁体字，繁体的侠又有什么意义？也想不通，但依旧不断地在参悟"侠"到底是什么，因为其中有武功绝学。此时，"狗杂种"石破天来了，他不识字，别人用了二十年都没有破解武功，他站在那里五分钟就破解了。为什么？因为他不识字，他没有理解侠字是什么含义，他也不知道这是字，他只是把它看成了一种线条，在自己身体中打通穴脉，从第一笔一直走到最后一笔，浑身的经脉通了，获得了绝世武功。这个情节同样充满了佛家的禅学，告诉我们该是你的就是你的，路子对了哪怕不识字也是你的。反过来说，谁让你识这么多字呢？按照佛教的理论这叫"智所障"，就是智识越多障碍越多，你读书读得越多反而越笨，反而被所谓的理念思想所束缚住了。这里充分地体现了佛家思想。

金庸的小说写到《天龙八部》之后，基本上把中国的传统文化写了一遍，然后进入了自由境界。从《笑傲江湖》开始，金庸对政治文化和世俗文化特别关注。《笑傲江湖》写完之后，迎来了他的创作高峰《鹿鼎记》。《鹿鼎记》这部小说的文化色彩我要特别说一下，它不再是儒、释、道，也不是政治。这部小说进入了对中华文化反思的阶段。《鹿鼎记》是一部非常精彩的小说，这部小说是对国民性的反思。关于韦小宝我这里不多说，这个人物形象大家都很熟悉，其实在《鹿鼎记》快要结束的时候，金庸点出了韦小宝是谁——韦小宝是中国国民的综合体。韦小宝问他母亲，自己的老爸是谁。他母亲的回答，可以体现出韦小宝的父亲是中华民族的综合体：汉满回藏蒙，韦小宝身上都有那么一点特征，是五族综合。五族人的血脉都在韦小宝身上，金庸就是想要表达你是中华民族的。所以说，这部小说实际上是对中华民族国民性的总体反思。这是金庸小说的第一个贡献——文化，一种通过武侠表现出来的很有意思的文化思考。

第二，讲究国家意识和民族意识，也就是我们讲的"侠之大者，为国为民"。"侠之大者，为国为民"在中国的最高大的形象不是金庸小说中的人物，而是霍元甲。霍元甲的形象诞生于民国初年。民国初年，中国人因贫弱受到很多外国人的侵略，在精神上、物质上、身体上都受到很多的挫折。中国人迫切需要一个英雄出现。霍元甲这个高大的形象顺势出现，中国人精神一振。这里特别说一下，霍元甲这个形象以及与外国大力士比赛等很多地方都是虚构的，历史考证他没有和大力士比过赛。自从霍元甲之后，中国的侠文化中"侠之大者，为国为民"就成为侠客的至高的标准。中国的侠文化来自春秋时期，但是把国家意识和民族意识放在最高位的是从霍元甲开始的，然后又延续到了很多作家作品中，到金庸这里更成为人物正邪之分的基本标准。侠之大者，为国为民，萧峰这样的顶天立地的英雄固然令人喝彩，但我更喜欢他的小说在不经意处写出的精彩。《射雕英雄传》中有这样一个故事细节，当时成吉思汗说谁能把撒马尔罕这个城市打下来，提出任何要求我都能答应，金刀驸马郭靖就去打了。他为什么要打这个城市？因为他有个心愿，他要与黄蓉成婚，他要与华筝分手。他打下来就可以提出这个要求。打下来之后，成吉思汗很高兴，说你想要提什么要求，郭靖正准备提要与华筝解除婚约的时候，回头一看城池里面浓烟滚滚，老百姓正在被屠杀。话到嘴边，马上改了一句：停止屠杀。

还有萧峰。我认为萧峰形象最精彩之处不是消弭宋、契丹两国的纷争，当然更不是气概和武功，而是临死之前的悲凉。两国的军队还在打仗，他倒在地上，没有人为他舍身的壮举所动，甚至还有人讽刺他。他抬起头来，看到的是马蹄走来走去。一个爱国者的爱国行为并不为人们所知、所动，是很悲凉的。萧峰这样的结局让人想到很多，给我留下深刻的印象。这是金庸小说的第二个史学价值——侠之大者，为国为民。

第三，金庸在美学上有很多创举，他创建了成长模式。武侠小说是类型小说，不外乎五大类型。一是复仇，一家几十口人被杀，一般都会留下一个活口，或者正巧不在场，或者是被他的妈妈压在身下。救他的人，一定不要准时来，要迟到几分钟，来了之后说一句，我来迟了。但是他的作用是把这个活口带走，然后开启复仇模式。二是行侠，在山上修炼了十余年，师傅让其下山历练，他就下山了。一般情况下，男侠下山就会碰到女侠，女侠下山一般碰不到男侠，因为武侠小说是男性的童话故事，一般女侠下山都是碰到一位落难公子帮她解决问题。三是情变，如李莫愁爱着人家，人家却不爱她，结果将其一家全部杀害。四是夺宝。五是争霸。武侠小说就这五大模式，将这五大模式捏合在一起就是武侠小说。金庸小说创造了新的模式——成长模式。从孩子开始成长，这是将人性模式放了进去，于是他的小说就把中国传统小说的模式和"五四"以来的人的文学合在一起，构成了新的模式。这是金庸小说的第三大史学贡献——美学创举，成长模式。

第四，金庸小说是很多人生哲理的展示。金庸长期从事副刊编辑，他把史料、材料等都糅合在小说中间，包括琴棋书画都成了武功，因为艺术、学术、武术是可以糅合在一起的，这样呈现出的效果很好看。这方面我特别强调一下，金庸小说在知识性展示方面，把人性、人情和人生也变成了武功。大家还记得"黯然销魂掌"吗？黯然销魂掌十七招，"六神不安""心惊肉跳"等每一招都是杨过与小龙女的分手后他的心情，最终变成了招式。金庸还写人生的成长。杨过有一个朋友雕兄，雕兄为了感谢他的救命之恩，就把杨过带到了独孤求败埋剑的剑冢处。读金庸小说，其中两处是我掩卷长思之时，这里是一处。雕兄翅膀一扇，独孤求败埋的第一个剑显露出来，剑旁石头上刻着一行字，意思是这是我二十岁用的青锋之剑，此剑锐利、刚猛。然后到第二个埋剑处。雕兄将翅膀再往下一扇，石碑上又刻着几个字，意思是这是我三十岁用的是紫薇软剑。什么叫紫薇软剑呢？此剑可围在腰间，表示灵巧和机智。第三把剑是四十岁之前用的玄铁重剑，杨过后来就用了这个剑。玄铁重剑顾名思义就是剑很重，拎不动，舞不起来，所以使用时每一剑都要恰到好处。再之后第四把剑是一把竹剑，碑上刻着这是四十岁之后用的剑。到了第五块碑，上面刻着，五十岁的时候我不用剑。看到这个地方的时候我就感慨万分，这难道是写剑吗？这不正是印证着人生成长的五部曲吗？武侠小说能达到这个境界，太有意思了。

郑保纯：听了老师的话后我在低头长思。这是我第一次这么完整地听老师对金庸文本价值的判断。老师是从宏观的角度进行价值判断的，而我作为一个编辑、作家，我看金庸的时候可能是另外一个角度。老师刚才说金庸的小说写得好看，金庸说我是一个写故事的人，那么这个故事到底是怎么写出来的？他的技术是什么？技法是什么？不知道大家有没有注意到，老师刚才提到的都是金庸的一些大部头的小说，看金庸创作年谱会发现一个规律，金庸是写一部长的再写一部短的，一直写到《鹿鼎记》，他创作有这个规律。写武侠的都知道，小说是越长越赚钱，越短越不赚钱，那金庸为什么写武侠短篇呢？

实际上金庸写短的小说时是在练笔，练技术，也就是说金庸是将短篇武侠小说作为他武侠叙事技术的试验田。我们这些写小说的人，对金庸小说拆解最多的是他的两部小说，一部是《雪山飞狐》，一部是《连城诀》。《雪山飞狐》好在哪里？它与之前的武侠小说不一样的是，它是一部发生在封闭空间中的空间小说。各种各样的人来到雪山山顶上这样的封闭空间，并且主角不出场，主角位置是空的，胡斐在明面，但实际上真正的主角在后面。由此可见，《雪山飞狐》是精妙叙事的空间小说，从空间着眼的写作技术很高明。如果我们视野开阔些，就会发现这是国外的悬疑类型小说里面最常用的模式，是密闭空间的模式，风雪小店的模式。金庸是用悬疑类型小说的手法创作武侠小说，也许金庸只是在做试验，却给我们很多启发。这样的叙事技巧在他的其他小说中也有，例如《射雕英雄传》里面黄蓉在牛家村的夹墙中给郭靖疗伤时观看到夹墙外各种人物和事件。在《射雕英雄传》中是一个故事情节，在《雪山飞狐》中就成为一部小说的故事框架了。

《连城诀》叙事的技术好，好在哪里？这部小说故事情节相当紧凑，是一口气讲完的。狄云的故事经过一个一个变化，一个一个情节，一个一个场景，很快就推向了一个很大的高潮，中间都没有歇过气，一气贯注，这很难。写小说一口气写二三十万字很难，但是金庸做到了。在一口气中间又能发现张弛，张弛是什么意思呢？有的地方他会讲得稍微缓一点、慢一点，然后在中间会嵌入几个很长的回忆倒叙，把另外的故事引进来。在这条一会儿快，一会儿慢，一会儿停，一会儿走的叙事线条下面，又隐藏着另外一条暗线。如丁典的故事，将他师父的故事引在后面，把它们交织起来。一般读者在读的时候也许没有感觉。从我们作者和编辑的角度来看，这些叙事技术闻所未闻，前所未有。讲故事讲得好，这点是我要补充的，这样好的叙事技术是我们这些作家要学习的。

汤哲声：通俗小说，无论是言情、科幻、侦探、武侠还是社会，这几大类都是以故事取胜。讲到这里，我稍微展开两句。以下仅代表我个人观点，有的人并不同意，学术界也并不完全认可，创作界也并不完全认可。我个人认为，小说就是要讲故事，也有人认为小说不是讲故事，而是为了表现自己，自说自话。两者不一样，创作理念不同。但是我个人的观点认为小说应该讲故事。

郑保纯：那么，金庸是怎么讲故事的？金庸一方面把民国的武侠传统继承下来，另一方面每天跑到电影院看好莱坞的电影，从中学习其是如何讲故事的。中国的故事传统更强调时间，西方的故事传统则强调空间，将时间与空间处理好，再将主题装进去，糅合起来就成了金庸的世界。汤老师我们现在再回到金庸与文学史，有两个问题：第一，金庸现在能进入文学史了吗？第二，金庸在文学史上应该有什么样的地位？

三、金庸小说在文学史上的地位

汤哲声：回答这个问题首先要从学术性方面进行思考，这属于文学史的问题。金庸能不能进入文学史？进入通俗文学史肯定是没有问题的，但这里面就有一个问题：他能不能进入中文专业学的文学史里面？这个问题在学术界是有分歧的，其中一个重要的分歧是，我们讲的任何一种史学它无外乎就是史观。明确史观是什么，才能构建什么样文学史；史识，怎么判断文学史；史事，有什么事。任何史学著作都是用这三个维度来构建的。这三个维度中最重要的是史观。如果以"现代文学"的现代性作为文学史观来构建文学史的话，金庸小说以及一系列通俗文学作家作品都可以进入。如果以既有的文学史观构建文学史的话，金庸小说和一系列通俗文学作家作品就很难进入。它们不但难以进入文学史，甚至会成为被批判的对象。现在既有的文学史观，我们称其为"鲁迅传统"。换言之，若以"鲁迅传统"作为史观的话，金庸小说就很难进入。

"五四"时期鲁迅等人的小说，实际上是中国的文学向世界开放的结果，鲁迅的小说有非常精彩的社会批判和人生思考，谁都不能否定鲁迅的小说，鲁迅小说的贡献是巨大的，魅力也是永存的。鲁迅自己讲，他写小说就是读了几百篇的外国小说，然后以此拿过来写中国的故事。换句话说，他是从世界文化视野来看待中国问题，所以能够看到中国的很多问题，无论是阿Q还是祥林嫂，都能够引起我们很深的思考。换句话说，他讲究人性，讲究个性的发展，某种程度上来讲它是用人道主义和人性的思想来考量中国的老百姓。像金庸小说这样的中国现当代类型小说基本上是承接中国传统小说发展，中国传统文化是文学的核心和基础，我刚才讲过，中国的传统小说像金庸小说讲的是中国传统文化，儒、释、道。从这个角度来讲，金庸小说很难进入文学史。

文学史观到底要如何构建？是以中国传统文化为核心观看世界，还是完全以世界文化为核心来看中国的传统文化？这实际上是两种思维，直接影响了我们文学史的构成。金庸小说能不能进入文学史，首先要看文学史观如何形成，如果以中国传统文化为核心，绝对可以进去；如果完全从人道主义的思想、人性的方面考虑，虽然金庸小说中也有不少描述，但是他的小说的文化底色还是传统文化，金庸小说当然就进不去。从这个层面上说，金庸小说能否进入文学史，就不仅是学术性的问题，也是值得当下中国人思考的问题。

下面讲讲我的观点。中国怎样构建文学史？我认为应该站在中国的土地上，讲究民族性，讲究中国性，这也称为"中华精神"，价值判断也肯定是中国传统文化的价值判断。但是我这里要特别说一下，传统文化是个大概念，精确地说，价值判断到底是什么？是中国优秀的传统文化。如果以此作为文学史观，金庸小说进文学史，甚至进中小学教材理所当然。

有一种观点认为，金庸小说可以进入文学史，但只是通俗文学的经典。这种以雅俗之分给文学划类说法我不赞同。我们在这里做讲座，讲金庸小说等类型小说为通俗文学，是为了讲清问题而约定俗成的。事实上任何小说都是雅俗合流。

如果雅俗之分可以成立，就要将新文学看成是雅文学，通俗文学就看成俗文学。究竟什么是雅，什么是俗，从学术思辨上说很难划分，从创作实践上说，也很难区分。说金庸小说是武侠小说，这是肯定的。说武侠小说就是俗，不一定。不能说金庸小说中没有雅的内容，也不能说鲁迅小说中只有雅，没有俗。我的观点是，文学作品能否进入文学史，要看你在文学史上有没有价值，无论你是雅是俗。鲁迅的小说可以进文学史，这是毫无疑问的，因为它代表了新文化和新文学的结晶精华。金庸的小说同样也可以进入文学史，因为它代表了大众世俗的观点和中国传统文化的传承。中国文学史总不能是一种色彩，它应该是多彩的。我的观点是站在"现代文学"的现代性构建文学史观，金庸小说进入文学史，并成为中国现代文学的经典，理所当然。

我们还是回到美学层面上，毕竟文学作品还是属于美学范畴。金庸小说能够进入文学史，还在于它具有很强的美学感染力。我们举个例子说明，这也是我看金庸小说第二个掩卷长思的地方。《神雕侠侣》中有一个片段，小龙女在城堡里面，黄蓉为了阻止小龙女和杨过的婚姻，对小龙女说，你怎么能嫁给杨过呢？你是他的师父。小龙女想：对，我是他的师父，我怎么能够嫁给自己的徒弟呢？于是，她怅然若失地走出了城堡，一路上被敌人追杀，九大高手一起围攻她，她拼命地打，因为她不想活了。小说写到这里有一段非常精彩的描写，金庸说，我写到这里时流泪了。打得很激烈的时刻，小龙女突然不打了，她停下来了，九大高手也非常疑惑她为什么不打了，大家都停下来看她。这时候小龙女说了一句话："过儿来了。"这句话非常厉害，谁都不知道杨过要来，结果杨过真的来了。虽然人还没有出现在视野里，但是依靠气场小龙女感觉到了。一个人爱另外一个人，达到最深的状态是，我爱的不是你的人，也不是你的形，而是无时不在的心灵感应。别人都没有感觉到的时候，只有小龙女感觉到杨过来了，这样的感觉就是达到潜意识的心灵感应。杨过到了以后，小龙女看到他身上的衣服有一个地方划破了，便从口袋里面掏出针线，旁若无人地帮他缝衣服，九大高手都愣住了。而此时的小龙女眼里只有杨过，周遭其他一切都无法进入她的眼中，这段描写可以说是至情至性，具有画面感，且穿透人心。这一段是金庸自我感动之处，也是令他流眼泪的地方。作者能将自己写到流泪，一定程度上表明他自己就沉浸在其中，他将自己变成了小说中的人物，往往这个时候他的作品就是写得最精彩的时候，最好看的时候。

郑保纯：简单谈谈我的体会。我认为不是金庸小说能否进入文学史，而是需要什么样的新的文学史把金庸请进来。以前的文学史是不合适的，我们需要全新的文学史。所谓全新实际上背后是有一系列标准的问题：我们怎么来看小说、文学以及文学背后的中国文化和西方文化交汇的问题，何为主体的问题，也就是我们自己看自己的问题。我们现在说要将国学、国粹中僵化、落后的部分去掉，好的部分留下来，然后引进西方新的内容，形成新的传统，新的中国性，讲的也就是这个道理。当下有个词特别好，"国潮"，现在的年轻人喜欢的就是这个东西，这是一种新的蓬勃向上的东西，向西方学习又没有离开自己的国潮。听老师讲完，我认为金庸就是一种真正意义上的国潮，具有开放性，又具有文化的传承性和价值的原创性。

汤哲声：金庸小说中确实有很多外国的东西，法国大仲马的小说是他很多小说的蓝本。

郑保纯：是的，金庸特别喜欢《基督山伯爵》。

汤哲声：对，还有《三个火枪手》等小说都在他的小说中都有留下痕迹，还有莎士比亚的那些宫廷戏剧，也在他的小说中也留下了很多痕迹。金庸小说绝不是僵化的是中国传统的复制，而是吸收了很多国外的世俗文化和美学表现的手段，这是我要补充的一点。谢谢！

四、重点提问与解答

提问：人到中年如何体面地向年少时的侠客梦妥协与告别？

汤哲声：首先讲一下关于侠客的问题。侠是中国的国粹，侠文化是中国文化。所谓的国粹是什么意思？国粹就是中国有而外国没有的，就像京剧、围棋一样。欧洲有骑士文学，它建立在欧洲文化的基础上，带有一定的所谓贵族性。中国的侠文化建立在中国传统文化的基础上，是三教九流的草根文化、世俗文化，具有普遍性。中国人都有一个侠客梦，因为中国人血液里面就有侠，以至于外国人认为每一个中国人都会中国功夫。正因为这样，我们应该继续我们的侠客梦。少年时期的侠与中年时期的侠并没有什么区别，关键是怎样表现。就像20岁用青锋之剑，30岁用紫薇软剑和40岁用玄铁重剑，但都是剑。40岁了你虽然已不再用青锋之剑，但你同样要表现出侠心，还要有一颗侠胆。我认为侠文化的核心就是正义公平。中国人为什么讲究侠？因为公平、正义。另外还要敢于出手，侠文化就是表达我要说话，但是怎么说是有学问的。金庸小说中同样如此，杨过、郭靖、小龙女、黄蓉这些人物都侠肝义胆，但他们各自的表现方式以及不同年龄段的表现方式并不相同。这个问题我认为是品格和道德的坚守，以及怎样表达的手法和途径的问题。

提问：新式武侠的继承与发展情况如何？

郑保纯：刚才汤老师讲到一个问题的时候，我想引申一下。金庸小说在世界性类型小说中的地位是什么？我可以负责任地告诉大家，顶尖级的，最好的，与《哈利·波特》《指环王》是同一级的。当下国内新武侠的作家有没有能够达到顶尖级别的？我觉得有。像大家熟悉的猫腻，以及小椴、沧月等作家，他们所创造的新的武侠世界很值得期待，因为整个武侠世界由一代又一代人传承了下来。有了《水浒传》，有了《西游记》，就有了民国的新武侠——平江不肖生，有了港台的武侠——金庸、古龙、梁羽生、黄易，在他们的基础上，有了我们当下的武侠小说，成百上千的作家在网络上、杂志上通过出版物来创造新的武侠世界。当下的武侠世界我可以负责任地告诉大家，绝对没有给中国人丢脸，绝对不比港台武侠差，绝对不比民国武侠差。我们现在向国外输出的小说，新式武侠小说占有很大的比重。就在我们讲话的这个时刻，国外的译者和读者，正在夜以继日地翻译着我们的武侠小说，阅读着我们的新式武侠小说（大陆新武侠小说），这是从来没有过的现象。

汤哲声：我有一个观点，文学的经典是流动的，同时也是固定的。这句话是什么意思呢？就是说在不同的时期，时代会认可某种文学，但是优秀的作品将具有永恒的价值。一百年以后，中国文学回过头来看我们的现在，也许没有几个作家，也没有什么作品有价值，但是鲁迅作品肯定会留下来，我认为金庸作品也会留下来，因为它具有的文化价值和美学价值可以穿越时空和历史。刚才提到武侠新的发展，当下的中国武侠正在进入新阶段，这个阶段是由网络文学所构成的。据去年统计的数字，中国看网络文学的户数达到五亿多，这是一种很值得注意的现象。中国的武侠正在从武侠变成仙侠。武侠和仙侠有一些区分，武侠代表更多的人间烟火，具有社会性和世俗性，仙侠则更讲究自我的创造和自我的裂变以及自我的完成，具有自我性和个性，各有各的特色。但是我明确地讲，不管是仙侠，还是现在的网络文学，都是在中国武侠小说的发展轨迹中发展，它们都要翻越金庸这座高山。因为金庸小说给出了很多的思路，给出了很多的启发，给了很多的经典语言，给了很多的故事情节，后来者必定会受到影响。这就叫经典。经典是什么？它就像一座山矗立在那里，想看武侠世界的绮丽风光，金庸这座山非爬不可。中国的武侠在金庸小说中魅力无穷，你可以在其基础上发展，你也可以顺着继续向前走，但是这座山必须爬，这就叫经典，这就是影响。

提问：对金庸小说很感兴趣，按什么顺序开始看比较好？

汤哲声：我刚才讲到金庸不重复自己。如果看金庸小说，肯定是从《书剑恩仇录》开始，因为它是第一本。根据出版的顺序来看，你可以看到金庸小说写作的变化，他从中国最传统的侠义小说逐步形成了自我风格。他的短篇只有《越女剑》，一些中篇也是非常精彩的，比如《连城诀》《飞狐外传》等。这里我稍微补充一下，金庸是写散文的，他非常喜欢电影，他还做过编剧，编的本子也被拍成过电影。他把很多电影的手法放进了小说的创作中，换句话说，就是空间艺术。他的空间艺术在《射雕英雄传》上有体现，在中篇小说中表现得特别好。空间艺术是很有意思的，因为空间艺术在平面上会发生不同的故事，这种写法和中国传统的小说写法是不一样。换句话说，和《三国》《水浒传》《西游记》的写法都不太一样，这种写法具有一定的现代性，也就是形象的呈现性。所以肯定是按照顺序来读比较好，因为你可以看到它的演变过程。

提问：金庸武侠小说对您的人生有什么启发？

郑保纯：这个问题我留给自己，还有刚才提到的人到中年怎么面对侠文化，因为我正好人到中年，也一起来谈一下感受。老师已经是到了无剑的自由阶段，我正处在苦闷的中年，用的正是木剑。金庸小说中的人物，我非常喜欢丘处机，除了狄云之外我最喜欢丘处机。丘处机练功夫实在太难了，像郭靖一样，丘处机的功夫也是一步一步、老老实实练出来的，他没有任何投机取巧的地方，就是一步一步走出来的。我印象最深的就是他经常闭关，郭靖每次去找丘处机的时候，他都在闭关，几个月关在房间里面不出来，心中的魔、外界的魔都在打搅他。人到中年就是这样，各种各样的魔，内心的，外界的，只能修养内心，达到人生新的境界，这是丘处机给我最大的启发。有人问金庸是什么样的人，我有两个答案，第一个是你把金庸小说中所有的主人公加起来就是金庸，第二个是我认为金庸就是丘处机。

汤哲声：人是多面的，我顺着你的话题来说。比如《西游记》中的孙悟空、猪八戒、唐僧和沙和尚，仅仅是四个人吗？其实这四个人就是一个人，是一个人的四面。《西游记》应该这样解读，谁都有唐僧的一面，谁都有孙悟空的一面，谁的内心世界都有猪八戒的想法，谁都有老老实实的沙僧的一面，所以西游四人实际上是一个人的四面。其实，在金庸小说世界中，你可以是萧峰，可以是杨过，可以是郭靖，也可以是韦小宝。这些人物将我们的人性和人格分开了写，当合在一起时才是一个完整的人。这就是我们为什么要读小说，为什么优秀的小说总是给我们很多的想法，就是这个道理。作家写人性和人生，总喜欢将某一个点放大，读者读小说就要多看，多看小说，将复杂的人性人生合在一起后就成了你自己。金庸小说为我们读者提供了这个条件。比如，金庸写的几个老婆婆形象，性格都是不一样的，金花婆婆有金花婆婆的性格，灭绝师太有灭绝师太的味道，最后把她们合在一起就变成了一个人的综合体。这就是金庸小说，这就是经典。

最后还是要落实到我们为什么要阅读这个问题上。为什么要阅读，就是通过别人观察自己、理解人生。不管是年轻人、中年人，还是老年人，读优秀作品都有可以让你掩卷长思的地方，都会从中得益。这就是我们讲金庸的最终目的。

作者简介

魏天真，曾用笔名唐晓是，湖北公安人。文学博士，曾在武汉大学中国语言文学博士后流动站从事中国当代文学研究（2005—2008），执教于华中师范大学文学院。主要研究领域为中国当代文学与文化。出版学术及批评著作多部。

作者简介

魏天无，文学博士，现为华中师范大学文学院教授，兼任湖北文学理论与批评研究中心、华中师范大学诗歌研究中心研究员，湖北省作协诗歌创作委员会副主任。主要研究领域为文学批评学、马克思主义文论、现代诗学。二人合作著述有评论集《真无观：与他者比邻而居》（长江文艺出版社2015年出版）、学术著作《革命话语与中国新诗》（中国社会科学出版社2022年出版），合作编写青少年爱国主义读书教育活动用书《与爱同行——青少年爱心教育》（湖北教育出版社2022年出版）。

文学精神与日常生活

魏天真　魏天无

　　文学精神是日常生活的一部分，贯穿于我们的日常生活当中，它一方面是一种生活，另一方面是对生活的一种意识和自觉。

——题记

　　魏天真：非常幸运，也很感激各位来这里听我们的讲座。

　　魏天无：非常感谢大家。今天是双节，教师节和中秋节，没想到现场还有这么多的朋友，包括我们的学生还有我们的师长前辈。希望大家今天来多多少少能有一点收获。

　　魏天真：刚才年轻的主持人在介绍我们的时候，我觉得她比我们自己更加了解我们自己，所以我觉得她就是一个很有文学精神的年轻人。今天谈的话题是文学精神和日常生活。我们每一个人都有自己的一份日常生活，文学精神可能大家觉得不一定有，但其实更有可能的是每个人都有这种文学精神，只是我们没有意识到它。所以我们今天就想借这个交流分享或者说对话，给大家提供线索或者事例，把它挖掘出来，使我们的生活更有光彩。

　　文学精神实际上就是日常生活的一部分，贯穿在我们的日常生活当中。文学精神一方面是一种生活，另一方面是对生活的一种意识、一种自觉。所以我们就想结合日常生活，或者大家都知道的一些说法来具体理解到底什么是文学精神，还有它和日常生活有什么样的关系。

一、为什么要慢下来？如何慢下来？

第一个说法就是让生活要慢下来。下面我请魏老师谈一下日常生活为什么要慢下来，怎么样慢下来，或者慢下来又意味着什么。

魏天无：这是一个很好的问题。除了大家熟悉的木心先生说过这句话，重庆诗人李元胜有一首诗叫《走得太快的人》，其中就有这样的诗句："走得太快的人／有时会走到自己前面去。"那么为什么要慢下来？其实我觉得这是非常艰难的一件事情，我们也经常说缺什么就吆喝什么。虽然它很难做到，但是值得我们去尝试。

华中师范大学有一条很著名的路叫桂中路，路两边是高大的悬铃木，桂花树、柿子树。每天这条主干道上来来往往、熙熙攘攘的都是快速行走的学生、老师。我在每学年第一学期给新生上课时，都会建议同学们走在这条路上的时候能够慢下来，想一想四年大学生活将如何度过，四年之后想成为一个什么样的人。我希望我的学生在人潮汹涌中能偶尔停下来想一想，而不是一味地随着人流往前冲。

举个诗的例子，比如顾城的《一代人》："黑夜给了我黑色的眼睛，我却用它寻找光明。"这首诗有很多解读，我们现在讲慢下来，它和慢下来有什么关系吗？我觉得是有的。在那样一段艰难的岁月过去之后，一代人显得很困惑，很迷惘，追求光明的愿望只能埋藏在心底。后来，个人的愿望好不容易与时代合拍了，时代要求大家向前看，去追求光明，诗中的"我"却发现自己的眼睛变成"黑色"的了，无法辨认光明是什么、在哪里。这种情况下，"我"该怎么办呢？除了被众人裹挟着跟跟跄跄地往前奔跑，恐怕很难有别的选择。所以很多时候，人特别容易随大流，跟着人群跑。至于为什么跑，跑的目的是什么，并不一定特别清楚，也无暇停下来思考。尤其在今天这样一种快节奏的生活方式中，我们都特别容易顺从于一种风潮或者时尚。我们其实很难说在众人都向前奔跑，而且是奔向光明的时候，停下来想一想然后再去行动。这是一件非常艰难的事情，但是值得去尝试。

　　魏天真：我觉得现在我和魏老师有一些不同的状态。魏老师现在离文学比较近，我离生活比较近；我站在生活当中，他沉浸在文学的世界里面。所以他谈到这首诗的时候容易陷入一种很严肃的情绪当中，甚至也会陷入自己的沉思当中去。我要把你拉回到生活当中来。我记得你跟我说过一句话，"未经审视的生活不值得一过"。你能不能结合具体的例子来谈一下，对于一个普通人来说，这句话是什么意思？

　　魏天无：审视、反省，审视什么，反省什么呢？首要的是审视、反省自我，而不是首先去审视甚至审查、批判别人。我们有时候是通过审视他人来反省自我，文学恰恰可以起到这样的作用，因为我们在阅读文学作品的时候是在窥探他人的生活，尤其是在小说里面，在叙事性文体里面。我们为什么对窥探他人的生活那么有兴趣？其实是要借助于看看别人是怎么在生活的，来想一想自己现在的生活是一个什么样的状态。所以，我觉得这种慢下来，然后去审视、反省自我的行为，是我们一生都要去做的工作。不仅是在日常生活里面，我们在阅读文学作品的时候其实也在进行这样的工作。

　　魏天真：我是一个热爱文学的人，但我又是一名普通的读者，我觉得你所说的这些更加印证了我长期坚持的看法。也就是说，文学精神确实就在我们的生活当中，但它不是我们以前理解的才子佳人、吟风弄月，或者说富贵人家、琴棋书画。还有一些很浪漫的、有天赋的人要用华丽的辞藻，用精彩绝艳的语言卖弄文采，我觉得那些东西可能不是文学精神，甚至有可能是和它相反的。文学是追求真实的，文学精神是有助于我们过寻常的、不为人所重视的一种自我的生活，使我们平常的人生有体面，有尊严。文学精神就是这样的一种精神。

二、与他人相处：比邻而居

　　魏天无老师刚才谈"未经审视的生活不值得一过"，实际上说的是审视自己。也可以说，这个文学精神在我们个人的日常生活当中，解决的是一个怎样与自己相处的问题。我们在日常生活当中更重要的、更多的还是与他人相处，所谓的比邻而居。那比邻而居在当下生活中又意味着什么呢？

魏天无：为什么要提比邻而居？获得诺贝尔文学奖的土耳其作家帕慕克在诺奖演说词里说过，作家如果以自己的亲身经历，甚至某种秘密作为他写作的起点，那是因为他有一个很幼稚但又很坚定的信念：每个人都是相似的。基于这一点，作家才能够相信他的作品能够打动其他人。为什么要写作？因为作家相信每个人都是相似的。这又回到日常生活这个话题。日常生活里面我们看到更多的还是人与人之间的隔膜、分裂，互相的排斥，甚至是互相的伤害。我觉得这是一个比较大的问题。

魏天真：我特别赞同魏老师的说法，特别是现在已经进入了地球村的时代，也就是整个人类共同促进了和谐共生空间的发展，彼此联系更加紧密，所以大家能够相互理解、和谐相处。像鲁迅先生也说过，"无穷的远方，无数的人们，都和我有关"①，这句话放到现在来看就更好理解了。无穷的远方和无数的人们，这些人实际上都已经在我们面前了。

魏天无：是的，鲁迅先生的这句话这几年被引用得特别多，当然也跟现实情境有关。武汉诗人余笑忠老师有一首诗《春游》，我每年都会跟文学院的学生讨论它。

"盲女也会触景生情／我看到她站在油菜花前／被他人引导着，触摸了油菜花／／她触摸的同时有过深呼吸／她触摸之后，那些花颤抖着／重新回到枝头／／她再也没有触摸／近在咫尺的花。又久久／不肯离去。"

第一行"盲女也会触景生情"，学生们觉得印象最深的是"盲"，而我注意的是"触"这个字。触是触发、触动，更多的时候，这个成语里面的"触"对于我们这些视力正常的人来说，是看的意思。现在如果我说"我触景生情了"，这个触更多的是看。这个成语我们已经用得太习惯了，我们的思维已经固化了，认为触景生情讲的就是我看到了什么，我内心有什么样的感觉。但是注意这个世界并不是只有我们这些视力正常的人，这首诗提醒我们，在触景生情这件事上，盲人跟我们这些视力正常的人是一样的，所以诗人用了"也"；但是又有差异：我们使用的是眼睛，而诗中的盲女要用手去"触摸"。

---

① 鲁迅.鲁迅全集：第六卷［M］.北京：人民文学出版社，1981：601.

文学很重要，它会打破我们的思维惯性，不知道大家有没有从余老师这首短诗里面体会出来。触景生情的含义已经在我们的头脑里面模式化了，但是现在诗人告诉你，触景生情的"触"还有一个意思就是触摸。诗的第二节，其实写得非常简单，她触摸的同时有过深呼吸，触摸之后那些花颤抖着重新回到枝头。这首简短的诗最后引发的是自我审视、自我反省。这个世界不仅仅是由我们这些视力或者身体各方面正常的人组成的，还包括其他的人，那我们究竟如何跟其他的人相处呢？

余老师还写过另外一首关于盲人的诗《二月一日，晨起观雪》，其中有两句"盲人在盲人的世界里 / 我们在暗处而他们在明处"。我们在暗处，那是出自盲人的"视线"；而他们在明处，是我们视力正常的人看见的他们。所以这个世界至少由两重视线构成，哪两重？所谓视力正常的人，视力不太正常的人或者盲人。当然这个世界不仅仅是两重视线交织而成，它可能是三重、四重甚至无数重。这种情况之下，很多时候我们很容易从自己的立场观点出发去想别人。那么，文学作品会让我们读了之后反思自我的问题，将来我们遇到同样的事情要不要改变一下。我甚至有时候觉得可以对触景生情的"触"做一下词源考察，有没有可能它本身就有触摸的意思。当然这只是一个猜想。文学确实能够改变我们，我们自以为是那样，但是诗人、作家会告诉你，不一定是那样。这个世界，这个世界里的人是无限丰富多样的，不应当是非此即彼、非黑即白的。

魏天真：说到余老师写盲女，我对那首诗有非常深刻的印象，诗的最后一行是"我本应该只向她躬身行礼"。我为什么会印象很深呢？我们的大学同学，在中国人民大学当教授研究哲学和美学，他从来不看当代诗人的诗歌，他说都是写的人比读的人多，不看。他那天看到的那首诗，就在下面留言说这首算是杰作。我觉得很好奇，怎么这么刻薄的人可以有这样的评价。他说的理由就是在其中看到了忏悔。

魏天无：对，那首诗也是真实的日常生活场景的写实。因为余老师所在单位跟武汉市盲校建立了帮扶关系，他们经常到盲校组织学生开展一些活动，带他们出去春游。这首诗就是余老师跟随单位组织盲校学生出去春游的时候，看到的一个场景。

魏天真：你讲了这些之后，我觉得我们就能够更好地理解所谓的将心比心、设身处地、换位思考。我现在要说的另外一个，就是在我们生活当中也有一种非常普遍的现象。现在是一个强调个性的时代，每个人都要在生活中做自己，可是另一方面，每个人又都知道要有荣誉感，有一种说法就是要爱惜自己的名声，爱惜自己的羽毛，还有古诗里说的"留取丹心照汗青"。这就好像要求我们还是要在乎别人的眼光。那么我们大家如何更好地去理解在什么情况下做自己、有个性，走自己的路让别人去说？我们又会在什么样的情况下要爱惜自己的名声，爱惜自己的羽毛，要"留取丹心照汗青"？在现实生活中大家也会看到各种各样的现象，有很多人确实很有个性，很强调与众不同，要表现自我、追求自我，可是也有很多这样的人，他们坏了名声，尽管也很风光，但是你还是不会认同他。不认同他的时候你心里可能又有一些不平衡，但是我们通过广泛接触文学，从中获得感悟，可能会帮助我们找到自己所坚信的真善美。

三、自媒体时代，我们都是讲故事的人

现在是自媒体时代，每个人都在讲自己的故事，还有一个比较官方的说法是要"讲好中国故事"。所以，现在一方面是我们要讲好故事，要讲好中国故事；另一方面在自媒体时代，每个人都成了讲故事的人。我看到你在PPT上做了这样的案例，比如莫言讲的故事，你给大家说一下。

魏天无：莫言获得诺贝尔文学奖之后在颁奖典礼上有一个演说。每一位获奖作家都有瑞典皇家学院的授奖词，他们也都会发表受奖演说。莫言的整个演说就是讲了几个故事，我选了其中的一个：

请允许我讲最后一个故事，这是许多年前我爷爷讲给我听过的：有八个外出打工的泥瓦匠，为避一场暴风雨，躲进了一座破庙。外边的雷声一阵紧似一阵，一个个的火球，在庙门外滚来滚去，空中似乎还有吱吱的龙叫声。众人都胆战心惊，面如土色。有一个人说："我们八个人中，必定一个人干过伤天害理的坏事，谁干过坏事，就自己走出庙接受惩罚吧，免得让好人受到牵连。"自然没有人愿意出去。又有人提议道："既然大家都不想出去，那我

们就将自己的草帽往外抛吧，谁的草帽被刮出庙门，就说明谁干了坏事，那就请他出去接受惩罚。"于是大家就将自己的草帽往庙门外抛，七个人的草帽被刮回了庙内，只有一个人的草帽被卷了出去。大家就催这个人出去受罚，他自然不愿出去，众人便将他抬起来扔出了庙门。故事的结局我估计大家都猜到了——那个人刚被扔出庙门，那座破庙轰然坍塌。[①]

大家看莫言老师讲的这个故事，就有比较强的道德教化作用。实际上这又回到我们前面谈的第二个问题，我们究竟如何与他人相处。很多时候在日常生活里面，我们会碰到总有一些人结成了团，就像这个故事里面，一共八个人，一旦七个人结成了一个团，他们就觉得有权对别人、对孤单的个体做出裁决。当然，如果随意地去做这种裁决，以为自己代表了真理，代表了正义，是会遭报应的。莫言老师是山东高密人，他有那种朴素的信仰。这个故事实际上在讲不能那样去做，故事的结局非常明显。

魏天真：按照我的理解，文学要讲故事，虚构的故事，但是我们在生活当中应该真诚地、如实地讲故事，带着你的理解去讲故事，而不是轻易地去判断、评价，发表观点、站立场，这样我们遇到问题可能会更好地解决。

四、文学与娱乐

下面谈一谈文学和娱乐。我们是需要娱乐的。最近几年我们经历了一些事情，在这样的一些处境、遭遇以后，大家可能会觉得更需要娱乐。

魏天无：娱乐应当是文学的一个基本功能，读者从文学当中也能够获得娱乐。之所以专门提这个问题，因为大家知道我们当下的处境就是娱乐至上。我们处在这样一个环境里面，所以会出现把文学和其他艺术娱乐化，或者所谓的"解构"这样一些举动。这又使得有一些人对待文学、艺术的态度，可能就不再有像古典作家、经典作家那样的严

---

① 莫言.讲故事的人［M］//刘硕良.诺贝尔文学奖授奖词和获奖演说（1901—2012）.桂林：漓江出版社，2013：745-746.

肃、高尚，具有某种信念甚至信仰的态度。现今更多的是"玩一把""玩的就是心跳"这样一种态度。当然娱乐是文学的基本功能之一，但是在当下这个情境当中，我们恐怕也要对娱乐做一个反思。

魏天真：对，你说的《娱乐至死》那本书，可能对大多数人来说并不是很好。我记得其中一个很著名的观点就是说，我们正在被我们所喜欢的事物所杀死，就是娱乐至死，就是我们在欢笑当中会走向毁灭，或者说，正是那些带给我们快乐的事物在谋杀我们。我个人认为文学有娱乐的功能，我们在日常生活当中也需要娱乐，可是当文学变成娱乐，或者纯粹以娱乐为主的时候，是有问题的，需要警惕。

魏天无：问题在于缺乏一点超越吧。文学肯定是从个体出发，但是它要有超越性。每一位作家诗、人写作的基点是自我，这没有问题，但不能停留在那个自我上。一定是要通过个我获得某种艺术的超越性，然后达到某种普遍性。

魏天真：明代高启的《寻胡隐君》我非常喜欢。"渡水复渡水，看花还看花。春风江上路，不觉到君家。"他写了一个很具体的事情，用了纯粹的口语"不觉"。因为一路上的景色很优美，我心情很好。说的是"不觉"，实际是有很多的内涵。因为我不觉这个时间很漫长，然后不觉到君家，就是到我的朋友的家。这个朋友也是和自己关系很密切的人，所以他这样来写。诗看起来很简单、很口语，甚至也有重复，但是它又给人愉快、赏心悦目的感觉，因为他用的这个"不觉"突出了这是一个很愉快的行程。你会发现他的每一句话、每一个词，从前面到后面是相互生发的，然后又彼此关联，最后形成这样一个让你的心灵浸润在里头的空间，受到他的感染，感受他的愉悦，体验到他所享受的那一份友情，还会唤醒你对真正友情的向往或者回味。

我们说了这么多，并不是否定文学的娱乐精神。

魏天无：否定也没有用。每一位读者不一样，接受心理也不一样，有的人读小说就是为了放松，这是很正常的一件事情。我们只是说在目前这样的一个大的环境下面，如果存在某种文学或阅读风潮，那就要注意。我自己的阅读习惯的话，大家越觉得哪本书好，一窝蜂地去读，这个时候我会离得比较远一些。等大家都不关心了，又去追逐新的热点，我可能会回过头来找来看一看。比如村上春树的《挪威的森林》那么火，在座的看过的很多，我一直没有读过。等大家都不谈的时候我可能会拿过来看一下。所以，读书是为自己，不为任何人，不是为你的父母和老师，也不是为了在宿舍的卧谈会上可以吹牛，觉得你们都看了，都有谈资，就我没看，多没面子啊。这样的话比较麻烦。

魏天真：有时候也需要娱乐精神，我们绝不是要抛弃娱乐精神。实际上我们是需要娱乐精神的，但是在娱乐精神之外也需要文学精神。我们要做一个有高级趣味，或者追求高级趣味，或者真正关心自己——为了关心自己而关心世界，为了理解自己而体谅世界的人。特别是做一个有创造性的人。有创造性的人他可能不说话，或者说很朴实的话。他并没有想到自己有文采，但是你会发现生活中有一些很朴实的话，把它写下来就是很动人的文学。文学精神也可能使娱乐更加有益于身心。我们是要对娱乐精神保持一种警惕，一种审视。如果我们每一个人都要追求快乐，就要保持警惕。如果一味地放纵自己，或者因为生活有这样那样的困境就纵容自己，可能这就是——至少部分是——造成现在这种现象的原因。就是说，有的时候娱乐取代了一些严肃的文学创作，娱乐取代了文学。娱乐到放纵，就会被恶搞所取代。到处都是恶搞，最后成了一种风气的时候，网暴这样的事情自然就发生了。所以我说要警惕娱乐精神，有所警惕，有所反省。

这里也给大家介绍另外一个作家，罗伯特·波拉尼奥，智利著名作家。他的书我并不是要推荐给大家，他的书很不好读，我是带着要挑战自我的这种状态去读了他的很多书。他是在2003年50岁的时候，因为肝衰竭而去世。

他去世后不久，他的母亲也离开了人世。他的妹妹玛丽亚·萨落梅去清理母亲公寓的时候，发现了哥哥生前保留的许多报纸，其中有一份报纸里包了张纸条，上面写有给她的12条建议：

1. 爱自己，也爱他人。
2. 学会不断发现事物的美好，即使痛不欲生。
3. 对朋友微笑，让他在记忆里留存你的微笑。
4. 不要害怕孤独，相信自己的未来，被爱的人永远不会消失。
5. 用心触碰，用心看，用心听，用心去闻世界的变化。你要记住，你是唯一能治愈自己的医生。

6. 一百个人的冷漠，并不代表一千个或者一万个人的冷漠。

7. 成为忠诚、有批判性的人，保持客观，但要减少客观带给你的偏执。

8. 请记住，你的身体很美丽，即使是缺少爱，你的身体也美丽依然。

9. 不要恨别人。同情他们，爱他们，帮助他们，亲吻他们。

10. 毫无疑问，即使你痛不欲生，也要继续生活，也要爱自己，看看生活能给你什么。

11. 沉默，欢笑，相信。

12. 如果你孤独终老，请在医院或者花园里将你所知的秘密写下。[①]

我觉得这就是波拉尼奥日常生活当中的文学精神，或者说是对日常生活与文学精神这种关系最好的、最细致的、最真诚的诠释。

魏天无：我们讲世界有多复杂，文学、诗歌就有多复杂，不能非黑即白。这个世界本来就有很多人组成，它可以是这样的，也可以是那样的。所以波拉尼奥说的第一条，爱自己，也爱别人，这种爱应该是同等的。第九条，不要恨别人，同情他们，爱他们，帮助他们，亲吻他们。这在现实世界里面是很难做到的，所以才值得我们去尝试。如果把这个话题引入我们的现实语境，大家想一想，这几年是恨更多了还是爱更多了，还是其他的什么更多了。每个人都可以去思考，去反省。

魏天真：总结一下我们说的文学精神，就是要用文学来丰富我们的内心，照亮我们的生活，使我们和这个世界、使人和人之间达到一种真正的相互理解的和谐状态。

---

① 马里斯坦.波拉尼奥的肖像：口述与访谈［M］.鹿秀川，译.南京：南京大学出版社，2021：315–316.

五、重点提问与解答

提问：颜回可以做到"一箪食，一瓢饮，在陋巷，人不堪其忧，回也不改其乐"，那么今天的人在物质基础不充足的前提下，如何去做精神上的追求？

魏天真：我总有一个看法，就是每一个人都有自己的一生要过，你的经历、你的痛苦、你的欢乐实际上都是不多不少的，就是一辈子。那与其去纠结我的这个状态比谁穷，比谁更痛苦，为什么不打起精神来走出去，然后借助文学带给你的理解力、感悟力、想象力，甚至行动力去生活。你一旦走出去行动起来的时候，你的生活就会不知不觉地发生改变。你以为自己会跟颜回有差别，达不到他的那种境界，实际上你可能做得可以和他相提并论，甚至成为更好的自己，过着更为充实的生活。

提问：文学家和科学家哪个对人类影响更深远？

魏天无：我觉得科学家的人文精神是很重要的，文学家具有科学精神也非常重要。文学与科学是互通的，非要划分成不同的领域，哪一个好像是属于精神的、灵魂的领域，哪一个又属于理性的、实践的，这样划分并不一定特别确切。

魏天真：我想给大家推荐的是爱因斯坦，爱因斯坦有非常优美的文学作品。还有霍金，这么伟大的科学家，他的文学素养也是很高的。你看他写的那些作品既通俗易懂，又有科学性。

提问：请问作为茫茫人海中的一名年轻人，面对如今社会节奏快、内卷明显的现状，慢下来可能意味着淘汰。那么年轻人怎么去兼顾慢下来和不被淘汰？

魏天无：这确实是比较焦虑的一个事情。我们讲慢下来或者暂时地停下来，只是一个比喻的说法，那么慢下来、暂时停下来之后是要干什么？思考，反思，去获得你的独立性，而不要跟风。在经济大潮里面很多这样的人现在成了大佬，别人都在干这个的时候他要干那个，比如从大学退学，他要创业。这种例子太多了。所以我们讲慢下来讲的是用心思考，不要随意跟风，跟大流。跟风、跟大流当然很安全，但是往往会丧失自己的独立性。这个是比较麻烦的一件事。

魏天真：文学不能解决所有的问题，真正好的文学作品是让我们安静下来，静心地思考和体悟，然后使自己能够更加理性、更加从容地对待面临的问题。

提问：两位老师，当下移动互联网时代信息碎片化是否导致了文学精神不如之前的年代那么有生命力？

魏天无：我们没有进化论的想法，没有说今天的文学一定比过去的文学好，尤其在诗歌方面不能这样讲，现代诗是不是一定比古典诗词更有成就。这是两套不同的评价体系。王国维先生和陈寅恪先生都有过类似的话，一时代有一时代之文学，所以文学肯定是变化的。至于说这个变化是变好了还是变得更糟了，我们现在很难下判断。一个新的时代可能会诞生新的文学精神，这个新的文学精神从哪里来？还是要从经典文学那里。所以我们提倡多去读经典作品。我们给大家推荐的卡尔维诺的《为什么读经典》这本书，书中对经典做了很多个人化的定义，其中有一个定义就是说，经典就是你正在重读而不是正在读的书。你正在读的往往是什么书呢？畅销书。我们没有否定它的意思，否定也没有用。而正在重读的书，很可能就是经典。从经典文学里面，我们来看一看哪些文学精神在今天依然还保留，甚至在发扬光大；哪些经典的文学精神，比如高尚、严肃、认真、专注，可能有从当代文学、当代写作者身上慢慢消失的危险。如果这些文学精神消失的话，当代文学要想从高地上升到高峰，会非常困难。

提问：对中小学生来说，文学精神如何培养或者形成？

魏天真：我觉得现在的中小学生已经有很大的改观了，一方面就是爷爷奶奶、爸爸妈妈都很注重孩子的素质，而且我们的教材也有所改变。大人与孩子平等地相待，真正地去参与到他所关注的事情当中去，去体验他在他的情境当中的需要。既尊重孩子，同时又意识到自己的责任感，这个肯定不只是体现在文学方面。任何事情的参与都是真正的参与，任何观点的交流都是平等的交流，同时抱着帮扶、培育孩子健康成长的愿望，文学精神在其中有滋养这一切的作用。并不一定是我强迫孩子把这首诗背下来，就有了文学精神。如果你发现一首诗很好，从孩子的喜欢当中你也发现了你的喜欢，你就去跟他交流。所以我经常说有一些矛盾之所以会发生，就是因为很多年轻人不会想到自己会老，而老人有时候也没有想到自己也是从小孩子过来的，没有想到自己童年在干什么，自己有没有年轻过。如果大家能够相互地这样去想，然后投入这个情境当中去，将心比心，可能会有相互的培育、相互的支持，然后就有相互的提升。

提问：请问生活多元化的共同底线是什么？

魏天无：我觉得这个问题非常好。因为我们讲生活多元化、文学多元化，这样可以那样可以，另外那样还可以，就会产生一个问题：多元化会导致相对论。我们要承认这一点。那为什么还要去讲多元化？是因为当下，更多的时候，是绝对论占统治地位。什么叫绝对论呢？就是只能这样不能那样。比如在诗歌讨论里面，经常会看到、听到有人说，你写的这叫什么诗，你这种诗我一天可以写一百首。当然他也只是说说，真要写也写不出来。但是这种态度、言行不好。你不喜欢它是你的事，但你不能因为你不喜欢它就去指责它，咒骂它，甚至要去践踏它。我觉得这是非常危险的倾向。所以，我只是说相较于绝对论，我更愿意站在相对论这一边，但并不是说相对论没有问题。它的问题就是和稀泥。但是我们两面都要讲，不能只讲一面。另外说到多元化，前提是你要先有一个"元"，陈词滥调不能成为"元"。然后我们用这种多元，去慢慢消解绝对。我觉得对今天来说这可能是更重要的一点。

作者简介

柯岚，华中科技大学法学院教授，博士生导师。主要研究方向为法哲学、法律思想史、法律文化。中国法律史学会西方法律思想史专业委员会常务理事、中国法治文化研究会常务理事、中国红楼梦学会会员。出版《法哲学中的诸神之争》等专著。近年来着力研究传统法律文化，在央视《法律讲堂（文史版）》主讲系列节目《红楼梦成书传世之谜》《铁腕雍正》《红楼梦中的法文化》，深受观众好评。

红楼伶人归何处——一个法律史的考察

柯　岚

在天上的太空虚幻，她们是不入册的人；在地上的大观园的，她们是不入席的人。在当时的法律制度下，红楼伶人究竟归何处？

——题记

一、红楼梦里的"乌托邦"与现实主义

非常荣幸，这是我第一次来到湖北省图书馆。感谢今天冒着酷暑来现场聆听的各位观众朋友和听众朋友，感谢主持人非常盛情的介绍。我从事法学研究有20多年了，最初一直是研究西方法学，研究外国的法学家都怎么看待法律、怎么看待社会的。但是我从中学开始就是一个"红迷"，小的时候我奶奶带我读《红楼梦》。我觉得人可能到一定年纪会有一种文化认同的危机，就是如果你沉浸在其他的语言里面、其他的文化里面，你总是会有一种找不到自己的根的感觉，所以近些年我转回我儿时的兴趣，开始尝试对《红楼梦》的研究。

近些年我们的国家特别强调文化自信，我非常欣喜地看到《红楼梦》已经进入了近几年高考的作文题目。我去过中国好几个省演讲，发现一些省的高中生和大学生，他们都很熟悉

《红楼梦》，因为高中时候他们的语文老师把《红楼梦》普及得非常好。比如江苏省，我到江苏的很多大学演讲过，那里不管是学什么专业的大学生都反映至少读过两遍《红楼梦》。《红楼梦》是一本很独特的中国人的经典，我想它的这种独特首先表现在它是很难翻译的，它要翻译成其他国家语言，里面很多东西是找不到对应的词语和对应的概念的，尤其是背后对应的观念。打个比方来说，《红楼梦》里面体现了一个很复杂的亲属关系，比如贾宝玉有各种各样的姐姐妹妹，有堂姐、堂妹，亲姐姐、亲妹妹，林黛玉是他的姑舅表妹，薛宝钗是他的姨表姐，中国人能够特别细腻地感受到这些不同的姐姐妹妹，这种不同的亲属关系之间他们有什么权利义务的差异。但是如果是一个母语是英语的人，在其他文化里面的人，所有这些词到他们的语言里面都会变成一个词——sister-in-law。所以，这么一套复杂的中国传统的大家庭复杂的亲属关系，在他国文化里面是没有对应词的。

在《红楼梦》里面除了能看到宗法大家庭，还可以看到当时的社会阶级、社会等级。《红楼梦》是一部很独特的文学作品，它有非常理想的一面，我们会看到《红楼梦》里面有一个乌托邦，有一个大观园，就是贾宝玉跟钟爱的那些少女们，她们每天在一起嬉戏游玩，吟诗作赋。为什么说它是乌托邦呢？明清的时候，在宋明理学兴起以后，一个少男和很多少女每天可以这样随意地来往，可以随意地送东西，可以在一起嬉戏，这个在当时的社会是不可思议的，是不可能变成现实的。有一年我到扬州的何园参观，何园是一个世家大族修的园林，剧版《红楼梦》里有一些外景就是在何园里面拍摄的。当地的讲解员问你知道那个时候那些小姐们的生活是什么样的吗？她说何家的小姐几乎不下楼。小姐住的二楼楼板有很多大洞，这个大洞是干什么的？因为小姐是不下楼的，那什么人可以进她的闺房呢？她的亲生父母，还有服侍她的贴身丫鬟可以进入她的闺房，她是不能随便出去的。那个圆形的洞是干什么的？如果她需要东西从二楼给她提上来，她要扔什么东西从二楼给丢下去。由此可以想象，大观园里贾宝玉跟林黛玉、薛宝钗以及其他的金陵十二钗这样随意的嬉戏交往纯粹是一个"乌托邦"，是作者的很美好的一个理想。我也由此延伸一个题外话，有一种观点认为这是作者的自传，这个也是不可能的，因为我们如果了解当时的社会现实会发现，以当时的社会现状，一个世家大族的青年少女是不可能有这样真实的生活的，这就是作者幻想的一个非常理想的一个世界。《红楼梦》也有非常现实的一面，大观园外面有一个世界叫贾府，贾府外面有一个更世俗的朝廷，而作者写到这些世俗世界的时候，他是非常了解当时的社会的，包括当时的政治、法律、伦理。毛主席说《红楼梦》是一部现实主义的杰作，这个概括也是很准确的。

《红楼梦》的主角多为女性。大约一百年以前王国维先生就概括过，他说中国人喜欢看喜剧，不太喜欢看悲剧，中国文化里面很少有真正的悲剧，但他认为中国文化里面有两部前所未有的悲剧，一部是《红楼梦》，一部是《桃花扇》。为什么它们是前所未有的悲剧呢？你会看到中国古代的很多文学作品，包括有一些我们称为悲剧的，比如说《窦娥冤》，它最后都是要解决矛盾的，有仇要报仇，有冤要申冤。但是《红楼梦》和《桃花扇》不是这样的，到故事的结尾既没有报仇也没有申冤，矛盾也没有解决，被毁灭的东西真的就被毁灭了。《红楼梦》就是这样一部彻底的悲剧，它的一大主题是讲女性的悲剧。曹雪芹在开篇就讲了，这个故事是要把他半生经历见闻的很多奇女子，那些他见过听说过的、很有个性的、很独特的、很美好的少女们，把她们的故事记录下来。《红楼梦》的主角大多是女性，我们也看到这个书里面的女性大多数都是悲剧结局。书里第一个出场的女性叫甄英莲，甄英莲是个谐音，"真应怜"，在开篇出场的时候她还没有变成香菱，她就是一个符号，她的出场暗含一种寓意，就是所有的女性最后都要落得一个很悲剧的命运，都是"真应怜"。什么样的悲剧是非常彻底的悲剧？你的身份要下降，你要从高贵的人变成低贱的人。甄英莲最初是个官宦人家的千金，她有很美好的未来，她的父亲本来可以给她定一门很好的亲事，可是后来她被人拐卖了，她不记得她的亲生父母是谁，她不记得她的家在哪里，也没有人来解救她，然后她就变成了薛家的奴隶，从高贵的人沦为低贱的人。到书的结尾，最干净的要回到最污秽的现实当中去。作者开篇写了一首《好了歌》，里面就讲了所有的一切最后都要幻灭，他讲到这些女性"择膏粱，谁承望流落在烟花巷"。我们不能从一个世俗的角度去看这句话，好像说这些女性最后堕落了。为什么他会说"择膏粱，谁承望流落在烟花巷"？到这个书的结尾你会看到一个法律事件就是贾府的男人犯罪了，贾府要被抄家，而在传统中国有一种很残酷的刑罚，就是政治罪犯的女性家属和没有成年的孩子会被官府变卖，变为奴隶。我在清代的法律史料里面看到太多这样的事件。比如曹雪芹的舅公苏州织造李煦犯了罪，他家所有的女眷跟所有的婢女都被拉到苏州的人市上去变卖，卖了一年多，因为他们是旗人，没有人敢买。

后来雍正皇帝下旨把这些没卖出去的人赏给了年羹尧。^①到年羹尧家过了两年，年羹尧又犯罪了，所有年羹尧家的女性亲属和没有成年的孩子、奴婢又被赏给另外一个大臣蔡珽，成了他家的婢女。^②再过了一年蔡珽也犯了罪，蔡珽家的婢女去哪里了？她们被打到宫廷里一个收容旗人奴隶的机构，叫辛者库，也有一些拉到人市去变卖了。^③这就是作者在开篇不断感慨的悲剧，你到最后看到所有的一切都要幻灭，那些很美好很无辜的女性，要变成低贱的奴隶，"择膏粱，谁承望流落在烟花巷"。

二、十二伶与清代的家班

《红楼梦》里面的女性群体有各种各样的代表人物，我想讲两个群体的命运。这个书里面讲了十二钗，十二钗里的正册是大观园里面最高贵的人。除了十二钗，还有十二伶，她们是大观园里最低贱的人。金陵十二钗有正册、副册、又副册，作者是怎么样划分她们的？什么人在正册里面，什么人在副册里面，什么人在又副册里面？作者没有讲它的标准，但是你仔细去观察，你会发现他的标准就是当时社会的等级，这并不是说作者在表达他的阶级偏见，他只是不自觉地透露这个社会的阶层是什么样的。十二钗的正册是贵族女性，其中林黛玉跟薛宝钗是在同一判词里面的。香菱在副册里面，香菱是什么身份？是妾。在太虚幻境副册里面只出现了香菱这一页，那么其他跟她身份相近的妾侍，或者贾府的其他平民身份的女眷，比如说贾府有一个女亲戚叫邢岫烟，我推测她应该在副册里面，她的身份是平民，她不是贵族。又副册，晴雯跟袭人在又副册，又副册是丫鬟，丫鬟当时在法律上属于贱民。大家应该知道印度现在还有贱民，传统中国的贱民跟印度的贱民来源不尽相同，但是在法律上的地位是接近的。贱民是身份特别低贱的人，在贱民的等级之上是良人（自由人），良人跟贱民不属于同一个户籍的序列，他们的权利义务有很大的差异。

另外就是十二伶，我们有没有看到金陵十二钗的正册、副册、又副册给她们保留位置？

① 故宫博物院明清档案部编. 关于江宁织造曹家档案史料 [M]. 北京：中华书局，1975：228–229.

② 萧奭. 永宪录 [M]. 北京：中华书局，1959：209.

③ 清世宗实录卷：卷61 [M]. 影印本. 北京：中华书局，1985：940–941.

没有她们的位置，她们是不入册的人。在印度贱民里面最低贱的有一种人是没有种姓的人，大家在国际新闻会看到，印度现在还有社会阶层的区分，贱民阶层中没有种姓的人，他们的命运是非常悲惨的，十二伶的身份大概跟今天印度这些没有种姓的人接近。

十二钗可能会有什么样的结局？我不打算去推测她们每个人个体是怎么样的结局，而是这个群体的结局。我没有看到作者八十回后的真本，我怀着对原作者的敬畏去揣测，从当时的法律和社会的逻辑来看，我想她们无外乎这样三种结局。有一些人死了，林黛玉非常幸运，她在贾府还没有抄家之前就病死了，我觉得对于非常钟爱林黛玉的读者来说，林黛玉最好的结局就是在贾府的抄家来临之前清清白白地离开这个人世间。就像葬花词里面讲的，"质本洁来还洁去，强于污淖陷渠沟"，她不用落到最后最污秽、最悲惨的境地。也有一些人在贾府的抄家灾难来临的时候会选择自杀。我在清代的官方的史料里面看到过好几起雍正、乾隆朝贵族家庭被抄家的事，他们家的女眷可能会被拉去变卖，或者发给披甲人为奴，就是到边境给守边的士兵做奴隶，这个时候她不甘忍受侮辱就会选择自杀。根据清代史料记载，雍正、乾隆朝有好几个这样官宦出身的人，比如说金庸的先祖查嗣庭，在他的女眷被处刑罚的时候，他的妻子和儿媳在流放令到来的当天同时自杀。[①] 还有当时另外几起不像查嗣庭那么有名的事件，年羹尧幕僚汪景祺的妻子自杀，河南学政俞鸿图的妻子自杀[②]，等等。

曹雪芹在他的一生当中应该见过太多这样的事情，他写这个故事结局的时候人物可以虚构，情节可以虚构，但是它符合这个社会的逻辑。这本书的前八十回就已经有很多女性自杀，你如果去分析《红楼梦》里面人的死法，你会发现最多的一种死法就是自杀，前八十回大概有七八个人自杀。如果最后抄家的灾难来临时，也会有一些人自杀。也有一些人有先见之明，比如说惜春，她在灾难来临之前就选择出家了。还有一些人生命力特别顽强，既没有死，也没有出家，一直撑到了贾府覆灭的最后一天，她们就会被卖为奴隶，也就是说十二钗当中有一些人，她们最后会沦为跟十二伶一样低贱的人。

在书里边，作者不断地在传达一种观念：人生的很多东西要幻灭，你有钱会变成没钱，

---

① 方苞.史氏传［M］//方苞方望溪遗集.合肥：黄山书社，1990：108.

② 萧奭.永宪录［M］.北京：中华书局，1959：256-257，348.

你做官的最后可能会坐牢，如果你最初是很高贵的人，最后一样沦为低贱的人。他为什么不断传达这样一种幻灭的观念？因为他的一生当中经历过这样的幻灭，他也看到很多和他身份相近的人经历了同样的幻灭，到书的结尾十二钗就沦为跟十二伶一样低贱的人。书中第五回贾宝玉梦游太虚幻境的时候，警幻仙姑请他喝了一盅茶，说这个茶叫"千红一窟（哭）"，后来请他喝了一杯酒，说这个酒的名字叫"万艳同杯（悲）"，这是作者在开篇反复传达的主题，他在反复告诉我们他要写的是女性的悲剧。这部书为什么成了近代以来中国最伟大的一部文学作品？作者没有提出改革的设想，他只是非常真实地让读者看到了中国的女性是多么美好的一个群体，而传统中国的社会对她们是多么残酷，他让你看到这是非常不合理的。而到近代以后《红楼梦》成了一部启蒙的文学作品。我想在很大程度上，中国近代以来一直到新中国彻底实现的妇女解放，《红楼梦》在其中起了非常重要的思想启蒙作用。

《红楼梦》中的伶人——十二伶是书中女性群体最低贱的人。十二伶是一个戏班子，这个里面最有代表的两个人，一个叫芳官，一个叫龄官。戏班子事怎么样来到贾府的？书里面交代得很清楚，第十七回朝廷决定让元妃回家省亲，贾府这个时候要赶建行宫大观园。元妃回家要看戏，不能让她到外面看，那是不成体统的，这个时候贾府决定买一个戏班子，就派贾蔷到苏州去买了一个戏班子回来，十二个女孩子。大概从明朝中叶开始，苏州就是中国戏剧最发达的地区之一，这里有很多穷人，没有办法谋生的人家会把很小的孩子送到戏班学艺，这里的伶人也是技艺最出众的。十二伶就这样来到了贾府，她们的名字分别叫藕官、芳官、龄官、荳官（药官）、蕊官、宝官、玉官、艾官、茄官、豆官、葵官、文官。为什么是十二个人？有戏剧史学家考证过，在明、清一个完整的戏班子有十二个人，不管什么剧本都能找到一个合适的人来胜任，她们可以扮演各种不同的角色，有一些人是老生，有的是正旦，有的是小旦，等等。她们的名字都是艺名，我们不知道她们的本名叫什么。也有戏剧史学家考证过乾隆朝的时候，当时的很多伶人，用这个官字做艺名是当时流行的习俗。[①] 现在很多人讲《红楼梦》什么时候成书的，爱好红学的人特别多，我的微博上老有人来跟我争论，说《红楼梦》不是清朝成书的，是明朝的人写的。过一段就会来一波这样的人，我觉得这种

---

① 徐扶明.《红楼梦》中戏曲二三事［M］//红楼梦研究集刊编委会、红楼梦研究集刊：第一辑.上海：上海古籍出版社，1979：395–397.

争论是很有意义的，有这么多人愿意读《红楼梦》也是很好的现象。但是我们能看到很多证据可以证明《红楼梦》确实是在清代成书的，以官字做艺名是乾隆朝的习俗。

十二伶的首次演出就表现不俗，"一个个歌有裂石之音，舞有天使之态，虽是妆演的形容，却作尽悲欢的情状"。[①] 她们不是随便买来的小孩子，应该是从小就送到戏班，受到了严格的训练。

贾府的戏班是一个家班，家班这个现象现在已经没有了。打个比方来说，如果现在有一个家班是什么样子？现在有钱人家里有什么人伺候他呢？顶多有保姆，大家有没有发现谁家里有一个私人的理发师，私人的美容师在他家住着？不太可能吧，他需要的时候才出钱请这些人过来。家班是什么概念？如果现在发现哪个有钱人家里住着一个文工团，随时准备演出给他看，那这就是他家里的家班，我好像没有发现中国哪个有钱人家里有这样的气派。明、清的时候尤其是清代，一个贵族家里养一个家班就是这样的气派，他们就是养在贵族家里的，家班是专门给主人娱乐用的，主人想看戏了，他们出来唱一出给主人听，或者家里来什么客人、明天有什么庆典，家班就会出来演一出戏给人们看，他们是不会对外商业演出的。

《红楼梦》第五十四回里面有这么一个场景，薛姨妈在贾府看戏，就说好像现在不太流行这个剧本，贾母这个时候说："我们这原是随便的玩意，又不出去做买卖，所以竟不大合时。"我们现在有一个词形容一个人说的话或者做的事很"凡尔赛"，年轻人应该知道的一个词，就是很摆谱，明明大家很稀罕的东西他（她）还说我看不上，这个叫凡尔赛。贾母这话就非常凡尔赛，意思就是说我才不管他时兴不时兴，这个班子就是演给我看的，又不出去演给别人看，外面流行什么我是不知道的，我也不关心，所以竟不大合时。

豢养家班的代价很高，雍正皇帝有一个上谕，里边说养一个家班，少的时候一年得两三千两，多的时候甚至上万两。两三千两、一万两银子在当时是什么概念？在雍正改革之前，在康熙朝和雍正朝的初期，一个县官一年的俸禄是45两银子，一个总督大概类似于现在的一个省长，甚至比省长官职还大一点，一年的俸禄是150两到180两银子，而养一个家班一年得几千两银子，所以这个代价是非常高的。清朝初年戏剧演员有三种出路，出路

---

① 曹雪芹，无名氏.红楼梦［M］.北京：人民文学出版社，2017：257.（本文中所引《红楼梦》原文，除额外注明外，均据此本。）

最好的是可能去给皇帝演出，通过各种各样的机遇最后被选到宫廷里面去演出。最差的是民间的草台班，在民间演出。再一种就是到贵族人家里去做家班，有很多技艺比较出众的演员会愿意到贵族人家里去做家班，他为什么这样选择？不光是经济的原因，经济的原因其实是次要的，其实他在民间演出不见得挣的钱很少，关键是他能够得到他的主人的保护，因为戏剧演员的社会地位是非常低贱的。大家应该看过陈凯歌的《霸王别姬》，如果看了这个电影会发现在民国的时候戏剧演员就是一个任人欺凌的群体，你会发现戏班子里面少不了袁四爷这样的人。袁四爷其实是个戏霸，但是戏班子少不了他，因为他认识很多人，他能够出去打点很多关系，如果有什么黑社会或者不讲道理的军阀要欺负戏班子的人，他是能够出面保护他们的。在明清时候如果一个演员投靠了一个很有势力的主人，他可以免去很多麻烦，不用怕别人欺负他。我们会发现《红楼梦》里面有一个男演员——琪官，蒋玉菡，他跟了一个很有势力的主人忠顺王。有一次蒋玉菡失踪了，忠顺王就派人到处找他，一直找到贾政府里来了，都是来兴师问罪的口气。琪官是没有人敢惹的，他跟了一个王爷。

三、旗人在清代初期戏曲发展中的作用

家班是一个特有的历史现象，主要在明朝中叶兴起，到清朝初年是最兴盛的，到清朝中晚期这个现象就不太常见了。清朝初年开始，旗人在戏剧发展中起了非常重要的作用，戏剧史学家张次溪先生曾详细地回忆过戏剧兴衰的历史，戏剧以清一代为最盛。为什么旗人对戏曲这么狂热？他讲了原因。"盖清室来自漠野，目所睹者皆杀伐之事，耳所闻者皆杀伐之声，一凌夫和平雅唱，咏叹淫佚之音，宜乎耽之，悦之，上以此导，下以此应，于是江南梨园子弟相率入都"①，就是说旗人是从东北来的，他们原来在那个地方没有什么娱乐，没有见过什么好的东西，看到的听到的都是打打杀杀，入了关以后，看到了戏剧，"一聆夫和平雅唱、咏叹淫佚之音"，觉得这个东西太好了，太美妙了，然后一下子就沉浸其中，"耽之，悦之不能自拔，上以此导，下以此应"，旗人贵族带头爱好，旗人平民竞相追捧，于是江南的梨园子弟就有了生路，"梨园子弟相率入都"。

---

① 张次溪.清代燕都梨园史料：正续编［M］.北京：中国戏剧出版社，1988：19.

但这是表面现象，为什么旗人在清代以来在戏剧发展的过程中起了这么重要的作用？我觉得主要是法律的原因，清政府实行旗民分制，旗人是有特权的，在清代的时候每个大城市中心都有一个满城，我们武汉也是有满城的。

在和平时期这些旗人就成了无所事事的有闲阶层。那他又有钱又有时间，他干什么呢，那个时候能有什么东西可玩呢？到晚清的时候，八旗子弟是很颓废的一个阶层，玩鸟，玩古董，玩鼻烟壶，很自然地他们也成了戏剧最狂热的观众群体。

入关以后，康熙皇帝统一了中国，他决心重振八旗的武备，从他开始就严格禁止旗人看戏。康熙十年下了一条禁令，这个禁令一直沿用到清末，"京师内城不许开设戏馆，永行禁止"。这个禁令意味着什么呢？意味着要看戏你就得出城去，路很远的，成本也很高。戏馆只能到城外去开，而且开戏馆的地方治安是很不好的，经常会有恶棍生事。康熙皇帝下了这个禁令后，他自己却不遵守。就像我们现在讲只许州官放火，不许百姓点灯，康熙皇帝不许普通旗人看，他自己却特别喜欢看戏，但是他不能天天跑到城外看，就在宫廷里面养了一个戏班子，叫南府，专门演给自己看。其他的满洲显贵于是也把戏班子养在自己家里面。所以清朝初年家班流行开来，就是康熙皇帝的禁令催生的。

我们从《红楼梦》里面能看到一些细节，第五十八回贾府的家班就解散了，贾府就再也没有唱过戏了。那一回以后你可以看到贾宝玉有一个很好的朋友叫蒋玉菡（琪官），贾宝玉去看他要到什么地方去看呢？出城去看他。贾宝玉为什么要出城去看望他？因为戏班子是不能在城里待的，你只能在你的主人家里待着，如果主人家里不让养了，戏班子就只能到城外去。

这个禁令还催生了一个新事物——票房和票友，我们现在说的票友就是业余爱好戏剧的人。票房、票友怎么来的呢？这个禁令难不住旗人富豪显贵，但是它能够难住旗人的平民。平民看戏的成本很高，他们家里又养不起一个家班，也不能天天出城去看戏，看戏的路费、住宿费等成本很高，但哥几个又很喜欢戏剧怎么办呢？于是他们就自己在城里面找一个地方叫票房，他们自己就是票友，穿上戏装自己演给自己看，这就是票房跟票友这个词的由来。《红楼梦》里的柳湘莲就是一个票友，柳湘莲是世家子弟，但是他不务正业，他不考科举，也不做其他的什么正经营生，成天和唱戏的混在一起，自己也能登台演出，他就是个票友。

曹雪芹家里面是有家班的，曹雪芹的祖父曾经接待过康熙的南巡，康熙皇帝特别喜欢唱戏，所以曹家很早就置办了家班。也就是说曹雪芹小的时候家里是有个戏班的，他是有记忆的。当然，不是说红楼梦写的东西完全是他经历过的事情，可能有一部分他的亲身经历，也有可能是他听说过的事情。一个作家，他知道的事情，他听说过的事情，都是可能被加工成故事融入他的小说里面去的，但他自己应该有一定的真实生活体验。

四、伶人是最低贱的阶层

传统中国法律上把人区分两种人，良人和贱民。良贱是分立户籍的，户籍的封皮上要打个印，如果你是一个贱民封皮上可能打的就是一个贱字。分立户籍，不能通婚。这个不能通婚它的含义是特定的，因为传统中国是父系家长制，所以这里不能通婚主要指的是男性贱民不能娶女性良人为妻妾。

《红楼梦》里有一个男戏子叫蒋玉菡。我们来推测书里八十回以后他的结局，比如有人推测蒋玉菡最后跟薛宝钗到一起了，这个有没有可能？从当时的法律上看这没有可能，薛宝钗是良人，蒋玉菡是贱民，这种婚姻是当时法律绝对不允许的，官府如果发现了是要强制离婚的。那蒋玉菡跟什么人在一起是正常的？蒋玉菡如果跟袭人在一起可能是正常的，袭人也是贱民。男性贱民绝对不能娶女性良人为妻妾，如果真的有一个女性良人或者一个千金小姐就愿意跟一个戏子在一起怎么办？官府发现后会强制离婚，家族里的人可能会把她抓回去处以私刑。

反过来看，女性贱民和男性良人的婚姻会怎么样呢？女性贱民嫁给男性良人做正妻是没有可能的，做妾还是有可能的。我们会看到红楼梦里面有很多丫鬟，以袭人为代表，她这一辈子的人生理想是什么？就是变成男主人的妾。袭人这一辈子奋斗的最高人生目标，就是变成贾宝玉的妾，因为这就是当时的法律所允许的她能够有的最高理想。她是一个贱民，她可以嫁给男性良人做妾，这对于她的社会地位有什么提升呢？她自己并不能够脱离贱民身份，但是她的孩子因为父亲的缘故就可以不再是贱民了。

但如果是女性贱民里面特别低贱的伶人，即便嫁给男性良人做妾，法律上也是会有一些障碍的，很多世家大族的族规也不允许族中子弟娶伶人为妾。贱民不能参加科举考试，在传统中国如果存在基本人权的话，科举考试应该是一个基本人权，参加科举考试就意味着一旦考中了就会改变你的命运，你三代的祖先都要受封，女性的祖先也会封一个安人、孺人之类的爵位，光宗耀祖。但是贱民是没有这个权利的。清代的科举考试有一个专门的程序，就是查验考生的户籍，如果有人冒籍就会被人举报，会被取消考试资格，而且可能受到刑罚。在有些朝代贱民受到特别的歧视，要穿戴特定服饰，比如说在顺治朝的时候，会让唱戏的戴一种绿头巾，这是种侮辱式的服饰。人们一看到这个服饰就知道他们是唱戏的。他们只能从事一些特定的人们特别歧视的职业，比方说服侍人的奴婢，再比方说杀猪的屠夫，南方有一些地方，下海捞珍珠的，唱戏的，这都是贱民从事的特别低贱的职业。

良人跟贱民没有平等的法律身份，良犯贱轻处，贱犯良重处。如果良人侵犯贱民，刑罚从轻，这意味着什么？意味着如果一个良人打死一个贱民是没有死罪的。如果一个男性良人侵犯一个女性贱民，他受到的处罚会很轻，女性贱民的贞节在整个清代基本上是不受保护的。尽管我们理学里面特别强调"饿死事小，失节事大"，但这个失节主要指的是良人。比如，清代一个家庭里面的男主人侵犯了他的婢女，法律上都没有对应的法律条文。在清代一个家里面有婢女的男主人，他可以堕落到像《红楼梦》里面的孙绍祖一样。贾迎春嫁给了一个武官叫孙绍祖，孙绍祖几乎侵犯了家里面所有的婢女，这是后来迎春回家哭诉的。我们现在读《红楼梦》感觉那个时候的人怎么这么无法无天呢，因为那个时候法律是不保护贱民的，他家里面的婢女就是贱民，贱民女性的贞节基本不受保护。反过来，如果贱民侵犯良人，刑罚要加重。如果两个人都是自由人，都是良人，我打死他，我死罪；如果是贱民侵犯一个良人，可能不需要打死他，只是把良人打伤了，贱民都要判死刑。

良贱的身份是世代相沿的，那么怎样脱离这种贱民的身份呢？有这样几种可能：第一种，皇帝特许赦免，比如说他原来是一个戏子，皇帝说我现在特许你不用唱戏了，给你一个自由人的身份。第二种，如果他（她）是卖身为贱民的，像袭人就是卖身的奴婢，如果主人格外开恩，她家里人也愿意出钱给她赎身，并且主人愿意把卖身契还给她，那她也可以脱离贱民身份。《红楼梦》里有一个细节，袭人有一次跟贾宝玉开玩笑说她家里人要来赎她，她开这个玩笑时其实她不是真的想回去，但是贾宝玉信以为真，开始发脾气不许袭人走。第三种可能，贱民女性如果嫁给男性良人做妾，或者是和男性良人有了两性关系，她生下来的孩子因为良人父亲的缘故就不再是贱民。

历史学家瞿同祖先生概括过，在清代贱民包括三大类[1]：

第一类是官私奴婢，官府所有的奴婢和私人所有的奴婢。像红楼梦里面这些丫鬟，就是私人所有的奴婢，官府里边也可能有奴婢，为官府服务。

第二类是四种职业的人：倡优隶卒。娼妓，优伶，皂隶是衙门里的差役，一文一武。这是很有意思的现象，明清的时候皂隶不是科举选拔出来的，皂隶一般是不能做官的。官是科举选拔出来的很高贵，皂隶的身份则非常低贱。

第三大类是历史原因形成的特殊人口。这些人的祖先在某个时代因为在政治上犯了什么罪，被皇帝打成了贱民，经过了很多代，后来的皇帝忘记给他们平反了，他们一直世代相沿就变成了贱民。比如，清朝初年山西陕西一带有一种人叫乐户。明朝初年明成祖朱棣起兵去打败他的侄子建文帝，一些建文帝的忠臣不愿意投降明成祖，明成祖就把他们的女眷打到教坊司里面，后来明朝灭亡了以后，这些人从教坊司里面流落出来到了山西、陕西一代，以唱戏为生，受尽土豪劣绅的欺凌，当地人叫他们乐户。浙江的惰民、沿海的疍户，原因都跟这个差不多，可能在某一个年代他们的祖先曾经也是身份显赫，后来犯了政治罪行，他们就变成最低贱的人。

优伶是贱民是当中最为低贱的。清朝初年有一个戏剧作家叫李渔，李渔是写剧本的，他家里有一个家班，他成天就是跟这些戏剧演员为伍，他有一出戏《谭楚玉戏里传情，刘藐姑曲终死节》，开篇就是这样一句唱词："天下最贱的人是倡优隶卒四种，做女旦的为娼不足，又且为优，是因一身兼二贱了。"这句话什么意思呢？天底下最低贱的人是这四种人——倡优隶卒，这四种人里面优伶又是更为低贱的，在优伶里面女优伶又是更为低贱的，女优伶的地位还不如娼妓。

李渔表达的不是他个人的偏见，这就是当时社会流行的观念。贾府里面哪些人是贱民？我大致排了一下她们的序列：

---

[1]　瞿同祖. 中国法律与中国社会［M］. 北京：中华书局，1981：220.

贾府中的贱民

妾？

奴婢（平儿，袭人，晴雯，小红）

管家的丫鬟（平儿，袭人）

大丫鬟（晴雯）

小丫鬟（小红）

戏子（芳官众姐妹）

　　第一序列，妾我打了个问号。不是所有的妾都出身于贱民。贾府里面有很多姨娘，也就是妾。有些妾是良人出身，比方说尤二姐。赵姨娘是丫鬟后来升级为妾，她是贱民出身。那么赵姨娘做了主人的妾，她能不能够脱离贱民身份呢？法律上她是不能脱离贱民身份的，只是主人会给她一些特权，其他的奴婢也会看待她尊贵一些，但是她仍然是一个贱民。她的孩子因为父亲的缘故，就不再是贱民。

　　贾府里面的奴婢也是分等级的。贾府里面的丫鬟分三个等级，第一个等级是管家的。有一次史湘云来到贾府，她就给贾府里面身份最高的四个大丫鬟每人带了一个绛纹石的戒指，这四个大丫鬟就是袭人、平儿、金钏和鸳鸯，这个是贾府里面身份最高的四个丫鬟，管家的丫鬟，她们是替主人管家的，主人会把自己库房的钥匙给她们。这些丫鬟还掌管一定的财务，比如替主人发钱。

　　大丫鬟有晴雯、秋纹、麝月。大丫鬟有什么特权呢？大丫鬟可以进主人的内室，可以贴身服侍他（她）的生活。小丫鬟主要做杂务，小红就是一个小丫鬟。小丫鬟是不能随便进主人的内室的。第二十四回有一个细节，小红是怡红院的小丫鬟，她很上进很有眼色，她也很不甘心自己的命运，觉得自己很有才干。有一次贾宝玉跟前的大丫鬟都不在，贾宝玉就说我渴了，小红在外屋听见就进去了，贾宝玉还跟她聊了几句，过了一会秋纹和碧痕回来，看到小红在里屋，她们就把小红骂了一顿，骂的话是很难听的，"难道我们倒跟不上你了？你也拿镜子照照，配递茶递水不配！"同样是奴婢，她们之间仍然是等级森严的。

我们回到《红楼梦》的文本里面来看，《红楼梦》里最底层的伶人是怎样的地位。第六十回讲了一个这样的故事：春天的时候贾宝玉脸上长了癣，芳官在怡红院伺候他，有一天正好贾环来看宝玉，芳官拿了蔷薇硝给贾宝玉擦脸，贾环见了说这个东西很好，便向宝玉讨要，宝玉就让芳官去拿一些给贾环。芳官不愿意给贾环，这倒不是因为她势利，而是因为这是很要好的姐妹送给她的，对她来说是贵重的东西，贾宝玉和她关系好，她愿意给贾宝玉用，贾环她不怎么待见。再者她觉得贾环也不见得认识这个东西，就找了一包很相似的茉莉粉给他。贾环不认得，他以为就是蔷薇硝，拿回去和赵姨娘还有丫鬟彩云嘚瑟说这是宝哥哥送给我的蔷薇硝。彩云当然认得了，就埋汰他："这是他们哄你这乡老呢。这不是硝，这是茉莉粉。"贾环倒不是很恼，但是他的母亲赵姨娘觉得这太过分了，就决定要去找芳官算账。她从贾环的房里出来，气呼呼地一路来到怡红院，有了接下来的一幕：

> 走上来便将粉照着芳官脸上撒来，指着芳官骂道：小淫妇！你是我银子钱买来学戏的，不过娼妇粉头之流！我家里下三等奴才也比你高贵些的，你都会看人下菜碟儿。

赵姨娘这个话，也不代表她个人的偏见，"我家里下三等的奴才也比你高贵些的"，这就是当时社会流行的观念，伶人是这个社会里面最低贱的人。

《红楼梦》第二十二回，薛宝钗过生日，贾母专门摆了酒并安排唱戏的替她庆贺。戏台上有一个演员叫龄官，龄官是红楼梦戏班子里边演技最出众的，贾母很喜欢她，就让人把她带进来给她赏钱，王熙凤多嘴开玩笑说这孩子扮相上活像一个人。其实大家都知道是谁，但都没有直说，王熙凤也不会直说。她为什么这么开玩笑呢？她觉得她跟林黛玉很熟，她可以开这个玩笑。史湘云很"二"，就直说倒像林姐姐的模样，贾宝玉就给她使眼色，意思这个话你不该说，你怎么能说林妹妹长得像戏子呢？林黛玉就生气走了，贾宝玉在后面哄了半天，林黛玉就是哄不好，她说："我原是给你们取笑的，拿我比戏子取笑。"现在夸奖哪个人长得好，一般都是千方百计地跟哪个演员联系上，我们现在大学里面的男教授，学生为了讨好他，就说这个老师长得像像吴镇宇之类的话。在红楼里的那个时候有身份有地位的人听到这样的话都不会高兴，那个时候一个有身份有地位的人被人说长得像某个戏子，这是有点侮辱性的。

第六十二回，大观园里面有四个人同一天过生日：贾宝玉、平儿、邢岫烟、薛宝琴。宝玉和大观群芳欢宴一天，排了好几桌酒席。酒席的第一桌是什么人呢？宝玉、黛玉、王熙凤、李纨、四个寿星，还有其他的小姐们、主子们。第二桌是大丫鬟们，第三桌、第四桌是小丫鬟们。什么人没有上桌，也没有人给她们排座位？那就是伶人。没有人会想到要给她们排一桌酒席。中午吃完酒席，宝玉晚上回来到了怡红院，他看到芳官躺在床上面朝着墙动也不动。贾宝玉是非常博爱的，他的观念是超前于他那个时代的，他觉得人跟人都应该是平等的，他在想怎么芳官没有上桌呢，他就过去拉她进来，哄她说："咱们晚上家里再吃，回来我叫袭人姐姐带了你桌上吃饭，何如？"芳官道："藕官蕊官都不上去，单我在那里也不好。"芳官虽然心高气傲，但是她很清楚她在贾府的小社会里面是什么样的地位，她很清楚她的本分就是不应该上桌的。所以伶人在贾府和在这个社会都是地位最低贱的人。

在天上的太虚幻境，她们是不入册的人；在地上的大观园，她们是不入席的人。就好像今天印度没有种姓的人，这个社会的序列不会给他（她）保留位置，他（她）的存在基本上是被无视的。

五、伶人遭受歧视的法律原因

十二伶里面最有个性的两个人，是芳官和龄官，龄官比芳官要更有个性一些。《红楼梦》里面的很多女性都有一个共同特征，她们都把贾宝玉当个宝；如果你在《红楼梦》里面发现哪一个女孩子不太把贾宝玉当回事，这样的女孩子是要格外高看的。整部《红楼梦》不太把贾宝玉当回事的女孩子并不太多，鸳鸯是一个，还有一个就是龄官。

第三十六回，"绣鸳鸯梦兆绛芸轩，识分定情悟梨香院"。贾宝玉有一天闲着没事来到梨香院，想要听人唱戏。他到了龄官的房里，其实他跟龄官并不熟，可是贾宝玉就是这样的人，他觉得天下所有的姐姐妹妹他都可以跟人家很亲近，可以到别人身边去坐着。他见龄官独自躺在枕上，见他进来动也不动，就跑到她身边坐下，"因素昔与别的女孩子玩惯了的，只当龄官也和别人一样，遂近前赔笑，央她起来唱一套《袅晴丝》，《袅晴丝》是《牡丹亭》里的一首曲子。这个时候龄官什么反应呢？"龄官见他坐下，忙抬起身来躲避，正色说道：嗓子哑了，前儿娘娘传递我们去，我还没有唱呢。"龄官抬起身来躲避是什么意思呢？大致意思就是你放尊重一点，我跟你没有这么亲近，你不合适这样到我跟前来坐着，我也不想跟你这么亲近，然后毫不客气地拒绝了他的要求。一个伶人什么时候可以拒演呢？演员的社会地位这么低贱，什么东西是他（她）可以对抗这个世俗的武器呢？那就是他（她）的专业性。你想看我很专业的演出，但是假如这出戏没有排过，假如今天我状态不好，嗓子哑了，这个理由都是正当的，也是观众能够理解和接受的。这时贾宝玉觉得很没意思，他仔细一看发现他见过这个女孩子，他想起来有一天在大观园的花丛深处，看到有一个女孩子蹲在蔷薇丛下，拿着树枝在地上一直画"蔷"字，那就是龄官。这时他也醒悟了过来，龄官的心上人是贾蔷，贾蔷是管这个戏班子的，最常跟这些伶人接触。"他从来未经过这样被人厌弃，自己便讪讪地红了脸，只得出来了。"

过了一会儿贾蔷从外头回来，他知道龄官生气了，为了哄龄官开心，他出去找了一个小玩意，找了个鸟笼子，里面有一只鸟，笼子里还有一个戏台，好像就是让鸟在扮一个演员唱戏。他拿着这个玩意儿回来找龄官，其他的戏子都说这挺好，结果龄官见了这个东西反而生气了，反过来把贾蔷埋汰了一顿："你们家把好好的人弄了来，关在这牢坑里，学这个还不算，你这会儿又弄个雀儿来，也干这个浪事，你分明弄了来打趣形容我们，还问好不好。"意思就是我做这个事情已经够惨的了，我没有任何自由，而且特别被人看不起，现在你让一只小鸟来做这个事情，哪壶不开提哪壶，成心来埋汰我。

贾蔷见自己这个玩意没有起到作用，就有些恼，把鸟笼子扔在地上，想把那只小鸟踩死，龄官就去拉他，她感慨："那雀儿虽不如人，他也有个老雀儿在窝里，你拿了他来，弄这个劳什子，也忍得？"她在感慨自己的命运，为什么让那只小鸟跟它的父母分离呢，我已经很惨了，我在这里做这么低贱的事，我跟我的父母分离，你怎么忍心让小鸟跟它的父母分离？

其实他们两个已经相爱了，但是他们都非常清楚他们是不可能结合的。前面讲了清代的法律，女性贱民跟男性良人结合有很大的法律障碍。在法律上，一个贱民女子，比如说袭人，她有没有可能成为宝玉的正妻？我从《红楼梦》里得出的答案是有可能。仔细读《红楼梦》的开篇，贾雨村娶了一个妾，甄家的丫鬟娇杏，她是个贱民，贾雨村在他落魄的时候和娇杏一见钟情，后来他发迹了就把这个娇杏娶过来做了二房。过了一些年，他的正妻死了，他就把娇杏扶正了。按照明清的法律，贱民女性在这种情况下，是有可能成为正妻的。

但如果是伶人出身的，这个可能性就非常小，在法律上的障碍非常大。贱民当中最低贱的伶人要给男性良人做妾都会有法律上的障碍，不光有国法的障碍，也可能有家法的障碍，有很多的家族会有明确的家规，如果你跟伶人混在一起，就会把你从族谱里删除并逐出家族。清代的法律规定是平民如果娶伶人为妻要杖一百，"文、武官员娶乐人、妓者，杖六十，离异归宗"。这个女人要回到她原来的家里去（归宗），财礼入官，强制离婚。一般来说一个贱民女性如果嫁给男性良人做妾，她的孩子因为父亲的缘故可以脱离贱民身份，但如果是女伶人，因为社会对她的歧视根深蒂固，有可能她的下几代因为她的母系尊亲属是伶人，仍然不能脱离贱民身份。有一个真实的案例，道光年间，有一个地方举行县试，县试就是考秀才，有一个考生被人举报了，因为他的曾祖母是唱戏的，是花鼓卖唱的艺人，他就被取消了考试资格。按说这是他的母系亲属，不是他的父系亲属，他的曾祖父已经是良人的身份了，所以这个社会对这个阶层的歧视是根深蒂固的。

龄官和贾蔷非常清楚他们没有可能结合，他们就在那里别扭着，只是珍惜当下的光阴。这时贾宝玉觉得自己很没有意思，就准备要走了。其实贾蔷是他的晚辈，放在平时贾蔷会很懂礼貌，贾宝玉要走他肯定要出来送他的。可是这个时候贾蔷六神无主，因为他的心上人生气了，他不知道怎么哄她，他没有工夫搭理贾宝。贾宝玉自己就出来了，他来到梨香院的门前，站在梨香院的门前做了一番哲学思考，他终于悟明白一个道理：人生情缘，各有分定。不是所有的姐姐妹妹都要和我有缘，什么人有什么人的缘分。所以贾宝玉就是一个被惯坏了的孩子，这么简单的道理他到这个时候才想明白。

当你读《红楼梦》读到这样的情节，如果你了解当时的社会，了解他们遭遇的礼法上的障碍，都会很自然地追问一个问题：为什么传统中国的文化对伶人歧视这么深？其实传统中国的女性一般是没有独立谋生能力的。传统中国的男性是不可能有女同事的，他也不太可能有女同学，他能接触的异性就是他的家里人，他的亲戚或者邻居，再就是优伶和娼妓。优伶和娼妓在传统中国的女性中，都是能够用自己的劳动谋生的群体，尤其是伶人，她们的收入并不低，她们也很有才华，她们很多也都非常美丽甚至胜过很多贵族女性，可是她们被压在社会的底层，什么原因导致她们遭遇这么深重的歧视？应该不是所有的文化里面都有这样的现象。

无论东方还是西方都曾经有一些哲学家非常排斥演员和音乐。举例来说，法国的哲学家卢梭在他倡议的那个理想的国家里面就希望把演员赶出去，古希腊著名的哲学家柏拉图设想的理想国里面也倡议把演员赶出去。卢梭和柏拉图排斥演员的原因一样，他们觉得演员就是人格分裂的，一个演员在他生活里面是一个好人，但是在舞台上面会演一个坏蛋。刚解放的时候有一部名为《白毛女》的戏剧，里面有一个恶霸黄世仁，一个演员演的黄世仁太逼真了，一名解放军观众在下面看时差点冲上去打这名演员。演员原本的性格在舞台上是要被扭曲的，在舞台上他需要扮演另外一种人格。柏拉图主张什么样的戏曲可以保留？你可以演好人，类似于样板戏。他认为如果小孩子从小就被灌输做演员、演坏人的想法，这会使人学坏。卢梭也有类似的观点。儒家思想可能也有类似的观点。儒家思想觉得所有的娱乐活动里面戏剧最展现个人欲望，尤其是它展现了一种不受控制的欲望，就是我想成为另一个人，成为一个我本来不是的人。比如我本来什么也不是，我到舞台上可以变成一个皇帝，变成一个大官，甚至变成一个黑社会的头目。这种欲望是政治权力很难控制的。这些观念也影响到人们日常的思考，在日常生活中我们如果评价某个人很虚伪，就会说那人是个演员，他（她）在演戏。

演员被歧视的原因应该也有复杂的法律原因。如果我们去追问起源，在很多民族的初生时代，无论西方还是东方都会看到一个共同的现象。比如古罗马，罗马人最初把什么人变成了奴隶呢？有一些演员，罗马主人把他征服了，就让他演戏给自己看。罗马人征服了希腊的一个地区，这个地区有哲学家，罗马人会把这个人变成奴隶，让他到自己的家里给孩子做家庭教师。在先秦的时候，也有考古学家考证过甲骨文里面的"师"，就是老师的师，还有"工"，工指唱戏的。他们最初都是什么人？都是奴隶。他们可能跟罗马的艺术家奴隶和哲学家奴隶来源差不多。为什么这个职业受到这么深的歧视？有可能最初我们这个民族是一个非常纯朴的尚武的民族，我们没有这种艺术，后来我们征服了一个擅长艺术表演的地区，奴役了那个地区的人，让他们来进行表演，最后世代相沿，渐渐地这个职业就变成了受歧视最深的一种职业。

我们现在讲文化自信。大家有没有想过中国人是什么时候开始丧失文化自信的？为什么我们现在要重振文化自信？我们曾经是非常有文化自信的，在汉、唐的时候中国人没有文化自信吗？我们什么时候开始没有文化自信？我们被人打败了，鸦片战争以后，我们经历了几场战争都被人打败了，从此以后我们丧失了文化自信。可能伶人这个群体，他们在远古的时候曾经是一个很伟大的民族，有很精湛的技艺，但是后来他们的武备不如人，他们被更强大的民族征服了，成了奴隶且丧失了文化自信，他们就被法律打到了这个社会的最底层，然后世代相沿。有一些伶人是因为家里特别穷困没有办法被卖去戏班的，但是也有相当一部分伶人是世代为伶的，他们的祖先可能在某一个时代犯了政治罪行。传统中国一直到清末有一种刑罚——"收孥"，就是男性政治罪犯被处死，他的女性家眷和没有成年的孩子会被变卖为官府的奴隶。明清的宫廷里有两个机构，教坊司和浣衣局，这两个地方收容政治罪犯的家属。政治罪犯的家属有才艺的就到教坊司给皇帝演戏，没有才艺的只能去浣衣局洗衣服。政治罪犯的家属遭到的刑罚是非常残酷的，他们变成了官府的奴隶，给官府奏乐演出。有可能在人类初生的时代，有一些民族曾经有独特的文化，擅长表演，曾经是很伟大的，但是最后被征服丧失了文化自信，他们被体制性的压迫打到了社会的底层，变成了专业的伶人，然后我们的文化里面对这种人的歧视也就根深蒂固地延续了下来。

所以十二伶的祖先可能曾经是跟十二钗一样高贵的人，因为她们的祖先犯了罪，她们被法律无情打入社会的底层。反过来看《红楼梦》的结局，如果曹雪芹写的那个悲剧真的流传下来，你也会看到十二钗最后会沦为跟十二伶一样低贱的人。作者的写法非常高妙，所有的事情最后都要幻灭，十二伶跟十二钗是一个对应的关系，十二伶是十二钗的幻影。

六、戏班解散与伶人的结局

《红楼梦》第五十八回讲贾府的戏班突然解散了，书中说宫中有一位老太妃过世了，有国丧，不能唱戏，不能奏乐，这个时候书里写道："又见各官宦家，凡养优伶男女者，一概蠲免遣发，尤氏等便议定，待王夫人回家回明，也欲遣发十二个女孩子。""蠲免遣发"是什么意思？"蠲免"就是免除他们服役的义务，"遣发"指把他们放出去。书里描述了一个细节，所有的官宦人家凡是养戏子的都要把他们放出去。

作者为什么这样写？我记得王蒙以前写他看《红楼梦》的感受，他说他看这个地方就不太明白，为什么这个时候戏班突然要放出去。我以前也不太明白，我想《红楼梦》不是一部完全写实的作品，它里面的人物可以虚构，故事也可以虚构，但如果写到了重大的政治法律事件，我想作者是编不出来的。每个时代的作家都会不经意透露这个时代的线索，曹雪芹为什么这样写？在曹雪芹小的时候真的有这样一项改革，雍正一上台，进行了除豁贱民的改革，除豁贱民就是免除部分贱民的身份，主要针对的是那些特定历史原因形成的，比如山西的乐户、浙江的堕民，后来雍正又表示宫廷里面不许再养戏班，把教坊司也解散了。

雍正二年（1724），又有一项很大的改变，要求贵族人家解散家班，这在清代也是一项很重大的改革。曹雪芹小的时候亲眼看到了这个改革，《红楼梦》里面写贾府的家班被解散，这应该是对当时的社会事实真实的记录，人物可能是虚构的，但是在一个有文字狱的时代，这样的事情作者应该不敢胡编。

贾府把十二个女孩子叫来准备遣散她们，她们却有一多半不愿意回家。为什么她们不愿意回家？有可能她们找不到自己的亲生父母，而且她们除了会唱戏不会干别的，如果她们离开这个地方，没有人能保护她们，她们不知道怎么生存下去，只有四五个人愿意出去。这四五个人里面包括龄官，作者没有交代过贾蔷跟龄官的结局，在前八十回里龄官应该就是在这一回离开了贾府。龄官虽然和贾蔷相爱，但是她知道没有可能结合，也许她对自由的热爱胜过了她对贾府富贵生活的留恋，也许她能够找到自己的亲生父母，她就在这个时候离开了贾府。

留在贾府的这些伶人，仍然受到贾府里面奴婢们的歧视，芳官的干娘虐待她，克扣她的月钱。干娘是和她没有任何血缘关系的人，就是贾府里面派来管理这些戏子们的老年奴婢，她说："戏子没一个好缠的，凭你什么好人，入了这一行都弄坏了。"整部《红楼梦》里面都可以看到，在贾府的现实生活里面，这些身份很低贱的奴婢都是这样看待戏子的。

再来看第七十七回抄检大观园时伶人们的结局。抄检大观园是一场什么运动？我的理解，抄检大观园其实就是贾府的裁员活动，清代的很多贵族大家庭有很沉重的财政负担，所以他们就要裁员减轻负担。王夫人最不喜欢哪些人呢？她第一个想到的就是伶人。伶人是很难管理的，这些伶人虽然生活地位很低，但是嘴巴很厉害，而且心高气傲，别人吵架吵不过她们，而且她们除了会唱戏不会干别的事。这个时候王夫人首先想到的就是让她们的干娘把她们带出去。其实这些干娘跟她们没有亲属关系，如果把她们带出去，她们会再一次被变卖，可能会被卖到比贾府更差的人家。这时芳官就带着藕官一起出家了。

所以《红楼梦》里的十二伶只有四五个人在雍正的改革引起的小小社会波动中走出去了。她们走出去以后能干什么了？是不是从此以后她们就获得解放，得到社会的尊重呢？陈凯歌的电影《霸王别姬》中对此有非常写实的反映，一直到民国时候这个群体仍然受到非常深的歧视，社会对他们的歧视是根深蒂固的。梅兰芳先生回忆过，本来他们家是戏剧世家，祖上好几代是唱戏的，小的时候他的父母想让他不再唱戏，准备送他到学堂念书，"万般皆下品，唯有读书高"，他到了学堂里面先生非常看不起他，"戏子还想念书"。于是他被父母带回来了，他回来以后发愤图强，下决心一定要把戏唱好。一直到新中国成立后，伶人群体变成了人民艺术家，才得到了社会的尊重。

当然，雍正的这次改革其实并不彻底，它需要有很多配套的措施，这些措施都没有跟上。青年历史学家程宇昂考证过，雍正解散家班的改革真正的成果就是推动了民间戏曲的繁荣，因为贵族人家不许养家班了，这些戏剧演员都到了民间，仍然要靠唱戏为生，他们不会干别的，而且社会也很难接纳他们。前面讲了，清朝初年家班是戏剧的主要表现形式，也就是说，在清代初年民间一般是看不到很好的戏剧演出的，好的演员都在贵族人家里，民间只有草台班。但从雍正朝以后，家班被取缔了，民间戏班的商业演出就成了戏剧艺术的主流，民间就可以看到很好的演出了。再到了乾隆朝徽班进京，还包括我们湖北这一带杰出的楚剧、汉剧艺术也都进了京。徽班的艺术、秦腔的艺术、楚剧汉剧的艺术加上江南的昆曲艺术等各家融合在一起，最后才有了我们今天的国粹京剧。也就是说雍正的改革以后，民间戏班的商业演出成了戏剧艺术的主流，走出去的这些人就是我们今天的戏剧演员的先辈。

简单做一个总结，《红楼梦》中伶人的故事非常生动地记录了清代贱民的社会生活，作者也不经意地记录了雍正朝一场非常重大的法律变革，怎样改变了他们的命运。当然，我们也看到雍正的改革并不彻底，伶人仍然受到社会非常深的歧视，直到新中国成立，进行了一场非常彻底的阶级革命，才真正改变了他们的社会地位，今天他们才成了我们社会中非常受尊敬的人民艺术家。谢谢大家。

七、重点问题与解答

提问：请问皇宫伶人归何处？大清王朝的法律对于为皇宫服务的伶人、乐工的各种保障和豪门里伶人的各种保障是一致的吗？

柯岚：这个观众提的问题非常好，其实我刚才有讲到，明清的时候宫廷里面一直是有一个奏乐的机构，在明朝这个机构叫教坊司。教坊司在明、清的语言里面不是一个很名誉的词，教坊司是给宫廷奏乐演出的，但是奏乐演出的这些人一般是宫廷的奴婢，她们一般都是政治罪犯的家属。实际上，教坊司有点类似于宫廷里面的妓院，其中的女性地位是非常低贱的。像我刚才讲到的山西、陕西的乐户，乐户是什么人呢？明成祖朱棣从北京起兵去攻打建文帝，建文帝被打败了，建文帝在南京时有几个忠臣叫铁铉、黄子澄，这些人不愿意投降明成祖朱棣，朱棣非常生气，就实施刑罚，把铁铉、黄子澄的妻女全部打入教坊司，变成了教坊司里面的奏乐演出的乐人，她们是不能跟男性良人婚配的。到雍正朝有一个很重大的改革，刚才有说过，雍正非常同情这些伶人，不知道是因为他个人的什么经历，还是因为他受了佛教教义的影响，就把教坊司这个机构废除了。所以从雍正以后，至少在雍正朝，宫廷里面不再有一个专门唱戏的机构。如果宫廷里面需要奏乐怎么办呢？那就出钱到外面请那些自由人身份的乐人来宫廷演出。但是雍正的改革好像也没有延续下去，从清末到光绪朝，慈禧太后在宫廷里面还有戏班，专门养了一些伶人，这些伶人还是会受到法律上的各种约束。跟之前的约束一样，伶人同样不能够和良人婚配，尤其是不能干涉朝政。

到了清末，宫廷里面的伶人流落到民间和民间的戏班合流。我没有专门研究过京剧的历史，可能那些京剧名角的祖先是在宫廷里面给老佛爷或者是给清末的皇帝演出过的，他们技艺非常精湛，后来成了戏曲世家，新中国以后这些戏剧表演者才真正有了自由的身份。

提问：王熙凤对尤二姐和贾瑞的死负有法律责任吗？

柯岚：我是学法律的，首先讲我最擅长的问题，王熙凤对尤二姐的死肯定是有责任的。明清的时候有一个特有的法律，其中有一个罪名叫"威逼人致死"。什么叫威逼人致死呢？我们从一个社会现象看起，我们会发现现在一旦有人自杀了，周围的人都会追问是谁把他逼死的。比方说大学有一个女生自杀了，后来大家翻她的微信，发现她的男朋友怎么PUA（精神控制）她，有人会呼吁是不是让这个男孩子受点什么制裁。这是因为中国人的文化观念里面有一种很强势的观念，就是认为如果有一个人自杀了，那是另外一个人造成的，公众希望让这个人负点什么责任。现在我们没有这条法律规定，但是明清时期是有的。什么是"威逼人致死"呢？因为某个人的某种原因（公务行为除外）导致另外一个人自杀，这个叫威逼人致死，是要负法律责任的。所以《红楼梦》里面有很多人的自杀在当时都是人命案。你如果仔细读过《红楼梦》会发现贾府最后垮台是什么原因造成的？是几个人的自杀。翻出来几件案子，尤二姐的自杀，尤三姐的自杀，石呆子的自杀。贾珍和贾赦最后被官府审理，审理的就是这三个人的自杀，在当时导致一个人自杀就是犯罪。所以尤二姐的死王熙凤是肯定要负责的。

贾瑞的死我是这么看的，首先贾瑞自己有法律上的错误，传统中国里乱伦是犯罪，亲属发生两性关系是犯罪。在传统中国，没有出五服的亲属之间，相互发生两性关系是犯罪行为，所以贾瑞打王熙凤的主意不光是道德的问题，这是违反礼法的。

如果你了解当时的法律，你就会明白王熙凤当时的反应。王熙凤发现贾瑞在打她的主意，回去和平儿说，她们就骂贾瑞是禽兽不如的东西，"没人伦的混账东西"。因为，她是很熟悉当时的规则，熟悉当时的礼法的，贾瑞的这种行为在当时就是违背礼法的。

后来王熙凤让贾蓉跟贾蔷一起去收拾贾瑞，这个有点什么意思呢？有点像在执行家法的意思。贾蓉、贾蔷把贾瑞吓唬了一顿，说他调戏琏二嫂子，她现在已经把你告到太太那里去了。太太是谁啊，王夫人，这个意思就是要执行家法来吓唬他。其实王熙凤并没有想把贾瑞害死，她只是想给贾瑞一点教训。贾瑞的行为从内心动机来说，他也许是动了真情的，但是他当时起这样的心和这样的行为，不仅仅是一个不道德的行为，还是违法的行为，是犯罪的行为。王熙凤就让人去执行了家法，她没有想把他害死，她只是想给他点教训，从当时的法律上来讲，王熙凤执行家法的行为和贾瑞的死我觉得没有很直接的因果关系。贾瑞后来这样死掉了，还是他自己太脆弱，自己受了风寒，受了一些刺激。蒋勋讲《红楼梦》讲到贾瑞这段讲得很好的，他说贾瑞的故事反映出一个青年沉溺于青春期的欲望不能自拔。贾瑞的行为是违背礼法的，但是他也是一个悲剧人。

第三章　艺术世界

作者简介

雷子明，国家一级编剧，诗人，词作家。中国音乐家协会会员，中国音乐文学学会常务理事、湖北省作家协会理事，退休前任湖北省艺术研究所党委书记兼常务副所长，湖北省群众艺术馆馆长。从事歌词创作与研究工作50余年。公开出版过两部诗集、四部歌词集等。部分作品曾获中宣部"五个一工程"奖、原文化部"文华奖""群星奖"、中国音乐协会"金钟奖"。代表作：《亲吻祖国》《我从三峡来》《我哥回》《喊巴山喊清江》以及组歌《长江大三峡》（十一首）等。

歌词写作背后的故事 / 雷子明

艺术创作的过程，都是生活积累、酝酿构思、精彩呈现三个阶段。必须从生活中有所思考、有所感悟，才能够真正进入创作。

——题记

歌词对于整个歌曲来说，它是一个根本的东西。没有歌词哪有歌曲，曲子是根据歌词的情感、整个结构以及要表达的内容而来的，所以歌词非常重要。一首好歌词的产生都会注入自己的情感，每一首歌词都是一个新课题。有人以为歌词很好写，例如《我是一个兵》，句句都是大实话，但真正写的时候就不是那么回事了。歌词泰斗乔羽老先生曾经说过："歌词好写，写好也难。"这两句话是辩证的，好写是因为歌词短且直白，但是写好也难，难在哪里？这就出现了很多问题。今天讲座的目的主要是分析歌词难在什么地方，之后大家自会得出结论。

艺术创作过程，不仅包括歌词（也含其他的创作），都有生活积累、酝酿构思、精彩呈现三个阶段。作者必须从生活中有所思考、有所感悟，才能够真正进入创作，没有生活，没有感悟，提笔就来，那是惯性思维，是惯性写作，没有任何特点。

现在艺术类，尤其是歌曲创作很多都受到资金制约，基本都是命题写作。电视台要办晚会写一个主题歌，企业要写关于企业形象的歌曲，学校要写校歌，这些都是命题写作。命题写作给作者带来了很多的不便，甚至是尴尬和痛苦。为了摆脱这种困境，而又不违背创作的基本规律，我从多年的创作实践中总结了"五变"。当然创作规律无法改变，但是题材、体裁、要求、内容千变万化。例如上次省文联组织到长江采访，每个人的观察和感悟都不一样，所以就会创作出十几首不一样的歌曲。

一、变被动为主动

命题写作基本上是被动的，被动创作很难写出好东西，因此被动创作切不可以创作被动。人是被动创作的，这无法改变，但在写作的时候不可以创作被动。那么如何把被动变为主动呢？我认为有三条。首先，你要与约稿单位或个人进行商讨。商讨是为了达成艺术表现认识的一致性，双方要分享各自对歌曲的看法和认识，在艺术上达成一致。如果双方意见认识都不一致，合作就很难达成。其次，提出自己的艺术见解，与对方达成共同的认识，最后，调动自己。进入创作思考的时候，你要调动日常生活，包括采风的素材等，把它们全部调动起来。你把过程都走到了，就达到了从被动变主动的目的。从原则上说，什么都能创作，什么都能写，但是作为一个作者，并不是什么都能写的，有一些东西可以写，有一些东西不能写。

我举一个例子，在武汉的朋友应该都熟悉这么一首歌——《长江汉江》，这是首命题写作的歌曲，我现在讲一讲歌曲背后的故事。大概二十年以前，武汉市旅游局的领导找到武汉市音乐协会的驻会主席，让他推荐一词一曲两个作者写一首歌，作为武汉市国际旅游节的节歌。这个难度非常之大。驻会主席找到我和王原平，让我写词他写曲。他说早前在全国进行了征歌，奖金也很高，收到了很多作品，但评比后领导不满意，说这不像是节歌的歌词，歌词中把武汉的一些重要景点都写进去了，但旅游节不是做旅游介绍。所以最后就找到了市音协，市音协推荐了我和王原平来完成这个任务。我接受任务后提出了几个条件：第一，我要和"拍板人"交谈一下，我要了解他到底想写什么；第二，旅游局有杂志、报纸，甚至还出了很多书，我需要关于旅游节方面的小说、散文、诗歌以及征歌要求等资料；第三，这次征歌的一等奖和二等奖的作品全部拿给我，因为我写东西前一定得多看多听，凡是别人写过的我就避开。

"拍板人"是旅游局局长，我们俩谈了一上午，我说要我写也只能是这个水平，他说我谦虚，实际上我说的是实话。我问局长对征歌一等奖、二等奖作品为什么不满意，问题在什么地方？他说他们领会错意思了，并不是把最主要的景点都写上去，这有点广告的嫌疑。武汉旅游节是国际旅游节，视野要开阔，不只是来看黄鹤楼、看东湖、看归元寺，而是要写武汉独有的。比如说其他地方没有黄鹤楼，但是有岳阳楼、滕王阁啊。武汉有东湖，但没有西湖有名啊。武汉有归元寺，杭州有灵隐寺，都是差不多的，所以我希望创作出其他地方没有的东西。也就是说希望我们创作的时候要选择"唯一性"。那武汉的"唯一性"是什么呢？局长说有两个唯一，一是辛亥革命推翻了千年帝制，另一个是有两条大江（长江、汉江）经过武汉。当时我觉得有点"感觉"了。两条江作为歌词是可以的，但两条江怎么写，这也是个难题。回家看完文字资料和视频资料后，我将家里的一张武汉地图摆在桌子上，在脑子来回琢磨，最后突然在脑子里闪出了一个形象，两条江一交叉像个"人"字，这一下就打开了我的创作灵感。我打电话给局长说，半个月后可以完成，歌曲的名字就叫《长江汉江》，朴素易懂。

大雁把人字

写在高高的蓝天上

江河把人字

写在中华大地上

天上的人字

总是南来北往

地上的人字

化作了长江汉江

大雁把人字

写在高高的蓝天上

江河把人字

写在中华大地上

天上的人字

总是南来北往

地上的人字

化作了长江汉江

长江汉江在这里握手

握出了惊天动地的力量

长江汉江在这里拥抱

拥抱出一座大都市的辉煌

大雁把人字

写在高高的蓝天上

江河把人字

写在中华大地上

天上的人字

总是南来北往

地上的人字

化作了长江汉江

长江汉江在这里握手

握出了惊天动地的力量

九省通衢通向世界

两江四岸又添崭新的画廊

长江

汉江

二、变复杂为简单

我们经常碰到这种情况，企业或者单位让你写一个形象歌曲，材料和要求又多又复杂，不知道从哪下笔。我分享一首前不久写的歌的背后故事。湖北赤壁的一个小村子需要写一首村歌，省文联推荐了一词一曲——我和万江峰老师。我们首先把该参观的地方都参观了，还开了几个座谈会，我跟领导汇报说这是全国的典型，是精神文明的典型，是环保的典型，但是作为歌曲来说，唯一性找不出来，基本上都是共性。我在那里生活了一天以后，回来便与领导说，这一次我可能写不出来。后来省文联副主席说你实在写不了的话，就给赤壁写一首歌。我说这个可以写，赤壁的青砖茶很有名。但是讲心里话，因为村子里的支部书记太热情了，期待值太高，给了我很大的压力。后来我们还经常微信沟通，支部书记说他们村子的人希望我能写一首歌给他们唱唱，想起他们期待的神情我最终下定决心，要完成这首歌的创作。于是，我开始思考这个村子到底为什么知名，无法下笔可能是因为了解不够透彻，毕竟在那里也只待了一天。后来，又看了手中的材料，张艺谋电影的一个外景选在这里，因此这个村子被熟知。这个景点是什么呢？是楠竹，楠竹江南都有，赤壁、咸宁到处都是，但是他要比较原始的。什么叫原始呢？就是在天空看不到电线，在楠竹里面不能有现代的建筑，新农村、土地庙统统都没有，挑了很多地方，选择了这个村子。现在去旅游的人非常多，空气特别新鲜，有小河、拱桥、楠竹以及古村落，村子今后的发展就是旅游。我去了竹林后有点震撼，进去后感觉人很爽，呼吸空气的时候感觉很甜，**最后这首歌曲的名字题目定作《竹林里吹来绿色的风》**，我写得很空灵，没有具体的事物，但是这个地方就让人感觉很甜。我没有写新农村，紧紧围绕着空气是绿色的、是甜的，把这种感觉写下来。

三、变客观为主观

我们所采访和看到的都是客观的资料，这些东西怎么变成主观呢？艺术创造本来就是一个主观的个体劳动，人不可能面面俱到，首先是要思考写作的角度在哪。第一人称、第二人称、第三人称，这是角度。其次思考你是一个什么样的人，比如说《我为祖国献石油》，这个作者就是一个石油工人。你要把自己摆进歌曲，选准角度，将感悟化作感情，然后才能够淋漓尽致地抒发情感。只有把客观变为主观，将自己融到里面，经过孕育后从心灵深处把作者的基因写出来，这样才可能成为一首好歌。当然还有其他的因素影响，但这是最基本的。这也就是所谓的唯一性，选择最佳角度的融入性。

《亲吻祖国》是王丽达演唱的，这首歌的产生背后的故事是湖北电视台要做一台香港回归的晚会，需要一个主题歌，找我写歌词。香港回归这个题材可以说全国有几百首歌曲，我对自己的要求是，第一，不要有回归的语言，歌词里不要有"回归"，不要有"香港"。我写完后电视台领导提出了一个问题："你既没有香港也没有回归，这怎么能成为晚会的主题呢？"我说只要在晚会最后唱这首歌，观众就知道是香港回归，我不写的原因是香港回归后还有澳门，澳门回归后还有台湾，地球上还有很多的华侨，如果就唱一遍，那么它使用率和价值未免也太低了，所以我回避"香港""回归"这样的字眼，恰恰是在延长它的寿命。我选取的角度是在媒体上看了好多华侨回来的场景，印象特别深的一幕是一位老者一进祠堂就跪下来，然后跪着往前爬，这个感情是相当丰沛的。以这种情感去写祖国，它就会感动观众，并且寿命也会很长，所以题目就叫《亲吻祖国》。最后我说服了电视台领导，使用的是原词。国外好多华人给我寄来稿费就是为这首歌，他们一到过年过节就唱这首歌，这首歌从此有了它的寿命。所以我们把自己融入进去，站在那样一个角度，情感就能够充分发挥。

有人说"诗言志，歌唱情"，歌曲当然包括歌词，假如歌曲有三个层次的话，第一个层次就是，写歌词一定要有情，没有情歌词是绝对不行的；第二个层次是你可以写得很美，不管是景美还是人美，写出来要让人家羡慕，很愿意到那去；第三个层次是哲理，就是理。一个情、一个美、一个理，如果一首歌把这三个层次都包括了，那当然就是好歌词了。好词还得有好曲，有好曲还得有好歌手，有好歌手还得有好录制，我曾说过一首歌有七个方面，都要做得很好，你这首歌曲才可能好。写歌词只做到了七分之一，所以我说一首好歌不是那么容易出现的。

四、变宣传为技术

我们写歌词就是写歌曲，它还是属于艺术的创作范畴，宣传和艺术还是有区别的。前不久有一个大型活动让我写首主题歌，整个歌曲的创作时间只有半个月，分给我写歌词的时间只有3天，那首歌对于我来说属于写得很快。作曲是方石老师，也就用了一个晚上加一个通宵。之后就是歌手演员熟悉歌曲，紧接着开始录制，这已经是最快速度。虽然时间紧，但是作为艺术歌曲，有时候可以在规则范围内写出另外一种高层次的东西来。如何把宣传品写成艺术作品呢？虽然很难，但是我们要知难而上，你作为一个艺术家、一个词作家，必须站在歌曲的角度上。那英唱的《雾里看花》实际上是唱"打假"的。这首歌是中央电视台为了打假约阎肃老先生写的，他也是很为难，不知该如何下笔，为了把这首歌保存下来，能够永远唱，他就把宣传品变成了艺术品。《天路》到现在也还在唱，它是写铁路通到了西藏。它是站在一个藏族姑娘的视角上，她的祖祖辈辈都在盼望铁路修到家乡，所以感情当然很不一样。站在藏族小女孩的角度来看这一条天路，对她来说，感情一下就进去了。

有一天，一个局长带了两个人到家里来找我，想约我写一首关于罗田的歌，他说这首歌想作为旅游歌曲，也可能是作为县歌。我说一歌多用是不可能的，或许可以选取某一个点来写，比如说罗田最有名的景点是天堂寨，它既是一个旅游景点，又是县里最有代表性的寨子，这才是特点。他们回去研究后答复说天堂寨写是可以写，但是天堂寨还有安徽，山那边还有英山。我说谁唱出去就是谁的，你唱了大家就认为这是罗田的天堂寨。写天堂寨肯定要出现"天堂寨"这样的词，歌词既要有个性，也要有共性。没有个性，歌词就一般化了；只有个性，就可能听不懂了。我曾经在恩施生活的时候，当地人总说你写的这首歌应该一听就知道是我们恩施的，把恩施宣传出去最好。我说可以，但是有一条：你站在恩施写恩施绝对出不去，你站在湖北写恩施也只能在湖北省，你站在全国写恩施才可能有机会宣传出去。大家都知道四川九寨沟，一旦歌宣传出来了人家都会去参观，还有太阳岛也唱出来了，所以它的名气很大。

《天堂寨》肯定要写天堂寨的景色，这是避免不了的，虽然景要写，但更重要的是写人、写情、写理。一个寨子能有多大呢？因为它是天堂寨，所以其间就有一个大小的关系，可以想出很多哲理性的东西。《天堂寨》的一段歌词如下：

云海浪花是你含羞的面纱

流泉弹唱是你情歌的表达

云海浪花是你含羞的面纱

流泉弹唱是你情歌的表达

哎啰里哎 哎啰里哎

天堂寨你是我的梦幻

天堂寨你是我的童话

你的名字很小很小

一个寨子是全家

天堂寨你是我的梦幻

天堂寨你是我的童话

你的胸怀很大很大

整个天堂都能容纳

这两句一下子就把哲理显现出来了，名字很小，胸怀很大，我在歌颂天堂寨。我又说你是我的童话，你是我的梦幻，那么我就是罗田人了，我站在罗田人的角度来歌颂天堂寨，这是其中第一段：

岩松迎客是你英姿的挺拔

红叶挥舞是你青春的火把

岩松迎客是你英姿的挺拔

红叶挥舞是你青春的火把

哎啰里哎 哎啰里哎

天堂寨你是我的故乡

天堂寨你是我的牵挂

你站得很高很高

能与蓝天对话

天堂寨你是我的故乡

天堂寨你是我的牵挂

你阅尽人间烟火

美丽了春秋冬夏

天堂寨 你把我的心永远留下

　　一个很高，一个很低；一个很幻想，一个很现实。人间烟火跟蓝天对话，也跟人间对话，最后一句抒发感情。

五、变痛苦为快乐

　　写歌词本来就是一件很高兴的事，唱歌要付出很多的心血和艰辛，同时也能获得成功后的喜悦。但是要遇到不懂得创作规律的约稿者，就只有难堪和痛苦了，如果你伴着痛苦去勉强写作，是很难写出好作品的。因此一定要想方法摆脱这种局面，变痛苦为快乐，尽情地享受创作过程，去完成作品。快乐写作除了作者自身要保持良好心态，尽量做到以上"四变"外，还需要"功夫在诗外"。拿我自己来说，武汉市曾举行过一次以黄鹤楼为主题的少儿征歌活动，虽是以黄鹤楼命名，但并不是写黄鹤楼，之后要把评奖的作品组织一台晚会，晚会需要一首主题歌，市委宣传部找我写，题目定为《小时候》。我一听脑子就"麻"了，我说什么是小时候？这个题目我很难把握。站成人角度写吧，那就不是少儿歌曲；站在孩子角度写吧，小孩子的小时候多大？再小就不会说话也不会唱歌了。她笑说雷老师你把我也问住了。我花了一个多星期，站在局外人角度来写歌词，另辟蹊径。这三个字就像刚才的天堂寨一样，从地名来分析，天堂寨大到天堂，小到一个寨子，"高"可以跟蓝天对话，"低"又可以看人间烟火，它就这样一个哲理。所以我以同样的方式写《小时候》，后来写出了第一句，我就为自己高兴，觉得这首歌成了第一句想出来，第二句马上跟着来了。下面是歌词：

朝霞是晚霞的小时候，

花朵是果实的小时候，
小时候总是美丽又芬芳，
小时候总是一个好兆头。
小时候，纯洁的小时候，
小时候，可爱的小时候。

爸爸是爷爷的小时候，
我们是爸爸妈妈的小时候，
小时候总希望快长大，
小时候总是玩不够。
小时候，快乐的小时候，
小时候，甜蜜的小时候。
昨天是今天的小时候，
现在是未来的小时候，
小时候把秘密写在日记里，
小时候把宇宙藏在心里头。

小时候，老师领着我们朝前走，
路上的脚印慢慢长大，
祖国向我们正在招手。

还有一首写老人的歌词。因为我现在就是老人，所以比较有体会。这样的歌词很多，一般都是在夕阳红的基础上开发得比较多，另外写老人的角度就是老伴。我这首歌写的也是老伴，歌名叫作《青春痘 老人斑》，这是一首从青年到老年的歌词。它构思的新巧之处是青春痘代表年轻，老人斑代表老人，青春痘和老人斑都长在脸上很集中，它们的变化说明了老两口的变化。歌词是这样的：

那一天你让我看看你的脸，

几颗青春痘，长出满心烦，

我说那是玫瑰的小花蕾，

开得多好看！

你笑了，笑了，笑了，

就这样笑声中走过了几十年。

这一天你让我又看你的脸，

几点老人斑，长在皱纹间，

我说那是从前的青春痘，

旧貌换新颜！

你又笑了，笑了，笑了，

就这样笑声中回到了青少年……

这是对老人一生的概括。他的心情、他的幸福都在这几句歌词里面，他们俩的感情在他们的对话里就可以看出来，所以有些东西不要说，而要去理解。歌词是通过音乐变成了歌曲，歌曲有育人功能，但更多的是感染人，所以我们有时候听歌会掉眼泪。我们在写歌词的时候一定要满怀激情，要写心泉当中喷出来的那一股感情，并不是随随便便的。我之前每天都要阅读很多歌词，现在只看题目了，我一看题目就知道歌词有没有价值。

光歌词好还不行，歌词和音乐好也不行，还有很多因素：歌词要好、曲子要好、演唱要好、录音要好、制作要好、宣传要好，时机也必须要好。全国最重要的两个平台分别是春节晚会和原来的青歌赛，很容易让一首歌全国流行。以前放一个新电影就有一首歌流行，不论是插曲还是主题歌。因为那时除了电影就是歌曲了。后来电视剧也一样，比如《三国演义》中的《滚滚长江东逝水》，《水浒传》里的《好汉歌》，还有《红楼梦》《西游记》中的歌曲。只要这七个条件都具备了，这首歌也就出来了。但是有些人努力了好久也没有一点成就，这确实很难，我自己真正在全国有影响力的歌曲也就两首——《亲吻祖国》和《我哥回》。在湖北省有影响力的是《长江汉江》《我从三峡来》。我写了差不多六十年，当然真正从歌曲这个角度来说的话，可能一辈子能留下一首也就心满意足了。

整个写词的过程，都是寻找的过程，写歌词就是在寻找。在相同的题材中寻找不同的立意，在相同的立意中寻找不同的构思，在相同的构思中寻找不同的角度，在相同的角度中寻找不同的语言……有了这许多的不同，你的歌词自然就跟别人不一样。写歌其实就是写自己，无论你的写作对象是什么，写作内容是什么，都是在写作时写你对它的感受与理解、情感与认同、联想与思考，因此你对生活认识有多深，你的作品内涵就有多深，词是从心灵深处流淌的清泉。

谢谢大家！

六、重点提问与解答

提问：传统诗词和现代歌词之间的关系是什么？

雷子明：首先分析传统诗词指的是什么，如果你指的是唐诗宋词的话，它与现代歌词的比较更好说一些。现代诗和歌词之间最主要的关系是：诗是看的，是读的，而歌词是唱的，是听的，因此就产生了不同的形式。诗可以反复读，可以反复看，所以它可以"深入深出"；所以听的是歌词，听的和提供给作者谱的唱的都是瞬间艺术，就像刚才，听完了就过了，除非需要再听一次。

提问：一说到歌词，会让我们想起乔羽老人家的《让我们荡起双桨》，为何当代人很难写出这样的歌词来？

雷子明：现代我国三位巨匠分别是乔羽、张黎、阎肃，他们是歌词巨匠泰斗。好学一点的是阎肃的歌词，只要有一点墨水，深入生活，熟悉写歌词，就好学一点。难学的是其他两位巨匠，张黎的歌词特别有味道，非常难学，因为我们没有见过那样的东西，没有那样的生活，没有那样语言，他已经把全部人生都融进歌词了。乔羽老先生的歌词看起来好学，实际上更难学，深入浅出。就像大学教授给小学生讲课，小学生的知识面和文化程度没有达到大学生的水平，所以大学教授很难讲课。但乔羽老师就有这个本事，儿歌写得也很好，《五十六个民族五十六朵花》是给运动会写的，他写民族大团结，所以歌词是综合各个方面形成的产物，得要文化底蕴、社会知识和社会生活。

提问：您的《竹林里吹来绿色的风》写的是当地采风过程吗？

雷子明：是采风时自己的感受、感觉与感情。个性就是唯一性，大家都听得懂的是共性。你站在什么角度创作决定了这首歌能传多广，能传多久。我曾经讲过这样一句话：流行是短暂的经典，经典是永久的流行。歌曲流行肯定是有经典因素在的，但是经典歌曲一定是长远的流行。真正的经典歌曲，如《洪湖水浪打浪》现在还在流行，今后依旧会流行，这就是经典。经典要经过时间、历史、群众的考验。作为一个歌词作者我们要追求永久的经典，不要追求暂时的流行。只要把流行语言编成一首歌可能就会流行。比如说现在的年轻人说"躺平"，如果将"躺平"写成一首歌说不定就一下子流行了，但这有什么意思呢？这是一种消极的创作，我们要写积极的、时代的歌曲，要跟着时代的脉搏走，要写发自内心的歌词，不要光喊口号。

提问：请问您这些年创作的歌曲和歌词出版没有？我们想买一本欣赏，提高自己写作歌曲和文学艺术鉴赏的能力。

雷子明：出版了好几本，但现在基本上都在电脑里了。很多歌词我自己认为是不错的，但我认为不错的歌词不一定有曲谱，不一定有人唱，唱出来的也不一定是最好的作品，但最起码它是上乘作品，它是一种合作的关系、综合性的东西，所以写歌词的时候不要把自己说得多么了不起。某种程度来说你是为作曲者写歌词，你是为他而写的，所以你要跟作曲者多聊天，建立良好的关系。以前我在武汉军区创作组，我跟七八个作曲家建立了良好的沟通关系。他知道你是什么风格，你知道怎么写，现在也是一样的，如果确定是我与某某作曲家合作，我就知道这首歌词的大致风格是怎样的。

作者简介

徐勇民，毕业于湖北美术学院、中央美术学院、华中科技大学，现为湖北美术学院教授、澳门城市大学博士生导师。2003—2017年任湖北美术学院院长。湖北省人民政府文史馆馆员，书画院院长。民盟中央美术院常务副院长、民盟湖北美术院院长，湖北美术家协会副主席，湖北省高校美术与设计教学指导委员会主任，获"湖北文化名家"称号，享受国务院政府特殊津贴。

《高丘四望》——中国传统美学特质一瞥

徐勇民

中国独步世界的美学观，已体现在我们的山水画中。如果我们能够将人文遗迹和自然山川联系起来，我们的审美境界将会发生不同于以往的变化。

——题记

2022年初，《永乐大典》在湖北省图书馆展出，没有想到竟可在离我家不远的地方看到原件。这是《永乐大典》首次离开中国国家图书馆来到外地巡展。观赏过少有的几本《永乐大典》原件及其相关介绍后，我对中国文化典籍有了深层次的了解。明朝《永乐大典》全书共11095册，随着明朝的灭亡，原件正本被毁，只剩下副本，散落于海内外。目前我国所存的只有200余册，还不及当时整个《永乐大典》的3%，这是非常令人惋惜的。直面《永乐大典》的原件，我们能够体会到这些历史典籍中的文化蕴涵。如果我们能够将人文遗迹和自然山川联系起来，我们的审美境界将会发生不同于以往的变化。今天要讲的内容题目是《高丘四望》，从自然山川看中国传统美学的特质。《高丘四望》其实是我在2018年创作的一幅作品的名称。"高丘四望"怎么理解？古代，山不一定有具体名字，当时的人们对于自然山体、形态和人的关系会有一种表达，便作高丘四望，如唐代李白的诗《登高丘而望远》。我将湖北省博物馆的一尊楚国建鼓底座图片作为开篇，是希望以楚美术的实物图形作为引子展开讲述。建鼓[①]是古代器乐的组合，上面的立杆孔可插鼓击奏。如此繁复却能做到这般精美，足以证明我们祖先的想象与表现能力。重要的是其中一定包含有文化符码的基因，这一点后面的内容会慢慢印证。还有尊盘[②]都是国宝级的文物。前者是一种礼乐器物，后者其实是一个酒器。曾侯乙尊盘虽是供给贵族使用的，从中却能够看出先人在文化传承创造器物时给予的敬意。我们经常讲楚文化，归其风格是浪漫飘逸，但仅仅用这样的词来形容显然是不够的，它不仅仅是形式上的绮丽诡谲，而是将我们的崇拜追求、愿望和寄托形象化了。山水画如果翻译成英文，是"Mountains and Waters"，如同很多电影名称一样，直白的英文翻译会让你觉得无趣。而中国人对于山水的理解，一个"水"字其实我们自然会联想就是江河湖海，直译成英文时便很难表达这一点，一种比较通行的翻译是"Landscape Painting"，风景画的意思，目前是作为中国山水画的译名。

一、以泰山为例探究中国传统美学特质

2018年我去了泰山（如图1、图2所示），还参观了青州博物馆，石造像艺术通过东西方的交流，形成了中国面貌，有了实物性见证。泰山在中国山水文化里，是含有帝王相的。秦始皇统一中国后封禅泰山，为五岳之尊。按照地形来讲，中国版图西高东低，到了东部，泰山一带，又有个凸起，泰山的形态与很多山不太一样，有一种雄奇的美，这是比较出来的。秦始皇幻想长生不老，到东边去寻长生不老药，所以他对泰山情有独钟。在秦始皇执政的十二年当中，他不停地到处巡游，有五次之多。由此可见，中国帝王一开始就有很浓的山川情节——人和天的对应。帝王执政的合法性一定要得到上天认同，所以他就占山为王，就要到很多山上去祭拜，封禅，表达出皇权神圣。因此，在泰山有历代帝王的题字。诗人余光中曾说，泰山给人的感觉就像上苍有一只神灵的手，把燕山一挤，又把喜马拉雅山一推，褶皱

---

① 曾侯乙建鼓底座。战国时期。1978年出土于湖北随州市曾侯乙墓。出土时鼓皮已朽，仅存鼓腔、贯柱及鼓座。贯柱通高365cm，鼓身长105cm、面径74cm，鼓座高50cm、直径80cm。湖北省博物馆藏。

② 曾侯乙尊盘。战国时期。1978年出土于湖北随州市曾侯乙墓。分为尊、盘两部分，尊高30.1cm，口径25cm，盘高23.5cm，口径58cm。湖北省博物馆藏。

形成了，双手再一捏，褶皱就成了泰山岱宗。所以它特别不一样，像人为，又像天造。尽管有很多关于泰山的传说故事，但是当我登上泰山的时候，我只想高丘四望。其实你所想的，都由你的生活经历、阅读范围和创作环境所决定，你只能回想到与自己有关的。那一刻很自然地我想到屈原，想到楚国的山山水水，今日的荆楚大地。中国山水画确实与世界其他民族国家的风景画有所不同，它与中国历史和社会发展，甚至传说都是相关的。虽然泰山并不是中国山川里面特别高的，但它的地位却不一样。对于泰山的定位，有旅游层面的认知——名山大川，东西南北都有；还有历史、文化层面上的认定，什么样的山它是最为尊贵的，泰山就是。后来衍生出佛教四大名山、道教四大名山等，但仍唯五岳泰山为尊，千古不易。很有意思的是，每到一处，帝王他都会写一个牌子叫投龙简。用硬质材料玉或是金银等，在上面刻条小龙并写一些话语，希望能与上天有所沟通，祈求神灵保佑。藏之山石或者是沟壑里面，甚至是藏在水里面。像泰山、武当山、华山以及杭州西湖这些位置都发现过投龙简。实际上帝王就是想要表达我与神灵的一种特别的沟通与交流，一般人是找不到的。可以看出，中国人对山水有种特殊的情感认知，无论帝王还是平民，无不希望能从中找到自己所寄托的一种慰藉。

图1 泰山风景1 作者团队拍摄　　　　图2 泰山风景2 作者团队拍摄

二、以古今山水画为例探究中国传统美学特质

（一）隋代展子虔《游春图》

隋代展子虔的《游春图》是中国美术史上的第一幅有完整意义的山水画，"山不在高，有仙则名。水不在深，有龙则灵"。罗大佑的《童年》，我觉得有句歌词很有意思，他是这样写的："没有人能告诉我山里面究竟有没有住着神仙"，这是中国人内心一个美妙的画面，总感觉山里面应该是有神仙的，深山里面一定会有个古寺，有个老和尚在给小和尚讲故事……一代代传下来，使得我们对山川有着别样的情感寄托和依恋。这幅《游春图》尽管现在看起来还不是那么真切，但是它确实描绘了一幅游春图的景象。受岁月侵蚀，画面已不是那么清晰。如同我们刚才所看到的那些物件，在制作好后当时一定是炫目耀眼的，我们光凭此时形制外表是完全无法想象到那种镶满了金银、绿松石等灿烂无比的样子的，画也是如此。现在看起来是斑驳的，但这并不妨碍我们仍旧会被它的内容和手法表现出的意境所震撼。从《游春图》开始，中国山水画开始有了它独立的存在形式。唐代的青绿山水，通过青绿山水，大青绿小青绿，表达出山水在不同季节中应有的景致。由于时间久远，绢本起了变化，肯定与当时是不一样的。当时很多作者是属于御用画家待诏，专门来描绘名山大川，皇帝同时也寄希望于虽然不能远游，仍然能够与山川对视，获得精神上的满足。

（二）唐代李昭道《春山行旅图》

从《春山行旅图》①中可以看到中国古代的山水它并不完全是肉眼能够看到的物理现象或场景。我们常说的散点透视，就是随目光的移动，让山水全景逐步地得到完整的呈现，而不是说站在山脚原地只能看到山的某一面。相当于现在的无人机，飞行中所有的景物都可以拍下来，最后再形成一个比较完整的画面。古人这种观看方式应该是具有当代绘画意识的。当一个作者来表现一幅作品的时候，他能够自主地摒除物理局限，完全可以根据自己内心的意向生成一个和自然对应的图景。

---

① 《春山行旅图》：唐代，李昭道。绢本设色，立轴，95.5x55.3 cm。台北故宫博物院藏。

（三）敦煌壁画

我们也要注意到，除了宫廷的绘画外，还有传统的、民间绘画生生不息蓬勃发展。比如敦煌壁画表现了佛本生故事及佛教传入中国的历程。能够从中看出中国人对山水是怎么来描绘的。这些场景人物之间的关系，始终都根据需要摆得非常顺畅。我们常说"柳暗花明又一村"，就是这个道理。从莫高窟第217窟南壁的壁画中我们能够看到，水流是从这边过来的，山川连绵不断，出现了有些人物在其中行走、坐卧等。山势高低渐至平缓，赋予了更多节奏变化。我们同样可以设想在当时这幅画是怎样的绚烂无比，尽管今天我们看到的是仅留下的一些矿物质颜色的基本轮廓，房舍都变黑了，却另有一番美学上的意味。佛教艺术是用描绘故事的方式，来让更多的信众能够了解，感兴趣，能够投身其中，直观感受到佛经里面宣传的教义。就如同《法华经》，教导苦苦追寻的信众前面海市蜃楼的奇景，把它画出来让你看到，如在眼前，由此你又增添了力量，克服困难继续前行。哪怕这个图景是虚幻的，也能够让人们内心得到某种缓释，这个过程中是愉悦的。实际上就是通过美妙的画面，来激励人们如何去达到追寻的目的。像莫高窟第103窟南壁的壁画描绘的一样，唐代杜甫曾提出过这种壮游，想要到东瀛，也就是日本去，希望能够受玄奘西天取经的感召，做一次壮游远游。虽然没能成行，也足以说明中国的山水画具有特殊的魅力。我去过两次莫高窟。五岳中的北岳恒山没有去过，其他的都去过。其中让我感到艺术观念上产生变化的，是刚才所讲到的2018年到的泰山，当然随着年龄增长，阅历不断丰富，人的认识是会改变的，所以当我们游历祖国山河的时候，应该有一种意识去主动关注山川背后的故事，获得心灵的升华。我们看任何一幅山水，可以从中找到一种规律，以山定水，以水定路，以路定城，人在其中，这有风水的含义。任何一幅好的山水画一定是暗合这个规律的。我们欣赏很多山水画，有山、有水、有路，房舍或者古寺隐藏其间，它符合我们的愿望、祈求，以及对传说、对历史的认知。

（四）北宋范宽《溪山行旅图》

《溪山行旅图》[①]在中国美术史上是著名的一幅作品。我们通过山水能够感受到一种博大

---

① 《溪山行旅图》：北宋，范宽。绢本设色，立轴，206.3x103.3cm。台北故宫博物院藏。

气象，如同我们刚刚开始看的泰山的气势一样，古代画家需要通过自己的理解用独特手法把它表现出来。《溪山行旅图》里面有一些旅人、马和骡子等，这种比例更能显出山势雄伟。我们所希望山水画里应有的元素它也都有了。近处一些树叶的用笔，感觉非常生动自然。在名胜古迹看山，其实看到的并不是这个样子的，但是我们面对作品，能够感受到它还原得非常好，它表达的是对客观物像赋予的情感和主观认知，作者希望山就是这样子，然后再把它处理成绝妙的构图，这种构图也使得中国山水画拥有独步世界的美学特质。也是前面讲楚国建鼓底座时提到的文化基因在起作用。

（五）宋代马远《踏歌图》

同时代马远的作品《踏歌图》[①]，同样描绘山，但每个艺术家的手法是不一样的。我们在古画山水中能看到不少的仙山琼阁，为何在现实中看不到，其实它是存于心目当中，觉得山水就应该这样，琼阁就应该和山水相连。受中国文化影响，我们对山水都存有种特殊的理解，把山看作是神奇的、有故事的。这便是文化的影响力。

（六）宋代米芾《春山瑞松图》

从宋代米芾的作品《春山瑞松图》[②]中我们可以看到艺术家在表现山水的时候，越来越自由了。范宽对山水有自己的表达，马远又是不同风格，再到米芾，给人感觉好像是随手画出，特别生动，而且把山本身最具特征的那些东西表现出来了。这三座山峰一连起来，就像中国的"山"字，篆书的"山"字就是这样写的。作者把它视觉化、图形化。图中有亭子，大家可以设想三两朋友相邀坐在其中，那种感受是不一样的。山水怡情就这样进入了中国文人的生活视野。读书人的仕途中，当他们想要兼济天下却不得意不得志的时候，便只能隐退山林，这时候山林就慢慢成了寄情之处。即使是今天，当我们听到一个读书人说他到山里住了一段时间的时候，你就会佩服他，觉得他一定是有很大的定力与能耐才能到山里去，那种修为与境界一定也是不一样的。当然，也有终南捷径。所以在很多文人画的表现当中，并不

---

① 《踏歌图》：南宋，马远。绢本浅设色，立轴，193.5x111cm。故宫博物院藏。

② 《春山瑞松图》：北宋，米芾。纸本设色，立轴，35x44.1cm。台北故宫博物院藏。

以酷似真山真水的手法来描绘山川，而是描绘心中的丘壑，烟云相绕，亭台楼阁，或者是远处半山腰上有个古寺。

（七）宋代李唐《万壑松风图》

李唐的《万壑松风图》①，也是令人惊叹的。有位中国学者研究过，唐代很多传世作品应该是当时的壁画，或者是屏风画，所见到的画面很可能就是其中的某一块，这种饱满的构图在古代绘画作品里面很少见，总感觉它左右两边还有延伸，当然这只是分析和假设。但是即便是这样，也完全可以看出画面的主体部分的雄奇深邃，包括烟云雾霭，都是画面的组成部分，有像铁铸一样的力量感。山能够表现成这样子，山石树木能够表现成这样子，可以看出中国人在对自然中的博大同时又很细腻的感受，是有着一脉相承的表达方式。我曾经根据二玄社印制的高仿作品做过分析。松树交织，枝干的重叠交错，其繁复的形态，很难想象它是怎么表现出来的，不是凭空想的。能够组成这种像闪电般的形态，对自然的观察如此之细，提炼得又是如此高超，只有带着敬畏之心，看到自然的象征和生活的含义。远观其势，近取其质，在描绘表达的时候才能竭尽全力，把自己的所有关注放置其中。两千多年前，几乎是同一时期，人类文明体系都开始了文化觉醒，中国先秦诸子百家，古希腊文明，古印度文明等等，现在的人们也还是会发出感叹，怎么那么早的人就意识并形成了这样的觉醒。同样的对于自然的感悟也是。这也给我们艺术创造力一种启迪。现在走到展厅，无论是看书法还是看绘画，很多作者的作品看起来就像是一位作者创作的，或者说某一位作者的作品一直是陈陈相因，一个面貌。艺术个性在不经过思索的辛勤创作中，失去了时代审美意义。所以我们回望传统，应该是学习古人对自然万物的感受力与创造力。

（八）宋代郭熙《早春图》②

大家可以看看，即便是同时期，每个艺术家笔下的山都是不同的，也就是在这个时期艺术家们有了某种觉醒，无论是对自然的理解，还是对人自身的理解。我们现在读起他们的画

---

① 《万壑松风图》：南宋，李唐。绢本设色，立轴，187.5×139.8 cm。台北故宫博物院藏。

② 《早春图》：北宋，郭熙。绢本设色，立轴，158.3×108.1cm。台北故宫博物院藏。

论箴言都还能感到，山、水以及传达出来的意境是不一样的，但是都传达出了对于山水的个性化、理想化的认知，近景远景，高山平原，山间溪水，一定要是这样的山水才能让人感受到心旷神怡。宋代郭熙说："春山澹冶而如笑，夏山苍翠而如滴，秋山明净而如妆，冬山惨淡而如睡。"这虽是画论，却如诗一般生动鲜活。千百年来，我们看历代不同时节的山水作品，你都会感觉确实如此。中国地大物博，地域辽阔，虽然南北相距甚远，温差很大，春山而如笑，夏山而如滴，秋山而如妆，冬山而如睡，南方北方都是如此。古人对于自然的观察，已能够把它提炼到这样精准和优美。习习微风，连绵波浪，我们看到很多现代作品在借用这些传统图示的时候，马上就会与中国传统文化基因产生联想。每个民族文明视觉符号的演变，总是会以比较稳定的形式来延续的。曾经被贬到湖北黄州的苏轼，他的心境其实经历了很大的波澜，但是当他面对山川："惟江上之清风，与山间之明月，耳得之而为声，目遇之而成色，取之无禁，用之不竭。"这样的胸襟和认知，也是我们认识中国山水画认识自我的一把开门钥匙，其中的宝藏确实取之不尽，用之不竭。

（九）宋代米友仁《潇湘奇观图》

《潇湘奇观图》[①]是米友仁的作品。他能够把自然界某个地域的特点，做图形化的再现。2016年我和年轻老师们去湘江战役发生地收集素材，也就是红军长征时在湖南道县和广西的交界处。车快到湘桂边界时，细雨蒙蒙，夹有小雪。窗外一看，当时就想到米友仁的《潇湘奇观图》。景色与这个画面几乎一模一样。当然他对山形进行了绘画处理，实际的山形比这更加圆浑一点。但是你能够感受到他表现的就是潇湘。我们常会觉得奇怪，怎么会有这样的山呢？但实际上它是存在的。中国幅员辽阔，山体和高原以及丘陵占面积的2/3，而平原只占了1/3。所以这也能够理解中国人对山水画如此迷恋，为什么我们有很多表现自然山水的作品。我们很多山水画画下来，会感觉花了很大的力气，很勤奋不停地画，三日一石，五日一树，这样画来画去的，神韵全无。艺术作品有时候不是以你付出的劳动量来获得应有的承认，两者并不成正比。古人将山水拟人化，深知神韵在表现山水中的意义，我想任何艺术形式都是如此。

---

① 《潇湘奇观图》：南宋，米友仁。纸本水墨，长卷，20.5x289cm。故宫博物院藏。

（十）元代倪瓒《容膝斋图》

以元代倪瓒的《容膝斋图》为例①，元代绘画在中国山水绘画史上应该说是最具特色的。中国传统绘画在西方开课，很多学生都会对中国这一时代的绘画感兴趣。因为他们通过学习知道这时期的绘画能够表现人的某种遭遇、某种心情，会感到非常了不起。它不像一般的绘画是把它再现出来。当你看到这样一种画时，心情与看到前面提到的《万壑松风图》《溪山行旅图》是完全不一样的。倪瓒这个艺术家是有洁癖的，我们从画上似乎能够看出来。毛笔像干了的渴笔，很自在的画，没有多余的笔墨。要临摹是有难度的，它不像前面的山，叠加修改的可能，几乎是没有的。逸笔草草在某种程度上，最能反映中国士大夫的心境。元代忽必烈入主中原，作者当时的心境郁闷，所以通过绘画来表达冷萧情境。此图中茅亭，没有人物出现，却用了很多题字来表达心境。这是一种士大夫的情趣，同时，也记录了特殊的时代背景。

（十一）明代董其昌《燕吴八景图册》《青卞图轴》

董其昌的《燕吴八景图册》②很有特色。2019年我去上海博物馆看董其昌的特展，非常难得的是把世界上收藏董其昌的代表作汇集在一起。大家如果有可能，要尽量走出去，到大自然中去，到图书馆，到美术馆、博物馆，直面书籍，直面原作，不要老是在手机屏幕、电脑终端上看一些资讯，那种巴掌大的屏幕只能让你看个梗概，但有很大的伤害力。我们满足于现代信息的碎片化或者是即时性、实时性，不断地更新信息，虽然可以第一时间知道，但得到了某种满足之后就又去忙别的事了。你并没有花时间去排队、去预约、去一幅一幅地仔细观看，这是有区别的，但这是生活的节奏。我看展览的时候会留意观察，观看展览的很多观众中，旅游者或爱好者占很大的比重，从他们的谈话当中可以听得出来，他们并不是从事艺术的人。为什么许多学习艺术的人不去看呢？我就很感慨，主办方从全球搜集来这些艺术珍品，应该去看看原作，这是人类精神和物质的财富。他的作品的风格是不是有点米芾的影子，艺术是传承的。董其昌游历名山大川，他有官职在身，并没有那么多时间写生，所以他

---

① 《容膝斋图》：元代，倪瓒。纸本水墨，立轴，35.5x84.68cm。台北故宫博物院藏。

② 《燕吴八景图册》：明代，董其昌。绢本设色，26.1x24.8cm。上海博物馆藏。

是从大量临摹中研习古代绘画精品来获得艺术养分，提高鉴赏与表达能力。我有时候会给学生举这个例子，现代人能不能够想到画出这样的山水来，红色的树绿色的山石，怎么才能画出这样的效果来呢？想一想似乎有些不太可能。美术史留存下来的作品都是有特征、有独创性的绘画，一定是这样的。《青卞图轴》[1]也是董其昌的作品，美国克利夫兰收藏，品相非常好。我喜欢这幅画，如果打个类比的话，对于中国山水画形态的抽象表达，我觉得可以跟西方塞尚在美术史中的地位和贡献来比，这里就不展开谈了。董其昌保持了中国山水应有的风格、样式及内涵，在此基础上又做了形式上某种抽象处理和变化，在他之前不曾有过这样表现山水的。董其昌展览中有他曾经在王羲之《行穰帖》后面题的一个跋，我多次引用过他的话，"此卷在处，当有吉祥云覆之，但肉眼不见耳"。意思是说我们能看到的这些好作品，上方是有吉祥云罩着的。也就是说我们要经常从这些好的艺术作品当中获得养分。古人有雅集这种形式，今天也保留了少许。

（十二）明代吴伟《灞桥风雪图》

《灞桥风雪图》[2]是吴伟的作品，这位作者是江夏人。《灞桥风雪图》是在中国美术史上留名的。大家可以看到，画面上有人、有物、有景，是比较理想的山水情景。吴伟是皇宫的待诏，属于御用画家。作为文化溯源，应该找到与我们现在有共同基因的历史存在。文化艺术的传承中需要有这种寻根的好奇。史料里面记载的是江夏人，但现在江夏知道他的人不多。从马远的《水图》和前面讲到的山水画当中，我们能够感受到，无论它是什么样的风格，一定是用一种最具特色且顺畅的手法表达出来的。所谓"欣合和畅"，就是心灵与万物融合，从观察到表现，你能感到舒适自如。我们看马远的《水图》就是如此。没有哪个民族的艺术家能够像中国的艺术家这样，表现水的线条能让人感到如此柔美无比，与画面题字意境完全吻合。如果对应摄影，按照写实的方法画下来的话，很难如此赏心悦目。中国绘画有能够把线条美发挥到极致的能力。

---

① 《青卞图轴》：明代，董其昌。纸本水墨，224.5x67.2cm。克利夫兰艺术博物馆藏。

② 《灞桥风雪图》：明代，吴伟。绢本水墨，立轴，138.1x106cm。故宫博物院藏。

（十三）清代石涛《搜尽奇峰打草稿》

《搜尽奇峰打草稿》[1]是清代画家石涛的作品，他也算明遗民，始终是有自己的仕途态度，回避到山林中去。他画名山大川非常有气度，坐在家里很难想象出来。石涛出奇地勤奋，"搜尽奇峰打草稿""笔墨当随时代"就是这位作者提出来的，在今天我们听起来这完全像是现代审美标准。21世纪，我们的作品一定要符合当代人的审美，而这在几百年前石涛就提出来了。"搜尽奇峰打草稿"中的"尽"字很重要，就是要到处见识。联想到有时候我外出写生会遇到这样的困境，一下笔就会感觉画的没有什么意思，因为现场写生是物理的取景透视，也就是焦点透视，不是散点透视，从这一点到自在的表达存有一定的距离，有时候草稿是在胸中完成的。中国绘画的写生有多种方法，有的艺术家到现场他是不画的，反复看，默识于心。山脉山峰远近高低各不同，应从不同的视角来观赏，最后汇聚胸中再表达成他心中想要希望的山水。《柳溪行舟图》[2]这幅画很有意思，看过后你会想怎么这个小船就跑到上面来了，怎么回事？图中又见茅舍与人，一叶轻舟漂浮在这里。但作为散点透视是成立的，远处还有芦苇、湖水，这种随意安置景物的构图表达，表现出艺术家对自然有很纯真的看法。我希望更多的年轻人，走出去看自然山川，看优秀的山水作品，从中感受传统文化的魅力。全世界的人们在疫情后特别渴望能够走出去看看，其实都是基于我想要看看别的国家的人是怎么生活的，别的国家的艺术形式是什么样的，通过他们的艺术作品，了解他们眼中的自然和历史是什么样的。当然我们首先要了解自己的历史，要树立基本的文化态度。我看董其昌作品的展览后受到了启迪。尽管我并非特别喜欢他的书法，但是他的书法让我感受到了用笔应有的与自然对应的理性。还有他对于绘画的一种主观处理，用笔精微，有纯自然的一面。古人常说"横如千里阵云，竖如万岁枯藤"，虽是谈书法用笔的，但与自然万物山川四季在内心的感受有关联，这是中国传统的美学特色。我们谈汉字的一笔，古人那么早就能认识到这一笔要像千里阵云，可见气势有多大，你再怎么写这一笔也就是几厘米长，怎么会有那么大气势呢？古人这是在告诉我们，要有心灵与自然的关照。竖如万岁枯藤，不就是一竖吗，怎么会跟万岁枯藤联系起来的？这就要问，你见过枯藤吗？见过阵云吗？这些是要走出

---

① 《搜尽奇峰打草稿》：清代，石涛。纸本水墨，长卷，42.8x285.5cm。故宫博物院藏。

② 《柳溪行舟图》：清代，石涛。纸本水墨，103x44cm。香港艺术博物馆藏。

去才能看到的。所以我们的视野一定要扩展，就是通过到真实的自然界中去感受，感受自然的魅力，感受这种魅力是怎么形成的。这就是为什么古人画的山，我们在自然界中虽然可以找到大致模样的，却不是完全一样画面的道理。

（十四）现代黄宾虹的山水画

现在要讲黄宾虹的画，我们看他的画就会联想到层峦叠嶂[①]，墨色交织[②]。在他60岁以后他浓重墨色表达的风格被称为"黑宾虹"。之前的画风浅淡，人称"白宾虹"。他游历山川，不断地找寻绘画语言的丰富性。随后他的人生和艺术风格发生了很大变化。联想到前面我们看的尊盘，那是极为繁复细密的纹饰，无以复加。从图中你可能什么也看不出来，似乎就是黑乎乎的一些笔墨组合，但是你看原作就会了解到其笔墨精微的撼人之处，视野和胸襟也可为之宽广。几年前在杭州有一个黄宾虹大展，我的一位博士生跟我谈感受，说他站在黄宾虹的画前哭了。我想着如果是看印刷品他肯定流不出泪的。看原作的时候确实是能感受到这种心境与时间与画面的叠加、转换。曾记得我读书的时候去杭州为毕业创作收集素材，当时黄宾虹纪念馆是一个平房，布瓦，上面开一点小的玻璃天窗，你想临摹都不可能，看黄宾虹画的一些体会还是用笔记写下的，至今不能忘怀。笔墨当随时代，个人风格的产生是要有阅读、行路那样的积淀，有了这种积淀再与时代审美相融合，笔墨就能当随时代。我们刚才看了那么多不同年代的作品，从隋代开始再到清代又到当代，一直在进行着变化，面对的是同样的山水，山永远是山，水永远是水，千古不易。区别仅在于其有没有被污染，每个时代的作者和观众心境会烙上时代山水的印记。所以我觉得还是应该通过反复的阅读、反复的思考，在山水之间、在笔墨表现之间探索出适合自己个人的风格和时代特质。

（十五）现代李可染的山水画

我们主要讲一下李可染的《石涛诗意图》[③]和《墨积山水图》[④]。李可染是一位严谨的艺

① 《设色山水图轴》：近现代，黄宾虹。纸本设色，立轴，67x34cm。台北故宫博物院藏。

② 《溪桥烟霭》：近现代，黄宾虹。纸本设色，立轴，97x33cm。浙江省博物馆藏。

③ 《石涛诗意图》：近现代，李可染。中国画，68.5×46cm，1978年。收藏主体不详。

④ 《墨积山水图》：近现代，李可染。中国画。2021年9月9日至21日于中国美术馆"中国美术馆学术邀请系列展：河山有君——李可染艺术精品展"上展出，展览由中国美术馆和李可染画院共同主办。

术家，看他的创作风格，大家可以看到山水画延续到今天已经发生了很大的变化。我们可以看到作者艺术表现的时候注意到了山的逆光效果，进行取舍提炼表达。他提出"废画三千"，就是说要画很多，才能选出一幅自己满意的画。这是作者对自己严苛的要求，但同时也说明了一个风格样式的形成过程是艰辛的。我前面说到艺术史上留下来的都是有一定自己独特样式风格的，也是和前面提到的文化基因有关联的。这里还应该提到今天的"都市山水"，这是我们当代艺术家对于生活环境的描绘。现在的中国画在表现题材上出现了很多变化，像城市山水、都市山水，是另一层面上的"高丘四望"。我觉得生活在今天的时代应该这样。这里面就有一个时代审美品位的把握，张三画，李四也画，过了10年继续有人在画，这个里面一定会有表达了时代审美特点的作者被大家所认可。

三、中国传统美学——构建与自然世界相平行的意象世界

中国传统美学的特点实际上是构建了一个与自然世界相平行的意象世界。我们有自然界，同时还应有一个艺术的世界，我们不可能穷尽所能去模仿自然，但是我们能够创造一个新的自然，这个自然就是艺术。这是我2018年从泰山回来，画心目当中的《高丘四望》（如图3所示），这幅画并不是泰山，但假如我没有登上泰山，是画不出来的。就是自己心目当中设想应该有这样的一座山，其实，有一些古代山水的特质，有山有水等，依据自己的感受，有我自己的艺术处理。山水之间就是中国。春晚《只此青绿》的舞蹈，灵感就是来源于王希孟的《千里江山图》。江山图其实是中国人十分容易就可以接受的绘画样式。我想讲的是，东、西方人对造型的理解以及对美的理解是共通的。一幅是达·芬奇的《蒙娜丽莎》[1]的手，

---

[1] 《蒙娜丽莎》：1503—1516年，达·芬奇。木版油画，77x53cm。法国巴黎卢浮宫藏。

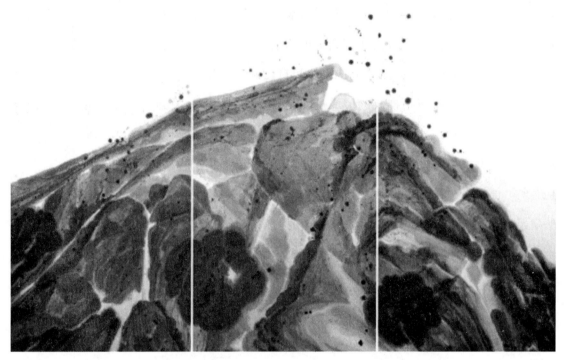

图3 徐勇民－高丘四望·纸本设色

另一幅是青州的《彩绘菩萨像》^①，比《蒙娜丽莎》要早1000多年，当然我们不是说谁早谁就好，通过比较，可以得知每个民族、每种文化对于美的认识其实是相通的。我画过佛手，我知道其中的难度以及艺术处理所需要的一种智慧。达·芬奇《蒙娜丽莎》的手也是异曲同工。《彩绘菩萨像》的手和脸都刻画得非常好，身上的处理肃穆简洁，配以饰物的精细，这是中国古代艺术了不起的一个方面，它不是按照完全写实的手法去惟妙惟肖地表现形象，而是只着力表现最具有内核的、最能感染人的那一部分，即形与神的关系，这个其实就是鉴别艺术品质的不二法门。李白诗词里表达过"高丘远望"。相信我们每个人都有相同的感受，当一个人站在高处远看，这种情境会让你想得更多，可能会想到历史，也可能想到眼前烦心的一些事，但此时这些烦琐心思可能在你远望的视线里面就会显得很渺小，心胸会为之宽阔起来。毛泽东曾在诗歌中感叹，"绿水青山枉自多，华佗无奈小虫何！"在那个年代，即使绿水青山，但面对疾苦又能怎么样呢？所以人民生活富足，身处山川享受自然的美才是应该追求

① 青州《彩绘菩萨像》：北齐至隋，青州博物馆"青州微笑——龙兴寺遗址出土佛教造像艺术展"展"贴金彩绘石雕菩萨立像"。

的。钱学森曾提出"山水城市"的概念，表达的也是人类居住空间与自然的和谐相处，是文化的一脉相承，在山水里面感受自然的魅力和时代的进步。这幅作品是青州菩萨像，我之所以要把这个图形做单独的介绍，是因为大家可以看到，现实当中不可能有人长得完全一模一样，但是会有很相像的。如图这尊菩萨像多少与当地人物的形象有形似之处。我们再看莲花温碗①，10多年前在台北故宫，这件作品是让我看了很久，想走又回去看，反反复复了很多的。环绕的曲线晶莹天青色，有莲花的意象。以至于我对这件作品的印象特别深，可谓惊为天作。把它放在我们中国传统美学品质里面来介绍的话，我想传统美学中的很多品质在这个莲花温碗里面都能体现，对自然圆润形态的表达，借莲花的形表达一种柔和，这种连绵的曲线和变化是不是有山水的某种联想？如明月乾坤。楚国尊盘是实用的，这件宋代的汝窑也是实用的，我们的祖先竟能将这种实用器物做得如此精美绝伦，以至于你会将其视为是人类智慧的神物。中国独步世界的美学观，已体现在我们的山水画中。在2000多年前的楚国就能够制作出那么精美的器物，实际上我们的肉眼观察与其他民族是没有两样的，但是关注点和兴趣点是有区别的，中国艺术注重表达意象。高丘四望，这是中国美学或者是中国山水画里面的一个很关键的视点，需要我们反复回望，把内心的情感变化借笔墨表达出来，就如同元代山水能把作者情感表达到了极致一样。

---

① 莲花温碗：北宋，汝窑。全高10.4cm，口径16.2cm，底径8cm，深7.6cm。台北故宫博物院藏。

作者简介

张炼，湖北美术学院版画系教授，中国美术家协会会员，教育部美术学学科教学指导委员会委员，教育部本科审核评估专家，湖北美术家协会版画艺术委员会委员、秘书长。2011年获得第二届湖北美术节湖北优秀美术家奖。作品曾获得湖北省第八届美术作品展优秀奖、首届全国丝网版画展金奖、全国第十九届版画作品展优秀奖、第一届湖北艺术节楚天文华美术奖、湖北第十三届美术作品展银奖等奖项，多次入选全国美术作品展、全国版画作品展。出版《张炼版画作品集》《水粉静物》《丝网版画技法探索》。

从"新兴木刻"看版画的传播与收藏 / 张 炼

> 版画因为语言、载体的丰富性，可以成为一种很好的艺术表达和思考方式。它的间接性带来的重复性，为美育的推广带来了便捷，为人们对美的理解提供了更好的传播路径和通道。

——题记

非常荣幸来到长江讲坛做讲座。今天我主要从新兴木刻的诞生开始来讲解版画的特点、中国版画的现状以及自己的一些创作经验，与大家进行分享和交流，讲座的题目是《从"新兴木刻"看版画的传播与收藏》。为什么要从新兴木刻来谈版画呢？因为2021年正好是新兴木刻诞生的90周年，也是鲁迅先生的140周年诞辰，新兴木刻与鲁迅对我们后续的版画发展而言意义非凡，所以我们就从这个角度来探讨版画。

一、新兴木刻的诞生

新兴木刻发轫于20世纪30年代，由国立杭州艺专（今中国美术学院）的年轻人组织的"西湖一八艺社"为主体，开始了以木刻为创作手段的探索，借以传播先进的思想，改变旧的美术形式。木刻版画在当时属于非常先锋的存在，重要成员有陈铁耕、陈广、刘毅亚、王肇民、李可染等人。在"一八艺社习作展览会"上，鲁迅先生在展览前言里第一次提出了"艺术为人民大众"的口号，写下了无产阶级革命美术运动史的第一页。而"新兴木刻运动"真正的开端是在1931年，其标志性事件就是鲁迅先生在上海正式创办了"木刻讲习所"，进行系统的木刻版画的技法讲解以及对国外版画的介绍。这期间还组织一些版画活动、展览，与艺术家们畅谈创作的来源，正是因为鲁迅先生不遗余力的推介和支持，才有了现在木刻的面貌或者说中国现代版画的诞生，使新兴的版画创作进步团体迅速成为左翼新文化的重要组成部分。简单地回溯一下当时的历史资料，在这个画面中有一些青年木刻家：黄新波、曹白等，其中就有陈烟桥（图1）。陈烟桥的家乡在深圳市观澜镇，现在这里已经建成全世界最好的版画工坊——观澜版画原创产业基地，以及全世界最大的版画博物馆——中国版画博物馆。因为有陈烟桥的印记，所以深圳观澜围绕版画进行发掘、推广，目前形成了一个非常不错的版画生态群落。

图1 鲁迅与青年木刻家，左起：鲁迅、黄新波、曹白、白危（吴渤）、陈烟桥，
年10月8日

"当革命时，版画用之最广，虽极匆忙，顷刻能办"，也就是说它是最适合现代中国的一种艺术形式。那个时期，中国内忧外患，五四运动以后，整个中华民族都在寻找一条复兴之路，特别是抗日战争全面爆发以后，各种思潮都在酝酿、产生。这幅作品是李桦先生在当时创作的《怒吼吧！中国》（图2），画面尺幅不大，但简洁有力，传递的力量影响了众多的爱国志士。接下来的这幅作品是李桦先生于1956年刻制的一张鲁迅先生讲课的场景（图3）：画面中鲁迅先生正在讲解木刻版画应该怎么制作等内容，墙上还挂了一些珂勒惠支等世界著名的版画家作品，可以看出当时"木刻讲习所"的授课状况。当时，"新兴木刻"不仅是在国统区发展、流行，在延安以古元先生为代表的艺术家们的版画创作也受到了珂勒惠支等艺术家的西方版画流派的影响，讲究明暗、黑白灰、造型等，但群众提出了看不懂、没有颜色、阴阳脸等意见，木刻艺术怎样进行民族化的问题摆在了创作者的面前。古元等木刻创作者们将艺术与战斗生活紧密地结合起来，让作品具有故事性，并吸收剪纸和木版年画等中国传统艺术的造型特点，适应广大群众的欣赏习惯，在创作手法上风格上逐步改变了木刻艺术中强调光影等西方化倾向，在木刻民族化的道路上做出了初步的尝试，创作出《小二黑结婚》等优秀作品。也可以看出，一种艺术形式一定要与其所处时代的人民审美相结合，才有可能创作出符合这个时代的好艺术作品。

图2《怒吼吧！中国》木刻 18x13cm 李桦 1935年

图3《鲁迅先生在木刻讲习会》木刻 50x66cm 李桦 1956年

这幅鲁迅作品（图4）是赵延年先生以斜口刀来表现的，黑白的强烈对比、刀痕的犀利，都很好地呈现出鲁迅的精神面貌，是鲁迅形象中具有代表性的重要作品。鲁迅先生不仅仅是现代版画的倡导者、推动者，更是一个亲身教导者，其审美艺术能力也非常高，北京大学的校徽就是鲁迅先生设计的，除此之外他还设计了非常多的封面，是一个多才的思想家和文学家。2018年6月，金陵美术馆举办了"首届鲁迅版画大展暨狂人100中国版画大展"，主要是向鲁迅先生致敬。我创作时就是想做一张很有雕塑感、力量感的鲁迅先生的像，要区别于经常看到的那种黑白木刻创作。这件作品创作出来之后总体效果还是可以的，它是利用现代建模的手段，通过丝网分版套色呈现的（图5）。这个主题后来举办了第二届展览，再次创作时，想把鲁迅先生画得更和蔼可亲一点，因而

图4《鲁迅先生像》木刻 30x42cm
赵延年 1961年

图5《为了忘却的纪念》丝网版画 70x60cm
张炼 2017年

图6《昨天》丝网版画 75x40cm
张炼 2018年

就有了这样面带微笑的鲁迅形象（图6）。作品展出期间，碰见鲁迅先生的嫡孙周令飞先生，他非常喜欢这张版画，他说鲁迅先生总是被大家刻画出横眉冷对千夫指的革命形象，其实他也有和蔼的一面。确实，这幅作品取名为《昨天》，就好像昨天跟先生一起吃完饭后的一个场景，这两张版画采用了完全不同的创作手法，同样表达了对鲁迅先生的致敬。

二、版画简史

新兴木刻产生之前就有了版画形式，我们简单地梳理一下版画的历史。首先从刻石记事开始到甲骨文，人类有了刻的手段之后就有了后面的一系列甲骨文和祭祀的纹样，也带来了印刷的启迪或刻制动作的产生。青铜器上面的铭文也是刻的手段。我们楚文化里青铜器是非常厉害的，博物馆里的曾侯乙墓文物，里面都有刻的铭文。当然版画诞生，最重要的是印刷载体——纸张的产生。因为只有纸张发明以后，才可能有印刷术的出现，中国四大发明纸张是其中之首。有了纸张之后，文明的传递才有了载体，古人捞纸浆时形成纸，后续就产生了第一张版画也是一张书籍插图——介为二亲祈佛保佑所镌刻木版印刷的《金刚般若经》卷首的扉页画《祇树园孤独图》（图7）。这张画面不大，A4左右，明确记载时间为唐咸通九年，也就是公元868年。大家可以看到这是一个释迦牟尼说法的场景，这张画的线条很流畅，人物造型和疏密关系都非常协调，作品刻制精细，从画中刻印的娴熟程度来看，木刻印刷术在唐之前已经达到相当高的水平。因为有明确的文字记载，所以这张画被认定为存世最早的版画作品。它是伴随书籍存在的，当时它的功能是一张书籍插图，所以说版画和书籍的联系是很紧密的。这件版画作品也可以说明版画从诞生开始与宗教关联很密切，某种程度上，宗教在最早的文化和艺术传播中作用是巨大的。

图7《金刚般若经》卷首的扉页画《祇树园孤独图》

　　木版印刷术出现以后，版画一直与书籍相关联，书籍善本中的版画成就与水准都很高，这里选取了几张有特点的版画。明人胡正言组织刻印了《十竹斋书画谱》（图8），实际上就是当时的美术教科书，与《芥子园画谱》一样，但是它比《芥子园画谱》要早。因为每一个套版都要一个颜色刻一个版，就像很多豆瓣一样，所以在古代把它称为饾版术。在明代版画有了颜色，书籍因而有了色彩。到了清代我们的木刻还是依附于书籍的，到了杨柳青的木版年画，它才独立成为一种单张的民间艺术形式，但还是没有完全发展成为版画。这就是为什么到了1931年鲁迅先生推广木刻版画创作，而且我们认定"新兴木刻运动"是现代版画起点的原因。虽然我们的版画历史渊源很早，但它们一直都是依附于书籍的，可以说我们早期的传统木版画就是书籍插图。

图8《十竹斋书画谱》
胡正言 明代

图9《普洛塔木版》
14世纪

三、西方版画的开始

　　印刷术的发明我们比欧洲早了600多年的历史，《金刚经》扉页画有明确时间，为公元868年，现在已成为世界公认的木版印刷术的诞生的时间，从线条和刻法的熟练程度可以推算到在这之前印刷术就已经产生了。这张作品是在法国普洛塔发现的一个残缺的木板印出来的图像（图9），内容为《圣经》中基督受刑的场景，从画面中士兵服装来看，可以推断出大约是1375年至1380年的版画作品。作品造型以线条为主，脸上没有黑和白，也没有明暗关系，从中可以看出东方绘画以线为主要造型的影响，与我们传统绘画所注重白描相关联。到了15世纪，欧洲木版画主要服务于宗教，刻印了很多宗教的故事，很受老百姓的喜欢，进而得到了广泛的传播，其中产生了很多木版大师，如丢勒等。木版画在欧洲经过了200多年的传播，他们逐渐把我们的木版技术演变成以明暗、结构、造型为主的一种艺术方式。大家可以看出来，欧洲古典木刻已经刻制得非常细腻且注重写实了，人物造型讲究解剖，画面强调透视、明暗、结构。为什么我们的木刻印刷技术能快速转变成为他们的一种艺术图式、语言呢？为什么这个时候服从于书籍的木版木刻方式就从书籍里脱离出来，发展成为独立的艺术形式版画呢？主要原因是社会的发展，宗教的需要。教徒们都会要去教堂做礼拜，他们很崇拜那些教堂里面艺术家创作宗教题材的湿壁画，人们想把这些作品请回家里，因而那个时候就有很多手工业作坊开始制作这些与宗教故事相关联的艺术作品，比如这幅《最后的晚餐》（图10），画面下面丢勒刻了其标志，这就表示是他的工坊制作的版画。早期欧洲版画主要用于宗教，人们因购买不起用昂贵的油画或金银制造的圣像，廉价的木版印刷的出现，满足了人们将圣像挂在家中的需求。有了这样的收藏和传播，实际上纯粹的版画就在欧洲诞生了，到了现在版画一直都是西方人们家庭装饰或收藏的首选。

到了16世纪，西方版画家们进一步把东方木刻版画艺术变成了他们独特的造型语言。这幅作品是一张套色木刻（图11），为什么叫套色木刻呢？其实就是用多个版来进行套色表现出《使徒》的雕塑感。我们的造型一般不注重明暗关系，讲究的是人物的外形或者线条的疏密。西方的绘画重视明暗、透视，这是跟他们的油画和壁画研究其他造型语言是相关联的，从《使徒》这一作品可以看出，它的绘画语言就完全是按照他们的一套视觉体系进行的，刻得非常流畅。通过三个版，一个版是很浅的颜色，再一个版是灰色，最后一个是黑色版，就将立体的雕塑表现得淋漓尽致。

欧洲木刻出现后不久就有了铜版画，德国手工艺从业者马丁·施恩告尔在众多金属手工艺者的实践基础之上，将版画从传统金属手工艺中分离出来，开创了一种新的绘画形式，也标志着版画艺术在欧洲的正式诞生。施恩告尔以其精湛的铜版干刻技法创作的版画，是后世丢勒和其他意大利版画家创作的范本，他创造的作品表现出强烈的立体感和具有微妙明暗关系的绘画效果，被称为德国中世纪艺术和文艺复兴之间的纽带。其后丢勒受施恩告尔作品影响，创作大量的版画作品。这张作品大家可以看得出来，画面表现就是丢勒自己刻制版画，研究人物造型、骨骼的工作场景（图12）。欧洲版画诞生后人们就有了收藏版画的习惯，就像我们把木版年画贴到堂屋，过年的时候贴门神是一样。因为他们有专门刻画的、有专门做陶艺的、有专门做皮具的林林总总的手工艺工坊，所以版画艺术在当时的欧洲就已经发展得很好了。

图10《最后的晚餐》丢勒　15
世纪

图11《使徒》贝卡富米
16世纪

图12《工作室》丢勒
16世纪

　　莱芒第是16世纪非常著名的版画制作者，他从早期开始模仿丢勒的作品来销售自己的版画，他刻制的都是基督教的故事，销售得也非常好。丢勒发现其在模仿自己的画作进行售卖就将其告到了法院，这是世界上最早的版权法产生的经过。毫无疑问莱芒第输掉了官司，因为他不仅模仿了丢勒的造型，还采用了丢勒标识。其后莱芒第以其手工作坊的标识，制作了大量版画作品，今天看来其艺术创作还是有独特之处的，因此他也成了艺术史上著名版画艺术家之一（图13）。

图13《帕里斯的审判》铜版　莱芒第　15世纪

腐蚀铜版技术的发明，为版画创作带来了更多的灵活性和自由性，17世纪的杰出艺术大师伦勃朗就是利用这种版画技术将铜版画的表现提高到了一个崭新的阶段。腐蚀铜版技术将

图14《自画像》铜版
伦勃朗 17世纪

版画创作从素描稿的复制中彻底解脱出来，将雕刀变为一支自由挥洒的笔，伦勃朗创作的作品成为版画发展史上一座无法逾越的高峰。他创作的《三个十字架》作品，巧妙地运用明暗对比，以刚劲有力的直线表现出天空光线的直射，具有强烈舞台剧效果，悲剧情景跃然纸上。伦勃朗一生创作了大量的版画作品，他有自己的工坊，制作的版画销售得非常好。在欧洲几乎所有的艺术大师都做版画，这也说明版画跟艺术家的创作是一体的，是艺术家创作的一种手段、形式，在国外很少介绍说这是一个版画家，因为在当时不可能有一个专门做版画的艺术家，可能就是一个绘画的艺术家而已。（图14）

18世纪的艺术大师戈雅，在铜版画创作中大量使用飞尘技法，它会有很丰富的灰层次在里面。这张版画就是飞尘技法做出来的（图15），反映的是西班牙战争的场景。戈雅利用这

图15《战争》戈雅

种铜版技法创作了如《狂想曲》《战争的灾难》《斗牛》等著名的版画作品。另外一种版画形式石版画在此时产生了，石版制作更为便捷，材料更为廉价，套色更为轻松，能更为方便地复制油画，油画在当时的价格昂贵，一般服务于宗教，世俗上只有贵族才可能去定制的，中产阶级和普通大众收藏艺术的主要途径就是版画。浪漫主义的代表人物之一库里柯（德拉克洛瓦的老师）就运用石版画创作了《二马相斗》等很多版画作品。劳特雷克画了大量的红磨坊舞女，也用石版印刷术制作了很多红磨坊的招贴画，其作品画面色彩绚丽、用色概括，大块色块构成整个画面，形成独特的艺术风格。塞尚是现

代艺术之父，塞尚将古典绘画转变成现代绘画，作为后印象派的代表人物，他的努力使绘画独立成了真正意义上的"绘画"。以前的古典绘画从某种程度来说可能就是一个订单、一个定制的作品，比如服务于宗教、按贵族要求进行创作等，到了塞尚这里，他是在研究画面自身结构的问题，在思考怎么用这些结构来平衡画面，从这幅版画也可以看出来他对于物体体积感的追求和对主观色彩的强调，这是塞尚的为数不多的版画之一。

凡·高大家都很熟悉。这是他少量版画中的一张，是油画作品《吃土豆的人》的复制（图16），运用石版印刷术制作的版画，造型非常朴质。我们原来都觉得凡·高没有造型基础，只有当你细细研究读懂其作品之后，才明白凡·高之所以会有这么高的地位，是因为他把绘画当成了自己的生命，用全部热情在进行绘画，他的画创作之前是没有范本可以参考的，如果前面有范式我们再完全模仿是没有意义的。深圳龙岗区有个大芬村，那里很多人依靠临摹大师的画卖钱，成为很有经济影响的事件。好多年前中央二台有个经济访谈，对大芬村进行了专题报道。实际上这些临摹的绘画跟艺术没有任何关系，比如一个没有学过画画的或有点基础的人去临摹凡·高的画并拿去卖钱，可能还能卖不少钱，但本质上它不是艺术，是商品、产品或者纪念品。而凡·高的艺术价值和成就到底在于什么呢？艺术的价值在于什么呢？在于不断地创新、不断地表达、不断地找到符合时代审美的艺术创作，可能这是艺术存在的价值之一。

图16《四个沐浴的人》，塞尚，
1896年，40×50cm

图17《吃土豆的人》
凡·高 石版 19世纪

图18《粗茶淡饭》铜版
毕加索 1904年

毕加索这张铜版画叫《粗茶淡饭》，是他创作的第二张有记载的铜版画（图17）。毕加索是公认的艺术大师，在艺术创作上不断地创新，建立了现代艺术中的立体画派。他各种时期的绘画都非常有意识，一直在创造新的绘画方式，一生创作了2000多幅版画作品，这些作品散落在世界各地。毕加索创作了众多的版画，他的作品才能够进入千家万户。现在我们在大力推广美育，真正形成这种美的潜移默化的熏陶就要艺术作品进入家庭，当你家里拥有一张像毕加索一样著名艺术家原画的时候，意义就不一样了。

四、版画与其他画种的区别

大家都知道国画是水墨画出来的，油画是用油画材料直接绘制而成的，这些画种都比较好理解。但版画制作有很多印刷形式，就导致大家不便去了解。版画有一些制作的技术门槛，很难用几句话讲清楚，我将其简单地概括一下：版画属于绘画的一种形式，是艺术家的构思创作，通过制版和印刷程序，可以是刀或者化学药品或其他材料在木头、石头、麻胶等版面上雕刻、腐蚀、制版后印刷出来的图形。版画有个"版"的存在，以各种"版"代替了毛笔、排笔、油画棒、油画刀等，是一个"间接"的画种。版画是通过不同的印刷术产生的不同的版种形式，印刷种类多，技法众多，制作效果也非常丰富。正是版画的印刷原理、印刷方式的多样性，形成了版画的品种、技法以及材料的多样性，各种的多样性就造就了版画面貌的多样性，它的风格亦是千姿百态的。

我们先来认识一下版画中的凸版印刷术。凸版印刷是我们国家发明的，刚才讲的第一张《金刚经》扉页画就是用凸版印刷术印刷出来的。凸版印刷是历史最悠久的一种印刷形式，其原理非常简单，凸起来的地方能印出颜色，凹进去的地方没有颜色，早期凸版一般都使用木来雕刻，所以也俗称为"木版画"。现在也有不用木版用别的材料的板材去进行雕刻的，雕刻完成后以版面凸起来的地方进行印刷，统称为凸版画。看一下简单的示意图（图18），上面是纸张，下面是版，这个版可以是木质材料、铁质材料，也可以是别的材料，雕刻凹下去的地方不着油墨，凸起来的地方着油墨，如用油墨滚滚上黑颜色印出来就是黑的，滚上蓝色油墨印出来就是蓝色的，这就是凸版印刷的基本原理。凸版用的工具——各种刀，有中国传统木版的刻刀，也有些是西方传过来的，如圆口刀、三角刀、排刀等，这些工具可以雕刻出不同的刀法效果。木版画一度成为版画的代表，原因是木版画历史最悠久，参与创作的艺术家非常多，木刻版画在国内影响力是比较大的，一提到版画脑海里浮现的就是黑白灰为主、注重刀味、讲究印痕的艺术形式。

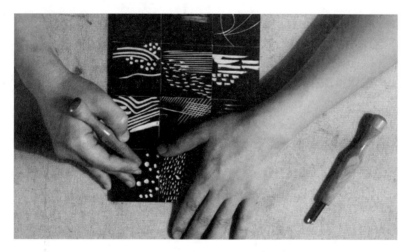

图 19　木刻版画制作

　　这里要提一下的是活字印刷术也是我们国家很早发明的，但发明以后在国内却用得很少，并没有发展起来，这是为什么呢？有可能因为我们中国的汉字组成，不像英文就是由 26 个字母构成。我国的雕版印刷术一直发展得比较好，雕版技师的水平也很高，在编辑书籍雕刻版面时，熟练的雕刻工刻制一张版面的时间，比挑选活字排好一张版面的时间还短一些，因而活字印刷在我国推广得一直不是很好。欧洲的印刷工匠们将活字印刷术进行了改良，制作出金属活字，升级木制的平板挤压式印刷机，使欧洲印刷术得到空前的发展。

　　再来看一下什么是凹版印刷术。凹版印刷的原理与凸版正好是相反的：其图形凹于印版的版面，印刷时，将印版上涂满油墨，再经擦版，把印版表面的油墨擦净，填充于凹入部分的油墨被保留下来，经压力转印到纸张上。凹版以前多用铜这种材料，因而凹版版画亦称为"铜版画"。人民币的印制上采用的就是凹版印刷技术，人民币上的图像，触摸起来图案上的线条是凸起来的，可以断定百分之百是真币。制作铜版画的时候，通过刻画把这个版面刻凹下去。刻制有两种方式，一是直接用刀将版面刻凹下去，另一种是刷上防腐剂先把线刻出来放在硝酸里把线条腐蚀得凹下去。这是15至16世纪铜版画工作室的情景，跟现在的工作室几乎是一模一样的，技师把油墨涂在制作好的版面上，然后把铜版表面上多余的油墨擦掉之后再进行印刷，需要使用印刷机进行压印，凹处的油墨通过压印到纸张上来，最后将印好的铜版画晾到架子上。这张作品反映了整个铜版画制作的过程（图19）。

到了17世纪，平版印刷被发明了出来。顾名思义，平版印刷术的印版不同于凸、凹版，它的图形（着墨）部分和空白（非着墨）部分，在印版上几乎处于同一平面上，通过水油分离的原理获得画面进而转印到纸张上，因而称为平版。平版因版种不同，分为石版、玻璃版（珂罗版）、金属版、PS版（预涂感光版）等。早期平版的版材使用的是石印石，所以俗称"石版画"。早期石版画的制作，选用的是产于德国的一种石材，把石材表面磨制平滑后，等其干燥，用有油性的工具在石材表面绘制，有油的地方在石版打湿以后，就会产生油水就分离的效果，印刷时需要什么颜色，就用专门的皮滚滚上油墨，有油的地方形成亲油部分着油墨，没有油的地方形成亲水部分不着油墨，石印绘版、制版实际上是使版面图像部分与空白部分分别建立亲油层与亲水层的过程（图20）。平版印刷术不断地发展，用PS版代替了石版。当下印刷最常见的印刷方式就是平版印刷术，比如书籍、报纸等印刷现在还广泛应用在我们的生活之中。

图20《版画家们》铜版 伯斯 16世纪

图21 石版画制作

石版画技法中用特种铅笔进行绘制面画就是铅笔效果，还可以运用药墨等材料产生水墨效果。这张石版作品（图21），是李琪老师用水墨技法创作出来的。可以看到石版画具有的石材沙颗粒感，黑白灰层次丰富，具有直接性、绘画性、塑造丰富色调的便利性，独特的语言是其他版种不具备的语言特性，艺术家利用透气的颗粒语言表达手法在造型的变化中构成了丰厚而富有节奏的物象组合，使得画面层次更加丰富，与其他的版种有很大的区别。

丝网印刷也叫孔版印刷，即颜料由孔漏下去形成图形。很早之前，人们就在运用孔板印刷术这种原理了比如在兽皮上打几个孔，然后把颜色从孔漏下去，孔版是遮挡住不需要的部分，将要的区域留下来。孔版印刷的基本原理，就是印版图形部分的网孔能够透过油墨，非图形部分的网孔不能透过油墨。早期制版采用手工的方法雕刻出模版，就是在版膜上形成通透与不通透的两种状态而进行印刷。

图22 李琪作品

孔版印刷有自己的语言和优势，因为印刷时无压力要求，可以说除了水和空气不能印刷，任何承印物都可以印刷，所以现在瓷器上面的很多图案都是用丝网印刷方式印制的。丝网印刷术作为丝网版画的历史是比较短的，20世纪30年代，美国联邦政府为了艺术家的活动而通过了一系列的项目，艺术家们和工人联手共同筹建了丝网印刷技术协会，倡导用此来美化公众的生活。运用丝网技术复制的传统加上艺术品，深受广大公众的喜爱，具有时代特征的丝网版画就此诞生了。其中的杰出代表是安迪·沃霍尔，从他的作品《花》（图22）中可以看到，丝网版画的套色跟之前的版种完成不一样，其套版方式没有图形的正反限制，其他的三种版画方式在印刷时，图形和版面是反的，所以丝网版画带来了套版印刷的便利，丝网

图23《花》安迪·沃霍尔 丝网版画

版画与电脑技术结合也会更为方便，这是丝网版画的重要特征之一。版画的几种基本形式凸、凹、平、孔都逐步发展起来，版画的传播也越来越广泛。

随着科技的发展，又出现综合版画、数码版画等版画种类。综合版画顾名思义就是两个以上的版种的结合，比如说凸版与凹版印刷方式的结合就是综合版画的一种，或者是凸版凹印、凹版凸印都被称为综合版。数码版画就是艺术家在创作时借用电脑软件制版等手段，使用专业纸张通过数码喷绘的艺术作品，数码版的范畴现在还有一些争议。版画自诞生以来就一直伴随着印刷术的更新而发展。版画的"间接性"决定了版画需要通过印刷技术的转化才能更好地表现画面，技术的先进程度决定了画面表现的范围与极限，或可说版画是印刷技术语言人文化的艺术作品。印刷技术的革新造就了不同版种的区分，也正是因为与技术的密切关系，版画艺术的种类与承载物等边界都在不断地打破、拓宽，使版画能够跟随技术的升级创造出符合时代审美的艺术作品，同时也造就了版画的多样性、多元性和不同的艺术效果。

图24《最后一根钢梁》木刻版画
81X53cm
武石 1957年

木版印刷术是我国发明的。木版印刷术诞生以后，木刻版画一直服从于书籍传播而存在，独立成为版画是鲁迅先生大力推广"新兴木刻运动"使其从书籍的插图中分离出来的。创作版画取得了长足的发展和普及，在20世纪80年代，木刻版画在发展中形成了几个重要的群体版画团体，如黑龙江版画、武汉一冶版画等。现在正在湖北美术馆展出"第三届工业版画展"，有兴趣的朋友可以去看看，它是群体版画的缩影和发展的历程展示。群体版画在特定的历史时期为我国艺术的繁荣、美术的普及起到了积极的推动作用，它让版画成为很多美术爱好者快速上手创作的艺术手段。现在学院版画在我国版画界中起着中流砥柱的作用，学院版画和群体版画实际上不应该对立起来，而是交融在一起，共同为版画的发展而努力。

这幅版画作品（图23）与武汉发展有重要关系的——《最后一根钢梁》，是我们学校武石先生的作品。武石先生是一位新四军战士，也是新兴木刻版画的先驱者和奠基者，《最后一根钢梁》套色木刻作品表现了长江上第一座大桥建设的情景，赞美了日新月异的社会主义建设，是版画史上非常著名的作品。经过几代人努力，我国版画迅速传播发展，特别是现在社会不停地向前发展，艺术上百花齐放，版画艺术成为与大众关联最为紧密的一种艺术形式，呈现的是一种不断拓展的、综合的、国际性的概念及一种包容的、跨界的、多元的姿态。这是我们湖北美院版画专业早期学术带头人刘述杰老师的作品《洪湖岸边》，刻画了洪湖上人们捕鱼的热闹场景，画面构成和谐，点线面对立统一，线条形式感强，刀法透露出传统有篆刻的意味，人物造型严谨。这幅是版画系的第一任系主任戴槐江老师的作品（图24），戴老师是1960年湖北艺术学院招的第一届绘画专业版画方向本科生，画面表现的也是洪湖风土人情，作品受刘述杰老师的影响非常注重刀法意味，讲究画面构图。这张《大唐盛世》是戴老师的同学查世铭老师创作的作品（图25），画面黑白对比强烈，中间的灰色层次非常丰富，造型构图都非常完美。他独创了一种技法，将锯条捆在一起后在版上面进行刻画，产生灰色的层次。现在看这张画还是非常经典的。这张是查世铭老师的女儿查赛的作品（图26），表现的是一片树林，整个画面刻画得非常细腻，运

图25《渔歌》木刻版画
戴槐江 1985年

用套版技法进行塑造，可以看出其受父亲的影响，但技法上又有新的突破。这张作品是年轻的艺术家宋能轩的创作（图27），也是套色木刻，画面具有现代感，层次丰富，注重形式和自我观念表达，刀法看似随意性却有内在严谨性。

图 26《大唐盛世》查世铭　　　图 27　查赛作　　　图 28　宋能轩作

　　饾版术自明代胡正言开始运用，到现在也有了新的发展。这两张作品都是采用水印木刻的创作手法：一张是应天齐老师创作的《西递村系列》（图28），作品以层次丰富肌理与大面的黑色的形成对比，即有传统水印韵味又有现代平面构成的意味；另一张是凌俊武老师创作苏州风景园林（图29），精练的画面经营与概括的色彩组织，再现出古典园林之美。这件水印木刻作品（图30）画幅非常之大，长宽将近2米，是中央美术学院研究生院院长陈琦老师的作品，采用的也是传统的饾版术，与明代胡正言当时的方式原理是一样的，画面用传统图像传递出当代中国的文化意境。这是他后来做的水系列作品，

图 29《西递村系列》水印木刻
应天齐　1989年

尺寸非常大，约20米长、4米高，给人震撼之感。传统饾版技艺和现代表现手法相结合，颇具当代性。这是中国美术家协会艺委会名誉主席广军先生的丝网版画作品《采莲图》（图31），画面中呈现出中国传统文人画的意境，莲花、人物都被作者进行了刻意的转换，人与物的造型都在是与不是之间，作品幽默，具有趣味性。这张作品《集结》（图32）是张桂

林老师的丝网版画创作，画面非常现代，却是运用传统水墨进行的表达。广军先生、张桂林先生都是我国丝网版画的开拓者。《北京》（图33）是周吉荣老师的作品，他早期创作了一批

图30 凌俊武作

图31《彼岸之一》180X180cm 水印木刻 陈琦
2002年

描摹北京老胡同的场景的作品，采用感光制版、层层套印的丝网技法，真实地再现了老北京的景象。版画作为一种传播手段、艺术的表达，应该有更多的可能性。徐冰老师创作的《天书》（图34）这件作品很有意思了，带有装置属性，能看到版画重复性的特点，又似乎是宋代古籍善本的再现。《天书》在武汉美术馆展出过，作品里面的是规规矩矩按宋体雕刻出来的，但没有一个是我们认识的汉字。《天书》以传统木版雕刻印刷的手法，创造了具有跨时代性的标志作品。你可以说它是版画作品，但又不是传统的版画作品。徐冰老师从版画出发，逐步形成了自己的语言体系，将版画艺术赋予更为开放的意义。《方块字书法入门》（图35）是用英文字体形成的中文字块，两者之间的转换非常睿智。作品《何处惹尘埃》（图36），将当时"9·11"的大楼爆炸后的尘土做成了一个玩具的模型，带

图32《采莲图》76X53cm 丝网版画
广军 1985年

出了美国，再到美术馆又碾成粉末，然后用漏版的形式写了一句英文，意思是佛教偈语"何处惹尘埃"，来表达自己的思考。这些作品都是版画语言多维度的延伸，正是版画创作所形成的严谨的制作程序和细致的思维意识，让版画家创作出许多优秀的跨界艺术作品。

图33《集结》张桂林

图34《北京》60X68cm

丝网版画

周吉荣 2008年

图35《天书》

徐冰（1987-1991）

图36 作品《方块字书法入门》 徐冰

图37 作品《何处惹尘埃》 徐冰

五、版画的传播性

　　"我一直对版画这种媒介以及版画作为令我的作品为广人所知的媒介感兴趣——能接触到公众。"——戴维·霍克尼

图38《夏天》 勃鲁盖尔　　　　　　图39《路易15肖像》 珂勒惠支

　　霍克尼这段表述中出现了两次"媒介"一词，一语道出了版画的核心属性与内在价值：前面一个"媒介"点明了版画是多样的造型艺术形式中不可或缺的创作手段，即表达的媒介；后一个体现的则是版画应是艺术作品与大众之间的最直接、便捷的交流渠道，即传播的媒介。事实上，不仅是霍克尼对版画媒介情有独钟，自版画这种艺术形式诞生以来，众多艺术家对这种媒介产生了浓厚的兴趣，如丢勒、伦勃朗、戈雅、毕加索、弗洛伊德等艺术家都创作了大量的版画作品。因为版画具有复数性的特征，因此为作品带来了更多传播的可能。我们来看一下勃鲁盖尔这张油画作品《夏天》（图37），反映的是当时农民劳作的场景，做成版画之后会有更多的人能去收藏、去了解，这就是版画的传播方式或者说自身优势。伦勃朗的《基督为人治病》，如果你拥有这样一张版画作品，再看他的一些油画作品一定会有不同的感受，众多的版画作品都是为了传播而存在的。这张《路易15肖像》（图38）是用铜版的形式转换的一件油画作品，用的是铜版美柔汀的技法，非常忠实地将油画作品转换成了版画作品。这是德国表现艺术家珂勒惠支的作品（图39），她主要用木刻进行创作表达，其作品在世界上影响力非常大，

"新兴木刻运动"中鲁迅先生曾极力推广。从武汉走出去的当代著名艺术家曾梵志也非常喜欢珂勒惠支，收藏了很多她的作品，曾梵志老师的早期油画表现一定程度上受到了珂勒惠支作品的影响。版画作为一种表达的创作的媒介存在，是大家都觉得它的语言非常丰富，能选取一个很好的创作方向。这是珂勒惠支非常著名的一张作品，我们能看出其造型是非常有特点的，黑白灰的处理也很有张力。虽然她是位女艺术家，但是她的作品表现出了强悍和巨大的力量感，她独特的风格影响了一大批中国艺术家的创作。康定斯基是抽象艺术的开拓者。据说有一次他外出写生回来后将画放倒了，第二天进画室之后，突然发现这张画很有意思。于是他就在思考这个问题，绘画难道就一定要去把那个"物体"写实地画出来吗？康定斯基由这个思考延续的探索就促进了抽象画的诞生，最早研究画面的点、线、面三个基本因素的人也是他。康定斯基用木刻版画的手法创作了大量的抽象画，对现当代绘画的影响深远，比如我们现在设计课程中要讲平面构成、讲点线面等内容，最早就是康定斯基在包豪斯学院里面进行讲授的。大家可以从他的黑白木刻中看出来，画面中没有具体形象，只有点线构成画面。康定斯基研究点线面之间的规律，并著有一本研究画面构成要素的书籍《点线面》，解构画面中的元素、分析点线面能产生哪些情感，对于绘画元素的探索与研究非常有前瞻性，并在包豪斯带动了现代设计的发展。这幅是印象派大师高更的木刻作品（图40），刻画了在南太平洋塔希提岛生活的土著人的形象，刀法直接有力，画面朴素厚重。

图40《战争》系列　木刻版画
珂勒惠支　1909年

图41《河畔》
高更　木版1893年

 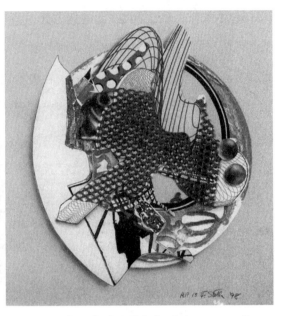

图42　沃霍尔在运用丝网印刷制作作品　　　　图43　弗兰克《维特拉》综合版　1999年

安迪·沃霍尔是波普艺术的代表人物。这是他作画的工作场景（图41），他一直在沿用这种印刷方式进行创作。《易拉罐》是沃霍尔波普艺术达到高峰时期的一件作品，画面是现成品的易拉罐的重复并置，艺术家将它不断地转换进行表达，将一个习以为常的物体变成了艺术创作的主题，和当时的美国与消费文化密切关联的艺术表达相一致。他的作品展示、展厅布置有很多值得我们借鉴的地方，同一个图式作品并置在一起，形成的视觉冲击力是非常震撼的。这样的布展方式便于作品销售收藏。比如说他这张画非常大，标价两万美元，这张小作品标价三千美元，不同尺幅带来的定价差异，可以让大家的消费有更多的选择性，当然现在他的很多作品都要几千万了。因为西方一直以来都有消费文化或者说民众有艺术消费的习惯，这样的消费传统具有很多优点，我们在推广自己文化的时候可以有所借鉴。这是美国拼贴艺术家弗兰克的版画作品（图42），画面中看到有一些印刷痕迹的小局部，他觉得这个效果很好，于是就把它拼贴成了一个作品。这张作品让人感觉到整个画面空间是多个时空的交替，拥有多维度的丰富层次，弗兰克利用版画手段进行自由的表达，运用了版画重复性，重复并置之后在整个展厅里面就会产生很强的视觉冲击感。重复会带给人一种沉浸式的感官体验，进而会感受到版画的冲击力，重复就是一种力量。版画手法的创作，还能运用到公共艺术创作之中，比如涂鸦式的表达方式，将刻印好的作品贴在墙上，形成强烈的对比效果。美国的很多社区不定期都会举办版画作品展，这种展览在小区的一个活动中心举行，墙面上挂满了社区艺术爱好者创作的版画，在美国社区有很多业余作者创作版画。活动中心的地面是艺术家们雕刻的木版，整个中心用版画作品和刻制的版画原版组成，成为一种沉浸式、多样性的展览活动，趣味性强、人们参与度高。这样的版画展览形式能将美育潜移默化地、真正地进行实质性的推广。当下，数字技术飞速发展，国际交流日益密切，版画在新科技新技术应用、公教惠民、教育传播、国际交流等方面都有着突出的表现。从国内外各个城市中多层次、多形式版画工作室的数量上就不难看出人们对于版画的需求与喜爱。

六、版画的收藏

1960年在维也纳举办了一次国际造型会议，会议确定了三条我们收藏、鉴赏、了解版画的最重要的标准。第一条是艺术家利用工具制版使自己的意象转化成图形，也就是说创作版画必须是本人创造的意象。第二条是艺术家自己或是在本人的指导之下由工作室去帮助完成的。喜欢版画创作的设计师、摄影家、文学家都可以去工作室制作，但必须是在自己的监督指导之下完成作品的创作。第三条是最重要的，画作必须有清晰的权利和责任，必须要有自己的签名，要标注印数、张数等符号数据给收藏者一个明确的说法。简单说来版画的收藏就是要注意这三点，特别是第三条非常重要，从版画签名中，就大概知道这件作品的基本信息了。当然最重要的还是自身感受，版画的收藏最重要的还是对画面传达出美感的喜好或者发自内心的一种偏爱，而不是说一定要收藏者去研究版画是用什么方法制作出来的。因而对于版画作品的收藏，主要还是根据个人喜好来进行收藏。鲁迅先生收藏了很多的版画，有来自珂勒惠支等艺术家的一些现实主义的作品，也有日本艺术家的一些具有抒情意味的作品，一生收藏了1000多张版画作品，前些年在武汉美术馆还专门举办一个鲁迅先生收藏的版画展。

版画在形式上比较适合家庭装饰。现在的住宅跟原来的建筑已经完全不一样了，以前的房屋空间高，中堂里可以挂几幅国画；现在的房屋都是在相对单一的建筑结构，空间一般也3米多高，版画尺寸比较合适。这是装饰在武汉会议中心里的一些作品（图43）：都是武汉的一些老建筑，有长江大桥、汉口汇丰银行、武汉大学的图书馆等，采用版画语言再现建筑的宁静之美，这些作品都非常适合装饰家庭。版画的间接性带来的作品的复数性，使得在收藏价格方面，一张版画比一张油画、国画更有优势。可能有的收藏家会问，版画签名怎么是用铅笔来签的呢？其实铅笔在纸上也会留下痕迹，如果涂改也可以看出来原来铅笔在纸上留下的印迹。那么为什么一般不用钢笔签呢？用钢笔书写的痕迹与画面对比会比较强烈而影响画面本身，因而版画一般都是用铅笔签名的（图44）。版画签名有几个规范，比如说这个作

图44 版画作品装饰空间　　　　　　　　　图45 版画签名

品总量是25张，它的印数符号会是1/25、2/25、3/25，以此类推一直到25/25。印数符号还有一些是AP、PP、CP等，写AP的比较多，这些作品是属于艺术家试版用或者自藏，不在总印数之内，但AP、PP、CP编号的数量一般会控制在总数的1/3以内。如印10张画，AP最多3张；印100张，AP最多30张。总印数还是比较重要的，有些印得多的版画收藏价值自然会低一点，印数比较少的收藏价值会高一点。前面讲过版画的间接性带来了复数性，而复数性才更为便捷地带来传播性。当然有些收藏者往往有些疑虑，印出这么多张作品，感觉不是原作，没有唯一性。其实恰好相反，正因为每一张作品签名之后恰恰都是原作，有可能中国美术馆收藏了这张版画作品，你也可以同样拥有这张作品，这就是版画的特点。当然复数性也带来了一些困惑，举个例子：黄永玉老先生早年创作的猴年邮票，邮票炒得厉害的时候，这张邮票的价格非常高，但是大家都不在意邮票印了多少张，收藏的热情依旧不减，等到邮票价值下滑的时候，大家突然发觉这可能是一种炒作。版画作为一件艺术品是不会有这样的炒作的，只要不去收藏价格特别高的作品。版

画作品的收藏还是要看作品本身的价值和意义。黄永玉先生是广军先生的老师，是"新兴木刻运动"的参与者，木刻版画作品制作得非常好，是我国当代数一数二的艺术家，但他的有些版画作品还没有他创作的猴年邮票价格高。这个时候我们可以采用另一种方式去理解和思考收藏：收藏一定是出于喜爱，肯定不是为了追求谋利，过多地在意经济利益就失去了收藏的初心。版画作品收藏前，一定要看清楚画面的签名，版画签名都有严格的规范。不必在意它是什么版种、技法，只要这张作品能打动你，版画签名没有问题，就可以随心收藏了。现在武汉有很多机构都在做版画作品的展览，通过展览可以认识版画、了解版画，再去收藏版画。汉口黎黄陂路的"美联社"，就是一家本土的专业画廊，它举办的版画展览就非常多，大家有兴趣可以去看看。国家重点美术馆湖北省美术馆也会经常举办一些大型版画作品展览，展览里面不仅有传统版画，还有一些有探索性的版画，对于大家收藏版画都会有一些帮助。

七、个人创作经历

我是1991年考入湖北美术学院美术系版画专业，那时候招的学生不多，一个班就招生十个人左右。版画专业是工作室教学形式，一、二年级完成基础课程后，三年级就会按版画种类分工作室进行学习。我当时是进了石版画工作室，这些作品是那时做的一些石版画，其间我发现了一种新的转印方式，觉得很有意思就制作了一系列包括报纸转印之类的画。这张作品就是我大四时期的作品（图45），入选了第八届全国美术作品展，那个时候学生作品能入选全国展览还是很不容易，或许是因为有一种关于传统文化和现代矛盾的创作表达在其中吧。这张画的素材来自同学的一本古书，我用转印的方式，将西方绘画的一些经典图像进行了对比，作品也参加过当时的全国版画作品展。我的本科毕业的创作描绘的是汉口江汉路繁华的商业街道与城市变迁图（46），回想起来已有20多年了。不停地拆建是城市发展过程中的痛点，也是作品本身对城市发展的反思。

图46《迹—A》42cm×48cm 石版
张炼 1994年

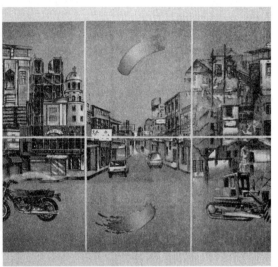

图47《序·尘封的城》40cm×55cm 石版
张炼 1995年

　　这是当时我用电脑制版创作的作品（图47），现在看肯定不算什么了，但那个年代电脑没有普及，还是比较新奇的。毕业创作的时候一直想要探索些新的东西，想将电脑制版等一些新的技术运用到创作中去。这张作品表现的是老家沙市的中山路商业街中心百货商店，城市街道与自然风光并置在同一时空中，形成一种矛盾的融合，有些综合性的复合的表达在作品里面，我创作很少有单一的再现与表达。1996年有幸到中央美术学院进修学习，我创作了一系列的铜版画作品（图48），用席勒的线描的感觉，塑造了传统经典戏剧人物形象，画面比较轻松恣意，采用铜版飞尘与线蚀技法，呈现出中国传统文化的韵味，跟现在所提倡的文化自信颇有关联。后期我又创作了一系列丝网版画作品，丝网版画注重色彩语言的探索，相比之下更契合自身情感的表达。这几件作品是对中国文字的再认识，用抽象构成的方式塑造了中国文字的特点。从央美学习回来，2001年

图48《纯粹的融合》45×55cm 综合版
张炼 1995年

版画系安排我建立了丝网版画工作室，此后我就一直专注于丝网版画创作。丝网能够比较直观和便捷地传递自己想要表达的信息，当然也与我对颜色的偏好有关，很快丝网版画就成为我最主要的创作媒介。在丝网创作中，有关石版、铜版的很多语言我都会把它们合理地保留下来，这大概也算得上是跨版种多的优势吧。这幅《网脉》（图49）创作的初衷源于对电脑技术的探求，彼时互联网还处于萌芽期，同时我也预感网络将会是社会发展的主流。画面中主体形象的马源自传统古画，其造型之中全是机械构成，是对科技和互联网的致敬和表达。《残扇》系列（图50）是以中国传统折扇作为载体，表达对当下城市和生态之间关系冲突与协调的作品，也就是"首届丝网版金奖"的作品。2010年我创作了《镜像山水》，这些画尺幅比较大，1.2米×2.4米，全部用文字代替了传统山水图像，大家看到的这些山水的元素，都是用文字替换形成的，将东西方古典文化艺术交织杂糅在了一起。这个阶段的作品都带有一些复合性，不再是一个单一的画面，更多的是两个或者是三个空间的冲突和对比，是多维度的呈现。

图49《戏之一》25×20cm 铜版
张炼 1996年

图50《网脉》58×58cm 丝网
2000年

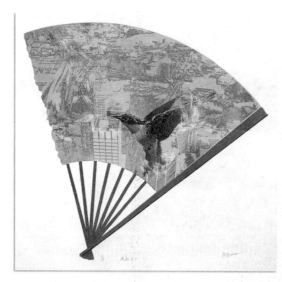

图51《残扇之一》58×58cm 丝网版画 张炼
2001年

图52 折叠的时空 在湖北美术馆展出

2019年，我在湖北省美术馆举办了个人作品展，冀少峰馆长也是策展人之一，他提炼的主题叫"折叠的时空"，展出的是2010年到2019年我从中央美院学习回来后创作的一系列作品。这是展厅作品展示的场景（图51）。展厅中的楼梯做成了一个装置，想表达的是我们楚文化中对水的崇拜或者是我们伴水而生的有关水的哲学的一些外化和思考，将水的纹样制作成陶瓷艺术品，然后重复并置堆砌形成了这个装置。展厅中间的一张作品，创作的灵感来源于石涛的《搜尽奇峰打草稿》（图52）。石涛的这张作品我非常喜欢，可以看出他的哲学理念以及对绘画的理解都有独特之处，还能从画面中能读出当代的精神，画面中处处呈现出现代抽象的意味，很难想象是清代的作品。我用当下的材料、颜色、手法代替笔墨、构成等法则，形成有别于传统绘画的图式，抽离出的点、线、面构建出崭新的视觉图像。这些优秀的传统绘画艺术是值得我们研究和学习的。这几件作品是从传统木刻和画谱中转化对屈原等人物图式的重新解构，形成符合当下的审美。其中这件作品就更为直观了（图53），一边是对传统梅花形态的再现，另一边是镜面不锈钢，通过镜面反射，这组画面与观众产生交流和互动性。展览中《后波普》系列是我尝试的第一批大数量的布面作品，借助于"波普"的语言，再现富有各种含义的建筑造型，以不断重复的单个元素传达出有序或无序的意味。还有一些介乎于装置与绘画之间的作品（图54），将印有画面的压克力进行折弯，通过光的照射作用让亚克力反面都有印记和图形，产生了一种区别于平常绘画作品的视觉效果。

图53《搜尽奇峰打草稿》作品的创作

图54《梅花》作品的创作   图55 "折叠的时空"的展览现场

　　每一个时代的知识分子、艺术家抑或其他人群，做的事情一定得和这个时代有关系。我们所处的时代，是信息全球化的同一形态，艺术家在创作中有相应的思考也是自然而然的事情。我觉得版画因为语言、载体的丰富性，可以成为一种很好的艺术表达和思考方式。最重要的是因为它的间接性带来的重复性，为美育的推广带来了便捷，为人们对美的理解提供了更好的传播路径和通道。中国版画从"新兴木刻"走到今天，伴随着国家综合实力的日趋强盛，已经形成了一个非常丰富多元的局面了。而且随着社会的发展，美育在全国有力地推行，在大家的共同努力下，让版画回归到"媒介"本身，版画的发展状态将会越来越好。以上就是今天我给大家分享的内容，谢谢！

八、重点提问与解答

提问：对木心版画艺术有什么看法？

张炼：由于陈丹青先生的极力推崇，木心先生回到了大众的视野之中，个人认为，相对而言木心先生的文字对人们产生的影响可能会更大。木心先生的绘画有其独特之处，他的版画更多的是以平版为主，做得非常好，画面做了很多的机理表达，作品有一定的高度和水准，值得收藏。

提问：木刻画、木版画、铜版画的区别是什么呢？

张炼：木刻画实际上是木版画的另一种称呼，总体来说用木板做的版画都叫木刻版画，所以这两者是一样的。木版画和铜版画的区别在于一个是凸版印刷，一个是凹版印刷，印刷出来的效果不一样。从画面语言来说，木刻画主要讲究刀法和黑白灰处理，通过刀法来表现画面。铜版因为技法较多有线蚀、飞尘、软蜡等，所以它主要体现的是画面层次和肌理的丰富度。

提问：武汉有哪些版画工作室？哪里能看到比较好的版画展览？

张炼：武汉的版画工作室主要有两个：一个在汉口的五号版画车间，还有一个是在创业天地的播普画廊。另外只要美术馆有版画作品展览时，也都会有一些很丰富的公教活动，里面会有一些版画创作体验活动。我举办个展时就在美术馆做了一个丝网版画的公教活动。我们现在已经建党一百年了，如果往小康社会发展的话，我觉得版画是推广美育的一种非常好的手段，因为其间接性带来了操作性，操作过程中的乐趣会让我们在作画的时候非常有成就感，这种成就感和画张画是有区别的。我讲一个小故事，二十多年前我兄长在日本留学，他给我带回了一本书叫《木版画的启蒙》。我看后很感慨，二十多年前日本做的书就如此精致了，不是说那本书多有学术性，而是书后面有模板，把模板拿下来买了木板之后对着刻，刻完之后按照步骤印出来就是一张很漂亮的版画，从这一点可以看出他们版画美育推广是细致而深入人心的。直到现在日本每年都会举办用指定的汉字来表达的艺术的活动，还有很多业余作者用版画的形式做贺年片，每年都举办贺年片的大赛。日本有日本画、西洋画，有很多的艺术样式与门类，但日本的版画非常发达。我们中国同样有国画、油画，也有一些当代艺术等门类和样式，但我觉得版画还没有真正走入千家万户，所以希望大家多去关注版画的发展，一起推动版画的传播与普及。

提问：很多画家都画过自画像吗？

张炼：是的艺术家都比较喜欢画自画像，我也曾经画过，在考美院做练习的时候画过很多张。进入教学岗位以后，特别是艺术创作的时候，我更多关注的是一些文化的传播问题，人物创作相对比较少，当然现在也做过一些如鲁迅先生以及抗疫人物等。以前的艺术家画自画像比较多，画自画像多的艺术家，可能是对个人有充分的自信和自我肯定吧。说一个插曲，摄影技术就是一个法国艺术家发明的，摄影的出现虽然没有把绘画打倒，但也把一些审美的门槛给降低了。摄影技术发展到现在，画自画像变成了用手机自拍，这也是一种自我表达，所以说自画像还是一个时代或者阶段的产物。

提问：鲁迅先生为什么要选择木版画来作为革命文化传承的手段？

张炼：这是有历史渊源的，首先"五四运动"以后人们对以往的绘画遗风诟病较多，觉得山水的复古画派对中国的未来是没有什么作用和希望的，才有了到日本、西方去留学改造中国画、改造中国的思潮。专门的美术学校就是在此背景下产生的，上海艺专是刘海粟创立的，他首先把人体画引入了绘画教学之中。湖北美术学院是1920

年建立的，大家都觉得要学习西方绘画来改造传统绘画。为了唤醒民众进而改变国家命运，鲁迅先生提倡用版画作为启蒙民智、教化民众的工具，并身体力行地为版画的传播和推广做了大量的工作。到了20世纪—30年代的时候，鲁迅先生在左翼运动中选择木刻出于三方面的考虑。第一，我们的木版画和书籍插图没有作为一种创造的表达。第二，两派之争中大家都很矛盾，一方面要完全学西方进行油画创造，一方面传统国画也在进行积极探索。鲁迅先生认定版画艺术"当革命时，版画用之最广，虽极匆忙，顷刻能办"，木刻版画是最适合现代中国的一种艺术形式。第三，鲁迅先生很早就开始收藏版画，他对版画有了解，觉得把木刻版画作为革命的表达是比较恰当的，也是方便的，并且成本较低，木刻版画的创作工具比较便宜。鲁迅先生基于这些因素选择了木刻版画。他工资比较高，好像有两百大洋，在上海要满足一家人的生活开销，三个大洋就够了，所以他有经济实力去推广版画，他支持年轻版画家做版画作品展览，还会收藏一些展览的版画作品，让这些艺术家可以生存。鲁迅先生不仅推广创造性的木刻版画，对传统的"饾版术"他也进行了积极的推广，北京荣宝斋之所以能够生存下来也有他的功劳。当时鲁迅先生跟郑振铎一起讲起要复刻明代的《十竹斋笺谱》，后面由鲁迅先生出钱，郑振铎在北京找到荣宝斋，复刻了一批水印木版画之后，荣宝斋也因此得以生存下来，传统水印木刻技艺才得以传承。

提问：凸版和凹版怎么结合？

张炼：这个要看在版画创作中的具体应用，要看创作手法的需要，可以用凸版也可以用凹版。比如说把铜版凸印，不把铜版的线里填满油墨，而是表面作色直接印出来，这样的印出来的线条就是白的，画面就能产生特殊的效果。凸版和凹版也可以结合起来运用，先印好凸版再印凹版，也会产生不一样的版画肌理。结合运用主要还是取决于艺术家在作画时的掌握和表达，是比较灵活的而不是机械的，因为它可能印出来的效果不一样，有一些偶然性的存在。版画的偶然性也是很多人会去选择做版画的原因之一。

提问：木版画本身有哪些特性？

张炼：木版画最基本、最独特的艺术表现语言应该是刀痕。刀痕是木刻版画语言的精髓，木板在雕刻过程中留下的痕迹自然流畅，一些刀痕偶尔留下的效果也会为画面增添魅力。木版画的精练概括、黑白灰的干脆明确，刀法的力道与节奏等都是它的特性，木版画是中国版画的重要组成部分。

提问：版画收藏相对于其他艺术门类有什么不同？

张炼：我觉得首先是价格，版画的价格一般会低于其他艺术门类，上次我到美国参加版画年会，有很多学生的版画作品做得非常好，价格有20美元、50美元、300美元不等，我收藏了很多，这些作品既可以看到美国版画的现状也可以让学生们作为学习参考用。版画对于艺术的推广、审美意识的提高都有积极的作用。中国自古便有古玩收藏的传统，虽说古玩物品有一定收藏价值，它毕竟是一个玩物，而且有很多门槛和陷阱。而我收藏艺术作品如版画或是其他画种时，它是一种直接的艺术消费，我觉得这种收藏更有意义。再者，版画的规范签名可以确定是艺术家的原作，或者是去正规的画廊、机构收藏就不会存在上当受骗的可能。因而我一直觉得艺术收藏从版画开始是一个比较好的选择，因为版画的间接性和复数性，同时印的多张作品收藏价格自然就便宜很多，一些知名艺术家的版画更有收藏价值。版画的尺幅不大，比较方便用于装饰家里的空间。同时版画又是一种原创艺术品，这也是版画存在的意义和价值。

作者简介

　　赵逵，华中科技大学建筑与城市规划学院教授、博士生导师。中国文物学会会馆专业委员会副会长，中国会馆建筑遗产保护研究中心主任，美国佛罗里达大学访问学者，国际古迹遗址理事会（ICOMOS）国际会员。研究方向为传统建筑与遗产保护、生态建筑与地域建筑。主持参与多项国家自然科学基金项目，相继出版《一本书读懂中国建筑》《川盐古道——文化线路视野中的聚落与建筑》《历史尘埃下的川盐古道》《西南民居》《中国建筑简明读本》等著作，设计规划项目多次获得省部级奖励。

美轮美奂的古建筑类别——中国明清系列会馆

赵逵

在我国历史上有过这样一种建筑，它以地方神祇之名建造，由流寓客地、有着相近血缘、语言和文化背景的"原乡人"在异乡建造。这就是会馆，兴盛于明清，后因交通发展和社会变迁在民国时期逐渐消失。

——题记

一、会馆的出现与消亡

大家好！非常感谢"长江讲坛"给我这次机会，让我跟大家分享一个现代人看来比较小众但很有趣的建筑类型——明清的中国会馆。

我本身是学建筑、做古建筑研究的，但是今天我讲的会馆之美，并不仅仅是雕龙画柱的这种美，更多的是和大家分享会馆之美背后的历史、地理、人文与交通，包括商业与文化的交流，而这些所有因素内在的动因和它们之间的关联，其实也是一种蕴藏在其背后很奇特、很有趣的美。

明清会馆出现和结束的时间很有意思。它在明中晚期才刚刚开始出现，这一时期是学界所说的资本主义萌芽、真正的商业（大规模运作）的初期；而到了民国时期，会馆就基本上慢慢地消亡了。我们现在看到的会馆基本上都是过去留下来的，很少有新建的。当然，我们现在会看到各个地方的驻京办事处、驻汉办事处，具有一点过去会馆的性质。会馆本身是一种同类型的人在各种交流的过程中，比如在远方去做生意或者去旅行的过程中，大规模聚集的同类人建的建筑类型。比如说大规模的远行，有可能是移民，如湖广填四川，江西填湖广这种移民；也有可能是做生意，比如湖北人跑到广州去做生意，大规模地聚集在那里，就有可能在那打造湖广人的会馆。还有同类型的人，比如说做布匹的、做船工船帮的，在长途航行的时候聚集在一个地方，他们也会做同类型的、同行业的会馆。所以我在这里讲的就是某类人聚集在一起，对外展现实力，对内切磋技艺、联络感情、供奉神祇、管理帮会的一种会馆。

明清会馆还有一个很有意思的地方，它一般都会以神祇的名义出现，这一类人聚集在一起有共同的信仰，所以各种各样的会馆一般除了叫什么会馆以外，往往还会以宫、庙这样的名字出现。比如说湖广人到外省所建的湖广会馆都有共同的名字叫禹王宫，江西人会建万寿宫，福建人会建天后宫。这些人到外省为什么会建这些宫呢？这背后有很多值得探讨和挖掘的地方。

很多人会问我：在明清时候出现的这些会馆，为什么到了民国的时候就慢慢消失，没有这样的建筑了呢？其实我们可以想象一下，什么情况下人聚集在外省的时候会愿意去建会馆。在我小的时候，在广州见到武汉人，可能会有一种"老乡见老乡，两眼泪汪汪"的感觉，但我们现在到了广州见到武汉人不会有任何感觉，因为太多了。在便捷的交通没有出现的时候，没有大规模的人去广州，零零星星的人在那也建不起会馆；当交通非常通畅的时候，大规模的人过去又很快可以回来的，这样会馆也没有存在的必要。只有大规模的人流动过去，却很难轻易往返，人的思乡情和老乡之间互相的帮助，同行业人扎堆聚在一起，跟另外行业的争斗、分配利益，扎堆拧成绳的这种愿望才会产生。所以会馆的出现，需要便捷的交通与大规模的人口流动。但一旦交通太过顺畅，这个会馆就没有生存的必要和空间，它也自然而然消失了。

二、会馆的作用与意义

在现代社会，假如有商业纷争，我们自然而然想通过法律等途径去解决。但是在过去，比如说一些商业的村镇，如果出现了商业纷争，人们并不都是通过到衙门、官府去解决问题。那会通过什么呢？古代社会里血缘聚落可能会通过宗祠、家庙、祠堂这样的宗族社会来判断对错、解决纠纷；而在商业聚落里面，从事某类商业活动的人，聚集在一起出现了纠纷，很大程度上是通过会馆、公所来解决矛盾。从专业角度叫"业缘型聚落"，会馆对商业秩序管理起着很重要的作用。

同时会馆还会承担很多必不可少的功能。除了扎堆、解除纠纷以外，婚丧嫁娶等很多事也在会馆里面进行。比如说客死他乡，过去都必须把尸体运回故乡。那怎么运回去呢？他们很多人甚至会把尸体放在会馆里面，很多会馆会有专门的善房叫停尸房，等有人需要回到家乡再往回运。所以会馆这样的建筑类型，对明清的人来说有非常重要的意义。但是在这些背后其实还有很多很重要的事情，我可以把会馆的功能慢慢给大家展示，因为这种流动带来的人员聚集、来回的交往会带来什么样的故事。

会馆以一个很独特的方式——酬神娱人，将同类人聚集在一起。我刚才说所有的会馆都以神的名字聚集在一起，古代聚集人群主要是唱大戏，在戏楼里演戏。演戏的目的先是酬神，然后再用酬神的方式娱乐众生，娱乐普通的人。所以会馆在古代是商人或者某一类人聚集的地方，他们也会为了展示自己的实力，建造漂亮的会馆，互相争奇斗艳。这种斗艳中很重要的就是唱戏，所以戏楼在古代的会馆当中是一个很重要的组成部分。

（一）各省会馆

比如北京湖广会馆，它也是中国文物学会会馆专业委员会的会长单位。湖广会馆在今天依然是北京很重要的交流、唱戏和吃饭的地方。实际上在过去，中国有三个会馆，是很重要的三大戏帮会馆：一个是北京的湖广会馆，一个是天津的广东会馆，还有一个就是武汉的山陕会馆。北京的湖广会馆重要到什么程度呢？很多老武汉人都知道，京剧的创始人之一谭鑫培是从武汉江夏出去的。谭鑫培去北京唱戏的时候，主要是在北京的湖广会馆里面唱戏，包括孙中山也在这个地方演讲，国民党第一次代表大会也是在北京的湖广会馆里召开的。这个地方为什么能发生这么多重要的事件呢？首先，这里有20多米跨度的室内大戏楼，这20多米跨度都是用木结构建造完成的，我们现在这么大跨度的报告厅就是用钢筋混凝土建起来也很不容易。在晚清、民国的时候想做这么大跨度的戏楼，实际上非常难做到。正因为在这个地方有这么大的跨度戏楼，所以过去会聚集非常多跟湖北、京城相关的交流，旅居北京的湖北、湖南人都会在这个地方活动。

除了湖广会馆，现存的还有天津的广东会馆，里面也有一个20多米大跨度的戏楼。天津的广东会馆是现在天津的戏剧博物馆，每天都有戏剧表演。在民国的时候也有杨小楼、梅兰芳在此表演，又因为它是天津的广东会馆，所以广东早期的革命家，包括孙中山、黄兴，他们也会选择在这里进行演讲。

三大会馆中汉口的山陕会馆，现在只能看到几张老照片，后来在汉口的园博园门口又复原了一个山陕会馆，只不过跟当年的山陕会馆的规模是不可同日而语的。

当年，山陕会馆在汉口《竹枝词》里是这样描述的："各帮台戏早标红，探戏闲人信息通"，就是这个戏还没有开始的时候，各帮台戏都已经满座了，路上全部互相打听山陕会馆里演的是什么戏。"路上更逢烟桌子，但随他去不愁空"，意思是路上都是摆着喝茶，抽大烟的地方，人坐在那里聊天，随着这些人流去的地方，都不会担心沿途摆的这些茶位放空。所以大家看图（图1），这是一张在民国的时候拍的看戏满是人头的样子。其实我刚才讲的这三大会馆其中两个都还存在，只可惜在汉口华界的山陕会馆已经消失了。

图1 汉口山陕会馆内看戏的场景，民国转到汉口民众乐园

　　由此可以看到，会馆对外省人来说具有重要的意义。像康有为、梁启超的维新变法，分别在北京的南海会馆、粤东会馆以及北京新会会馆发生和推行；甚至像鲁迅那些耳熟能详的《狂人日记》《孔乙己》，我们一般认为他是在自己的宅子里写的，但根据很多资料记载，他是在北京的绍兴会馆进行创作的。可见，如果过去外乡人在其生活所在地有一个自己的会馆的话，他们会非常依赖这个会馆，会在这个会馆里做很多事。尽管我们看到的只是这些名人留下的痕迹，但同时那些非名人，那些同乡人，也会在这里留下非常多的印记。

（二）行业会馆

　　上面讲的是各省会馆，也叫移民会馆，还有一种会馆类型，叫行业会馆。比如在我们湖北和陕西相交的地方，有个漫川关古镇，此处有一个骡马会馆。骡马会馆是一种行业会馆，是赶骡马的人聚集的商业会馆。这里面有两个戏楼，在一起唱对台戏。我们过去经常听到唱对台戏的说法，但是真正见到唱对台戏的地方其实并不多。而漫川关的骡马会馆是一对双戏楼，可以想象当时这个地方商旅的繁华和大家在此争奇斗艳的场景。

　　行业会馆还有很多。比如在河南、湖北和陕西交界处，隶属河南南阳的荆紫关有个平浪宫，它其实是一个船帮会馆。因为荆紫关是丹江水汇入汉水的一个很重要的位置，所以它是丹江上的交通要塞。丹江上的行船很多，汉水和长江上也有非常多的船帮会馆，比如王爷庙、水府庙，还包括我们武汉的杨泗港。过去有个杨泗庙，这些地方过去都是船帮会馆，是船帮停留聚集的地方，是船民跑码头在外地长期扎堆聚集的地方。包括自贡——我们曾经做过深入的盐业研究，自贡在晚清、民国时期是一个很重要的产盐地。自贡有船帮会馆，就是自贡王爷庙，也有个戏楼。在它附近有张飞庙，也叫桓侯宫，是屠夫会馆。可以想象一下，那时候各行各业都有自己的会馆，而且你看这些会馆，一个以屠宰来祭拜神的屠夫会馆都能建得如此奢华，就可以想象过去的这些商人、移民在各个地方所建造的建筑的华丽程度。

三、会馆分布的原因与特点

武汉现在保留下来的很多连武汉人自己都不知道的匹头公所，它们坐落在在汉口一些很不起眼的地方。实际上这个匹头公所在过去是卖布的会馆，属于布匹行业的行业会馆。武汉的会馆在历史上非常多，据统计有349座，同时期的北京会馆统计有391座。但是北京有大量会馆属于试子会馆，是一种专门为进京赶考的试子建的会馆。但如果除去试子会馆，单谈商业会馆的话，武汉毫无疑问在当时是全国商业会馆最多的地方。

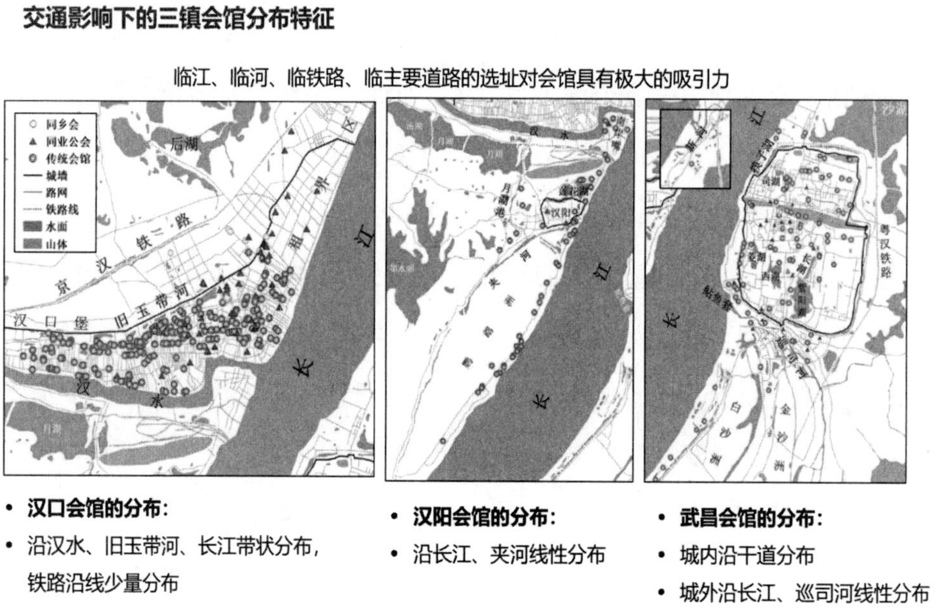
交通影响下的三镇会馆分布特征
临江、临河、临铁路、临主要道路的选址对会馆具有极大的吸引力
同乡会
同业公会
传统会馆
城墙
路网
铁路线
水面
山体
汉口会馆的分布：
沿汉水、旧玉带河、长江带状分布，铁路沿线少量分布
汉阳会馆的分布：
沿长江、夹河线性分布
武昌会馆的分布：
城内沿干道分布
城外沿长江、巡司河线性分布

图2 武汉三镇会馆分布看商业城市与行政城市的区别——明清商人群体的崛起

很多人会有这样的疑问：为什么武汉在晚清、民国的时候会出现商业会馆聚集的形势？大家略展开思考一下就能够理解。这是三张图（图2）：左边是汉口老城会馆的分布情况，中间是汉阳城，右边是武昌城，图上红点表示的是会馆分布的情况。可以看到：汉口的会馆全部都分布在城里面；汉阳城比较小一点，而且所有的会馆都分布在汉阳城以外；武昌城的会馆有一部分在城里，有一部分在城外。为什么会这样呢？我们知道汉口城是完全因商业而形成的，汉阳城是由府城的格局形成的。所以有汉阳府和汉阳县，府县同城，它们都在这个城里。那武昌城呢？武昌城除了有武昌府在这以外，还有湖广的总督府在这里，可见武昌城

非常大，它是多次扩界形成的。所有府城内，特别是行政府城的会馆都是受到限制的。之前有人说，过去规定戏帮子看戏不能在城里面看，都必须在城外看。由此，根据武汉三镇三座城就能发现，与因商业形成的城相比，因府城格局形成的城，它的商业会馆在此处是被排斥的。所以府城汉阳城里基本上没有什么会馆，所有的会馆都位于城外，而商业城汉口堡却多在城内。

在这张武昌城图，左下角湖水空旷的地方，是当时湖广总督府所在的地方；右下角那一片比较空旷的位置是部队的所在地。北边是现在的民主路沿线，那条线上会馆比较少，为什么？因为这条线过去叫"府衙路"，武昌府的粮道街、粮道署等政府部门就位于此处，这里的会馆相对来说也比较少。在这些府县外围的地方，商业会馆会相对多一些。但是到了汉口城就完全不一样了。汉口完全是因为经商而形成的，到明中晚期才慢慢形成。汉口真正的城墙是到清中晚期才建成的——就是汉口堡北边的这道城墙，而且是单边的城墙，而不像府城建立了一圈的城墙。这个城墙本身并不是为了防御外敌，而是为了防洪。汉口，城墙以外基本上没有什么会馆，只是零零星星散布着几个。因为在汉口城以外，过去全部是一片水泽。建这个城墙并不是为了战争，而是为了防止外围的洪水流进来。我们会以为城墙、护城河都是为了打仗用的，其实很多地方的城墙，特别是在我们江汉平原、华东平原上的这些城的城墙，其最主要的目的除了打仗还有防洪。对于城墙外面的壕沟护城河，我们当初也以为是为了抵抗外敌侵入，但其实它很重要的目的，就是把外周流入的水排出去。所以壕沟、护城河大多是连通到江河中去的。有些护城河还有航运的目的，把江河的货物运到城里，所以有些护城河边上也汇集很多商业会馆，比如汉口的玉带河，我后面会细讲。

这张（图3）是在晚清的时候，站在龟山顶上拍的照片。这张图拍的是汉口。我们可以看到，整个的龟山脚下是一片湖泽。张之洞后来把这一片湖填了起来，做了兵工厂和钢铁厂。现在这里成了汉阳铁厂和兵工厂。远处的这一片建筑比较多的地方是南岸嘴，但现在这里已经变成了一片绿地。南岸嘴是汉水与长江交汇处，是汉阳城会馆比较聚集的地方，但因为聚集会馆的这些地方现在都已经被拆光，我们现在基本上看不到汉阳的会馆建筑了。

图3 汉阳龟山北望汉口

我们再看一下汉口的会馆，汉口的会馆分布有什么特点呢？如果大家对会馆特别了解的话就会知道，长堤街的会馆是特别多的，现在汉口的长堤街依然存在。拥有会馆较多的街道还有汉正街，但汉正街的会馆也在十年前被全部拆掉了。不过在长堤街的附近，现在依然能找到准提庵、新安书院这些地方。准提庵就是过去安徽商人的会馆，新安书院也是徽商在这里建的会馆，因为他们很有钱，足以给子弟建这样的书院。

在过去，长堤街和汉口堡之间是玉带河，玉带河是连接汉口和长江的一条水路。早期此地还是空荡荡的，后来又被英租界和俄租界租了下来。为什么会空荡荡？因为这里是玉带河的入江口，所以在玉带河入江口的边上——在两河交汇的地方，才有大量建筑出现。（图4）可以看到，汉口的会馆是沿着玉带河边长堤街分布的，另外一个是沿着汉正街分布。这是汉口会馆分布最集中的两个地方，为什么会出现这样的情况呢？其实是因为整个的汉口都是建堤坝建出来的。在建堤坝之前，汉口只是一个叫"汉口镇"的地方，零零星星地散布着一些房子。随着第一道汉正街堤坝的建立，把水挡在了外面（长江和汉水之间的堤坝，是从明到清的过程当中慢慢建起来的。这个堤坝并不仅仅是汉水和长江入江口的，而是整个的汉水沿线和长江沿线的堤坝），这层堤坝和汉正街之间就形成了闭合的圩垸，也自然地开始出现了商业。从汉水上下来的商人都会在这里聚集。继续扩大之后，就有了长堤街。过去，位于长堤和汉口堡的城墙之间，实际上是河两岸的堤，是利用河两岸的堤建成了长堤，长堤内有更多的人可以聚集；接着，又建造了汉口堡这道城墙，再把玉带河给填上。所以玉带河上有六渡桥等各种各样的桥的名称，只不过现在都是中山大道的一条旱路了。玉带河入汉水的口叫硚口，在这个地方修建了一个闸，叫"硚口闸"。建了这个闸之后，玉带河慢慢干涸，才逐渐变成可以居住的地方。所以在玉带河这条线上，汉口堡上的所有建筑，基本上都是民国的建筑、欧式风格的建筑。玉带河河床是汉口城墙以内开发最晚的地方，而玉带河边上，长堤街外，却是最早这些商人建会馆的地方。

图4 汉阳会馆分布图

汉口沿着中山大道，即汉口堡城墙的位置，城墙外面有一道水，里面也有一道水。外面这道水也是一道护城河。再往外是什么呢？是一片叫后湖的地方。后湖再往外看是什么？是墩抬圩垸。人们都生活在水泽之上的高地。在有人生活的地方，围一圈城墙，让水进不来，人就可以在里面生活。水涨起来后，人就退到城里；水退掉后，人再出来到外面耕种。那个时候汉口人的耕种和生活的方式，实际上是一种"水进则退，水退则进"的方式。

在这样的湖泽环境里，不会出现大规模的商业、大量外来人口的聚集。外来人口只会沿着江河两岸的边上，过去的通道都靠水路，在水运交通堤坝边上形成外来人口的聚集。所以不难理解为什么汉口最早的会馆会沿着长堤街、汉正街这些堤坝形成的街道分布。

图5 武汉现保存较好的两个会馆

我们从会馆的分布、会馆的演进可以看到汉口城——一个商业城的变化。如果把汉口的城墙和汉水以及长江的堤岸合在一起，实际上也是一个大的圩垸，所以汉口城在晚清的时候实际上是围成了围堰，人们生活在里面。实际上这种城与水的关系在整个江汉平原都在发生，我们后面会讲。这是我们现在武汉还保存得比较好的两个会馆（图5），这两个会馆相邻，一个是江苏会馆，一个是宁波会馆，但是这两个会馆已经不具备典型的会馆样式，它已经很欧式了。武汉非常具有典型会馆形式的是在汉口华界这一部分，会馆主要是在汉口华界，当然华界被破坏得太厉害，除了准提庵、新安书院等个别会馆，大多数会馆都已经不复存在，只在靠近租界的地方，留下这两栋已经不太像会馆的会馆。

所以我前面这个引子，讲的是汉口会馆是怎么分布，汉口为什么这样分布，汉口在过去怎么由一片水泽之地变成了大型圩垸，变成了中部非常重要的城市。其实在整个江汉平原上都在发生着和汉口城很相似的变化，如果理解这种江汉平原的变化就会理解湖广会馆的含义。

四、建设会馆的原因

（一）地理环境与治水——湖广会馆

我们所有的湖广会馆在外省做的会馆，都有共同的名字叫"禹王宫"。为什么会祭拜禹王？为什么在明、清之际，在中国会出现"江西填湖广，湖广填四川"的大的移民活动？湖广人祭拜禹王跟治水是非常有关系的，在所有各省里面，只有两个省在祭拜治水神，一个是四川省，一个是湖广省。四川会馆叫川祖庙，里面祭拜的是李冰父子，将其作为都江堰治水的大神。为什么会这样呢？早几年如果到东西湖那边问老人，老人都会说东西湖这个地方过去属于云梦泽或者属于洞庭湖的。湖广为什么叫湖广？有人说是不是湖北、湖南、广西、广东各占一点，其实不是。湖广就是湖泽广大之地，湖南、湖北一直都是在湖广省的格局中，并没有分开，到了晚清和民国的时候才慢慢地分成了湖南和湖北。为什么过去分不开呢？因为过去我们的地理逻辑是所有的水流入湖广盆地，中心最低洼的地方便是洞庭湖、云梦泽，所有汇入水系流经的地方就叫湖广省。四川盆地也是，四川盆地所有的水都是流入四川盆地，水流经的地方叫四川省，只有一个出口就是长江三峡。湖广省也是，湖广省四周全是大山，所有的水流到湖广盆地，只有一个出口就是长江。从鄂州、黄州到九江，引到鄱阳湖。鄱阳湖也是的，所有的水都流入鄱阳湖，流经的水域叫江西省，只有一个口出去，还是从长江流出去最后引入大海。

所以过去分省是怎么分的呢？所有流入四川盆地的水，这个界限的地方就都叫四川省，所有流入湖广盆地水的地方都叫湖广省，所有流入鄱阳湖水的地方都叫江西省。湖广盆地所有的水都流进来，只有一个口子可以流走，我们知道现在我们看到的都是长江、汉水，包括支流上全部都做了高高的堤坝，一到下雨的时候堤坝上的水都是悬河，一般要涨到高于两岸地面五六米才到警戒线。就是说，一到下雨的时候，长江、汉江的水都是高高悬在我们头上的。那堤坝是什么时候建起来的呢？宋代到清中晚期。我们可以想象在堤坝没有建成之前，一旦下起雨来，这地方水泽漫漫，会是一种什么样的场景。唐代很多的诗，比如孟浩然写的《望洞庭湖赠张丞相》，"八月湖水平，涵虚混太清"，八九月份是要抗洪，四川也在抗洪，江西也在抗洪，湖南、湖北更是要抗洪。所以在唐代一旦下起大雨，没有堤坝，所有的水都汇集到四川盆地，四川盆地的水又全部流到了湖广盆地。湖广盆地的水到了黄州，在鄂州两边是有崖壁的，雨水一旦拥堵汇集不出去的话湖广盆地内就会是一片大的水泽，云梦泽和洞庭湖会连在一起，所以"八月湖水平"。过去的河道水都涨起来了，河道都看不见了，"湖水平"，湖水和江河都混在了一起。"涵虚混太清"，看不见草地，看不见陆地，水全部连在一起。"气蒸云梦泽，波撼岳阳城"，在云梦泽，云梦烟气涨起来会震撼到在洞庭湖边上的围堰。当水泽漫漫的时候，我们可以想象河道已经看不见了，陆地全部被淹掉了，这个时候还能不能行船，在湖广盆地水少的时候行不了船，水多的时候依然行不了船，因为在过去水多的时候河道都没有了，看不清河道，可能走着走着就搁浅在泽地上。所以在八、九月"涵虚混太清"的时候，船都停下来了，人们只能到禹王宫里面祭拜神明，让雨退去，能够重新行船。因此最后一句跟前面这种场景连在一起很容易理解，叫"坐观垂钓者，徒有羡鱼情"。为什么突然讲到鱼呢？就是因为在水泽漫漫的时候，我们本来能行船的地方走不了船，看不见河道了，河里的鱼却已经游到了陆地上，原本没有鱼的地方有了鱼，人们可以在那里钓鱼。所以"坐观垂钓者"，在那里看着人闲着，坐不了船，只能在陆地上钓鱼。"徒有羡鱼情"。只能羡慕鱼在游不了的地方游，而我却被水困住哪儿都去不了。

所以这首诗只有唐代的诗人才能写得出来，因为他写的是唐代江汉平原、湖广盆地里面，云梦泽和洞庭湖连成一片的感觉。我们可以想象，在这样的地理环境下，南北的交通是非常难打通的。湖广盆地是从四川盆地出来的必经之路，也是若要从北方往南方去，在东边除了走运河以外，唯一一条进入南方的通道、再通过湘江往更南边的地方走，因此这个地方如果被拥堵住的话，中部的交通格局其实是非常难打通的。在唐代的时候，不光是湖广盆地是这样的，四川盆地也是如此。所以在唐代是很难出现大规模的人口流动，也自然而然地可以理解不会出现会馆这样的建筑形式。

在民国的时候，用现在的话说，整个汉口的GDP的产值，在中国是稳居前四名的，只有上海、广州、北京和汉口可以比肩，我们现在武汉能够回到前十名已经非常幸运。当时在长江中上游的沿线，所有繁华的商业小镇都有个共同的名字叫小汉口，到了中下游叫小上海，所以在长江上最重要的城市就是汉口和上海这两座城市。

为什么会出现这样的现象？刚才讲到这个水泽的变化，我们就能够理解。当这些江河河道被固定，不能漫流成为湖的时候，大量的耕地就出现了。而大量耕地就能容纳更多的人口，大量的移民也就会过来，所以出现了"江西填湖广"。明、清的时候出现移民潮，实际上跟我们治水有关，在湖广盆地治水成功的同时，在四川盆地治水也获得了成功，也同时出现了"湖广填四川"大移民的活动。

在这一条线上，大规模的人口流动出现以后，通过河流的往返时间段非常长，于是有很多移民在这里建设会馆。江西人在湖广建了很多的万寿宫，叫江西会馆；湖广人在四川也建了很多的禹王宫，叫湖广会馆。这个移民的线路上，江西和湖广的会馆就会非常集中地分布在这里。同时这条线上还有山陕会馆，包括后来的福建会馆——天后宫。

湖广人在外省现存最大的会馆是重庆的湖广会馆，重庆的湖广会馆现在也是重庆的移民博物馆。据说有70%~80%的人都是从湖广移过去的，特别是我们的麻城孝感乡，麻城那里也建了跟它呼应的移民博物馆。重庆的湖广会馆里面现在还有四个戏楼，据说在之前戏楼更多，所以在这里可以看到湖广会馆在外地的场景。

（二）海港环境与通商——广东会馆

除了湖广会馆，湖广和四川盆地出现了刚才这样的地理和治水的变化以外，如果再看看广东会馆依然可以看到一些。我刚才讲的这是内地，这些河流湖泽流到海洋的时候又会发生什么情况？我们知道广东会馆的建设和广州在明清的时候很长时间里是唯一的通商口岸有非常大的关系，我们过去所有沿海边的，包括青岛、蓬莱、泉州、宁波大量的通商口岸，特别是在清代的时候很长时间是被关闭的，只有广州这一个通商口岸。广东人在全国各地建的会馆有个共同的名字叫南华宫。为什么叫南华宫呢？其实这也跟湖北有点关系——祭拜的是六祖惠能。湖北的黄梅县有个六祖出家，承接了五祖的衣钵，跑到了广东的韶关出家，所以我们在改革开放初期见到广东人都觉得他们有点"佛系"，经常买地或者其他事情都要看看风水。

广东省在明清的时候，在外地建造的所有会馆都有个共同的名字叫南华宫，祭拜的就是六祖惠能。为什么会这样呢？首先为什么全部的关口都关掉，广州会成为唯一的通商口岸？广州的南边是什么？不是现在看到的粤港澳大湾区，全部都是连在一起的陆地，南边都是沙丘、滩涂、岛和海，是整个的海水。广州城过去不是面对的珠江，而是面对的海湾。广州城过去是个葫芦形海湾，底下是澳门湾，澳门在晚明的时候被葡萄牙人占领，所以广州城实际上是一个大的湾，里面又有个小的内湾。澳门是什么地位呢？在明代的时候很多的欧洲人可以进入中国，主要是通过葡萄牙的里斯本或者西班牙的毕尔巴鄂，他们有大的航海港，通过这几个城市去了澳门。因为澳门被葡萄牙占领，所以这是欧洲进入东亚或者进入中国最主要的地区，这条航线是很成熟的。到了澳门以后，船舶再换成小船进入广州南部的广州湾，这里能够停大量的船。我们放大看，过去的香山县就是现在的中山县，可以看到其实这些地方过去都只不过是一个个岛湾，但是在几百年的时间里，整个的西江、北江和东江的入海口被带来大量的泥沙，这个地方慢慢被填成了陆地。那为什么在明清的时候是这个样子呢？其实跟我们湖广盆地非常像，因为在这些河流上一样都建了高高的堤坝，所有的地方都做了不间断的高高的堤坝，一到涨水的时候，西江、东江、北江的水都没有办法蔓延出来，那些泥沙无法蔓延到旁边的平地上，最后都会被冲到入海口，而入海口这个地方就会全部都被泥沙堆积起来，过去的沙丘小岛最后全部淤堵成为陆地，只剩下了我们现在看到的珠江，从珠江再进入到澳门湾的海湾。

清代的时候，这样的地理格局有大的海湾和内湾，才能形成广州城这种独一无二的海港环境。到了广州城以后，西江把两广地区给串联在一起。经由北江很快就可以再通过武江、湘江进入湖广盆地，打开了南北通道。通过东江或者北江另外一条支路可和赣江连在一起，进入鄱阳湖盆地，这样跟运河就可以联通了。根据传教士进京路线来看，实际上走的路线就是从澳门进到广州，从广州沿着北江上去，然后翻过梅岭进入到赣江，进入鄱阳湖，再进入长江，接着进入运河，最后到了北京。另一条线从汉水下来到云梦的洞庭湖，通过桂江进入梧州，再进入西江流域，在清早期的时候，这是一个很重要的南北通道，所以秦始皇在位时打通了湘江和桂江中间的一个山口，修了一个灵渠，把这个地方用水路连在了一起。所以为什么要在这开通一条最早的运河，修建一条灵渠，就是为了打通南北的通道。梧州曾经是广西和广东两省的省会城市所在的地方，因为从这条线下来进入梧州，就进入西江，等于可以把两广地区控制起来。南北通道这几条线也是明清会馆分布密集的地方，我们将出一套会馆丛书，其中的《流域会馆》，就重点讲到这几条线。

到了铁路时代，也是沿着这几条线穿越了南岭山脉，所以根据传教士进京路线就能理解，广东商人是怎么出去和进来的。他们建会馆最多的地方在哪？一个是在西江流域，西江通过珠江流入海洋；另一个就是我刚才讲的这条线，沿着湘江流域到洞庭湖，再沿着北边出了襄樊，沿着汉水及其支流过秦岭，这是广东商人往北的通道；还有一条是沿着赣江流域入长江、入运河，所以在这几条线上就分布了大量的广东会馆。我们也可以想想在唐代的时候，六祖慧能实际上是在哪呢？在黄州和九江之间的出江口，这个出江口处就有一个叫黄梅县的地方，黄梅县就有了六祖慧能的位置，所以六祖慧能如果当时往南边来可能走的是一条什么线路？有些人在论证，实际上就是我们广东会馆密布的这条赣江的线路，从这上头下来以后翻过梅关古道梅岭，最后走到了这边的北江和这边的赣州和湘江，他们相交的最核心的地方，就是韶关，也就是现在的南禅寺，所以六祖慧能的衣钵最后留在了南禅寺。六祖慧能从这走了，各地的战争也从这打了过来，所有商人的通道、所有会馆的通道逐渐在展开。包括我们后来的京汉铁路、平汉和粤汉铁路最后走的线，也是从北江这条传统历史通道上走过来的，所以这就是我在标题上写的——六祖慧能的南下线路和清传教士的北上线路。其实这些都是在古代的交通要道上形成的，我们会馆的兴起与广东会馆的兴起和走的线路也是一样。

四川是目前保留会馆最多的地方。这是它的南华宫，西南联大也是我们建筑学上很著名的营造学社的旧址，就在南华宫里面。我们可以看到在全国各地有很多南华宫，都是分布在我刚才讲的那几条线路上。南华宫的共同特点是镬耳山墙和三角山墙（图6），这些都具有很强的岭南建筑的风格。

这个是粤东会馆（图7），刚才讲在西江上，我们看到在广东和广西最主要的是西江。在西江上所有的会馆很奇怪，他们只要在外省建的会馆叫南华宫，外省需要靠六祖慧能的力量把他们聚集在到一起。但是在本省，两广西江上所有的会馆名字都叫粤东会馆，粤东会馆就有很典型的广东建筑的特点。它的两个石柱和两边的高台冷巷，都是广东建筑的典型特征。这实际上是一个在韶关的广州会馆，韶关的广州会馆其实已经都毁得差不多了，只剩下一个广州会馆的山门和榕树的气根盘在这个上面，形成一个非常有意思的场景。所以当时在讲广州会馆的时候说，在韶关这个地方，如果理解当时的山水和地缘政治，理解这种南北文化通道的传播，我们就能理解这个地方为什么会有广州会馆，为什么广东商人在外地最崇拜的六祖慧能的南华宫会留在这样的地方。其实通过广东会馆也能看到过去的交通和山水格局的变迁，以及交通通道的变化。

图 6 南华宫特点

图 7 粤东会馆

（三）地势特点与人的信仰——福建会馆

还有一个很有意思的会馆——福建会馆。福建会馆是我们所有的会馆里在海外留存最多的会馆，实际上福建会馆是以天后宫的形式出现的，你们如果去国外的唐人街就会发现，所有的唐人街都一定会有关帝庙：一个文庙，一个武庙，还有一个就是天后宫了。世界各地都有福建的会馆，在东南亚更是数不胜数，现存的东南亚的天后宫，甚至远大于我国内地留存天后宫的数量。其实在早期我们内地的天后宫也是非常多的。福建是一个山脉封闭的省份，省内所有的河流都是发源于自己的山脉，从自己的地界流到了大海里。不像江西和我们湖广，大的河流都是从其他的省流过来的。福建通过河流被迫走向海洋，才能打开自己的封闭圈，所以他们祭拜的是海神天后，建的会馆叫天后宫。沿着这条很成熟的出海线路，福建人的会馆在明代的时候已经随着航海带了出去。我们可以看这是天后的祭拜（图8），稍微挖掘一下可以发现一些很有意思的现象。天后在宋代的时候被册封，实际上最早是妈祖，后来变成了天妃，在明清的时候被封成了天后、天上圣母。所以我们可以看到，有些地方的天后宫是以天妃宫的名义出现的；如果是天妃宫，有可能原本是为崇拜妈祖而建的，还有是早期的福建商人在外地来建的。清代以后，基本再建的会馆都改叫天后宫，后来我们还专门写了一本书叫《天后宫与福建会馆》（图9）。天后的起因很有趣，天后林默娘是从一个民间普通的小女子，慢慢地一步一步被册封，最后成为四方敬拜的大神。因为天后出生在莆田的湄洲岛，湄洲岛就成了全世界天后宫的起源，我刚才讲了有华人的地方就有天后宫，所以全世界的华人都会祭拜天后，特别是东南亚和中国台湾、香港地区的华人在每年天后的忌日都会到湄洲岛，所以在湄洲岛可以看到很多东南亚人、香港人、台湾人在这里祭拜天后。

图 8　女神崇拜——妈祖

图 9《天后宫与福建会馆》

图 10　福建泉州天后宫

图 11　山东青岛天后宫

　　另外我们可以看到（图 10），泉州的天后宫，整个建筑的样式其实具有很强的女性建筑的感觉，花花绿绿的剪瓷、飞檐翘角，还有盘龙柱，祭男神是绝对不可能做盘龙柱的。古

代中国对女神会相对宽容，很多在中国祭拜女神的地方可以做四个爪子的盘龙柱，整个

建筑的上面有很多只有女神祭拜能够独有的东西。我们可以看到山东青岛的天后宫（图11），我刚才讲的那些特征它无一例外都具备。这种翘角，花花绿绿的剪瓷的装饰、柱子上四爪的盘龙柱，如果不知道的话，我们以为它只是一个单纯的天后的祭拜，其实这个天后宫在青岛目前存有两座，是以福建会馆形式出现的天后宫。

图12 湖南芷江天后宫

在天后宫里我觉得最值得一提的是在湖南芷江存在的一个天后宫（图12），这个天后宫很有意思。芷江现在已经名不见经传了，可能在座的很多人都不知道芷江在哪，其实芷江这个地方是当时汉人进入土苗地区的重要通道——沅水上的一条分支。在芷江这么偏远的地方有非常华丽的天后宫，我们可以看到在芷江的天后宫的石雕非常精美，在山门的两侧有一个武汉三镇的石雕（图13），在跟它对称的地方有一个叫洛阳桥的一个石雕，我当时问当地人，这地方怎么会有一个洛阳桥，当地人也不知原委。为什么福建人会雕一个武汉三镇和一个洛阳桥呢？后来我去了泉州才知道，洛阳桥就在泉州，它现在是国宝，是非常有名的一座桥。郑和下西洋就是从有洛阳桥的泉州出发的，在这个地方刻上武

图13 芷江天后宫武汉三镇的石雕

汉三镇的图。它的被发现，对我们研究武汉三镇的历史有很大的帮助：它很真实地绘制出了武汉三镇里的每个建筑细节，还标明了建筑的名称，那些名称都能和清代武汉三镇的地图对应起来。

我们需要理解的是，当时福建的商人是怎么到了湖南湘西的位置。这正是因为他们从有洛阳桥的泉州出发，从海上走到了长江，沿着长江进入洞庭湖，再由洞庭湖的沅水进入。实际上福建商人的出发点和途中最重要的一个落脚地——武汉三镇。经过武汉三镇进入到洞庭湖，到达了当时的芷江。日本对中国军队真正的投降签署地就是在芷江。这里过去是飞虎队的基地，军统的培训局也都在此处。所以在过去，芷江无论在军事上，还是在商业和人口流通方面，都是非常重要的地方。会馆在这里的出现，能够让我们拨开时间的云雾，看到这么不起眼的一个小城市在历史上曾有多么重要。

图 14　山陕会馆

（四）对盐的控制权——山陕会馆

最后一个要讲的，就是我们目前能看到的最华丽的会馆（图14）——山陕会馆。中国有十大商帮，每个商帮都说自己是十大商帮里最有钱的。比如徽州商帮、广东商帮都说自己是最有钱的。但建筑是不会说谎的。能做出一系列最华丽的建筑的商帮，一定是当时最有钱的商帮。在明清的时候，中国最厉害的商帮一定是山陕商帮。那么山陕商帮为什么会成为中国最厉害、最有钱的商帮？山陕商帮建的会馆有一个共同的名字，都叫"关帝庙"。关帝庙非常多，每个县、镇、城市都有关帝庙。它一方面是以武庙形式存在的。我们有文庙——文昌阁，而与文庙相对应的武庙就是关帝庙。另一方面它以山陕会馆这一很重要的形式出现。山陕会馆为什么会祭拜关帝？很多人说是因为关羽讲义气，所以山陕商人做生意也注重讲义气。但其实讲义气的神非常多，讲义气的人也非常多，为什么单单把关羽给取了出来作为他们的各地的祭拜神？这里山陕商人又怎么能成为中国最有钱的商帮？

了解历史的人都知道有一个词，叫"开中制"。山陕商人正是因为开中制得以真正发家。开中制为什么让山陕商人崛起了？开中制是什么意思？

开中制的"中"是"交换"的意思：以盐中茶、以盐中铁、以盐中布匹、以盐中马匹。所有的东西都是用盐来置换的。盐是一个什么东西？盐是一个很独特的商品。人离不开盐，人如果长期不吃盐会有生命的危险。但是产盐的场地是很有限的。我们知道，大量的盐产在海边。但只要是有人生活的地方，有文明产生的地方，就需要持续不断的盐，需要持续不断地将盐运到这些地方。

从产地运到消费地，这种长途贩运会让盐产生巨大的利润。盐的税收之所以很容易被控制，因为盐产地很明确，中国产盐的地方就那些。在古代，盐从哪运到哪、运多少引、怎么运去，这些都是被各级政府在盐法制里严格规定的，盐是不能随便买卖的。什么人能运盐？并不是老百姓能够跑路就可以去运盐。贩盐必须有"盐引"，交了盐税获得盐引，便拥有了长期贩运的能力。

古代的时候盐引重要到了什么程度？这就又回到了开中制。为什么叫以盐换物？其实换的并不是盐，而是盐引。

首先，山西和陕西是我们长城的边关。最重要边关的分布，除了河北就是山西和陕西。对于守边的这些人，货物运到了边关后，朝廷没办法给他们钱。他们得到的并非古时候说的一千两银票。一般朝廷给的一千两银票，拿到老百姓那买东西是不会有人要的。银票只有在特殊的阶层中才能够流传。但什么东西他们会认呢？那就是去运盐的权利。只要拿到这个权利，就可以把盐贩运到另外一个地方贩卖，从而获得巨大利润。所以盐是一直被官方专控的，在官方专控的前提下，把粮食、马匹、茶叶运到了边关，官方给你盐引，便提供了贩盐的权利。而盐又是中国税收最重要的一部分。所以拿到了贩盐的权利，就意味着获得了中国最重要的、利润巨大的商品贩运的权利。

山陕商人在边关利用开中制，即用盐引便可以换取所有的东西。没有盐引是不能换地贩运的。比如，淮盐只能淮商控制，山东盐只能山东商人控制，河东盐只能天津、北京、河北的商人控制。但是只有山西和陕西的商人，因为在边关可以获得盐引中提供的各种物质的权利，所以他们能够获得在全国贩运盐的权利，因此也就获得了巨大的财富。

盐引是什么？实际上，它是中国最早的票号证明。也只有山陕商人能意识到，一张纸可以获取各种各样的东西，可以当作钱来使用。这并不是过去一般的、真正付的真金白银，像付铜钱，有货面价值。但是盐引是可以用来支付的，也就形成了山陕商人后来能够以票号行走全国的现象。而这一现象实际上最早是从盐引发展而来的。

所以，如果理解了这个逻辑，就能知道山陕商人为什么会从盐引发家，成为中国最有钱的商人；明白山陕商人为什么能够以盐引交换马匹、铁和茶叶，从而知道山陕商人在全国最主要经营的是什么：第一是盐，第二是茶叶和铁器的生意。

四川自贡的西秦会馆，也是山陕会馆，现在是盐业博物馆。为什么叫"盐业博物馆"呢？因为山陕商人当时跑到自贡去主要是做盐业生意，山陕盐业商人在此建了会馆，发展到现在，就成了自贡的盐业博物馆。进入会馆之内，可以看到一层一层的天井，这里还有很多戏楼，能看出这是一个非常华丽的会馆。

返回来说，山陕商人为什么会祭拜关羽呢？因为关羽的老家就在山西运城的解州。解州有一个关中平原，是唯一一个盐池。河北、河南、山西、陕西这些地方，在宋以前，都是皇族的生活之地，所有的皇族都需要依靠山西运城解州盐池的盐才能够生活。

那么，控制盐池的人一定又有钱、又有武装、又能沟通当时的官府达官贵人，这样才有可能控制得住这个盐池。当时在这个地方最大的家族就是关羽的家族，所以关帝庙就建立在盐池的旁边。即便到现在，这座关帝庙依然非常恢宏。在明清时期，人们都把关羽当作重要的神来祭拜，所以关帝庙一直没有被大规模地破坏掉，依旧非常华丽。

综上所述，我们就能理解：山陕商人是因为开中制和盐引中各种各样的东西而发家，他们祭拜的这个神是讲义气的，又正好是能控制关中平原最重要的盐池的人物。这样一来，我们就不难理解为什么全国各地的会馆都要祭拜关羽。

还有两个山陕会馆其实也非常漂亮。一个是山东聊城的山陕会馆（图15），另一个是安徽亳州山陕会馆（图16）。

图15 山东聊城山陕会馆

图16 安徽亳州山陕会馆

山陕商人为什么会到山东聊城去？其实也是为了贩运山东海边所产的盐。而安徽亳州既是药材的集中地，也是淮盐的一个重要集散转运地，所以这两个地方都有很大的关帝庙。他们有什么共同特点？在所有的关帝庙前面，都有两根铁旗杆。这是山陕会馆的标配。为什么一定在门口要放两根大的铁旗杆？因为山陕商人除了控制盐，还控制了铁。山陕商人有一个很著名的一个商帮，叫"潞泽商帮"，就是潞州和泽州的商帮，他们在全国贩运铁器。如果到了泽州的应城，便会发现那里曾是铁器的主要发源地和运输集散地。所以山陕商人控制了盐、铁以后，都会在山陕会馆前摆放一个巨大的铁旗杆子。

说起盐铁的重要性，宋代周邦彦的一首词很形象——《少年游·并刀如水》："并刀如水，吴盐胜雪，纤手破新橙。锦幄初温，兽烟不断，相对坐调笙。"这是北宋词人周邦彦写给京城名妓李师师的词，如果不了解宋代奢侈品的历史环境，就很难理解这首词的真实意境。

"并刀"指山西太原一带做的刀，"吴盐"指江苏淮盐，"新橙"指蜀地或南方的橙子，这三样如今极为平常的东西，在宋代开封却是极不平常的奢侈品。中国汉代起就执行"盐铁专卖"，铁乃重器，一直被政府专控，山西"并刀"一类好铁制作的刀具非一般人可以获得，刀面如水的上乘质量，更不是开封寻常人家可以使用；盐的利润巨大，盐税是国家专控税收，盐的贩卖一直被政府严格分区管理，吴盐只能在淮盐销区销售，不能越界销售。

北宋京城开封府，是河东池盐销售区，吃的是山西运城解州的解盐，吴盐禁止在开封市面出现，而吴盐中雪白精品盐，必是开封府的权贵才能获得，非一般有钱人能买到的。而且宋代盐是奢侈品，普通人家用盐非常谨慎，绝不会沾橙子浪费；橙子产于南方或蜀地，我小时候生活在北方，很少见到橙子，在宋代开封府，橙子必是稀罕物，"新橙"就更难得了，如同贵妃一笑为荔枝。

有了这样的历史背景，再想象一下，一个女子，用政府专控的"并刀"切开市面难见的"新橙"，沾着开封府禁售的"吴盐"，以咸味品尝橙子的甜味，这是何等讲究而不一般的女子！全文没有一句皇亲国戚、贵族奢华，今人看到的也只是卿卿我我、浓情蜜意，可在宋人眼里，却是另一幅完全不同的景象。开封府名妓李师师，被皇帝宋徽宗偷偷宠爱，却被重臣周邦彦用一首词将隐情告白天下。龙颜大怒，将周邦彦贬谪，如果不懂宋代的历史环境，其实很难理解诗中的真实隐喻。而山陕商人也正是控制了明清的盐铁贸易才成为富甲一方的商帮。

山陕会馆中最宏伟的应该是社旗山陕会馆（图17）。很多人不知道社旗在哪里，社旗在古代的时候其实是非常重要的地方。社旗在南阳盆地，往东可以进入淮河流域进行经商；往南可以进入唐白河，通过襄樊流入汉水，便很快进入湖广盆地，也进入洞庭湖，到南边的水系里；往北有一条官道能很顺利地通到黄河；往西稍微走一下就可以通过丹水进入关中盆地。所以社旗这个地方在古代是非常重要的交通要道，然而现在由于水路交通已经中断，我们再也看不出社旗的重要性。

图 17　社旗山陕会馆

在这样重要的一个地方，山陕商人一定会大规模地汇集在这里做生意，因此这里还保留了几条古街，以及非常多的会馆。当然最华丽的还是社旗的山陕会馆。同样，我们也可以看到在它的正殿的前面有着两个铁旗杆。它还有一个特别有名的东西，就是它前面的照壁。其右侧是巨大的一个玻璃照壁，所有的玻璃瓦都是一层层的。在琉璃照壁上刻有一个二龙戏珠，但是二龙戏珠戏的不是一个夜明珠，而是一只蜘蛛（图18）。在很多商人的会馆，二龙戏珠这件事并非一般的人能做的。为什么戏蜘蛛？蜘蛛的特点是广结网、四通八达，这正好符合商人的期许。在社旗的这个地方，它正像蜘蛛网一样，通过不同的水系向四面八方伸展开来。在社旗山陕会馆的照壁上刻的蜘蛛之下，还有一个小屋子，蜘蛛可以爬到这个屋子，使它可以很安全在这里被保护。所以有龙和"蛛"形成了一个非常有意思的画面，表达了商人期许自己前途光明的寓意。另外在很多地方，包括洛阳的山陕会馆、开封的山陕会馆，我们都能看到二龙戏珠的对于商人所特有的美好寓意。

在这短短的时间里，我为大家讲述的是：在明清时期，会馆这一很独特的建筑，为什么会在明中晚期出现、为什么在民国的时候消失、他们的通商的通道是什么样、他们为什么要祭拜各种各样不同的神祇，以及在不同神的背后，我们仍能够看到的文化、地理、历史、交通和交流的隐意。

我觉得，从一个小小的建筑类型进行深入的挖掘，能够挖掘出很多很有意思的东西。在我的简介里也专门介绍了我们写的这几本书，特别是《中国建筑简明读本》，它很适合不懂建筑的人来阅读。我们刚才讲到的，建筑跟文化、地理、水域、流域、河流交通的、文化交流的关系，都在这本书里有一些很浅显而生动的表达。

图18 社旗山陕会馆——二龙戏蛛照壁

五、总结

最后，我们总结"会馆现代启示录"。会馆记录了中国明清时期的社会发展形态。我们从中可以看到武汉城市商业的繁华，是因为它背后的地域经济兴盛，它背后的水域导致的交通格局的变化、潜藏的自然环境变化的动因、形成的文化交流的通道，等等。所以我们不能完全以现代的视角去看待古代发生的这些事情，而应去了解古代的地理环境、古代的人文，从古代的视野来看待古代发生的事情。

对会馆的深入的研究可能对我们未来的城市的发展和建筑的走向也会有一些不错的启迪。所以我觉得，明清会馆不光是我们研究建筑的载体，也是研究社会的一个很有趣的抓手。

我今天的汇报就到这里，感谢大家的聆听。

六、重点提问与解答

提问：明清古建筑，是南方多还是北方多？它们各有什么不同？

赵逵：我觉得这个话题是可以略微展开来说的。我刚才介绍的最后这本书叫《中国建筑简明读本》，这本书后来被教育部推荐给中小学作为课外的建筑类读物。为什么会推荐这本书？我在里面曾经讲过这样一个观念：我们学建筑史的人都会觉得，中国主要的地面建筑，有80%都是在山西和陕西，为什么会这样？因为这些地方比较干燥，相对来说比较容易将古建筑保留下来。更主要的是，这些地方都有皇城存在过，加之山陕的商人也都比较有钱，他们建的家宅、村庄、聚落都非常华丽。在有钱的山陕商人的所在地，通过他们的建筑就能看出他们当时的经济实力。

在南方也有很多很有意思的建筑。在过去二三十年我们一直有一个观念，觉得中国的文明发源地是黄河流域。但是现在随着南方的长江三星堆和盘龙城这些考古的挖掘，我们会发现长江流域的文明其实一点都不比黄河流域弱，甚至有些地方还是更领先的，为什么会这样呢？我在书里讲过，我们的历史一直都是一个北方部族讲述的历史，所有的朝代都是北方的部族往南边打，除了明朝，明朝因为有了火器，北方人高马大的优势才消失。因为一直有历史话语权的政权，都是北方部族，所以都是北方政权在撰写历史。

今天，南方地区进行了很多考古活动，特别是三星堆挖出来以后，发现前无古人，后无来者。一个巨大的青铜文明怎么会在这个地方突然被挖掘出来？实际上曾侯乙墓当时刚挖出来的时候人们也是非常震惊，这些文明的记载，包括我们在里耶秦简发现的那些郡城描述，在我们的过去的史书中间都从来没有被描述过，也没有那些州和郡的名称。而实际上从新的考古挖掘可以看到，南方有很多的文明是有待挖掘的。比如从会馆就可以看出，会馆有北方的会馆，也有南方的会馆，包括我们在这书上写的民居。另外还有一个很有意思的观念：中国有一个文化交流或者交通的大环线。比如北边是黄河，南边是长江，东边是运河，西边是汉水，形成了一个小的内环线。外面还有一个更大的环线，比如南方海上丝绸、北方水陆丝绸、西边的茶马古道或者我们的川盐古道可以串起一个很大的外环线。我今天讲的这些内容，都是在这些环线上和它支流上，蔓延再展开的。

做这些研究的时候可以看到，南方和北方的文明有着很好的抗衡性。我们开通古盐道、建会馆、走黄河，让我有一个很深的体会：黄河穿越秦、晋峡谷而来，再从峡谷流出以后过了开封，基本上就是一个大摆动，黄河摆动把汴河和路过的很多河冲掉，往北摆动的时候又把济水，把山东的大小清河冲掉，带来了很多黄泛，让这地方的交通并不顺畅，直到治水，像我前面讲的长江流域在四川盆地、湖广盆地治水一样，黄河被固定，才有了现今的样子。在黄河流域，在黄河故道、运河、古河道上，才是会馆比较多的地方。

明清古代建筑到底哪里更多？其实每个地方都有它们不同的且非常丰富的遗存。特别是南方，因为一直很安逸，我觉得遗存的东西也非常多，而且形式也非常丰富。

提问：各地商帮有什么不同，比如山陕与徽商？

赵逵：关于徽商，其实我们知道在徽商过去的江南留下了非常华丽的民居建筑。比如古徽州，在安徽和江西相交界的这一片地区，我们很多人喜欢到古村落旅游，可能大部分人都去过西递、宏村，以及江西婺源的古村落，都能感受到徽商的文化。徽商很有钱，也很注重教育，我刚才讲他们在武汉还留下了很多建筑，比如紫阳书院，还有新安书院，这都是徽商留下来的。他们除了建会馆，还会建书院，可见他们非常重视教育。

徽商在明清时候中状元的人也非常多。朱子理学很大程度上也是通过徽商发展出来的。大家可以查一下，徽商真正挣钱是因为他们控制了淮盐的生意。我们淮盐供应了过去的江南，也就是江苏、安徽、湖北、湖南、湖北的大部分地区，这些地方都是吃的淮盐，中国是吃淮盐的面积最大的国家。徽商控制了淮盐生意以后，成为中国在这个阶段最有钱的人。我们讲到湖北建筑的时候总是情不自禁地说：我们属于徽派建筑。但最后觉得我们武汉不能被徽派建筑所左右，就提出了荆楚建筑，结果荆楚建筑都在地下，我们的地面建筑一栋也没看到过。所以我们提荆楚建筑大家都会一头雾水。为什么武汉的建筑跟徽州是一样的？因为我们整个的文化交流带就是徽商带过来的盐运带，我们吃的是徽商的淮盐，盐是持续运输的商品，说明我们文化交流非常频繁，建筑风格也是非常相似的。

比如湖北的西部鄂西、恩施、宜昌那边吃的就是川盐，虽然同属湖北，但是他们的建筑风格跟我们大不相同，他们的文化跟我们这边也相差非常大。因此，我们虽然同属湖北，但鄂东南跟徽州那一片的文化和建筑更像一些，鄂西北、鄂西南跟四川那一片的风格更像一些，他们吃川盐，我们吃淮盐，吃盐的这件事就把我们的文化分割开来，这是徽商一个很重要的特征。山陕商人是有非常大的经商能力，他们除了控制盐商，还能控制铁、控制茶叶，所以山陕商人更像是一个纯粹重商的商人团体。这两个商人团体在明清都是非常厉害的，而且都是和盐相关的两大商人团体。在明清的时候，从他们建的会馆和建的其他建筑中可以看出，徽商的资金能力在中国的十大商帮里头也是属于前几位的，有非常厉害的商人格局。

提问：请您聊一聊北京的会馆和其他会馆有什么不同。

赵逵：我前面提到了，北京早期最多的会馆是试子会馆，因为北京人对经商这件事并不是特别看重。虽然现在我们的政治中心在北京，但是我们真正的商业的中心可能并不是在那边，在过去更是如此。所以北京城的布局也是罗城、子城的这种方式，子城是紫禁城，罗城就是外城前门这道城，这和商业城布局方式有很大的不同，它的商业会馆主要是在过去北京外城墙的外围形成的，在城内罗城和子城之间，主要还是试子会馆。

从会馆的绝对数量来说，北京的会馆其实比武汉三镇的会馆略微多一点，但是从商业会馆的格局上来说，武汉的商业会馆又会更多一些。要说华丽的程度，北京现在还留存着几十座会馆，但是武汉除了刚才安徽的会馆、浙江宁波的会馆以外，基本上已经所剩无几，这是有些遗憾的。在武汉，可以证明自己曾经繁华的建筑，已经大量地消失了，北京的会馆相对来说留存下来的要多一些。

提问：听您讲了之后，感觉各地对会馆遗存的保护历史相差很大，能否引导各地保护这些会馆遗址？

赵逵：国家现在有会馆专业委员会，我们可以看到其实现在能够留存下来的这些会馆的建筑都非常华丽，也都是坐落于城市的重要位置，所以现在这些会馆大多数成为各种各样的专业博物馆。

比如刚才讲到的西秦会馆就是一个盐业博物馆，天津会馆是一个戏剧博物馆，洛阳的潞泽商帮的会馆也是一个碑帖契约的博物馆，包括刚才讲的社旗会馆，现在也成为茶叶之路的博物馆。还有一类会馆会变成了什么？比如以前的禹王宫变成了和尚庙，准提庵变成了尼姑庵，被道教、佛教所占据了。现在我们的传统建筑界和遗产保护界已经很重视了，但是在我刚开始做会馆研究的时候，和人们谈万寿宫是江西会馆，大家居然都不承认。你在里头住着道士，这就是一个道观，禹王宫被和尚占着，这就是一个和尚庙，所以很多人并不能通过这个现象看到它的本质。也许听我今天讲会馆以后，你们会看到很多的会馆背后的故事。当看到了一个山陕会馆，你就会想到其实在全国有非常多的山陕会馆，并不只这一个；当你看到这一个禹王宫，可能不仅仅是你看到的这个和尚庙，背后可能还有更多，你会把它串起来连在一起来想象。你再想象湖广的商人、湖广的移民浩浩荡荡走到这，在建这个建筑的时候，可能比你看到和尚庙的感觉会更加不一样。之后我们湖南、湖北人在外地看到禹王宫可能就会多一份更加不一样的感受。

提问：汉正街新安药王片区，基本上是汉口会馆最后的遗迹。这些年汉正街老建筑大量拆除，这两片区域保护状况也差异很大，作为汉口商业最后的根今后何去何从？

赵逵：这也是我们现在每年的研究生课题和遗产保护课题。其实我们非常不赞同把汉正街这样一个当年汉口华界的品牌给拆除掉。虽然那个时候觉得脏乱差、起火，小偷多，像个贫民窟，但是从很多老的会馆可以看得到我们的商业文化在清代和民国时候的繁华，这片拆了非常可惜。

汉正街拆了以后大量的商户又退回到了新安街和药帮巷。药帮巷因为有一个青石板路成为省保，所以药帮巷的名字留了下来。药帮巷是当时河南的怀药商帮在这个地方打下来，所以有一个药帮会馆，在过去也是一个非常厉害的药帮会馆，但是药帮会馆被拆了，建了一座安徽街小学，现在已经是药帮会馆的旧址所在地了。另外现在还保存下的有新安书院的一道墙，还存了准提庵的一个建筑的样式。

　　现在我们保存最好的就是民众乐园那一大片区和新安街、药帮巷这一大片区。我希望后面的政府能够重视它，能够把它给留下来。在这些地方也有一些会馆，可以把商业的部分给提炼出来，让我们武汉的人能知道武汉在晚清和民国的时候真的有一段这么辉煌的时期。而且给我们留下这些地方，还会可以通过它们产生一些念想，能够时不时地想到武汉过去的辉煌。

作者简介

张祐堃，武汉大学古琴文化研究所研究员，中国音乐家协会二胡学会会员，中国音乐家协会钢琴调律学会会员，中国音乐家协会奥尔夫专业委员会会员。1990年毕业于武汉音乐学院，师从舒琛珍先生学习视唱练耳专业，师从毛中明先生学习二胡演奏。精于民族传统乐器的研究与演奏，潜心研究古琴音律的运用以及琴曲的打谱、移植。2018年出版古琴独奏专辑《荆襄龙吟》。

箫与尺八：审美文化寻绎

张祐堃

尺八以深厚而朴实为主，音质坚实、独特，是以浓厚色彩来渲染音乐的；箫则以柔和、明晰、纤细的音色为主，它的音质柔软轻细，是用清新纯净的色彩来渲染音乐的。

——题记

一、箫与尺八的前世今生

今天正好有金庸作品展，我记得我上次讲古琴结束的时候是用《沧海一声笑》来结束的，所以我今天用箫演奏《铁血丹心》开始。说到尺八和箫的关系，我自己也经历过一个非常纠结的过程。记得当年我还在上学的时候，应该是在20世纪80年代，港台的武侠片里面出现了箫的声音，但当时我们都不知道是什么在响并且这么好听，通过这个声音仿佛看到了我的前世、我的今生、我的来世，所有这些在这个声音里都可以完全地表达。刚才演奏的《铁血丹心》，很多在座的朋友们应该会回忆起那个时候的那个场景，甚至可以具体到当时一起听音乐的人。后来才知道发出如此动人声音的乐器是箫，然后就去买了一根箫。大概是21世纪开始的时候，听到一种日本的乐器——尺八，当我第一次听到尺八的声音的时候，内心充满着惶恐，这个时候我已经练习箫很多年了。为什么惶恐呢？因为我觉得尺八的高音实在是太好了，如果很感性地来描述尺八的高音的话，就像是我在上中学的时候，化学老师在我面前点了一盏酒精灯，酒精灯上非常干净的火苗，有温度也非常烫，但是不会看到烟。它的声音是如此干净，当时我的第二个念头就是觉得箫一定会被尺八取代。当时一直有这样一种想法，然后我就着手来了解这些，对箫和尺八的前世今生了解的过程，其实是一个很痛苦的过程，也是一个明白的过程。现在有一种说法，你的人生就是一个体验的过程，无论好与不好我们都不能停止体验。

在我们面前摆着一张琴，它的历史有3000多年，而箫的历史实际上比琴更悠久。比方说河南舞阳贾湖的骨笛，它在整个考古中属于断层考古，就是不同的年代新石器时期的考古，其实这个时候里面就有一支距今下限是5800年、上限是6500年的一支骨笛，它的编号是M253第4支，是用鹤的尺骨做的，它有八孔，有完整的七声音阶。我们人类迄今为止用的完整音阶有实物考古的就是舞阳贾湖骨笛。舞阳离武汉500多公里，我去朝拜过一次。舞阳贾湖在1983年开始正式的考古挖掘，它里面就有非常清楚的竖吹，被称为骨笛。在不同的年代，比方说8000年前或者是9000年前骨笛就有四孔、五孔、六孔，一直到5800年前的八孔，并且是有完整的音阶。很有意思的是骨笛还有小调的音阶，这个现象引起了很多学者的注意。我们国学的一个学者叫朱谦之，他就认为中国古代的音阶是对古希腊是有影响的，这是第一次属于向西传，到唐代的时候中国的音乐已经完成了它的西化，我们指的是西域阿拉伯化，或者是波斯化。唐代是一次回传，是一个逐渐传回来的过程，这里面有很多现象值得推敲。这是迄今为止人类有实物的乐器，有完整的音阶。离我们不到600公里的舞阳的贾湖，热爱音乐的人都应该去看一看，都应该去朝拜一下。

说到尺八，其实在唐代，吕才为了天下的度量衡制作黄钟九寸，用黄钟的长的两倍、十八寸长的一个竹管来确定黄钟的高度，来确定这个高度的一个八度是分12个半音，所以一共做了12支，统称为尺八。那么黄钟就是起始音，是中国音乐开始的这个音，作为标准的这个音，它是以九寸作为标准，这个九寸是为了后面律学上好计算用的，九寸如果用它的一倍的低音的长度的话，大概就是一尺八寸这样的一个东西就简称为尺八。我们推测它的历史，最早出现是在舞阳贾湖的距今6000年时。还有黄帝命令泠伦伐昆仑山的竹子为管，因为那个时候的雨水线比较靠北，黄河上游沿线都有竹子，可见现在地球气候的变化巨大。

吕才一共做了12支律管，当时就称为尺八，也称之为箫。箫的前生排箫其实物在湖北省博物馆，曾侯乙编钟出土的时候就有2支13管的排箫，就是把它编在一起的管状物。在座的朋友小的时候应该吹响过笔管，如果我们把它做大一点再绑在一起就是排箫，其实排箫也叫参差，是箫的前生。

二、箫的兴盛与尺八的隐匿

迄今，我们的生活和音乐的关系是非常近的，很多成语都来自音乐，参差不齐指的就是排箫。尺八在唐代传到日本，在宋代重新传到日本，得到了非常好的发展。尺八为什么在中国销声匿迹？我当时在接触尺八之后，我觉得箫的高音问题如果不解决，箫就会被淘汰掉。在唐代以前的所谓的长笛、短笛、尺八都是竖吹，所以我们把贾湖的骨笛竖吹称为笛。唐代以前都是称为笛，唐以后就区分开来，竖吹的为箫，横吹的为笛，那么唐以前的横吹的它会加上一个字，加上一个横字，称之为横吹、横笛或者篴，尺八在不同的历史时期有各种各样不同的名字。

尺八的结构和箫有非常大的差别，尺八是外切口，箫是内切，吕才所做的尺八就是外切，包括近代的荀勖做的律管也是外切。因为尺八是五孔，五孔的这种是汉代的制式，前四后一。其实唐代传到日本的尺八是六孔，宋代传到日本的也是六孔，但是他们却遵循了汉的制法用四孔，所以它是一个完整的五声音阶，就在按孔里面。在荀勖做的律管里面记载它就是有所谓的"轻吹轻浮"，就是把头仰一仰或者是压一压能发出不同的音高，并且尺八的切口比较宽，能达到9毫米到11毫米，它就可以在这里摇头俯仰，所以它出来的音除了五声音阶是正常的孔出来的音之外，另外的音都是俯仰或者是按半孔来实现的。尺八对一个演奏者的音准的要求是很高的。比方说，一个是绝对的音准，一个是听觉生理上的音准，还有一个就是听觉心理上的音准，有的音准要它偏高一点。我非常喜欢尺八，这是一个非常伟大的乐器，日本人在全世界对它进行了推广，西方人演奏最多的一个东方乐器就是尺八。

过去的一些古琴的演奏家都会吹箫，或者说会吹箫的演奏家也会弹古琴，一些老一辈的演奏家如果坐在琴旁边就弹琴，如果不坐在琴边就吹箫。你会发现他们有的时候照的照片，是互相调换的，所以他们对于这些乐器都是精通的。中国乐器有一个特点就是个性极强，比如京胡、二胡、板胡，说起来同属胡琴类，但是它们自己都无法团结，京胡和二胡就差别巨大，无法一起演奏，因为它们的个性极强，无法融合在一起。但西方的提琴类是可以一起演奏的，小提琴、中提琴、大提琴可以组成一个乐队，非常和谐。中国音乐里面最高的合奏的形式在清代的就是古琴和箫的，下面我与林一蓓老师演奏一首琴和箫的合奏《良宵引》，这是中国音乐合奏的最高级别。《良宵引》是明代的一个曲子，讲述的是在一个美好的夜晚，一个上了年纪且有一点阅历的人在很短的曲子里回忆了自己的一生的故事。在宋代以后完全看不到尺八的踪迹。到了宋以后从事音乐的人的地位极其低，一般都是俘虏或者是奴隶充军来学乐器，是把他充到乐户里面的，乐户制度让这些音乐人的地位极低。一直到雍正年间，废除了乐户制度，才得以让乐户的子女参加科举，可以嫁给农民。我们的传统文化是礼乐文化，孔子肯定不会对音乐采取这样的一种态度，因为孔子自己就爱乐，孔子六艺的第二艺就是乐，他喜欢弹琴，诗三百皆弦歌之，是极度爱音乐的。接下来看箫，箫的吹口是内切，吹口变窄，风门变小之后无法吹响，因为吹口很窄，留给吹的风门的角度的余量很小。还有一个变化，吹孔变小，吹孔变小造成半孔是无效的，俯仰也无效，不能够像尺八这样产生音阶上的变化。到了清末，箫为了和琴合作共鸣演变成了八孔，所有的音都是吹出来的，吹口变窄音量就变小了一点。褒义来说箫这种乐器和尺八是一样的，但是那种很野性的声音，在箫上已经不体现了。实际上箫与尺八各有优劣，我觉得对于我们中国人的音乐审美来说，还是喜欢这种比较温润悠远的声音，箫的声音就仿佛可以吹出前世今生的感觉。下面我们再为大家演奏一首《忆故人》，《忆故人》里箫的声音仿佛能穿越时空，有一种前世今生的感觉，它的声音令人无法忘怀。箫的吹口切小了之后只能正襟危坐地去吹奏，而尺八则要求左右上下俯仰，因为有一些音调必须这样做才能出来。所以箫就像是一个比较成熟的人，它在平静地表达它的情绪，没有很极端的表达，像一个稳重的中年人。而尺八比较有血性，它的声音给人的感觉是一惊一乍的，动态范围非常大。

三、箫声不断，文化不绝

对于箫有这样几种说法，一是箫适宜远听，反过来的意思就是说它不适合近听，为什么不适合近听？因为箫低音像钟声低沉、浑厚，中音区温暖，高音却很刺耳，而尺八的三个音区是统一的，它高音非常好。为什么不能像尺八那样有专门的人来研究，专门有人为它写曲子，甚至为尺八立法？箫就没有上升到这个高度。后来我开始研究为什么尺八的高音如此好，经过去乐器店，去做乐器的工厂，和他们探讨箫和尺八的高音的问题，发现我之前总结的经验是对的。尺八的吹口的深度最多0.5厘米，宽0.9厘米，而箫的吹口的深度达到了0.6厘米到0.7厘米。箫比笛子难，这是民间的说法，"千日的胡琴，百日的箫"，当然学习任何乐器都难。我去参观做箫的工厂的时候，工厂里的工程师亲口告诉我，把箫吹口的深度挖深后更容易发出声音，买的人一般只看箫的低音浑厚、中音好听，仅此而已。但是我始终认为如果一个乐器过于简单，它的生命力就没有了，箫不像葫芦丝那样简单，前十几年那么多吹葫芦丝的，现在可以还看到几个？现在已经看不到几个了。

箫是一种亲和力非常强的乐器，比如刚才我吹的这首《铁血丹心》，它可以吹很古老的曲子，它也可以吹非常流行的曲子，所以箫是在中小学都可以推广的一个乐器。箫是一种心中有什么旋律就可以吹出什么旋律的乐器，它比古琴更具有普适性，只要这个旋律在我心中，找到曲谱就可以演奏。

最后，我希望我们中国人回到传统，我们要像古人那样爱音乐，像孔子那样爱音乐，尊重这些做音乐的艺术家。我们也可以学一门乐器让自己变得充实起来，比如箫，箫还对养生有好处，箫需要运用丹田之气来吹奏，吹箫是补气的，可以把自己的气练到很长。美国有一个音乐教师联盟的民间组织，他们为了推广各种不同的族群的文化的时候选了不同的族群的乐器，中国乐器选的就是箫，箫的声音好听，并且非常有特点，音色极美，非常具有中国韵味。谢谢大家！

作者简介

冯翔，湖北武汉人，毕业于同济医科大学（现华中科技大学同济医学院）临床医学专业，现为民谣唱作人，代表作《汉阳门花园》《六渡桥》《归元》《东湖》《和平里》《凌波门》《东北湖、西北湖》《黄鹤楼》等。2020年7月参与中央电视台《经典咏流传第三季》，创作并演唱《二十四节气歌：夏秋谣》。2021年3月被武汉市文联评为"优秀文艺志愿者"。

音乐里的武汉地图：冯翔讲演音乐会 ╱ 冯 翔

让武汉的每个角落都开满音乐之花。

——题记

一、《汉阳门花园》

下午好！我已经不是第一次参加这样的讲座了，之前在大学里讲过，也在市民讲坛讲过，但是这一次讲座的意义对我来说不一样，有两个原因：一是从今年开始，我们开始了一个野心很大的项目，叫武汉音乐地图；第二个原因是这次讲座是疫情之后的第一次讲座，而且能见到这么多听众。这段时间其实一直在为讲座做准备，因为我觉得要说的话实在太多了，却又不知道从何说起。我的一首歌《汉阳门花园》，创作时间是2014年12月，出版时间是2016年。写这首歌，我准备了快20年，因为在写这首歌的前20年里，我一直在思考一个问题：中国的民歌是什么？有人说："中国人尤其是汉族没有音乐传统。"这个观点我非常不认可，因为我见到了太多有音乐传统的地方了。比如，我们湖北的江汉平原，这是一个民歌的大宝库，只要去了天门、沔阳、洪湖、潜江、公安一带，就会发现有大量的民歌，都非常好听。我就想为什么武汉没有这样的民歌？这很奇怪，因为我们靠着江汉平原。江汉平原往南的咸宁等地也有民歌，往东的地区也有，往西的地区更多，可是为什么武汉没有呢？我不太明白。尤其是有的时候去外地玩，或者是到外地出差时碰到同行，或碰到当地居民，就会给我唱他们那儿的民歌。比如在云南，民歌太多了，唱着唱着就到我这儿了，说你唱个湖北的歌，武汉的歌。湖北的歌倒是有，"洪湖水浪打浪""妹子要过河，哪个来推我嘛"等等很多，但是关于武汉的民歌我真的想不起来什么，我只能想到楚剧、湖北大鼓，还有湖北小曲，可这些我都不会，而且这些是曲艺或者是戏曲，我就只能给别人唱：

> 一摸官，二摸财，三摸四摸打起来
> 张打铁，李打铁，打把剪子送姐姐
> 姐姐留我歇，我不歇，我要回家包茶叶
> 茶也香，酒也香，十个鸡蛋打过江
> 江那边放大炮，江这边放小炮
> 姑娘姑娘你莫哭，还有三天到你的屋
> 姑娘姑娘你莫笑，还有三天到你的庙

大家还记得吗？年纪大一些的人肯定记得，后面还有"庙里有个和平鸽，一飞飞到杨家河……"很长，我们只有像这样的童谣。大家肯定还记得别的童谣，可是没有唱的。我一直在想怎么唱？我这个人拖延症比较严重，所以一直在琢磨，但就是没写，一直到2014年我回到武汉，之前在北京待了10年，那段时间其实过得并不好，既然过得难，就得安慰自己。到了12月我已经回到武汉半年了，那个时候生活刚刚开始有了一些好转，开始有收入了，终于可以安下心来。

那我要干什么呢？我是写歌的，我应该开始写歌了，那个时候我在家里，就决定说那我写一首歌吧，写一首能够安慰自己的歌，写一首我自己觉得这一辈子最幸福时候的歌，而这个时候就是我在汉阳门和我的爹爹（爷爷）、家家（外婆）住在一起的时候。可是关于汉阳门能写什么呢？写花园，因为那个花园是我们小时候玩闹的地方。我就想起了这样的两句词，这两句词是我没有刻意去谱曲就直接唱的："冬天蜡梅花，夏天石榴花。"我觉得太好听了，那就继续再写吧。我们在花园里面玩什么？我记得有一个场景是下雨，尤其是夏天这个季节，只要是下雨，民主路上还有花园里面全是孩子。当时的大人不会觉得下雨天出去后会生病，"别出去玩，弄得满身是泥"，也没有人会说这样的话，那时的小孩子都冲到外面去，在雨里面跑啊，跳啊。雨停了，天晴的时候反而都是大人在外面，所以就写了："晴天都是人，雨天都是伢。"我就觉得特别好听，我终于能够用武汉话来写几句特别好听的旋律了，用武汉话来写歌我不是第一个，这里不是曲艺或者戏曲，而是写歌我并不是第一个。我听过很多人用武汉话写的歌，但完全不记得他们在写什么。因为他们大部分创作是落在了曲艺或者戏曲的套子里面，比如写得很像湖北大鼓，或者一听就知道是楚剧的旋律，这并不是一首歌。而词的内容写得最多的就是热干面，过早，然后用一些武汉话中很土的词去创作。编曲是我们在电视上常听到的民歌的那种伴奏，可以说我们听到的音乐是有些说不清楚的民歌。

写完这四句歌词，我就特别兴奋。接下来写什么呢？那就写写小时候是什么样子的，民主的路以前和现在又是什么样子，大概是这样的一个想法。然后就开始写："小时候的民主路没有那多人。"这些词我是没有写谱子的，就是看着词，便有了这样的和弦，能直接唱出来了。词写完以后，就有了这首《汉阳门花园》。这个歌的诞生并不代表结束，刚写完的时候我唱给自己听，不知道为什么，一唱到"小时候的民主路"，一唱到"冬天蜡梅花，夏天石榴花"，我的眼泪就忍不住，并不是唱到"十年没回家"，而是一唱到"冬天蜡梅花，夏天石榴花"的时候我的眼泪就止不住。我觉得这个歌、这个旋律既然能感动我自己，那么一定也能感动别人，我就唱给我的爱人听，她也哭了。我就更有信心了，觉得这首歌写得还可以，效果应该是不错的，然后唱给我的母亲听，母亲听后愣愣地看着我。我当时内心想，我们听后都哭了，为什么母亲却愣住了？大概一年多之后，她才跟我说，她说你当时给我唱的时候，我没想到你对家乡有这么深的感情。

写完之后我也唱给朋友听，他们觉得很独特，有些也觉得好，有些也觉得并不好。之后我自己慢慢唱的时候，就觉得有些词听起来不像武汉话，比如第一版中的"汉阳门的轮渡，可以坐船过汉口"，这句不是武汉话，而是黄陂话。不是武汉话有些别扭，怎么办？于是就开始改，一直改到出版，也就是2016年的4月，有一年多的时间一直在改这首歌，等再出现的时候也有了新的编曲，听起来我自己也觉得比较满意。当然，后来又出现了一些不同的版本，各种各样的版本其实我自己在改，别人也在改。但是我问了很多朋友，他们都说喜欢我最开始的那个版本，就是正式出版前的小样的版本，其实那个版本特别粗糙，但是他们说在别的版本里面，听到的是很精美的东西，当然作为出版物，要收录到自己的专辑里面，制作等方面一定都很精美。但是其中缺了一点劲儿，缺什么劲儿呢？就是武汉的，尤其到了夏天，浑身湿漉漉的、黏糊糊的满是汗的这种劲儿，其实就是不够武汉吧。

前面讲了这么多，现在唱一下《汉阳门花园》，我们先听一个精细版本的，后面再给大家唱小样版本的。《汉阳门花园》精细版本的编曲是由我国最优秀的吉他演奏家龙隆，也就是鲍家街43号的吉他手完成的。唱片中弹琴的不是我，是湖北公安的一位吉他手熊林。刚刚的演唱是我自己弹的，我学了好长时间，因为之前只要动手弹就唱不明白。现在大家再来听一下小样版本的。其实我在写这首歌的时候有一个愿望，就是希望这首歌只要是会弹吉他的就能弹，所以和弦很简单，弹法也很简单。在唱的方面我觉得小样版本的更像民歌，更像是我们各地的民歌类型，精细版本的则更艺术化一些。现在我对两个版本都很熟悉了，一般在重要的演出是唱精细版本。其实，在我心里已经分不出哪个版本更好了，但是如果从我的内心出发，我更希望按照我最开始的想法，因为它很简单，纯粹。

二、《黄鹤楼》《六渡桥》

回到我们的主题，写完这首歌后，大概在第三天的时候我就写了另外一首歌，我自己都没有想到，刚刚写完一首歌，第二首歌还能来得这么快，其实也是因为写着好玩，就写了"崔颢题诗在上头，此地空余黄鹤楼"。大家知道这是什么歌吗？《黄鹤楼》。这首歌创作非常快，一共花了不到两个小时就写完了，这首歌原来是什么样子现在就是什么样子，从来没有改过，一直是最开始的样子。我当时想这是一首乐队作品，伴奏会比较复杂，所以唱片里面与我当时的想法一样是摇滚乐队，很快就完成了。为什么写《黄鹤楼》呢？因为当时我已经写了汉阳门，就在想之后我写哪里呢？黄鹤楼。武汉人对黄鹤楼有一种特殊的感情，像我这个年龄的人，人生前二十年是没见过黄鹤楼长什么样子的，总是听说，在图片上看到过，画上看到过，就是不知道黄鹤楼真正的样子，我们唯一见过的黄鹤楼实体就是黄鹤楼酒。而且很多人对黄鹤楼有误解，认为它一直存在，其实直到1985年才重建了黄鹤楼。

我写完这首歌，唱给了很多朋友听。我觉得这个歌词表达了我对黄鹤楼的感情，逝者如斯夫不舍昼夜，有些东西即使消失了，也还是会留存在心里。黄鹤楼对于我们武汉人来说就像纪念碑，它代表了武汉，代表了我们这座城市，代表了我们城市的历史，它是一座历史丰碑。大家现在听到的这个版本从一开始就是这样的，现在还是这样。现在只要我唱这首歌，就会被带回2014年那个冬天的晚上。

写完黄鹤楼再写什么呢？从这个时候我开始有了一个想法：有没有可能将与我有关系的、在生活中经历过的、让我有感触的地方都写成歌？既然有了这个想法，就会想要尝试。接下来的歌，就是在黄鹤楼之后写的一首歌。后来我去哪儿了？我小时候跟家家在一起，长大后我就搬家了，与爸爸妈妈一起住在和平里，也就是王家巷那儿，从汉阳门码头上船，王家巷下船就能到和平里。可是想来想去也不知道写什么，就暂时停搁在一旁。那和平里后面要写哪儿呢？我在和平里住的时候，已经是一中的学生了，上学坐30路车，还要走一段路才到一中，那就写这一段时间。突然就想到了六渡桥。我回到武汉以后看到六渡桥的变化，也知道六渡桥以前的变化，但这对我来说是一个感触很深的事情，因为我觉得六渡桥不见了。有很多人跟我说，你觉得六渡桥不见了是因为人行天桥。但是人行天桥不是六渡桥，那是六渡桥人行天桥，其实六渡桥早就不见了，在民国初年就不见了，怎么不见的呢？先给大家普及一下六渡桥，应该有朋友是知道的，六渡桥是玉带河，汉水改道以后，就有了汉口镇，但是汉口镇不是一块完整的陆地，它里面有大量的河道，就是因为改道造成的，不光是汉水改道，对武汉来说特别重要的一条河也改道了，我们现在已经看不到了，这条河叫作玉带河，是从硚口那边下来的一条河，玉带河流到汉水边上汇入汉水，在六渡桥那一带全是水荡①、河汊②。有一个汉阳的通判姓袁，因为当时的汉口属于汉阳县管辖范围，当然还没有武汉这个概念，他为了保护这个地方，就修了一个大堤，这道堤目前还在，就是长堤街，因为当时的通判姓袁，所以叫袁公堤。从长堤街一直到六渡桥为止是原来堤的长度，有了这个堤以后，商业变得特别繁华，有句老话叫"袁公堤里头往日那叫'赛秦淮'"，这个地方比当时的秦淮河两岸还要繁华。有了堤以后遇到河继续改道，所以很多河汊就变成了河，不是原来一个一个的水荡子了，河汊上面有很多的桥。其实六渡桥原来并没有那么有名，但是它旁边有一个尼姑庵叫作六度庵，上面有一座小石桥，桥不长，但是很重要，对于它来说很重要，六渡桥也因此得名。六渡桥的遗址就在六渡桥街，是一条很窄的街，那个就是原来六渡桥的位置，它早就没有了。而我说六渡桥不见了，不是说这个六渡桥没有了，而是我心中充满烟火气、充满邻里关系的六渡桥没有了。所以我就写了《六渡桥》这首歌，这首歌也写得很快，中间有过改动，改来改去觉得不太好，但基本上就是那个样子。这首歌很有意思，第一次唱给本身是歌手的朋友，他们说完全没有办法唱，有个朋友是在汉正街长大的，我就说你是武汉人怎么不能唱了？他说我也不知道，怎么唱都不对。我创作时会随便拨弄吉他，弹一些简单的和弦，顺着和弦唱，觉得旋律好就记下。这首歌的第一句，我自己都觉得蛮有意思的，为什么我会写出这样一个旋律来，自己都觉得奇怪，但是好有劲儿，特别有劲儿，就像是年纪大的人开始吹嘘自己年轻时候的那个样子，我觉得这首歌有那个劲儿。

三、依字行腔

从这首歌开始，我觉得用武汉话写歌是一个特别简单的事情。至于说好不好听，顺不顺，词写得怎么样这些问题，让我意识到要继续学习，我要作曲。突然发现一个真谛，实际上在我们中国的民族文化里面，尤其是戏曲曲艺里面有一个基本的旋律构成规则，一般是唱

---

① 水荡：浅水湖，低洼积水处。

② 大河旁出的小河。

戏的师傅教徒弟怎么唱戏用的，有八个字，前四个字叫"依字行腔"。就是歌词里面有些字在字音上面是不一样的，即使在同一个旋律的结构下，也是要改变的，变到另外一个音上面去，甚至是改变这个地方的和弦结构，让它变到另外一个结构里面去。这样说有些拗口，我们来做个小实验。《静夜思》大家记得吧，"床前明月光"，如果在这个和弦里面是这样的，基本还在说，没有什么大变化，但是我是在调里面说。"举头望明月"与"床前明月光"是同样的和弦，但是如果旋律唱成一样的话，就是另外一个东西了，因此即使在一个结构里面，也要改变它的旋律，与字相合。

"腔"，是中国汉族音乐里的一个特殊的旋律构成方式。关于"腔"我专门问过一些戏曲老师，我跟他们聊这些事情的时候他们还蛮高兴的，竟然有人还在注意戏曲，还晓得"腔"这个事情。其实我也不是很了解，后来我读到一本书中提到什么叫"腔"。我恍然大悟，原来我之前做的一些努力，一些尝试，包括用普通话写歌的时候，都不想要字倒掉。什么意思？就是不想让字唱倒了。比如，"床前明月光"中的"光"是一声，如果将"床前"唱成了"窗前"，第一个字就唱倒了，那就不是"床前"了。我以前用普通话写歌也意识到了这个问题，我不能让字倒了。我突然意识到，这是我们中国汉族的音乐系统，有别于全世界所有音乐的最大的一个特点。

有人说国外有街舞文化，我们没有。但关于舞蹈我们有秧歌、打莲湘等都是跳舞，只是说我们并没有像西方那样发展一套娱乐音乐系统，也就是流行音乐系统，其他该有的都有。但"腔"是他们所没有的。因为"腔"的问题，我们听到的大量的民歌在不同的地方就有不同的旋律，"腔"甚至能够影响到歌曲的节奏和律动，我们的民歌实际上就是这样来的。但是民歌有一个特点，它不是一个人创作出来的，民歌是传唱很长时间之后慢慢留下来的，是经过千百年时间还在传唱的歌，著名的民歌、代表性的民歌都是这样来的。但是它们的规则是一样的，我终于明白这个事情了。

四、音乐是参差多态的

2016年我去罗田演出发生了一件蛮有意思的事情，我当时也是突发奇想，在舞台上面问罗田人觉得罗田话好不好听，舞台下面就有人说不好听，我问为什么？说太土了。我就说那可不可以唱歌，可不可以用来写歌，舞台下面的人表示怎么可能。我当时在脑子里面搜寻，正好那天下了雨，山区里下雨都是这里下，那里不下，我就问"这边下雨，那边不下雨"用罗田话怎么说，他们就告诉我"那边落雨，那边不落雨"，都说这怎么能好听呢？我说不是这样的，我唱你们听，其实可以蛮好听的。当时我自己心里面也在慢慢想，但很快就找到了一个旋律，把它唱了出来。唱完后我就问他们好不好听，他们说好听。

其实这么多年，我不光是在写武汉方言的歌，其实我一直有一个考虑，我觉得歌曲也好，音乐也好，有一个特别特别重要的事情，就是我们想要听到好的音乐，应该是不一样的，今天听到这样的，明天听到那样的，大家有各自的喜好，这应该是一个特别多样性的东西。有位哲学家说过："参差多态乃幸福之本源。"音乐本来也应该是这样的，应该是参差多态的，但是我们现在的音乐并没有那么参差多态，大部分是流行什么就全部是什么，一直都是这样。这也是我原来经常批判的一个事情——音乐过度商业化。因为商业化、工业化、产业化，资本家或者产品创作者为了赚更多的钱，更容易赚钱，就都写一样的东西，也因为大家都听一样的东西。这是一个文化范畴的问题，不仅仅是一个产业的问题，而是文化有一个特点就是在一定的时代，大家肯定会认为某种文化更加先进。不用说别的，就像我刚才举的例子，罗田的朋友认为罗田话不能创作音乐，应该用普通话，其实不只是罗田的朋友，我原来也是这样认为的。因为用普通话，实际上是让我进入了一个比我生活的地方更高级的地方，从那个地方再创作一个东西，来感动别人。但是显然音乐艺术它的功能不是这样的，音乐艺术最初始的功能，对于个人来说就是表达自己的情感，用自己最熟悉的语言，用刻在自己骨头里、流在自己血液的那种语言来表达，这才是真正地、直接地表达自己的情感。同时关于音乐多样性的问题，当每一个地方的人都在用自己的语言创作音乐的时候，音乐就已经多样化了，我们就不用再考虑这个问题了。根据研究，音乐应该是跟语言同时发生的，甚至可能更早。音乐作为一套信息交流系统，应该是在语言之前，可能在前语言的时候就有了音乐这种交流方式，那个时候音乐就是多样的。几千年以来，音乐实际上一直在保持它的多样性，但是由于文化等方面的原因，音乐开始朝着高级的方向聚齐。因为我从事音乐工作，所以我会听各种各样的音乐，我还会注意到一些大家平常不注意的音乐，比如阿拉伯音乐、印度音乐、日本音乐、韩国音乐、我们国家各个少数民族的音乐和我们中国的民歌，再比如东欧的音乐、南美印第安人的音乐，包括更加丰富的非洲音乐，我都会注意到，但是大家不会注意到这些。因为大家平常能够听到的类型基本就是那些，大家的选择实际上是很有限的。在现在的社会中，在这个世界上，我们的选择，我们能够听到的、看到的、感受到的那一部分世界之外，实际上有更大的世界，这个所谓的更大的世界有很大一部分实际上就在我们身边，只是我们没有看到，也没有发现，也没有发掘。

五、《归元》《二十四节气歌》《和平里》

再举一个例子，楚剧。年纪大一些的人应该都听过楚剧，那年轻人为什么不听楚剧？我有一个标准答案，因为"蛮丑"。问年轻人听不听汉剧？不听。为什么？听不懂。那京剧呢？京剧有时会听到，但是也不听。为什么呢？没有理由，就是不想听。如果大家一直这样想的话，实际上就会把我们身边一些非常宝贵、有意思、有趣的东西丢失。这就要说到我要唱的另外一首歌了，当我晓得武汉的音乐构成方式时，我就开始向戏曲学习，第一次主动地学习戏曲，主观意识上想要用到一点戏曲的东西，我想看看结合起来到底会变成什么样子。这是我写的第一首歌，已经写了五六年，叫作《归元》。这首歌里可能含有汉剧、楚剧的东西，"一字板"。我向专业戏曲老师请教，希望老师们能评价一下我写的一字板，有一位楚剧老师非常认真地给我上了一课，一字板到底是怎么样的，唱了一遍后我看到我写的歌词，就放弃了，因为太难了，如果按照汉剧的一字板来唱，这个歌就不成立了。《归元》这个歌有些字音拐的弯比较多，那么这个弯是哪里来的？这是我和戏曲学的，以前没有主动学戏曲的构成及其旋律，这一次我就想一定要试一下，戏曲是怎么样唱歌的，怎么样能够在其中获得一些养分，构成我自己的旋律，于是就有了这样一首歌。

正好有一个机会，《经典咏流传》问我能不能把《黄鹤楼》写一个武汉话的版本，我说好，就写了一个这样版本的，我很高兴。我之前在北京是做爵士音乐的，帮别人做执行，就认识了一些爵士的音乐家，我就把这个歌发给他们，他们说写得蛮好的。于是我就发给了节目组，没想到节目组说不行，说别人没办法唱，因为节目播出之后希望这些音乐是大家都能唱的，尤其是小朋友，我这首小朋友唱不了。当时我受到极大的打击，我就改了四版，为了让它流行，后来就改成了这样的版本。

其实我是想证明一个事情，不管是武汉话还是其他方言，想写什么都可以。我之前发过一首《二十四节气歌》，这个歌是在2020年疫情最严重的时候写的，那天立春，我写了两首歌，创作初衷是希望我的音乐能够让当时的大家安静下来、轻松下来，晚上能够好好休息的效果，所以那天立春，我就想把《二十四节气》写成一首歌。《二十四节气歌：冬春谣》我自己不是很满意，就又写了一首，《二十四节气歌：夏秋谣》，唱的是夏天和秋天，之所以写夏天和秋天，我是真的希望，我们的生活也能像歌曲表达的那样波澜不惊，每个人都很平静，每个人都在过自己的生活，这个生活无所谓喜忧，无所谓顺逆，无所谓难易，情绪各种各样，但是更希望能够拥有那种平平淡淡的生活。所以我就把我脑子里面的关于武汉的夏天和秋天的样子写成这样一首夏秋谣。我觉得这首歌比《汉阳门花园》要写得好，而且在某些方面可能好得多，当然这是我自己的看法，喜欢《汉阳门花园》的人可能更多一些，但是我自己会更喜欢这首歌。

到了这一阶段，我开始不写地名了，为什么呢？其实我在考虑一个问题，一个人生活的地方是有限的，能够接触的地方也是有限的，某个地方对一个人产生深刻意义这事情对于每一个人来说都是有限的。我觉得人这一辈子生活在一个地方，不一定要给这个地方留下什么，对于音乐人来讲，起码可以让这个地方在你自己的作品里有呈现。我觉得这是非常有意义的事情，而且这个事情对这个地方来说也有意义。而我希望能够让武汉地图的每一个角落都有音乐留下来，让我们的演出也能够到每个角落去。我觉得武汉也会变成非常有意思的城市，它不光是很好吃的城市，还可以是很好听的城市。武汉现在是不缺做音乐的人的，武汉一开始也有一些做重型金属乐的乐队，但现在更多的是朋克乐队，当然也包括流行音乐、民谣，非常多的音乐类型，现在比较重视不在专业团体里面的音乐人，会给一些扶持，所以何乐而不为呢？我们让武汉的音乐变得更好，让武汉真正变成音乐的城市岂不是更好吗？于是我就提出了这样的想法，目前还是有很多人支持的，但是光靠做音乐的人支持是不够的，我希望每个武汉人或者说每个喜欢音乐的人多多关注他们，多多听他们的歌，希望大家能够支持一下。

今天该讲的都讲完了，但还有一首歌没有唱。这首歌本来是一个少儿出版社的约稿，因为觉得不是写给儿童的就被淘汰了，但是我自己还是很满意的，大家可以听一下这首《和平里》：

开水泡白饭，菜梗子炒肉丝。

离家两千里，想回回不去。

一晃一辈子，不可能活转达。

只有那群鸽子，好像一直在飞呀。

我也想飞呀，往南飞。

从新华大街呀，飞回汉口，再看一眼，王家巷啊。

再看一眼，我的和平里。

一晃一辈子，不可能活转达。

只有那群鸽子，好像一直在飞。

我也想飞呀，往南飞。

从新华大街呀，飞回汉口，再看一眼，王家巷啊。

再看一眼，我的和平里。

我也想飞呀，往回飞。

我也想飞呀，往南飞。

我也想飞呀，往回飞。

我也想飞呀，往南飞。

再看一眼，王家巷啊。再看一眼，我的和平里。

再看一眼，龙王庙。再看一眼，四官殿。

再看一眼，江汉公园。再看一眼，我的三楼半。

开水泡白饭，菜梗子炒肉丝。

六、重点提问与解答

提问：如何写出一首打动人心的歌曲？

冯翔：怎么写一首动听的歌？很多人把歌曲归为音乐这一类，认为歌曲就是音乐，音乐就是歌曲，其实是不一样的，两者是有区别的。歌曲的核心是文学，是用音乐在装饰文学。大家听歌时会有看歌词的习惯，如果词写得不好就不再看，所以词特别重要，因为歌曲要大于音乐性，不是说音乐性不重要，而是文学性更重要。最著名的一个例子就是鲍勃·迪伦，他是 *Blowing in the Wind*（在风中飘荡）的创作者，现在已经80多岁了，他2016年获得了诺贝尔文学奖。诺贝尔文学奖为什么会颁给一个民谣歌手？因为他所有的歌词都是诗歌，他继承了诗歌的传统。其实诗歌就是用来唱的，任何地方的诗歌都是如此。所以一首歌的好坏一定是先判断词是否好。词是怎么来的？需要多多关注自己的感受，它是完全出自一个人的内心感受，一旦要出自人的内心，那么童年就非常重要了，尤其是到了一定年龄以后就会回顾自己的人生。当人因为一件事而去回顾自己人生的时候，就会发现原来一切都是从童年开始的。童年可能是温暖幸福的，也可能有痛苦、有悲伤。但是如何处理我们与世界的关系？与世界相处的方式是从童年开始掌握的，而这也正是我们这一辈子与世界相处的方式。

提问：当代的民谣创作是怎样的？

冯翔：其实民谣创作与时代没有关系。真正的民谣，不是转基因民谣。转基因民谣是与时代有关系的，真正的民谣与时代是没有任何关系的，实际上它就是在讲故事，当我有了一个故事我想要讲出来，这就是民谣。你的生活是什么样子，表达出来就是什么样子，不论哪个时代，都要用故事去表达自己的情感。关于民谣，就是在写自己的生活，自己的故事，要将自己与大事件分开，做自己。

冯翔：最后以《凌波门》结束今天的讲座：

花开了满树，花落了无痕

赏花的不看花，看人的不见人

花开了满树，花落了无痕

赏花的不看花，看人的不见人

周老师你到哪里去了

你的精神是不是还一样好

唐老师你到哪里去了

一直想在半夜听你吹箫

樱园的樱花又开了

东湖南路每天都堵倒

过些时热天就来了

我们就可以一起往东湖跳

花开了满树，花落了无痕

赏花的不看花，看人的不见人

花开了满树，花落了无痕

赏花的不看花，看人的不见人

罗老师你到哪里去了

你的小卖部还卖不卖烧烤

刘老师你到哪里去了

你的学生还记不记得那个夏天，夏天

过些时热天就来了

我们又可以一起往东湖跳

花开了满树，花落了无痕

赏花的不看花，看人的不见人

花开了满树，花落了无痕

赏花的不看花，看人的不见人

第四章 时代阔论

作者简介

罗永宽，武汉大学马克思主义学院党委书记，兼中共党史党建系主任，教授，博士生导师。科研方向聚焦于中国共产党历史和理论、马克思主义中国化研究，在《人民日报》《光明日报》《马克思主义研究》《近代史研究》等重要报刊发表学术论文百余篇，独著、主编及参编著作和教材20余部。

作者简介

闫帅，华中科技大学马克思主义学院副教授，概论教研室主任，硕士生导师，团中央青年讲师团成员、湖北青联委员。主要研究党的建设、中外政治发展与国家治理比较，曾荣获"全国高校思想政治理论课教学能手"称号、湖北青年五四奖章。

主持人简介

陈慧女，武汉大学马克思主义学院副教授、硕士生导师，主要研究方向为中国特色社会主义与当代中国。现任武汉大学课程思政教学研究中心副主任兼教学内容研究室负责人，武汉大学当代中国研究中心秘书长，全国马克思列宁主义经济思想史学会理事，中央党史和文献研究院对外合作交流局智库研究领域核心团队成员。

奔腾不息：三镇小景的历史瞬间

罗永宽　闫　帅

陈慧女

武汉承东启西，连接南北，这样一个两江交汇、三镇鼎立的英雄城市承载了厚重的历史，有我们必须传承的民族精神。这里不仅有英雄的人民，还有历史英雄的印记，我们始终热爱这片土地。

——题记

一、抗战

陈慧女：武汉是非常值得旅行的地方，很值得走一走看一看。武汉市文化和旅游局印发的一张地图很有意思，被网上称为"最红的地图"。地图涵盖了武汉的145个景点，图片的左边是地图的全览，因为是手绘的地图，所以非常漂亮。它之所以被称为"最红的地图"，是因为它的145个景点都是红色景点，与中国共产党创造的红色革命文化息息相关。景点星罗棋布，而在一个地方特别集中。这里有一个巷子或者一条小街道，分布了七八处值得打卡的地方。

罗永宽：这条街在以前叫都府堤街，后来叫红巷，因为这里积淀了非常丰厚的红色革命文化，历史上这条巷子里的那些人和事，可以说是见证了中国共产党的百年奋斗历程。正如党的十九届六中全会通过的第三个历史决议提到的，百年党史的第一个时期，也就是中国共产党创建和国民大革命时期。这个时期的红巷积淀了丰沛的红色革命历史。这里有中共五大旧址，还有陈潭秋和毛泽东的旧居，有当年毛泽东举办的农民运动讲习所旧址等。在百余年前，数百米的巷子成了新文化激荡和新思潮汇聚的中心，武汉大学的前身武昌高师就在附近。在这里，一批先进的知识分子寻求真理、上下求索。马克思主义在中国传播的早期，就在红巷一带，有董必武、陈潭秋、李汉俊等，也有恽代英、林育南、钱亦石等，他们虽属于不同的群体，但都是为了一个趋同的志向，为寻求救国救民的真理而持续探索。马克思主义的传播为中国共产党的建立提供了非常重要的思想前提。习近平总书记曾在建党百年的"七一讲话"中提到伟大建党精神，我想在百年前，一批先进的知识分子在此探索中国出路之际，也在践行着伟大建党精神。湖北，包括武汉，是中国共产党的发祥地之一。在1920年的秋天，全国先后成立了6个共产主义小组，其中之一就诞生在这条街上。

陈慧女：这条街上是不是走出了中共一大最多的代表？

罗永宽：可以这么认为。中共一大代表有13位，而湖北籍有5位，湖南籍有4位。这5位湖北代表都在这条街上留下了足迹，他们是播火者、盗火者，也可以说是创始人。1920年8月，在都府堤街旁边的抚院街8号成立了武汉小组，当时有7位。他们租了多公祠5号作为活动据点，门口的牌子叫刘芬律师事务所。所以湖北律师界应该感到光荣，中国共产党早期在湖北打的牌子是律师事务所的牌子。刘芬就是刘伯垂，是中共一大的党员，也是共产党武汉支部的骨干人物之一。陈潭秋旧居同时也是中共五大的旧址，当时中共五大是在武昌高师的附小礼堂召开，武昌高师也就是武汉大学的前身。附小当时有不少的共产党员，附小的校长是陈潭秋的夫人徐全直。1926年大革命时期，武昌高师附小更名为武昌第一小学。中共五大在中国共产党百年党的建设史上具有重要地位，有很多第一次。比如说第一次提出民主集中制，第一次设立了中纪委的前身即中央监察委员会，中纪委的创始地就在这条街上。当时选出来的10位中央监察委员会委员，在之后的艰苦革命岁月中出色地践行了他们当初入党或成为监察委员会的信念，没有出现一个叛党和脱党的人。他们坚贞不屈，很多人甚至付出了生命。伟大的建党精神在这10位监察委员身上体现得非常确切，而且他们早期对马克思主义的追求、传播，乃至于信仰本身就体现了一种坚持真理和坚守理想的精神品质。当时要坚持真理、坚守理想太不容易，要付出血的代价。血的代价就体现在陈潭秋身上，陈潭秋是中共一大代表中最早牺牲的，他的夫人于1935年牺牲在南京雨花台。陈潭秋作为中共中央驻共产国际的代表团成员，留在莫斯科工作，1939年回到国内，在第二次国共合作的背景下，与毛泽民在新疆从事革命斗争，开展革命活动。但皖南事变后，新疆的军阀盛世才见风使舵，开始了公开的反共反苏活动，把陈潭秋、毛泽民等一批新疆办事处的中共党员关押了起来，在1943年9月秘密杀害。所以不怕牺牲、英勇斗争的伟大建党精神的诠释，非常典型地体现在陈潭秋身上。

陈潭秋是我们武汉大学的校友，他在武汉大学读了一年的预科和四年的英语本科。在国民革命的洪流中，北伐军的铁军打到武汉之后，在这里建立了武汉国民政府，在当时它是有进步性和革命性的，可以说是当时统一战线的联合体，在国共合作的1926年底到1927年夏，武汉可以说是中国的政治中心、军事中心、文化中心。毛泽东受命举办农民运动讲习所，它的旧址原来是张之洞兴办的晚清学堂，后来成为国立湖北商业高等专科学校，在1926年合并到了武汉大学，成为武汉大学经管学院的前身，所以农讲所与武汉大学经管院是有历史渊源的。

武汉农民运动讲习所的学员在1927年春季入学，他们来自全国17个省，近800多位学员，经过短短几个月的集中培训，作为农民运动的骨干走出武汉，回到故土搞农民运动。而毛泽东在此也与杨开慧在武汉度过了一生中非常难得的、温馨的家庭生活。当时蔡和森等一些非常重要的早期领导人也都住在这条街上。中共五大召开期间，毛泽东非常有远见地提出了要开展土地革命的动议，但没有被采纳，甚至毛泽东本人也被排除在表决人名单之外，所以他的心情是比较低落的。沉郁之情难以排遣，一首《菩萨蛮·黄鹤楼》便创作出来了。这首诗的意境深远，格调沉雄。"茫茫九派流中国，沉沉一线穿南北。烟雨莽苍苍，龟蛇锁大江"，这几句诗一下子把武汉气吞云梦、吞江吐河的气派展示出来了。近代武汉在晚清洋务运动之后，工商业发展迅速，俨然是大都市的格局，故有大武汉之称。武汉作为当时中国革命的重心，革命的形势很是危急，因为新军阀蒋介石主导下的南京革命政府造成了宁汉对峙格局，而长沙军阀许克祥发动"马日事变"，但中共五大在共产国际的影响下，没有对危机局势做出充分预判和及时决断，所以毛泽东感到郁闷。此前他预感到此地可能会发生不可预测的变化，所以已经把他的夫人和三个孩子送回长沙。"黄鹤知何去？剩有游人处。把酒酹滔滔，心潮逐浪高"，表达了他对于未来革命的一种志向，他要顺应革命的大潮。可以说，这首诗非常典型地刻画出了当时中共五大召开前后的时局和情势。武昌红巷其实是国民大革命时期非常重要的历史见证之地，这一批人在红巷留下的革命足迹也非常生动地诠释了我们党的伟大建党精神，作为中国共产党精神谱系之源的精神。

闫帅：刚才罗老师提到农讲所，让我想到了毛泽东给农民普及真理的故事。毛泽东同志非常擅长传播真理，能够以通俗易懂、深入浅出的方式来传递革命真理。比如说毛泽东教农民学习最简单的字——手和足。他说每个人都有手，每个人都有脚，老百姓的手是用来劳动的，脚是用来走路的，但地主有手不劳动，地主有脚不走路。他一下子就把知识的普及和传递革命的真理联系起来了。比如说你跟老百姓讲打倒帝国主义的时候，老百姓没感觉，他觉得帝国主义离太远了，那怎么办呢？毛泽东换跟老百姓讲的时候是打倒西洋财主，老百姓一下子就能够了解革命的目的和真理。提到红巷，早期的革命志士是播火者，他们传递革命真理，把马克思主义大众化。从1840年到1921年的80余年时间里，有无数志士仁人为救亡图存而奔走呼号，比如太平天国的洪秀全、洪仁玕，洋务运动的曾国藩、左宗棠、李鸿章、张之洞，维新变法的康有为、梁启超，从事资产阶级革命的孙中山、黄兴等，这些人一腔热诚，为什么就救不了中国呢？因为他们的救亡图存没有唤醒沉睡的4万亿中国大众，当时的中国老百姓麻木不仁，一盘散沙，没有民族自尊心，没有民族自豪感，所以并没有唤醒大众。一方面革命先驱流血牺牲，一方面老百姓麻木不仁，所以这种救亡图存只能叫作单枪匹马、单打独斗、赤手空拳，这些革命烈士只能叫作孤胆英雄。但中国共产党不是孤胆英雄，中国共产党自成立之日起就开始传递真理，势要把老百姓唤醒，把唤醒4万亿沉睡的中国大众作为革命的奋斗目标，中国的觉醒并不简单是陈独秀、李大钊、毛泽东、赵世炎等革命先驱的觉醒，是在革命先驱的带领下，4万亿中国人的觉醒。播火者先觉醒，通过他们的启蒙和垂范，再带动百姓觉醒。毛泽东同志创立了一个词，叫人民战争，打仗要把所有人民调动起来。1840年鸦片战争中的老百姓大多是麻木不仁的，1940年全民族抗战中的老百姓是万众一心的，正是播火者、传播者把人民与中国共产党紧密地联系在了一起。

罗永宽：今天是我们敬爱的周恩来总理的忌日，他于46年前逝世。1938年夏，他从延安到了武汉，并在武汉大学待了几个月。当时为了筑巢引凤，要把国内的名流学者吸引到珞珈山的国立武汉大学去，在艰苦条件下建了十几栋简约英伦风的别墅供南下教授们居住，这就是现在的武汉大学老十八栋。南京于1937年12月13日沦陷，在沦陷之前武汉俨然已成为中国抗战的临时首都，这就意味着自北伐战争的十多年后，武汉再度成为中国的政治中心、经济中心、军事中心，乃至文化中心和外交中心，成为第二次国共合作的重要地方，所以百年党史中的国共合作史，或者统一战线史，两次国共合作，武汉都是重要的诠释之地。在保卫大武汉期间，武汉也生动地诠释了习近平总书记提到的伟大抗战精神。保卫大武汉历时四个半月，中国军民展现了一种"我以我血荐轩辕"的决死之心，打破了日本军国主义者速战速决解决中国问题的战略计划，并且从此中国抗战进入了抗日持久的相持阶段。在武汉抗战期间的荆楚大地，特别是武汉的市民、军民、中国共产党共襄盛举，各界人士云集武汉，在武汉革命史上留下了浓墨重彩的一笔。在中日全面开战面前，大部分武大师生于1938年春西迁乐山，留下一部分大四学生和教师，空余出一些房间和办公场所，于是国民政府就把武汉大学作为指挥武汉会战的中心，国民党的军政要员，包括蒋介石、陈诚、何应钦等重要人物都住在武汉大学，周恩来也于1938年5月从汉口八路军驻汉办事处搬到了武汉大学办公。在保卫大武汉期间，国民党政府被迫开放民主，表现出了一种进步。在武汉大学召开的国民参政会第一次代表大会，通过了抗战建国纲领，并设政治部，宣传鼓动工作。政治部第三厅厅长是周恩来力荐郭沫若出任的。郭沫若曾经是早期党员，是进步人士，也是无党派人士的杰出代表。在武汉大学期间，周恩来经常与蒋介石交流，他在武汉大学主要是代表中共中央与国民党进行沟通交流，同时传达中国共产党的抗战主张，高举抗日民族统一战线的大旗。周恩来在武汉大学做过三次演讲，他号召中国青年不仅要为当前的抗战奉献、斗争，而且要为将来的中华民族复兴、为将来的建国大业担负起责任。周恩来在武汉大学也接见了各方名流、各界人士、各方社会贤达，同时包括一些国际友人。他的会客厅称为"统一战线的小客厅"，国际友人斯诺、史沫特莱、斯特朗、艾黎等都到访过这里。还有荷兰的摄影记者伊文思，他拍的抗战片子扩大了中国抗战的国际影响，周恩来接见他，也希望在一定程度上传播中国抗战的声音，来扩大中国军民坚强不屈地抗击日本帝国主义的一种精气神。周恩来在武大也给国民党的军事教导团上课，教他们如何行之有效地开展游击战争。在保卫大武汉期间，武汉的各界人士充分体现出习近平总书记所提到的抗战精神的一句话——天下兴亡，匹夫有责。这是一种爱国主义精神、爱国情怀，也是一种家国情怀。在武汉会战期间，周恩来还倡导了一个著名的"七七献金"运动。

中国共产党当时在武汉创建了新华日报，后来迁到了重庆。新华日报号召要市民献金，有钱出钱，有力出力。中国共产党人身体力行，八路军驻汉办事处的所有成员把工资捐献出来，远在延安的毛泽东也捐献了一个月的工资，中国共产党做出表率。在卢沟桥事变一周年之际，中国共产党组建此次献金运动，用意就是要鼓舞士气，激起社会各界抗日爱国的热情。所以献金运动时间比预想的延长了一两天，从7月7日一直进行到7月11日，这可以说是整个抗战十四年间规模最大的一次共产党率先垂范倡导的、人民群众自愿的献金运动。当时不光先进分子献金，就连乞丐都加入了进来，爱国不分贵贱，据说有个乞丐连续捐了三次；"珞珈三女杰"中的苏雪林平时生活很节俭，但当时却异常慷慨，捐出黄金20余两，那是一笔巨款，这种慷慨义举体现出伟大的爱国精神。

陈慧女：武汉以前没有武汉站，只有武昌站。武昌火车站特别有名，是1992年邓小平同志南方谈话的第一站。中国的改革开放从1978年开始，1992年南方谈话是非常重要的。邓小平同志留下了一些非常著名的话，比如"发展是硬道理""三个有利于""能快就不要慢"等。1992年南方谈话解决了当时中国一些特别重要的疑难问题，1992年跟今天不一样，如今社会主义好、马克思主义行已成共识，但当时从国际上来讲恰恰是相反的——东欧剧变、苏联解体。那时候从国际社会到中国都可能有这样的一个疑虑："马克思主义到底还行不行？我们中国还会不会继续走社会主义道路？"另一种观点是："我们是不是还要继续改革？我们的问题是不是改善了？比如说东欧剧变、苏联解体是否改错了，改出问题了。"我们实际上也在质疑中国要继续改革的说法。邓小平认为目前的这些想法其实是思想上的误区，比如说形式主义、官僚主义，止步不前。他在这种情况下进行南方谈话为中国的发展指明了方向——我们到底应该怎么做。邓小平同志在站台上会见湖北省的主要领导，明确提出："不坚持社会主义肯定是不行的，不改革开放、不发展经济、不改善人民生活，只有死路一条。"

闫帅：他也说过，不搞改革开放我们是要被开除球籍的。

陈慧女：这些振聋发聩的话语开启了中国社会主义市场经济体制建设的浪潮，拉开了一个大序幕。虽然邓小平同志在这里只停留了29分钟，但是这29分钟真的是成为历史上重要的转折点。

罗永宽：这29分钟对于改革开放史来说是至关重要的。我国的改革开放从1978年启动，到了十多年后的1992年，可以说是一次再发动、再加油、再重启，这是非常关键的。

陈慧女：当时不仅仅有打工潮，还鼓励知识分子、科技人员下海，现在还有一些企业家被称为"九二派"，如王石、俞敏洪等。1992年后不只出现了打工潮、下海潮，人才流动更是明显地加快了，武汉在2012年的时候曾经出台了非常有名的"黄金十条"，"黄金十条"允许技术人员和科技人员从技术成果中获益，鼓励他们的科研成果变成实际的生产力。

罗永宽：当时有一批青年教师相继下海，在广东深圳、海南、上海等地，现在有些人已经是很有成就的实业家了，当然也有回归学府的人。1992年南方谈话的首站在武汉，体现了一种武汉精神——敢为人先、开拓创新。从辛亥首义到改革开放，是对武汉精神非常集中的诠释。

闫帅：华中科技大学紧邻光谷，光谷与华科还有一段缘分。"光谷"的概念是华科的黄教授于1998年提出来的，他是光电子学院的教授，在接待来访的台湾地区同胞时，他说华中科技大学东边有一个国内规模最大、技术最先进的中外合资公司——长飞光纤，长代表长江，飞代表飞利浦，西边是国内最早研制出光纤、最早研制出光纤通信设备的武汉邮电科学院，这很类似于美国的硅谷，那这个地点是不是可以叫光谷。后来华中科技大学于2001年以学校的名义向武汉地区提出了"光谷"的概念，邓小平1992年南方谈话解放了人们的思想，开拓了人们的思路。

陈慧女：后来光谷就成为一个中国科技创新的中心。同时，武汉也是百年商埠，从历史上来说它就是一个很开放的城市，从九二谈话后武汉更是加速发展，包括商业，比如说1992年11月鄂武商在深交所挂牌，后来汉商、中商、中百也相继上市，一个城市有四家本土的商业集团上市这是很少见的。另外武汉也吸引了很多国际的商业连锁品牌，如麦德龙、沃尔玛等。武汉现在成为一个立体化的对外开放城市了，如中欧班列的开通，航运、水运、铁路运输的不断发展，成为中国改革开放后的一个非常重要的缩影或典型。

罗永宽：新历史决议把百年党史的第三个时期称为改革开放史，武汉的改革开放史生动诠释了"锐意创新、锐意进取"这八字精神，充分体现出武汉改革开放的特质和风貌。

闫帅：决议里面有这么一句话：改革开放是决定中国命运的关键一招，我们大踏步地赶上了时代。这种变化不仅体现在中国、体现在武汉，更体现在个人身上。1984年中国从美国引进了第一部好莱坞电影——《超人》，中国老百姓纷纷涌进电影院一睹为快，并大为震撼。当时的一张图片记录下超人飞过美国高楼大厦的情景，20世纪80年代我国还是筒子楼时，美国已经有了一座座拔地而起的摩天大楼，这让我们意识到原来楼可以盖得这么高、路可以修得这么宽、桥可以架得这么多，这激发了当时国人对于现代化的想象。改革开放40多年过去了，今天的中国基建有了大规模的更新，并有一个外号——基建狂魔，这些都是改革开放带来的成果。

罗永宽：也正是因为中华五千年文明史的深厚底蕴和中华民族踔厉风发的坚韧精神，我们才能够不断地应对来自各方面的挑战，走到今天。

二、抗洪

闫帅：武汉有一个名字叫江城，一方面是因为武汉依水而生，另一方面是因为武汉因水而幸，除了"湖广熟，天下足"，还凭借长江的黄金水道往汉口开埠，但也有因水而患的问题。回顾过去的一百年间，整个长江流域特别是武汉地区有三次大洪水，分别是1931年、1954年和1998年，现在汉口江滩还有一个武汉防洪纪念碑。

罗永宽：那是为了纪念1954年的大洪水。从1954年6月25日到7月27日近33天的时间，只有3天是晴天，其他时间连续下瓢泼大雨。当时武汉人口是150万，参加抗洪队伍的达到29万人，几乎占了总人口的1/5。江汉关的水位达到29.73米，非常危险。为了抗击洪水，大家就从武汉市周边有山的地方挖土，陈家山的土挖完了，变成了一块平地，因此后来改为陈家坪。当时的武汉市民万众一心、众志成城，在全国一盘棋的制度优势条件下，全国只能生产500万条麻袋，但那一年夏天调给武汉市的麻袋达540万条，其他40万是库存麻袋。武汉终于挺过了1954年大洪水。

闫帅：纪念碑的正面有毛泽东同志的亲笔题词——庆贺武汉人民战胜了1954年的洪水，还要准备战胜今后可能发生的同样严重的洪水。同样严重的洪水发生在1998年，在距离武汉防洪纪念碑3千米、在汉水和长江的交界处的地方有一座龙王庙，以险要著称，河面狭窄，岸陡水急，船多倾覆。这块木牌是国家一级文物，现收藏于国家博物馆，它宽120厘米，高79厘米，粉红色宣纸上写着"誓与大堤共存亡"的誓词，下方是唐仁清、李建强等16名共产党员的红笔签名，虽笔体各异，大小不同，却遒劲有力，落款是1998年8月7日。木牌很轻，但有一个非常沉重的名字，叫作"生死牌"，生死牌记录了1998年抗洪救灾的惊险瞬间。1998年，长江发生了全流域大洪水，地处长江和汉江交汇地点的背靠繁华汉正街的龙王庙闸口更是险中之险。8月7日连日的洪水使长江的水位逼近30米，随时面临决堤的危险。当时32名的守闸人员已经坚守了40多天，大家的精神和体力消耗非常严重，在这个关键的时刻，唐仁清、李建强等16名共产党员就地成立了临时党支部，立起了一块生死牌。他们把生死牌悬挂在闸口的顶部，以"人在堤在"来激励自己，生死牌其实就是一块名字牌，面对滔天洪水，全国各地的抗洪救灾居民都纷纷立起生死牌，签下军令状，组建敢死队，最后经过全国全党全军的协力奋斗，我们在整个抗洪抢险救灾过程中战沙市、保武汉、护岳阳、救九江、守大庆、斗哈市，铸起了一条钢铁长堤，上演了一幕幕动人瞬间，发生了一个个感人故事。如果有人问我关于1998年的记忆，我的回答会是黄色的，因为当时大江奔涌，浊浪滔天；我的回答也是绿色的，因为绿色传承，人民子弟兵亲赴一线；我的回答还是暖色的，因为我们众志成城，军民一心，在大洪水面前全国人民一条心，共同抗击洪水，保卫民族大地，这是我们战胜各种艰难险阻和挑战的底气所在。

罗永宽：它同时也体现出我国的制度特色和制度优势，中国共产党是我国的主心骨，它能够迅速地做出决策并高效调动各方资源，并将其汇聚到紧急需要的地方。所以绿色就是喻指人民子弟兵，这是一种制度的优势，在紧急应对之际，治理效能能够发挥出来。

陈慧女：武汉三镇有怎样的区别和联系？

罗永宽：武汉的历史非常悠久，盘龙城至少有三千五百年的历史，武汉建城应该是在西周年间，建成较早的是汉阳，然后是武昌，历史上的汉口是较晚开发的。在三国时期，武昌和江夏是连为一体的，到了明朝，大概是在1417年，汉水有一次改道（历史上汉水有过八次的改道），现在汉水也是这么流的，在这里交汇到长江。原来汉水在汉阳，汉就是汉水，阳指的北，即汉水以北，汉水以北称为汉之阳，所以原来的汉水在更西边，后来汉水改道到龟山后，汉口才有了发展契机。汉口的发展只有五六百年的历史，但它却后来居上，明末之时汉口镇与河南的朱仙镇、江西的景德镇、广东的佛山镇并称为四大名镇，商业非常发达。汉阳的文化底蕴更为深厚，琴台遇知音的钟子期、俞伯牙就在此相识。后来由于武昌城的地势易守难攻，成为政治中心。到了清朝，两湖总都府、红巷、粮道街、户部巷、府苑街等作为官衙的称谓，表明这一带本身就是一个政治中心，越往后地位就越突出。而汉阳由于深厚的文化底蕴，在晚清的洋务运动之时，逐步发展为工业中心，洋务运动后期的重镇就是在武汉，张之洞在武汉主政长达十七年之久，他的一些重要工业布局都在汉阳，如汉阳炼铁厂、湖北枪炮局等，现在汉阳也有很多工业，如沌口一带的汽车工业等。汉口主要是商业，当在明清之际成为四大名镇后，汉口就成为商业中心，再加上第二次鸦片战争签订的《天津条约》规定汉口作为通商口岸，对洋人开放，于是汉口的商业文化又注入了西洋的外来商业以及西方列强的银行、商行、工业等。

总体来说，武汉三镇的地势就是这样一种便利，它在历史上本身就是一个兵家必争之地。近代历史上很多的重大事件发生在武汉三镇，它作为一个中心、一个重心，像一个漩涡，这就是武汉三镇本身的关联性。而区别在于武昌具有一种政治中心的特征，汉口具有商业中心的特征，汉阳具有深厚的文化底蕴以及作为工业重镇的特征，这就是在功能上的相对区分。

陈慧女：东湖风景区、武昌江滩、汉阳江滩缺乏文化创新与开发，老师们是否有没有好的建议？

罗永宽：相比之下，个人感觉汉口江滩的开发很好，那是否可以借鉴到武昌江滩和汉阳江滩，但又不是简单的模仿呢？如果能够把武昌、汉阳历史上的那些震古烁今的人事、史迹，通过特定的方式或具象或抽象地、艺术性地呈现出来，应该能够体现出武昌和汉阳的元素，比如说长江国家文化公园是否就已经考虑到了这些因素，是否体现出了文化功能。如果跳出武汉三镇的话，其他城市的一些江滩的开发，作为他山之石也是可以借用的。

陈慧女：罗老师是否能分享更多的方法让我们听到更多的故事？

罗永宽：目前有很多的公益讲座、公益讲坛，大家都是可以来免费听的，另外一些相关故事的电子书籍也很容易找到。武汉有145个红色文化旧址值得我们去了解、体悟，如八路军武汉办事处、八七会议旧址、宋庆龄旧居、武大周恩来旧居、中山舰博物馆等，沉淀了非常多的历史文化，很多路名、地名的背后都可能有典故、有掌故。我们保持对历史的兴趣，就要了解更多的本地历史及其与百年中共党史的交集。

三、重点提问与解答

提问：以前的武汉展览现在转到国博成为一个景点了，各方面都与国际接轨了，包括科技、医药等，这让武汉的老百姓开放了眼界，您能否具体聊聊看法？

罗永宽：武汉应该是中国开创展览业最早的城市，在古代的中国没有展览这个概念，所以它是从西方传过来的。武汉的展览在晚清时期就有了，在民国时期曾有过几次大的展览会，且都在武汉举办的，所以武汉可以说是中国展览事业的开创地。武汉的展览不仅有汽车展览、食品博览，还有一些国际展览，如电子、商业、医疗器械、高新技术的展览，光谷有一些光电子、高科技的研发展览，武汉也曾举办过人工智能的展览。展览的功能不言而喻，仅对小孩子来说至少是一种励志和启智，可能会萌发科技方面的兴趣。而且由于武汉的地利之便，九省通衢适合成为中国的展览之都。目前东西南北诸多省会城市4个小时左右能够到达武汉，所以武汉作为展览之都从历史地理上是具备一定条件和优势的。从这个意义上讲，武汉是最适合作为内循环枢纽地位的。

提问：武汉方言是否需要作为年轻人的必修课来进行学习？

闫帅：普通话是国家官方的推广语言。我们国家历史悠久，面积960多万平方公里，地区差异性非常大，东西部及南北存在一定程度的差距，举个例子：黄河边的中国和黄埔江边的中国不是一个发展形态，推而广之，松花江边的中国和珠江边的中国也不是一个发展形态，那么既然地域这么大，我们为什么能组成一个内聚力、向心力这么强的国家呢？其实从秦始皇统一文字、统一语言开始了，语言是维持我们国家内聚力、向心力形成中华民族的一个重要方式，我们首先要意识到普通话在形成我国内聚力历史上的作用，普通话使我们没有沟通交流障碍，方言大概率会出现交流障碍。我个人认为，一方面我们必须尊重历史的发展潮流，但另一方面我们也需要对历史的重要方面进行保护。虽然说武汉话的人少了，但是一定会有研究语言学、研究方言的，一定还会有人热爱武汉话，有人专门做学问去保护它，两者并不冲突矛盾。

陈慧女：非常感谢大家的提问，也谢谢罗永宽老师、闫帅老师的精彩解答，今天的讲座到此结束！

作者简介

宋俭，武汉大学马克思主义学院教授，博士生导师。湖北省中共党史学会副会长兼中共党史人物研究专业委员会主任。国家社会科学基金重大招标课题"中国特色社会主义政治发展道路研究"首席专家。曾获全国优秀教师、宝钢教育奖优秀教师等荣誉。

作者简介

沈孝鹏，华中科技大学马克思主义学院讲师，湖北省中共党史学会秘书，主要从事党史党建研究。主持省部级课题等多项，发表期刊论文十余篇。

主持人简介

徐嘉鸿，武汉大学马克思主义学院讲师，马克思主义理论与中国实践湖北省协同创新中心研究员。

雄关漫道：解码百年奋斗的攻关秘籍

宋　俭　沈孝鹏

徐嘉鸿

　　独立自主、自力更生是一个国家、一个民族发展的基础。人类历史上没有一个民族可以通过依赖外部力量、照搬外国模式、跟在他人后面亦步亦趋实现强大和振兴。我们坚持独立自主、自力更生，既虚心学习借鉴国外的有益经验，又坚定民族自尊心和自信心，把中国发展进步的命运始终牢牢掌握在自己手中。

——题记

一、独立自主，为百年奋斗历程顺利开局

　　各位听众新年好！大家好，欢迎来到长江讲坛。今天我们有幸邀请到了武汉大学马克思主义学院宋俭教授和华中科技大学马克思主义学院青年才俊沈孝鹏博士，欢迎两位老师！

　　宋俭、沈孝鹏：大家好！

　　徐嘉鸿：今天谈的主题是"解码中国共产党百年奋斗的攻关秘籍"。让我们从一封信开始谈起。1948年11月，毛泽东在西柏坡给当时正在湖南大学法学院任教的李达带去一封信，

请他速来解放区参加新中国的筹建工作。信中写道："吾兄乃本公司发起人之一，现公司生意兴隆，盼兄速来参与经营。"

沈孝鹏：毛泽东这里说的"公司"，指的是中国共产党。大家都知道，李达是党的创始人之一，特别是在党的一大筹备和召开过程中，发挥了极为重要的作用。后来，由于种种原因，他退出了党组织。但他始终没有改变自己的信仰，是一位坚定的马克思主义者，为党做了大量工作，特别是理论研究方面。所以，毛泽东称他为公司发起人，特地去信邀请他出山参加新中国的筹建工作。

宋俭：李达和毛泽东都是湖南人，中共一大代表中，湖南和湖北人比较多，湖北籍代表有5个，湖南籍代表是4个。此外，江西、广东、山东、贵州籍代表各1个，一共是13个代表。建党95周年的时候，我去黄冈做党史讲座，党的一大代表中湖北黄冈籍是最多的，有三位一大代表（董必武、陈潭秋、包惠僧）。在准备讲座材料的时候，我发现一个数字的巧合，在中共一大召开时，代表中年龄最大的是湖南代表何叔衡45岁，最小的是当时北京大学外语系19岁的学生刘仁静，他是湖北应城人，13位代表的平均年龄是28岁，这一年毛泽东正好28岁。有趣的是，毛泽东给自己取过一个笔名叫"二十八画生"。巧合的是，从1921年中共一大召开到1949年新中国建立，毛泽东出任中华人民共和国中央人民政府第一任主席，正好也是28年，今年是2022年，今年要开党的二十大，到2050年，我们将实现第二个百年的奋斗目标，建成富强、民主、文明、和谐、美丽的社会主义现代化强国，实现中华民族伟大复兴，也正好是28年。这真是一个很有意义的巧合。

历史经常会有很多这样的巧合。从上海到北京有1300多公里，中国共产党走了28年，在28年里中国共产党从最初的58个党员发展到新中国建立之初的448万多党员，并在中国这样一个960多万平方公里的土地、6亿人口的国家执掌了国家政权，这不能不说是创造了一个奇迹。所以毛泽东在给李达的信里以"现公司生意兴隆"为喻，来形容中国共产党创造的这样一份伟业。

沈孝鹏：实际上在中国共产党执政之初，国内外对中国共产党的执政前途并不是那么看好。比如说在1949年7月，当时担任美国国务卿的艾奇逊就预言：人民的吃饭问题是每个中国政府必然会遇到的问题，一直以来没有一个政府能解决好这个问题。实际上是说中国共产党也无法解决这个问题。

宋俭：中国共产党执政之初首先面临的是信任危机。不仅美国人，当时中国的资产阶级也不看好中国共产党执政的前途。上海的资本家曾经说过，中国共产党搞军事很厉害，可以打100分；搞统一战线厉害，政治可以打80分；但是中国共产党不会搞经济，只能打0分。他们同样不相信共产党有能力把中国的经济发展起来。但是，中国共产党很快就用事实打破了这些"预言"。新中国建立以后，仅用了短短的一年时间，就迅速稳定了市场物价，解决了国民党统治时期居高不下的通货膨胀问题。然后用了三年时间就全面恢复了国民经济，实现了国家财政经济状况的根本好转。1952年底，根据国家统计局公布的数字，当时我国工农业主要产品的产量都达到了或者超过了历史上最高水平。到今天（2022年2月19日），中国共产党执政已经是第72年了，不仅解决了中国人民的温饱问题，还历史性地实现了全面小康，我们已经开始了逐步实现全体人民共同富裕新的奋斗阶段。

沈孝鹏：毛泽东在七届二中全会上说：我们不但善于破坏一个旧世界，我们还将善于建设一个新世界。

徐嘉鸿：对于中国共产党来说，不论是砸碎一个旧世界的民主革命，还是建设一个新世界的现代化建设，都取得了巨大成功。我们常说成功不是偶然的，背后都有其原因，那在两位老师看来，中国共产党成功背后有什么原因或秘诀呢？

宋俭：最近党的十九届六中全会通过了党的第三个历史决议——《中共中央关于党的百年奋斗重大成就和历史经验的决议》，在我看来，这个新决议其实就是中国共产党百年奋斗的一个"成功宝典"，要说中国共产党成功的秘诀在哪里，我觉得就在新的历史决议里面。习近平总书记也提到，起草决议的目的之一就是从党的百年奋斗中看清楚过去我们为什么能够成功、弄明白未来我们怎样才能继续成功。中国共产党成功的秘诀实际上在新的历史决议里已经做了很好的总结。如果说中国共产党的百年奋斗历程是雄关漫道的话，那么新历史决议总结的10条经验可以说就是中国共产党的攻关秘籍。

徐嘉鸿：那么在这10条经验里面，两位老师觉得哪一条最重要？

沈孝鹏：毫无疑问10条经验都非常重要。但我们如果结合中国共产党的历史与现实来看的话，"坚持独立自主"这一条经验有着特别重要的意义。谈到这个话题，从源头上说，就要说到中国共产党和共产国际的关系，我们都知道中国共产党是在列宁领导的共产国际的帮助下建立的，成立之初的中国共产党是隶属于共产国际的一个支部。在国共合作期间，孙中山实行联俄联共的政策，当时国民党曾经跟共产国际提出过申请，也希望加入共产国际，但是共产国际没有接受。因为国民党是一个民族资产阶级和小资产阶级的政党，共产国际是一个世界无产阶级的政党组织。

当时加入共产国际是有条件的。共产国际执委会专门通过了一个文件，叫作加入共产国际21个条件，其中有一条，就是要求凡加入共产国际的各国共产党，都要履行共产国际的义务，接受共产国际的纲领，遵守共产国际的纪律，否则就可能被开除出党。

宋俭：《共产国际章程》中明确写有一条，凡是加入共产国际的共产党或者是工人党，他的性质或者他的名称要叫作共产国际的某某国支部。这说明各国共产党并不是一个完全独立的政党，而是属于共产国际的一个支部，所以中国共产党当时也是接受共产国际的领导的，中国共产党本身就是在共产国际的帮助下建立的。大家比较熟悉的有"南陈北李，相约建党"的故事，说的是党的两位主要创始人——上海的陈独秀和北京的李大钊。其实这是一个笼统的说法，真正推动中国共产党早期组织的建立和中共一大的召开，共产国际代表所起的作用也是不容忽视的。1920年4月，共产国际代表维经斯基来华，实际是在他的推动下才有了1920年8月上海早期党组织的建立。另一个是1921年6月来华的共产国际代表马林，马林当时是列宁的秘书，他来华的使命就是协助中国的共产主义组织建立一个全国统一的政党，中共一大是在马林的直接推动下召开的。所以说，维经斯基和马林在中国共产党成立过程中都发挥过非常重要的作用。

中共一大于1921年7月23日正式召开，虽然当时没有正式决定加入共产国际，但是中共一大通过的党的第一个决议明确提出：党每个月都要向共产国际汇报工作。这实际也表明了一种态度：中国共产党是接受共产国际的领导的。一年以后，1922年7月16日至23日召开中共二大，经过讨论正式决定接受第三国际也就是共产国际的21个条件，并专门通过了一个关于加入第三国际的决议，中国共产党就正式成为共产国际的一个支部。当时的中国共产党还处于幼年时期，对《共产国际章程》、对无产阶级政党怎样建设的问题还不是十分清楚，所以党在一开始很难做到完全独立自主，在这个时期党的很多重大决策都是在共产国际代表的指导下做出的，很多文件也都是在共产国际代表的帮助下起草的，比较典型有代表性的是《中国共产党章程》，从中共二大到中共六大，基本上都是参照苏联共产党的党章来起草的，中国共产党真正拥有自己特点且符合实际的党章是从中共七大开始的。当时共产国际领导中国共产党主要有两种方式：一种是共产国际直接派代表到中国来指导，实际上是领导，如马林、维经斯基、罗易、罗明纳兹等；另一种方式是从1926年以后，中共派代表到莫斯科建立中国共产党驻共产国际代表团，这在共产国际是一种普遍的模式，其他各国党也是一样。共产国际通过中共代表团来指导中国共产党，蔡和森、瞿秋白、王明、王稼祥、任弼时等都做过中共驻共产国际代表团的团长。

徐嘉鸿："九一八"事变后，中国共产党曾经一度提出"武装保卫苏联"的口号，这与刚才讲的话题是否有关系？

宋俭：这是一个很有意思的话题，这要说到《共产国际章程》。《共产国际章程》有几个规定，一个是规定共产国际的执行委员会，由共产国际的世界大会来选举执行委员会，世界大会是共产国际的最高领导机构，在闭会期间，就由执行委员会来代行世界大会的职权，执行委员会的所在地也由世界大会来选举决定，当时定在苏联。还有一条规定是共产国际执行委员会的工作主要由共产国际所在国的共产党来承担，这实际上也就是说共产国际的具体工作事务由苏共来承担。共产国际执行委员会的所在地有这么一个性质，它不仅仅是某一个国家的，它是各国无产阶级共同的一个首府。这也就是说各国的共产党、工人党都有责任和义务去维护共产国际所在地的利益，有责任和义务来保卫共产国际执行委员会的所在地。所以当时喊"武装保卫苏联"的口号，其实是与《共产国际章程》密切联系的。

另外，在"九一八"事变发生后，当时共产国际本身有一个判断：日本发动"九一八"事变占领中国东北，是帝国主义企图进攻社会主义苏联的序幕，因为日本长期以来的扩张政策一直有所谓的"北进"和"南进"两套战略。"北进"实际就是进攻苏联的西伯利亚，日本北进很可能会形成一个日本和德国东西夹击苏联的局面。所以当"九一八"事变发生以后，共产国际、苏联做出了这样一个判断：日本企图要北进。事实上之后日本是做过几次北进尝试的，在西伯利亚地区日苏之间曾经也爆发过局部战争。正是基于这样的背景，共产国际当然会把这种判断下达到远东各国共产党，包括中共、日共，也包括朝鲜共产党，要求远东国家的共产党要配合共产国际的这个整体战略。中国共产党的"武装保卫苏联"的口号就是在这种背景下提出来的。9月20日，中共中央发表了《中国共产党为日本帝国主义强暴占领东三省事件宣言》，提出了"反对帝国主义进攻苏联，武装拥护苏联"的口号。9月22日，中共中央专门通过了一个决议，将"武装保卫苏联"明确为"党在这次事变中的中心任务"，要求各级党部和全体共产党员"要以布尔什维克的坚决性和无限的革命热诚"，广泛地进行武装保卫苏联的宣传鼓动工作。中共中央当时执行的这一政策给党带来了非常不利的影响，在一段时间内一度使党失去了群众。

徐嘉鸿：这个问题就清楚了。那么，接下来能否联系一下湖北省或者武汉市来谈一谈独立自主的问题？

宋俭：这是一个很好的角度。应该说在中国共产党百年奋斗的历史进程中，武汉一直具有非常重要的地位。我经常说，一部中国共产党历史缺了武汉是不完整的。中国共产党在独立自主问题上的探索，也和武汉有着非常密切的关联。接下来，我们选取武汉的几个历史瞬间或者几个历史时期来谈中国共产党的独立自主问题。第一段历史是1927年夏天。当时在武汉召开的中共五大和八七会议，是中国共产党和中国革命的一个重大转折点。第二段历史是全面抗战爆发和南京沦陷后，武汉成为全国抗战的政治和军事中心。当时在抗日民族统一战线的背景下，中国共产党在独立自主问题上，克服王明的右倾错误，主要发生在武汉。第三段历史是新中国建立以后，"一五计划"时期，可以从武汉的工业化建设，看中国共产党是怎样处理苏联的援助和我国独立自主、自力更生关系的问题。

二、坚持独立自主才能带领革命队伍涉险滩、渡难关

徐嘉鸿：您刚才提到的中共五大、八七会议都是作为中国革命或者中国共产党历史上非常重要的一个转折点，那么这个转折点和独立自主又有怎样的关系呢？

沈孝鹏：我们读中共党史会发现，"转折"是一个高频词。在党的历史发展过程中，有很多的历史转折点，大家可能比较熟悉的如八七会议、遵义会议、洛川会议及党的十一届三

中全会等。八七会议叫"重要转折点"，遵义会议叫"生死攸关的转折"，洛川会议叫"战略转折"，十一届三中全会叫"伟大的历史转折"。

宋俭：在中国共产党的百年历史里，这种影响历史发展的走向、具有重要转折意义的重大历史关头有很多，在这个节点上，你往哪个方向走、做怎样的战略选择都会影响历史的走向，甚至影响历史的结果。在历史节点、在重要的转折关头或者在危急关头做出正确的选择，做出符合实际的正确决策特别重要。时机稍纵即逝，把握不住这个机会，历史可能会是另外的样子。所以，在这种历史转折关头，一个具备独立自主能力并且能够独立自主地做出决策的领导集体就特别重要。有了这样一个条件，才能够做到从实际出发，审时度势，及时做出正确的选择和决断。而1927年中共五大在武汉召开的时候，当时的中国共产党正处于危急关头或者重大历史转折关头。

徐嘉鸿：中共五大确实是非常典型的例子，中共五大当时通过了很多的决议，今天看来也都是正确的，但却没有挽救危局，没有解决当时的一些问题，为什么会这样呢？

宋俭：1926年北伐军占领武汉后，中共中央就迁到了武汉的胜利街。中共五大是在1927年的4月27日至5月9日期间召开的，确实是在一个十分重要的节点，或者说是在中国革命面临危急关头召开的。在中共五大召开之前，蒋介石在上海发动了四一二反革命政变，大肆屠杀共产党员和革命群众，紧接着广东军阀李济深在广州也发动了政变。在中共五大召开之际，武汉的局势也非常紧张。中共五大召开后不久，夏斗寅在宜昌发动了兵变，紧接着反动军官许克祥在长沙发动了马日事变，当时可以说是危机重重。在这样的背景下，中共五大最重要的使命就是挽救危机。中共五大是在共产国际的直接指导下召开的，通过的一系列决议也是根据共产国际的指示精神起草的，但是这次会议却没能提出应对突发事变的有效对策，因为要等待共产国际的指示，当时共产国际是相信汪精卫的，认为汪精卫是坚定的左派。汪精卫在1926年中山舰事件和整理党务案后遭到蒋介石的排挤去了国外，所以当时国民党左派以及一些中国共产党人提出把汪精卫请回来，目的原本是要制约蒋介石集团，当时他被共产国际认为是国民党左派集团的领袖，所以对他非常信任。

5月下旬，共产国际执委会开了第八次全体会议，会议通过了一个《关于中国问题的决议》，随后，共产国际根据这个决议精神，给在武汉的苏联顾问鲍罗廷、共产国际代表罗易、苏联驻汉口的总领事柳克斯发了电报进行传达，这就是我们后来所说的共产国际"五月紧急指示"。

沈孝鹏："五月紧急指示"的核心有四条：第一条要求我们在农村开展土地革命；第二条要求改组国民党领导层的人员构成，多吸收工农领导人加入国民党中央；第三条是军事问题，要武装工农，动员2万名共产党员和5万名革命工农以组建自己可靠的军队；第四条是成立军事法庭，惩办迫害工农的反动军官。

宋俭：中共中央是6月1日收到共产国际"五月紧急指示"的，得到指示后，鲍罗廷和陈独秀都觉得难以执行，当时很多中共的领导人，包括张国焘和谭平山也难以置信。鲍罗廷甚至认为这个"五月紧急指示"荒唐可笑，完全不了解当时中国的局势。共产国际派来的代表罗易倒是认为应该执行指示，但是他刚到中国不久，又不知道该如何去执行，就拿去找汪精卫，汪精卫看到指示后，有了借口，发动了七一五政变，大肆屠杀共产党员。在这种情况下，中国共产党在汉口召开了八七会议，这个时候国共合作就已经彻底破裂。

在中国共产党历史上，八七会议的转折有两层含义：一个是由国民革命转变到土地革命，另一个是由国共合作转变到武装反抗国民党。八七会议决定了土地革命和武装反抗国民党的总方针，这样一个重大决策实际也是在共产国际的直接指导下做出来的。八七会议是由共产国际代表罗明纳兹主导的，他是格鲁吉亚人，当时是共产国际主席团的成员，是共产国际的领导人。在七一五政变发生后，共产国际派罗明纳兹来中国接替维经斯基和罗易的工作，他于1927年7月下旬到达武汉，所以7月下旬召开的中共中央政治局的紧急会议，包括撤销陈独秀的职务，以及之后召开的八七会议都是罗明纳兹主导的。中共中央临时政治局常委会做出南昌起义的决策，派周恩来、李立山等去南昌组织暴动，罗明纳兹在中间也起到了非常重要的推动作用。八七会议相关的精神和决策，罗明纳兹是直接参与的，包括通过的《中国共产党中央执行委员会告全党党员书》就是由罗明纳兹亲自起草，瞿秋白翻译。八七会议之后，进入武装反抗国民党时期。之后发生的瞿秋白的"左"倾盲动主义错误，罗明纳兹也是始作俑者。所以共产国际对中国共产党这个时期的影响是非常直接的，也是很深的。在武汉的这段历史中，中国共产党还处于幼年时期，既缺乏应对突发事变的政治经验，又必须事事要依赖共产国际的指示，导致党在危急关头不能独立自主地去应对突发事变，独立自主地去做一个战略决策，中国共产党为此付出了极为惨痛的代价。

沈孝鹏：后来，毛泽东在中共七大报告中对这段历史做了一个非常好的概括。他说："生气勃勃的中国大革命被葬送了，从此以后，内战代替了团结，独裁代替了民主，黑暗的中国代替了光明的中国。但是，中国共产党和中国人民并没有被吓到，被征服，被杀绝。他们从地下爬起来，揩干净身上的血迹，掩埋好同伴的尸首，他们又继续战斗了。"这段话对这段历史的总结非常到位。

宋俭：这一段历史对毛泽东，甚至对整个党的影响都是极为深刻的。当然毛泽东在这个问题上的反思是最深刻的，正是基于这种反思，在总结经验教训的基础上，毛泽东在1930年5月写下了那篇著名的文章——《反对本本主义》。这是一篇很重要的文章，毛泽东提出："马列主义的本本是需要学习的，但是必须同我国的实际相结合。""中国革命斗争的胜利要靠中国同志了解中国情况。"这是中国共产党对独立自主原则的最早总结。后来毛泽东在领导中国革命的实践中不断地发展这一思想。改革开放后，独立自主的原则被定义为毛泽东思想活的灵魂之一。独立自主原则在中国共产党的历史上是中国共产党立党和建国的一个重要基础。

徐嘉鸿：所以，对于中国共产党来说，八七会议还不能算真正意义上的独立自主。那么对于中国共产党来说，真正意义上第一次独立自主的决策应该是什么时候呢？

沈孝鹏：应该是1935年1月召开的遵义会议，这次会议是在红军第五次反围剿失败，长征初期遭受严重挫折的紧急历史关头召开的。当时会议解决了两个非常重要的问题，第一是军事问题，第二是组织问题。遵义会议之后，开始确立以毛泽东同志为主要代表的马克思主义正确路线在党中央的领导地位，开始形成以毛泽东同志为核心的党的第一代中央领导集体，在革命的危急关头挽救了党、挽救了红军、挽救了中国革命。

遵义会议实际上是在中共同共产国际联系中断的情况下召开的，中国共产党这时才真正开始独立自主地做出重大决策，因此遵义会议也被认为"开启了我们党独立自主解决中国革命实际问题的新阶段"，被认为是中国共产党从幼年开始走向成熟的一个重要标志。

徐嘉鸿：我们再来谈谈发生在武汉的第二个历史瞬间或者说第二段历史：在抗日民族统

一战线的背景下，中国共产党是怎样克服王明右倾错误的干扰，坚持独立自主领导全民族抗战的呢？

宋俭：在建立抗日民主统一战线的问题上，王明是有过历史贡献的。在1929年至1933年的世界性经济危机过程中，法西斯势力迅速发展，特别是德国、意大利、日本，法西斯主义抬头，所以，当时整个人类、整个世界都面临着法西斯主义的威胁。在这个背景下，1935年7月，共产国际召开第七次代表大会，正式提出来建立反法西斯统一战线的总体战略。当时王明是共产国际执行委员会的委员，也是共产国际主席团的成员，他参加了共产国际七大，在共产国际七大作出这个决策以后，王明就以中共中央的名义起草了《中国苏维埃政府、中国共产党中央为抗日救国告全体同胞书》，就是《八一宣言》。《八一宣言》经共产国际执委会讨论通过，10月份首先在中共在法国创办的《救国时报》上发表。同时，共产国际派张浩，也就是林育英回到国内，找到了长征到达陕北的中共中央，向中共中央传达了共产国际七大的精神和《八一宣言》的内容。1935年12月25日，中共中央在瓦窑堡召开会议，做出了建立抗日民族统一战线的重大决策。所以说在这个问题上，王明是有历史贡献的。

七七事变和全民族抗战爆发后，当时在共产国际工作的一批中国共产党人都陆续回到国内参加抗战。王明也主动要求回国参加抗日战争，他到延安时，毛泽东亲自去机场去迎接他。当时，一见面毛泽东说是喜从天降，说你们是从昆仑山上下来的神仙，为什么说是昆仑山上下来的神仙呢？因为王明是共产国际派回来的，他还是共产国际主席团的成员。王明回来以后，也是以共产国际的钦差大臣身份自居，凌驾于中央政治局之上。他执行共产国际和苏联的政策，希望中国的抗战拖住日本，使日本无暇"北进"，王明就是站在这样的立场来思考中国抗战问题的。

1937年12月，中共中央政治局十二月会议在延安召开，在会议上王明对之前洛川会议上中国共产党制定的抗日民族统一战线中的独立自主原则和中国共产党领导的人民军队开展独立自主的山地游击战的战略方针提出了批评，提出了一些不同观点，如"抗日高于一切，一切经过统一战线，一切围着统一战线"等。当时王明还提出了"五个统一"：统一指挥、统一纪律、统一武装、统一供给、统一作战计划。后来又发展为"七个统一"：统一指挥、统一编制、统一武装、统一纪律、统一待遇、统一作战计划、统一作战行动。这些提法迎合了当时国民党主张的军令和政令统一，统一作战计划、统一作战行动、统一指挥、统一纪律的主张实际上是把主动权和领导权交给了国民党，危害很大。十二月会议结束以后，王明离开延安来到武汉，中共中央在武汉建立的长江局地位很高，当时王明、周恩来、叶剑英都在长江局，其地位与中央政治局几乎是平等的，王明是长江局的主要负责人。在武汉期间，王明以共产国际代表和中共领导人的身份自居，到处发表演讲，于1938年1月到武汉大学的文学院做了《抗日的民族统一战线》的演讲。演讲大体是讲他对统一战线的一些看法，很显然他的主张和中共中央在洛川会议确定的政治方针形成了分歧，明显和中共中央、毛泽东所主张的独立自主原则形成了尖锐对立。

王明在这个问题上采取和中央不同的主张其实也是有原因的。据毛泽东的秘书师哲回忆，在中共七大期间，有一天师哲陪毛泽东从枣园赶赴杨家岭参加会议，走到延河岸边的时候，毛泽东就谈到王明问题的关键和症结是自己的事想得太少，对别人的事情操心得太多了。自己的事情指中国共产党领导的中国革命，别人的事情是共产国际和苏联。王明光操心共产国际的事情，光操心苏联的利益，对中国革命想得太少。师哲在回忆里说：王明对共产国际采取盲从、教条主义式的、生吞活剥的态度，盲目接受共产国际的一切指示，硬套到中国问题上，这和毛泽东独立自主的想法是完全不一样的。周恩来后来也谈到过这个问题。1960年，周恩来在一次党内会议[①]专门做过报告谈中国共产党和共产国际的关系。周恩来把这个时期王明的错误叫作"第二次王明路线"，第一次王明路线是"左"倾教条主义，"第二次王明路线"过去叫右倾投降主义，现在表述为王明的右倾错误。第二次王明路线与共产国际也不无关系。当时周恩来总理说：季米特洛夫和王明的关系很好，季米特洛夫是共产国际的主席、共产国际的主要领导人，王明就打着共产国际的招牌推销他的那一套主张。但这个时期，应该说中国共产党已经开始走向成熟了，已经有了一个坚强的领导集体，尤其是以毛泽东为代表的领导集体已经能够独立自主地来处理中国共产党内部的事务，也有能力从实际出发，做出符合中国共产党的利益、符合中国实际的决策。所以"第二次王明路线"的错误很快就克服了，而这个时候共产国际对以毛泽东为代表的中国共产党在实际斗争中形成的中国共产党领导集

---

① 1960年7月中共中央于北戴河召开的省、市、自治区党委书记会议。

体也表达了支持的态度。

1938年的7月初，共产国际派王稼祥回国，在回国之前，季米特洛夫专门约王稼祥和接替王稼祥工作的任弼时谈话。季米特洛夫说应该告诉大家，要支持毛泽东同志为中国共产党的领导人，毛泽东是中国革命斗争中锻炼成长起来的党的领袖，要其他人不要再争当党的领导人了。所以共产国际和季米特洛夫对以毛泽东为代表的中国共产党的领导集体是持支持态度的。周恩来在谈到中国共产党和共产国际关系的时候也说，王明总是以共产国际季米特洛夫的代表来自居，以共产国际代表的身份发表他的意见，可后来去苏联时和季米特洛夫说到这个问题的时候，季米特洛夫很惊异，表示并没有这样的事情啊。从这里，也可以看到王明这个人的一些特点。

应该说，在中国革命实践中成长起来的以毛泽东为代表的党的领导集体，这一时期在独立自主的问题上，已经走向成熟了，很好地克服了王明右倾错误的干扰。这个问题很重要，如果按照王明的"五个统一"或"七个统一"，可能会带来什么样的结果？可能中国共产党的力量花不了多长时间就消耗掉了，也可能就被国民党给蚕食掉了，也可能被日本人给消灭了。正因为在整个抗日战争时期，在抗日民族统一战线的背景下，中国共产党坚持了独立自主的原则，勇敢机智地应对各种问题，所以经过八年艰苦的抗战，中国共产党不仅成为全民族抗日战争的中流砥柱，而且在极为恶劣的环境中，在敌后发展起来了。到1945年抗战胜利前夕，中国共产党由全面抗战之初的4万多党员发展到121万党员，根据地由全面抗战开始之初只有陕甘宁一块根据地，13万平方公里的土地，约150万人口，发展到建立了大小19个根据地，近100万平方公里的土地，近1亿人口。党领导的人民军队也从全面抗战之初的3万多人发展到正规军132多万人，民兵游击队260多万人，党领导的人民革命力量有了空前的发展。

毛泽东在1945年4月23日召开的中央七大的开幕词中说了这么一段话："到了现在，我们的党已经成了中国人民抗日救国的重心，已经成了中国人民解放的重心，已经成了打败侵略者建设新中国的重心，中国的重心不在任何别的方面，而在我们这一方面。"毛泽东在此时已经有了充分的自信，这种自信来自哪里？如果没有独立自主的原则，中国共产党连生存都不好说，更何谈这种快速的发展呢？这一时期，中国共产党坚持了独立自主原则，才能够在艰苦卓绝的抗日战争中成为中流砥柱，并使革命力量在敌后快速发展起来，为后来夺取新民主主义革命的胜利奠定坚实的基础。

徐嘉鸿：独立自主真的可以说是中国共产党立党立国的一个根本原则。我还觉得它也是一种精神，习近平总书记说：独立自主、自力更生是中华民族精神之魂。我们要怎样去理解独立自主是一种精神，这种精神又是如何形成的呢？

沈孝鹏：毛泽东曾经明确回答过这个问题。1935年12月27日，毛泽东在陕北瓦窑堡党的活动分子会议上的报告中说："我们中华民族有同自己的敌人血战到底的气概，有在自力更生的基础上光复旧物的决心，有自立于世界民族之林的能力。"后来，他又谈到这个问题，1945年8月13日，在延安干部会议上，毛泽东说：我们的方针要放在什么基点上？放在自己力量的基点上，这叫作自力更生。实际这两段话就回答了徐老师刚才的问题。坚持独立自主，首先一点肯定离不开自力更生，我们无论干什么事情，都要把它放在自己力量的基点上。与此同时，我们坚持自力更生并不是要把自己封闭、封锁起来，而是要争取进步力量的支持，学习、吸收、借鉴人类优秀文明成果。

三、自力更生才能于国际潮流中站稳脚跟

徐嘉鸿：接下来正好进入到第三段，我们选取的第三个历史瞬间，或者说第三个历史时期："一五"计划时期武汉的工业化建设。前面主要是宋老师在讲，下面就由沈老师给大家来分享一下这段历史。这里面一个特别重要的问题，就是怎么处理独立自主，自力更生与争取外援的关系问题。请沈老师来谈一谈。

沈孝鹏："一五"计划的重心是工业化建设。当时工业化建设得到了苏联的援助，老大哥援助我国重点建设156个项目。武汉有3个，分别是武钢、武重和青山热电厂。除了156个重点项目以外，还有694个大中型建设项目也得到苏联老大哥的援助。这一时期武汉的大规模重工业建设，有一个自力更生和苏联援助的问题。

宋俭："一五"计划最核心的部分就是苏联援建的156个重点项目。新中国建立以后，在《中苏友好同盟条约》的背景下，我们因为缺乏资金、技术和设备，所以当时进行大规模的

社会主义现代化建设需要苏联老大哥的援助，苏联援助计划有一个逐步形成的过程。156个重点项目是分阶段提出来的，最早的一批是从1950年到1953初，当时是刘少奇去苏联和苏联政府进行谈判确定下来的，第一批援助项目是50项。第二批是1953年5月，由政务院副总理李富春和苏联的政府领导人米高扬签下的协议，是91项。武汉的项目实际上不算多，但是很重要，武汉的三个项目——武汉钢铁公司、武汉重型机钢厂，还有青山热电厂都是第二批的项目。到1954年，赫鲁晓夫时期又签了15项，所以就形成了156项。这156项中有重合的，实际上是154项。如湖北的大冶热炼厂和武汉电厂，后来合成了青山热电厂。当时武汉重型机钢厂叫作武汉重工具机厂，大冶联合钢厂后来改名叫武汉钢铁公司。到1956年又签了15项，最终签的是166项。但这166项并没有都实施，在"一五"计划期间实际建设了的是154个重点项目。

"一五"计划期间国家还建设了694个限额以上项目，就是大中型企业。"一五"计划就是以苏联援助我们建设的156个项目为重心，建设694个限额以上的项目，但实际后来建成的是921个项目。在这一时期武汉的工业化建设中，限额以上的694个项目里面，武汉有不少，包括武汉长江大桥、武汉锅炉、武汉肉联等。除了苏联援助的项目以外，当时东欧其他的一些社会主义国家也援建了我国一些项目，苏联还给了我们一些低息贷款。应该说这个时期苏联的援助对于我们早期的社会主义现代化建设特别是工业化建设的帮助是非常大的。

陈云专门说过这个事情，他说第一个五年计划中的156项确实是援助，表现了苏联工人阶级和苏联人民对我们的情谊。这是1981年起草第二个历史决议时他在决议起草小组的谈话，这个时期苏联给我们的援助虽然不是无偿的，但的确是真诚的，对我们的帮助确实非常大。

沈孝鹏：我们在得到帮助的同时也强调独立自主，自力更生。比如武汉长江大桥的建设，它是1955年9月动工，1957年10月通车，苏联专家在这个过程中发挥了很大的作用。当时在铁道部分管过外事工作的副部长刘建章回忆说：中国铁路建设与苏联有着密切的关系，在新中国初期的"一五"计划期间，中国铁路得到了苏联多方面的合作和支援。邓小平也说我们这几年搞得比较快，原因之一就是有苏联的经验，有苏联的帮助。"一五"计划时期的工业化建设，是改革开放前，我国社会主义工业化建设得到苏联援助的情况下开展的，虽然苏联给我们的援助很重要，中国共产党还是强调要把力量放在自己的基点上，较好地处理了自力更生和争取外援的关系。

宋俭：是的，独立自主，自力更生始终是中国共产党立党立国的基础。独立自主被认为是毛泽东思想活的灵魂，习近平总书记也讲独立自主是中华民族精神之魂。独立自主经常与自力更生联系在一起，自力更生是独立自主的前提和基础，有了这样的基础，才能够做到独立自主，才能拥有独立自主的能力。没有能力，没有基础，是做不到独立自主的。

从近代中国的发展来看，中国是一个落后的农业国，是一个后发的工业化国家，所以我们对现代文明和工业文明的接触是比较晚的，我们长期以来是在农耕文明的基础上发展，所以在现代化的过程中，我们是需要引进、学习先进文明、先进的科学技术的。这也就是说，我们需要有一个开放的环境，需要去学习、借鉴人类文明一些先进的成果。所以当我们在讲到独立自主问题的时候，不能够把独立自主、自力更生和学习人类文明先进成果割裂开来。

事实上，中国共产党在坚持独立自主原则的同时，并不排斥外援，不搞闭关锁国，不故步自封。中国共产党在领导全民族抗战过程中，不仅得到了苏联的支持，也得到了英美等反法西斯国家的支持。还得到了很多国际友好人士的支持，如白求恩、柯棣华、绿川英子等，美军观察团还到了延安。所以我们不要把独立自主与开放包容相对立，也要明确自力更生绝不是盲目排外，不能同学习国外的先进技术、争取外援对立起来，这是我们在今天的探讨中需要特别注意的地方。

徐嘉鸿：确实应该处理好二者的关系。决议总结的10条经验中，还有"坚持胸怀天下"和"坚持统一战线"。也就是说，我们的独立自主是开放包容基础上的独立自主。坚持独立自主是中国共产党在中国革命、建设和改革中能够从胜利走向胜利的一条重要经验，是中国共产党百年奋斗的攻关秘诀之一。在《中共中央关于党的百年奋斗重大成就和历史经验的决议》这份文件中，对独立自主这条经验是这样表述的："独立自主是中华民族精神之魂，是我们立党立国的重要原则。走自己的路，是党百年奋斗得出的历史结论，党历来坚持独立自主开拓前进道路，坚持把国家和民族发展放在自己力量的基点上，坚持中国的事情必须由中国人民自己作主张、自己来处理。"我们要坚持独立自主，但是，决不能走到另外一个极端——故步自封。我们是在开放包容的前提下坚持独立自主。独立自主，自力更生，使我们不受制于人，但同时，我们也要吸收借鉴一切好的经验、好的技术、好的理念、好的方法，去实现我们的目标。

宋俭：独立自主、自力更生实际上是一个国家、一个民族发展的基础，如果没有基础，把一切的希望寄托在其他人身上，依赖他人来发展，是不可能有前途的。我们有了独立自主、自力更生的立场，同时不排斥一切优秀的东西，我们要争取外援，要向别人学习，我们要发展，确确实实需要一个开放的环境。邓小平同志明确说过：中国的发展离不开世界，我们要有这样一个开放的环境。今天破解中国共产党成功的秘籍，独立自主是中国共产党的重要经验，甚至可以说是中国共产党成功的一个重要法宝，但是怎样来准确把握独立自主原则，这需要我们好好思考。

徐嘉鸿：人类历史上没有一个民族、一个国家可以通过依赖外部力量、照搬外国模式、跟在他人后面亦步亦趋实现强大和振兴。那样做的结果，不是必然遭遇失败，就是必然成为他人的附庸。只要我们坚持独立自主、自力更生，既虚心学习借鉴国外的有益经验，又坚定民族自尊心和自信心，不信邪、不怕压，就一定能够把中国发展进步的命运始终牢牢掌握在自己手中。

（主持人和嘉宾从演播室来到现场，与听众现场交流。）

徐嘉鸿：各位听众，大家好！下面，由我们的嘉宾与听众进行现场交流，请大家提问。

四、重点提问与解答

提问：十九届六中全会的决议说：要从党的百年奋斗中看清楚过去我们为什么能够成功、弄明白未来我们怎样才能继续成功。未来中国怎样才能继续成功？

宋俭：去年中央在起草第三个历史决议的时候，习近平总书记在几次谈话中专门谈到了这个问题，党起草这个决议的主要出发点，一个是总结百年奋斗是怎样成功的，另一个是回答将来我们怎样继续成功。站在中国共产党的角度，历史决议总结出了"十个坚持"的主要经验。这十条经验历史已经证明了它是成功的，解决了近代以来中国的许多问题，所以，这些经验我们毫无疑问应该坚持。中国共产党为什么能够成功，实际有很多答案。在我看，最根本的一条在于他和人民群众的密切联系，和人民群众的血肉关系，这是中国共产党的力量之源。

中国共产党之所以强大，是因为我们党没有自己的特殊利益，人民的利益就是党的利益，这是中国共产党过去能够得到人民的支持和拥护最根本的原因。邓小平讲过，我们要把人民高兴不高兴、人民赞成不赞成、人民答应不答应，作为判断党的一切工作的出发点。党和人民群众密切联系，党始终代表人民的利益，这是中国共产党成功的根本因素。如果丢掉了这个东西，党会被人民抛弃，联想到苏联共产党在1989年为什么会出现那样的结局和遭遇那样的命运，原因固然很多，但最根本的原因就是它失去了人民的支持。苏联共产党垮台之前，曾做过一个调研：苏联共产党究竟代表谁？调研结果显示：只有7%的人认为苏共是代表人民的，将近80%的人认为苏共仅仅只是代表党的干部。如果一个无产阶级政党在人民中的形象到了这样的地步，那么这个政党也就失去了其执政的根基。这是前苏共的悲剧给中国共产党的一个警醒。

还是要说说独立自主，自力更生的问题。中国的发展需要一个开放的环境，新中国建立72年，改革开放以前的特殊环境使我们不得不在一个相对封闭的环境中进行建设，我们不得不自力更生、艰苦奋斗。在相当困难的条件下，我们建立起了一个独立的、比较完整的工业体系和国民经济体系，30年的奋斗确实不容易。但同时我们也要反思：独立的、比较完整的工业体系背后是什么呢？一是说明当时我们是在一个比较封闭的国际环境进行工业化建设，我们不能参与国际分工，不能与世界工业体系建立联系，我们不得不建立自己的独立的、完整的工业体系和国民经济体系，不是我们要这样做，而是我们不得不这样做，我们也是在这样的情况下建立起了我们的工业化基础，为改革开放后的快速发展奠定了物质基础；二是因为不能与更先进的世界工业体系相联系，我们建立起来的独立的、比较完整的工业体系和国民经济体系是低水平的，是比较落后的。我们要建成社会主义现代化强国，需要一个开放的国际环境，我们在发展中需要学习和借鉴人类文明一切优秀先进的东西。改革开放40多年以来，中国经济能够持续快速发展，和我们坚持对外开放的基本国策是分不开的。到21世纪中叶，我们要实现建成富强、民主、文明、和谐、美丽的社会主义现代化强国，实现中华民族伟大复兴，坚持独立自主，自力更生，坚持对外开放都是我们的基本国策，都要坚定不移地坚持。

提问：中国大陆什么时候能拥有生产像日本尼康、佳能那样的照相机技术呢？

宋俭：您这个问题实际上是指的我国的科技创新能力问题。是一个很好的问题。改革开放40多年来，我们很善于去吸收和消化外来的先进技术，但我们原始创新能力不足。我们的科技创新有三个层次：一是原始创新，二是集成创新，三是吸收消化再创新。过去40多年间，我国经济发展速度很快，现代化进程也快，创新成果也很多，但我们的科技创新水平其实并不高，比较多的创新成果主要来自集成创新和吸收消化再创新这两个层次，而在原始创新这个层次上，我们的创新成果比较少，原始创新的能力还比较弱。在科技创新的问题上，要拥有自力更生的能力，原始创新是基础。所以，现在国家出台了相关的发展战略，特别是提出要健全关键核心技术攻关新型举国体制，强化国家战略科技力量，推动科技自立自强不断取得新进展，就是要发挥我们集中力量办大事的制度优势，着力解决原始创新能力不足的问题。

提问：中国共产党说要密切联系群众，为中国人民谋利益。我们不光要听他怎么说，还要看他做得怎么样。中国共产党说不搞特殊阶层，不谋取特权和私利，能够做得到吗？

宋俭：这是一个很尖锐的问题，中国共产党为人民服务也好，代表最广大人民的根本利益也好，主要不是看怎么说，而是要看怎么做，做得怎么样。中共中央原总书记胡锦涛曾经回答过这个问题。他当时提了一个很重要的理念：中国共产党立党为公、执政为民。他在谈这个问题的时候，讲党要做到"三个落实到"：就是要把立党为公、执政为民落实到党的每一项政策和决策中去；把立党为公、执政为民落实到党和政府的每一个具体工作中去；把立党为公、执政为民落实到关心人民群众的生产和生活中去。这就是中国共产党的人民立场。党的十八大以来，以习近平同志为核心的党中央提出了以人民为中心的发展观，就是要把中国共产党全心全意为人民服务的宗旨落到实处、落到细处。我们也必须承认，在现阶段，由于历史和现实的原因，还存在各种各样的问题，存在一些人民群众不满意、不高兴的问题，这些问题的解决需要一个过程，也是需要大家共同努力去解决的，中国共产党正在采取措施着力解决这些问题。党的十八大以来，党和国家出台的基本公共服务的均等化、增加低收入群体的收入、扩大中等收入群体比重、合理调节过高收入等措施都是力图要解决这些问题。不过解决这些问题归根结底还是要靠发展，要把蛋糕做大。改革开放40多年的发展，我们把蛋糕是做大了，但的确没有很好地解决分蛋糕的问题。今天，我们既要把蛋糕做得更大，也要把蛋糕分好，要真正让改革开放的成果更好地惠及全体人民。

党的十九大以来，党和国家出台了很多政策解决民生问题，并明确把逐步实现全体人民共同富裕作为新时代的重要目标。今年，习近平总书记在中央财经工作会议上有一个很重要的讲话，叫作"八一七讲话"，讲的是"扎实推进共同富裕"问题。改革开放以来，为了加快发展，我们曾经提出效率优先的方针，实行允许一部分人和一些地区先富起来的政策。党的十六大提出要实现全面小康，实际上就是意识到效率优先方针带来的收入分配差距的扩大以及不同群体、不同地区、不同职业之间贫富差距的不断扩大的问题，提出实现全面小康，就是更加关注社会公平，要解决改革开放的成果惠及全体人民的问题。在历史性地解决了绝对贫困问题，实现了全面小康的战略目标后，以习近平同志为核心的党中央把扎实推进共同富裕提上了议程。"八一七讲话"就是谈的这个问题。党中央提出要尽快制定逐步实现全体人民共同富裕的行动纲领，并把浙江作为实现全体人民共同富裕的试验区，这也就是说，共同富裕从作为一个目标、一个口号，已经开始要成为现实了。当然，实现全体人民共同富裕需要一个过程，需要大家共同奋斗才能够实现。

徐嘉鸿：非常感谢各位听众的参与，谢谢大家！

作者简介

李良明，华中师范大学马克思主义学院教授、博导，曾任湖北省中共党史学会（中共党史人物研究会）副会长、中国中共党史人物研究会理事。主要从事中国共产党党史与中国现代化研究。

主持人简介

孙永祥，华中师范大学马克思主义学院党委书记。

学生代表简介：

林立，华中师范大学马克思主义学院博士研究生；李瑞浩，华中师范大学城市与环境科学学院2018级本科生、恽代英菁英学校学员；王家豪，华中师范大学马克思主义学院思想政治教育2020级本科生。

中国青年永远的楷模：恽代英与伟大建党精神

李良明　孙永祥

林　立　李瑞浩　王家豪

恽代英的一生，诠释了"坚持真理，坚守理想；坚信初心，担当使命；不怕牺牲，英勇斗争；对党忠诚，不负人民"的伟大建党精神。在新时代，弘扬恽代英精神，需要投身社会发展的洪流之中，用个人之学识、爱国之情操，在平凡的岗位上贡献社会价值，助力民族复兴。

——题记

孙永祥：各位青年朋友，大家好！欢迎来到长江讲坛。"浪迹江湖忆旧游，故人生死各千秋。已揆忧患寻常事，留得豪情作楚囚。"这是恽代英气壮山河的绝笔诗。恽代英是中国共产党早期领导人和中国共产主义青年团的创始人之一，中共早期著名的理论家、思想家、教育家。他是毛泽东口中的"全国革命青年领袖"，周恩来赞誉的"中国革命青年的楷模"。在清明节前夕，由中共湖北省委讲师团、共青团湖北省委、湖北省图书馆和华中师范大学马克思主义学院联合主办的"长江讲坛 理响荆楚"系列精辟课程第五讲现在开讲。

恽代英是如何主动学习和传播马克思主义的呢？是如何确定自己的马克思主义世界观的呢？是如何探索建党的实践的呢？是如何体现伟大建党精神的呢？这背后，有着怎样的故事，给我们留下了怎样的宝贵财富？华中师范大学一直是恽代英学术研究的重镇，近日，李良明教授的新著《早期共产党人在武昌》出版了，该著介绍了恽代英等10位中共早期领导人在武昌的理论与实践，生动地展现了中国共产党的伟大建党精神。今天，我们邀请华中师范大学的师生一起来分享"中国青年永远的楷模：恽代英与中国共产党伟大建党精神"这一话题。欢迎来自华中师范大学马克思主义学院的李良明教授、马克思主义学院党史专业博士生林立同学、恽代英菁英学校学员李瑞浩同学、恽代英班学员王家豪同学。

李老师，您好！您研究恽代英已经有40多年了，可以简要地介绍一下您是如何将恽代英作为自己的研究对象的吗？

李良明：我研究恽代英始于1978年党的十一届三中全会以后迎来科学春天之时。翌年是五四运动60周年，刚刚恢复不久的湖北省社联向笔者所在单位华中师范学院（现华中师范大学）下达了"五四运动在武汉"这个课题。古堡教授、陶恺教授接受任务后，联合武汉地区其他高校的中共党史教师，成立了写作专班，指定我为执笔人。在完成这个课题的过程中，我被恽代英思想和精神风范深深感动。你们想想看，五四时期，他的家庭经济条件很不错，个人又才华横溢，学历和社会地位也比较高。1918年大学本科毕业前，他就在《东方杂志》《新青年》等学术刊物发表了大量学术论文，是升起在中国思想理论界星空的一颗新星，毕业后被陈时校长聘请为中华大学中学部主任（相当于我们现在华师一附中的校长），收入也比较高，凭他个人的才智和能力，如果只是为了个人和自己家庭的幸福，小日子将会过得很滋润、很幸福。但是，自从选择了马克思主义真理，加入中国共产党以后，恽代英就不忘初心、牢记使命，为中国人民谋幸福，为中华民族谋复兴，舍小家，为大家，为国家，舍弃了个人和家庭的幸福，甚至自己的生命。这是何等的光彩照人！所以从那时起，我便有意识地将恽代英的生平史事及思想作为自己研究的方向之一。

一、利群书社，陈独秀、毛泽东与恽代英

王家豪：在热烈庆祝中国共产党成立100周年之际，中央电视台热播的电视剧《觉醒年代》在青年学生之中引发热议。其中一集讲的是，在李大钊等的指导下，陈延年、陈乔年、

何孟雄、王光圻等北大进步学生，创立了北京大学工读互助团。当时的恽代英在中华大学是否也有过类似的尝试与实践呢？

李良明：有的。北大工读互助团成立后，王光圻致信恽代英，希望他在武昌也把工读互助团办起来。恽代英收到王光圻的信后很高兴，便以他1917年10月创办的进步团体互助社社员为核心，联合武昌其他进步小团体的进步青年，于1920年2月1日，与林育南等一起在武昌横街头18号创建了利群书社。从本意上讲，利群书社就是一个工读互助性质的团体。但是，它又有一个显著的特点，"不在营业，在于介绍新文化"，主要经销《共产党宣言》等马克思主义著作和《新青年》《新潮》等进步杂志。因此，利群书社客观上成为武汉和长江中游地区传播马克思主义的一个主要阵地。

林立：正如李老师所指出的，我从《五四时期的社团（一）》这本书中了解到，利群书社除互助社社员外，还有辅仁社、健学会、日新社等成员参加。实际上，利群书社就是当时武昌各进步团体的结晶体。

李良明：讲到利群书社，我必须介绍陈独秀和毛泽东。1920年2月4日至8日，春暖乍寒，陈独秀第一次来武汉。他是应文华大学（后改为华中大学，华中师范大学前身之一）校长孟良佐的邀请，莅临该校应届毕业生典礼并做学术讲演的。这次陈独秀在武汉主要做了三件事：一是5日下午在文华大学公书林做了题为《社会改造的方法与信仰》的学术报告，强调要打破阶级制度，打破继承制度，打破遗产制度，"不使田地归私人传留享用，应归为社会的共产"。这正是马克思、恩格斯在《共产党宣言》中宣传的"废除继承权"的思想，引起强烈反响。二是陈独秀亲自制定了武汉工人阶级情况调查表，交给文华大学校工郑凯卿，请他帮助调查填写。郑凯卿组织文华大学的学生，对武昌的织布局、纺纱局、铜币局、银币局、麻布局的工人阶级状况进行了调查，写出了《武昌五局工人状况》的调查报告。陈独秀将这个调查报告发表在1920年9月1日出版的《新青年》第8卷第1号上，这表明，陈独秀此时已将注意力由青年学生转向了工人阶级。三是陈独秀会见了恽代英，约请他翻译考茨基的《爱尔福特纲领解说》。恽代英同意了。陈独秀没有看错人，恽代英也没有辜负陈独秀的期望，高质量地完成了这个任务，并将书名定为《阶级争斗》。陈独秀收到恽代英的译稿后，亲自校订，于1921年1月由新青年社以"新青年丛书"第八种出版。这本《阶级争斗》与陈望道翻译的《共产党宣言》、李季翻译的《社会主义史》，是中国共产党创建时期传播最广、影响最大的三本书。毛泽东对美国记者埃德加·斯诺说："有三本书特别深地铭刻在我的心中，建立起我对马克思主义的信仰。我一旦接受了马克思主义是对历史的正确解释以后，我对马克思主义的信仰就没有动摇过。"他指的就是这三本书。

为什么《阶级争斗》有这么大的影响？这本书共五章。第一章，小生产制的经过，揭示了阶级斗争的起源；第二章，劳动阶级，揭示了资本家剥削工人的奥秘；第三章，资产阶级，分析了资本主义制度终将灭亡的原因；第四章，未来的共同生活，揭示了无产阶级革命爆发的必然性和无产阶级革命必然胜利；第五章，阶级争斗，号召无产阶级联合起来，在其政党的领导下，通过阶级斗争夺取政权，实现无产阶级专政，彻底铲除资本主义制度。恽代英用第五章的章名作为全书的书名，这的确反映了恽代英翻译的高水平。

陈独秀做的这三件事说明，他第一次来武汉，就在思考建立中国共产党的问题了。

据《毛泽东年谱》记载，1919年12月6日，毛泽东率领驱张（敬尧）代表团前往北京请愿，路过武汉，在武汉住了十天左右，并拜访了正在筹建利群书社的恽代英。这是毛泽东与恽代英首次相见，但他俩一见如故，像情深义厚的老朋友久别相逢。

毛泽东这次来武汉，是希望恽代英号召湖北爱国青年支援驱张运动。毛泽东将《驱张宣言》传单交给恽代英，恽代英立即将传单交给利群书社社员林育南、李伯刚（书渠）。第二天，《驱张宣言》贴满了武汉三镇大街小巷。李伯刚还通过邮局，将《驱张宣言》寄往全国各地。这就有力地支持了湖南爱国青年的驱张运动。

1920年7月上旬，毛泽东从上海来到武昌。这一次他主要是来同恽代英商讨在长沙创办文化书社以及如何加强文化书社与利群书社联系问题的。恽代英向毛泽东介绍了利群书社半年来的营业情况以及实行共同生活的经验，鼓励毛泽东尽快将文化书社在长沙建立起来，并且答应给文化书社做信誉担保。毛泽东听后信心倍增，回到长沙后，立即与易礼容等发起筹建，并于1920年9月9日正式开始营业。在当年10月22日由毛泽东等人写的《文化书社第一次营业报告》中可以看到，文化书社与上海泰东书局、亚东图书馆、中华书局、新青年社、北京大学出版社、利群书社等建立了业务往来关系。陈独秀、李大钊、恽代英等为文化书社信用介绍人，以便文化书社进货，文化书社与利群书社联系密切，成为在洞庭湖南北盛开的并蒂莲，在传播马克思主义方面发挥了重要作用。

二、恽代英如何从爱国主义走向马克思主义？

恽代英翻译《阶级争斗》的过程，也是他学习马克思主义的过程，他不仅自己学习马克思主义，还一边翻译一边将内容讲给利群书社的朋友们听，使他们也知道了书中的内容。可见，利群书社是恽代英从爱国主义走向马克思主义的一个重要阶段。一方面，马克思主义的世界观正在形成；另一方面，无政府共产主义等错误思想的杂质也没有完全克服掉。

林立：是这样的。从大历史背景看，新文化运动和五四运动后，西方各类思潮纷纷涌入中国，如同繁星一般吸引着爱国青年的眼球，包括马克思主义在内的各种社会主义思潮，如无政府共产主义、新村主义和工读互助主义等。新村主义、工读互助主义实际上是无政府共产主义的变种，本质上是反马克思主义的。但是，无政府共产主义反对剥削、反对压迫，同情劳动人民，鼓吹"各尽所能，各取所需"的共产主义，这与当时中国爱国青年反对帝国主义列强、反对封建专制的内心十分契合。因此，无政府共产主义成为当时进步青年救亡图存的一种思想武器。毛泽东在回忆当时的情景时也坦然道："那时，求进步的中国人，只要是西方的新道理，什么书也看。"

李良明：不错，瞿秋白也讲过这个问题。他说："社会主义的讨论，常常引起我们无限的兴味，然而究竟如俄国19世纪40年代的青年思想似的，模糊影响，隔着纱窗看晓雾，社会主义流派，社会主义意义都是纷乱，看不十分清晰。"可以说，从爱国主义走向马克思主义，是中国共产党早期领导人思想转变的一个普遍规律。

恽代英实现从爱国主义向马克思主义转变，是1921年7月上旬，在南京出席少年中国学会年会之后。在这之前，他就批判无政府共产主义"是割肉饲虎的左道，从井救人的诬说"。他又认为"个人主义的新村是错了"。会后，他在致少年中国学会会员杨钟健的一封信中说，"我私意近来并很望学会为波歇维式的团体"，即布尔什维克的团体。说明他通过认真学习马克思主义和各种社会主义思潮，并经过反复实践、比较，最终认识到只有马克思主义才能救中国，并树立了对马克思主义的信仰。

1921年7月15日至21日，恽代英从南京返回湖北后，立即召集受利群书社影响的林育南、林育英、唐际盛等24位进步青年在黄冈浚新小学召开会议，宣布成立具有共产主义性质的革命团体共存社。其宗旨是："以积极切实的预备，祈求阶级斗争、劳农政治的实现，以达到圆满的人类共存为目的。"这与中国共产党第一次全国代表大会通过的第一个纲领的基本精神完全一致。难能可贵的是，当恽代英获悉了中国共产党正式成立的消息后，立即宣布解散共存社，与林育南、林育英、李求实、萧云翥等先后加入中国共产党。他们从此不忘初心，牢记使命，为中国人民谋幸福，为中华民族谋复兴，直至生命的最后一刻。

孙永祥：从刚才的交流中，我们清晰地看到恽代英由一名爱国主义者转变为马克思主义者的心路历程。他于1921年加入中国共产党后，对马克思主义的信仰和毛泽东一样，也是从未动摇过，这正体现出了"坚持真理、坚守理想"的精神品质。这是党的初心使命内化于心、内化于脑的一种崇高精神追求，反映了中国共产党人的崇高理想和坚定信念。它是中国共产党伟大建党精神的灵魂。

三、恽代英与他主编的《中国青年》

李瑞浩：李老师，青年恽代英在实现了自身的马克思主义转变，成长为马克思主义者之后，又是如何指引带领无数青年走上革命道路的呢？

李良明：这就不得不提及恽代英与他主编的《中国青年》了。

1923年8月，中国社会主义青年团第二次全国代表大会在南京召开，恽代英在这次会议上被选为团中央候补委员，随后不久增补为中央委员，任团中央宣传部部长，主编《中国青年》。1923年10月20日，团中央机关刊物《中国青年》正式创刊，这也是我国最早以马克思列宁主义教育青年的刊物之一。《中国青年》开始是周刊，因帝国主义和军阀的迫害和摧残，只能不定期地出版。尽管反动军阀勾结帝国主义，一再通令禁止邮局寄送《中国青年》，查禁刊物和封闭印刷厂，但它仍以不同的渠道，源源不断地输送到全国各地，送到广大青年读者手中，并受到热烈欢迎，发行量一再扩大，从最初的3000份上升到50000余份。这个数字，与当时公开发行的其他刊物相比，是惊人的。能做出这样的成绩，与恽代英殚精竭虑地工作是分不开的。

恽代英除承担编辑的工作外，还以"代英""但一""FM"等笔名发表了220余篇文章和通讯，内容涉及政治、经济、军事、文化、教育等问题。可以说，在当时黑暗的旧中国，恽代英主编的《中国青年》犹如一盏明灯，照亮了革命青年的征程，极大地影响了大革命时期整整一代青年。

林立：的确是这样的。受恽代英影响而走上革命道路的中共党史人物不胜枚举。例如，陆定一曾回忆说："共产党人是诚实、俭朴、勇敢、聪明、一心救国救民、有学问、有远见的人。这个形象，我至今不忘。代英同志是我的第一个共产主义的老师。"胡乔木曾回忆说："我是读了恽代英主编的《中国青年》以后，才了解到中国的共产主义运动的。"郭沫若曾回忆说："在大革命前后的青年学生们，凡是稍微有进步思想的，不知道恽代英，没有受过他的影响的人，可以说没有。"

为什么《中国青年》有这么大的影响力？

首先，恽代英在《中国青年》发刊词中指出，创办《中国青年》的目的，就是要引导青年到"活动的路上""强健的路上""切实的路上"。什么意思？就是教导革命青年要学习马克思主义，要研究社会科学，树立远大理想。他把理想比作"光明之灯"，号召青年"一心一意向着灯光走去"。他说，若树立了远大理想，就像"在黑夜长途中看见前面一盏电灯一样，我只能一心一意地向着灯光走上去，任何别的事情，不能阻碍了"。"你若能得到一种信念，知道国家社会是一定可以改造的，那譬如你在黑暗中见到了灯光，你的胆气自然要更大了。"用习近平总书记的话来说，恽代英的这些话就是要给中国青年系好第一粒扣子。

其次，恽代英给中国青年指明了革命方向。中国大革命兴起后，许多青年踊跃参加革命，但不知道怎样革命，即不懂得中国新民主主义革命的基本理论，也就是说对中国社会性质、中国革命性质、谁是这个革命的领导者和同盟军、革命的对象是谁、革命的前途是怎样的等问题不了解。在这些问题中，最重要的是革命领导权问题。恽代英在《中国青年》

上发表了大量论文，深刻地分析了这些问题。他明确指出，中国是一个半殖民地半封建社会性质的国家，"也可以说是一个半亡国"，因此，中国应该实行资产阶级民主革命，对内打倒压迫人民的军阀，对外打倒帝国主义，实现民族独立。他说，在资产阶级民主革命中，无产阶级要做其他阶级的"中心与领导人"。广大农民是无产阶级的同盟军，占中国人口的75%以上，"农民哪一天觉醒，改造事业便是哪一天成功"。他把中国的资产阶级分为"大商买办阶级"和"幼稚工业资本家"（指民族资产阶级），认为前者是"依赖外国资本主义而享其余沥"的，因此"一定是反革命的"；对于后者则要联合，但在合作中无产阶级必须保持高度警惕，要"善于应对"他们，而"不牺牲自己的利益"。小资产阶级也是革命的动力之一。恽代英特别强调，实现资产阶级民主革命的胜利，必须有一个伟大的党，由这个党的指挥。这个党必须建筑在被压迫的农人、工人上面，它一定是代表着农民工人的利益，而且一定要简直是农民工人的团体。恽代英坚信中国新民主主义革命一定会胜利，革命胜利后的前途必然是社会主义。建设社会主义要学习列宁的新经济政策，走工业化的道路，对外开放。这就通俗明了地向中国青年阐释了中国新民主主义革命的基本理论问题，使他们懂得了为什么要革命以及怎样革命。

最后，恽代英理解青年、关爱青年，对中国青年关注的学习、工作、婚姻、家庭等切身问题，也都做了具体的指导。所以，恽代英和他主编的《中国青年》，成为中国青年的良师益友。

孙永祥：这样看来，恽代英肩上的担子十分重啊！

林立：是的。1924年，国共第一次合作之后，恽代英受中共中央指派，和毛泽东、邓中夏、沈泽民等人参加国民党上海执行部的工作。当时恽代英被任命为宣传部秘书，并任《新建设》的主编。现在我们可以查阅到恽代英一共主编了6期《新建设》，并在该刊上发表了16篇论文。

李良明：我在台北市中国国民党文化传播委员会党史馆看到一份档案资料，就是国民党上海执行部工作人员的工资表，月工资为40~120块大洋，而领120块大洋的仅6名，恽代英和毛泽东名列其中，这也足见恽代英的工作能力和他所承担工作的重要。

四、为什么称恽代英为中共早期著名军事家？

（一）恽代英在黄埔军校

孙永祥：我们了解到，恽代英的一生极富传奇色彩，他戴着深度近视眼镜，看上去十分清秀，但他在革命军事斗争的理论与实践上也是颇有建树。他是在大革命失败前除周恩来以外，唯一亲自到前线指挥过战斗的中共早期领导人之一，是我们党内为数不多的文武双全的先驱领袖。

李良明：对，他是中共党内最早认识到武装斗争重要性的杰出领导人之一。他在黄埔军校时期，与周恩来等一起创立了关于军队思想政治工作的理论，是人民军队政治思想工作的开创者和奠基人之一，他也是武汉中央军校的创办者之一。1927年马日事变后，恽代英亲率由武汉军校学生改编的中央独立师，任独立师党代表，配合叶挺的两个团，平息了夏斗寅叛军，暂时保卫了武汉的安全。在中国共产党与国民党左派的努力下，武汉军校废除校长制，实行委员制。五个委员中的三个常委是谭延闿、邓演达和恽代英。谭延闿是挂名的，恽代英与邓演达关系密切，恽代英"是邓演达的灵魂"，邓演达的思想、主意，都是恽代英替他出的，所以武汉军校的实际领导人是恽代英，他还是中共五届、六届中央委员。

林立：正是这样的。我在恽代英的一篇文章中看到，他是这样讲的，"我那时一方面是学校公开负责人，一方面又是学校里党的支部负责人"。其间，恽代英还在武汉中央军校创建了女生队，招收了180余名学生，为中国革命和妇女解放培养出一批如赵一曼等杰出女干部，这是中国革命历史上的一个重大创举，在中国妇女运动史上写下了光辉的一页。恽代英在主持武汉军校繁忙工作的同时，为推动工农运动发展，还兼任刘少奇、林育南主办的"工人运动讲习所"，毛泽东主办的"武昌中央农民运动讲习所"的教师，其生动热情的讲课给学员们留下了极为深刻的印象。武昌中央农民运动讲习所的学员涂国林回忆，"在所有讲课的人当中，只有毛泽东和恽代英同志的讲课最受学生欢迎"。

王家豪：从后来者的视角看，恽代英当时在国民党和共产党内都有着重要的影响力，而且蒋介石曾屡屡向他示好，那为什么恽代英先生最终选择了革命而非高官厚禄呢？这样的选择令人钦佩，也使现在的年轻大学生稍有不解。

林立：在我看来，这与恽代英不忘初心、不辱使命有着密切关系。恽代英曾两次袒露过他的初心，给人留有深刻的印象。

第一次是1926年1月19日，恽代英在国民党"二大"闭幕时的著名演讲。在国民党"二大"，他当选为国民党中央执行委员会委员，当时他挥起手臂，激动地说："我入党是因为想做官吗？想要认识某要人吗？我完全是因为反对帝国主义和军阀，为被压迫农工利益而奋斗来的。""如果国民党会有一天和帝国主义妥协，和军阀勾结，和大多数的农工反对……到那时，我一定起来反对……我这个共产党派便是这样主张的。"他的讲话坦坦荡荡、光明磊落，旗帜鲜明地将共产党人的初心昭然于世，在会场上引起一片雷鸣般的掌声。

第二次则是他在回绝蒋介石威逼利诱后所讲的一番话。1926年5月，恽代英奉命到黄埔军校任政治主任教官。事实上，恽代英在黄埔军校任职前，就已在黄埔军校青年军人中有较大影响，当时很多青年军人都读过他主编的《中国青年》。蒋介石鉴于恽代英在青年军人中的崇高威望和巨大影响力，千方百计想拉拢他，用军校高级军官"吃小灶"等优厚待遇来诱惑他。对此，恽代英始终不为所动，并且在识破蒋介石的反动面目后，开始支持周逸群等共产党人组建青年军人联合会，同蒋介石扶植的孙文主义学会进行英勇斗争。

恽代英后来回忆说："譬如我，假使跟着蒋介石，也大可升官发财，但要使中国革命成功，就不能不反对反革命的甘作民众叛徒的蒋介石！这种反对，是有益于中国的。"这些话深刻表明，装在恽代英内心的，始终是国家的利益、民族的利益和人民的利益，而非他个人的利益。

孙永祥：以上不正印证了恽代英同志"践行初心、担当使命"的精神品质吗？这也正是党的初心使命外化于行的庄严承诺，反映了中国共产党人坚持党的根本宗旨的历史责任。它是中国共产党伟大建党精神的根本遵循。

（二）周恩来、恽代英与南昌起义

李瑞浩：记得2017年是建军90周年，当时有一部主旋律电影《建军大业》，我在电影中看到有恽代英先生的形象出现，当时看到这一幕还有些惊讶，现在听老师们的讲述后，真心佩服恽代英先生的文武全才。

李良明：恽代英之所以被冠以"中共早期著名军事家"之名，一个重要原因是他参与领导过著名的南昌起义和广州起义，是党领导的新型人民军队的缔造者之一。

大革命失败后，中共临时中央常委分析了敌我形势，同意了李立三、邓中夏、恽代英等人提出的在南昌举行暴动的建议，并派周恩来赶赴南昌，组成以周恩来为书记，谭平山、李立三、恽代英、彭湃为委员的前敌委员会领导起义。为了做好起义的准备工作，恽代英担任贺龙的第二军总参议。

在南昌举行武装起义，有许多有利条件。当时党所能控制的军队有贺龙的二十军、叶挺的二十四师和第四军的二十五师一部，都已在九江、南昌一带集结，南昌还有朱德的军官教导团，共计3万多人，而南昌方面国民党守敌只有1万多人，革命力量占绝对优势。

1927年7月27日，张国焘赶到九江召开会议，与恽代英、贺昌、关向应、廖乾吾、高语罕、夏曦等讨论南昌起义的相关事宜。正当起义各项准备工作紧张进行时，张国焘却借传达7月26日共产国际给中央的电报之机，企图阻止起义。恽代英听后愤怒地说："我们一切都准备好了，还有什么可讨论的，谁要阻止南昌暴动，我是誓死反对的！"

张国焘在九江碰壁后于1927年7月29日接连发两封电报给南昌的前敌委员会，谓起义宜慎重，无论如何须等他到后再决定。

1927年7月30日清晨，恽代英与张国焘同车到达南昌，前委会随即召开紧急会议。张国焘在会上继续以传达国际来电为由，声称起义若有成功把握，可以举行，否则不可动。如果要暴动，也要征得张发奎的同意，否则不可动。周恩来、恽代英、李立三、谭平山、彭湃一致反对张国焘的意见。

林立：与会代表纷纷拍案而起。周恩来说："国际代表及中央给我的任务是叫我来主持这个运动，现在给你的命令又如此，我不能负责了，我即刻回汉口去吧！"他在驳斥张国焘后明确表示："还是干！"

李立三也说："起义已经准备好了，不能再有任何迁延。张发奎决不能同意我们的计划，必须彻底放弃依靠张发奎的幻想。"

李良明：恽代英坚决支持周恩来、李立三的意见，再也压抑不住其内心愤怒的心情。他严厉警告张国焘说："如果你要继续动摇人心，我们就把你开除出去！"

恽代英愤怒的发言，使张国焘为之变色。他回忆说，恽代英平时"是一个正直而有礼貌的人，对我一直很友善，对人没有私怨，没有与人竞争的野心，在共产党人中有'甘地'之称。我听了他这些话，当时百感交集。他坚持暴动，显然积压已久的愤恨到此时才坦白发泄出来。我也佩服他这种坚毅精神，自愧没有能够用他的蛮劲去对付罗明那滋。我也感觉到，中共中央和我自己的领导威信，已经丧失了"。

"砰！砰！砰！"1927年8月1日凌晨，三声清脆的枪声划破南昌寂静的夜空，3万多系着红领带的革命战士，在朱德、贺龙指挥下，举行了震惊中外的武装起义。曙光驱走黑夜，透过云层，照射在南昌城。胜利的红旗在总指挥部的五层大楼上，迎着朝阳，在晨风中招展。威武雄健的革命战士和全市人民喜气洋洋涌向街头，万众欢腾，庆祝胜利。按照原定计划，8月3日，起义军撤出南昌，拟南征广州，进行第二次北伐。当时正值酷暑，行军困难，又遭到国民党军队的围追堵截，起义军于10月抵达广东潮州、汕头地区时被打散。一部分转入海陆丰地区，与当地农军会合；另一部分近800人在朱德、陈毅率领下，转入粤赣湘边界地区，1928年4月到井冈山，与毛泽东领导的秋收起义部队胜利会师，建立了红四军，朱德任军长，毛泽东任党代表。南昌起义在中国革命史上具有重要的历史地位。正如项英所说的："一九二七年八月一日发生了无产阶级政党——共产党领导的南昌暴动，这一暴动是反帝的土地革命的开始，是英勇的工农红军的来源。"所以，8月1日成为中国人民解放军的建军节。

（三）张太雷、恽代英与广州起义

林立：继南昌起义后，1927年12月11日又爆发了广州起义。恽代英也是广州起义的重要领导人之一。

粤桂战争爆发后，桂系控制的南京政府下令讨伐张发奎。张发奎被迫将大部分兵力调往前线，使得广州城内兵力空虚。据此，1927年11月26日，张太雷从香港返回广州，主持召开了中共广东省委常委会议，做出了立即发动广州起义的决定。恽代英原文照录，作为省委报告转报中共中央。12月5日，中共中央复信广东省委，明确答复："关于广州暴动的计划，中央赞成。"恽代英便从香港动身回到广州，参与起义的组织发动工作。恽代英当时任广东省委常委、宣传部部长，关于广州起义的所有标语、宣言、文告，都由他亲自起草。此外，他还负责主编专门宣传广州起义的广东省委机关刊《红旗》半周刊。

1927年12月11日凌晨，由原武汉中央军校改编而成的教导团紧急集合，举行广州起义誓师大会。

李良明：教导团是由武汉中央军校的最后一届1300多名学生改编的，其中共产党员有200多人。团长开始是谢嬰白，广州起义时为叶剑英。

林立：张太雷做动员讲话后，恽代英也在誓师大会上说："我离开你们好几个月了，很想念你们，我知道你们每个人心中都藏着对国民党的无穷怒火，所以今天我们要起义、要暴动、要和反动派算账，要夺取政权，建立自己的工农政府，你们要勇敢战斗，解除敌人的武装，取得暴动的胜利。"教导团战士们听完张太雷、恽代英的讲话后都十分兴奋、激动，在叶剑英的指挥下，英勇作战，在攻打敌人据点时奋勇争先，仅用了几个小时就攻占了大部分市区。1927年12月11日黎明时分，张太雷庄严宣布广州苏维埃政府成立，恽代英宣读了《告民众书》，并担任广州苏维埃政府秘书长。

广州起义震惊了国民党反动派。1927年12月12日，国民党反动派联合帝国主义向新生的红色政权疯狂反扑。起义军虽英勇反击，但寡不敌众。午后2时许，张太雷遭敌人伏击，英勇牺牲，苏维埃政权工作的重担几乎全压在了恽代英的肩上。他临危不惧，沉着镇静地分析着当时的局势说："我们是乘敌人之空虚暴动起来的，现在敌人回过头来，我们要坚守广州，力量不够。""如果坚守广州，会造成更大的损失。"在考虑新的部署时，恽代英建议部队从北江转到东江，与彭湃领导的农民赤卫军和红二师会合，继续斗争，以造出一个新局面。这一决策也充分展现了他优秀的军事领导能力。

李良明：广州起义虽然失败了，但恽代英的革命意志却更加坚定，他坚信革命的失败只是暂时的挫折。他当时对教导团连长陈同生说："挫折是不可免的，要经得起挫折。敢承认失败的人，才有再战的勇气。失败是成功之母，我们一定要从其中学到东西。""古话说'秀才造反，三年不成'，假如我们下决心造三十年反，绝不会一事无成的。年轻人！要有决心干三十年革命，那你还不过五十岁。接着再搞三十年的建设，你不过八十岁。我们的希望，我们的理想社会主义、共产主义恐怕也实现了。那时世界多么美妙！也许那时年轻人，会不相信我们曾被又残暴又愚蠢的两脚动物统治过多少年；也不易领会我们走过的令人难以设想的崎岖道路，我们吃尽苦中苦，而我们的后一代则可享到福中福。为了我们最崇高的理想，我们是舍得付出代价的。"恽代英的这段话充满了哲理性，是他革命必胜的坚定信念和为追求共产主义远大理想执着斗争的生动写照。他的这一思想，鼓舞了中国一代又一代的青年。

（四）恽代英参与领导第三次平山起义

孙永祥：通过对历史的深入研究，我也在不断丰富对早期革命领导人的全面认识。李老师，您一直致力于推进恽代英学术研究工作，最近有什么新的发现吗？

李良明：在最近的研究中，我们还发现恽代英参与领导了第三次平山起义。

广州起义失败在党内引起了一场轩然大波，当时在上海的中共中央决定派李立三以巡视员身份立即赴广东，参加省委常委指导工作。在恢复广东省委后，李立三当即指派恽代英、杨石魂和李海涛等从香港到广东惠阳县，组织筹划第三次平山起义。

1928年2月下旬，恽代英乔装成商人进入惠州城城楼下理发店，与中共惠阳县委地下交通站交通员董肇辉取得联系，随即转移到镇隆四大半围根据地，指导中共惠紫河博地委（机关设在黄氏祠堂）和惠阳县苏维埃政府（机关设在杨氏宗祠）的工作。为了掩人耳目，恽代英化名张镜尧，秘密在四大半围地区，开展工作。

1928年3月初，恽代英根据中共惠阳县委向省委汇报前两次起义失利的原因，以及赤卫队、兵运、工运、农运、教育训练、宣传等方面计划，主持召开县、区党团联席会议。他要求总结经验，吸取教训，继续坚持斗争。恽代英还深入高田村调查研究，与党支部书记黄志平及苏维埃政府成员、赤卫队员座谈。他说："党团员要和革命群众紧密联系，聚集革命力量，准备在新的革命浪潮到来的时候夺取新的胜利！"

1928年3月18日，李立三向党中央报告目前广东的局势。他说："海陆丰虽失守，但惠东、普宁有大暴动，惠州也有发动暴动的可能，整个东江的局面仍是有利于暴动发展的，因此应根据这种形势而定出暴动策略。"第二天，广东省委政函惠阳县委，认为东江形势极利于暴动的发展，并指示了发动暴动的总策略，对县委的暴动计划提出了修正意见。根据广东省委的部署，恽代英积极做第三次平山起义的准备工作。他召集杨石魂、黄居仁、林道文开会，分析形势。

恽代英说："平山是惠州外围的屏障，是敌人的第二堡垒，又是惠州通往海陆丰的咽喉，插进平山，截断敌人从惠州到海陆丰的交通线，威胁海陆丰的敌军，这样可以分散敌人兵力，以减轻海陆丰、高潭苏区的压力。"

按照原定计划，若平山起义成功，再发动潼湖、四大半围、横沥、淡水等地全部农民武装，攻打东江流域中心城市惠州。在广东省委的一再催促下，恽代英不得已拟于3月29日准备发动第三次平山起义。他派钟勋如通知横沥、平潭等地组织武装配合，趁惠州国民党守军空虚，做好攻打惠州的准备。

由于时间仓促，力量不足，这时进攻高潭、海陆丰等地的国民党第七军黄旭初部已回防惠阳，敌军力量骤然增强。恽代英获悉新的情报后当即命令："将准备在平山起义的武装力量全部撤回原地自卫！"四大半围赤卫队长林道文接到恽代英的命令后，立即率赤卫队从平山撤回。这样，第三次平山起义宣告"流产"。

从当时的历史大背景看，由于共产国际和联共（布）的错误指导，"左"倾盲动主义思想在当时的党内占据了主导地位，而恽代英却能在这样一种环境下，实事求是地做出"武装力量全部撤回原地自卫"的决策是多么的不容易！这恰恰也是他与"左"倾错误思想进行坚决斗争最直白的表现。第三次平山起义虽然未能成功举行，但在恽代英的领导下却极大地避免了革命损失，为东江地区保存了革命的火种。

孙永祥：从踏上军旅生涯的那一刻开始，恽代英就已将个人的生死置之度外了。正是如此，他才会成为我们党内为数不多的，参与并领导了南昌起义、广州起义以及第三次平山起义的早期革命领导人。在多次武装起义中，恽代英始终坚持斗争，体现出"不怕牺牲、英勇斗争"的精神品质，这里不仅包括同国民党反动派的斗争，还包括了同当时党内各种错误思想的斗争。这正是党的初心使命外化于行的精神风貌，是中国共产党人为理想信念奋斗的英勇气概。它是中国共产党伟大建党精神的核心。

五、共产党人没有党性和母性的矛盾

孙永祥：我了解到恽代英有一个儿子，1929年，恽代英在上海从事党的秘密工作时，孩子应该已经出生了，但都在进行着革命地下斗争的恽代英夫妻俩，如何抚养他们的孩子呢？

李良明：实际上，抚养孩子的问题确实是当时革命者经常会遇到的问题，恽代英夫妇也不例外。他们二人也面临如何兼顾抚养孩子和进行革命的问题。他的夫人沈葆英觉得，若要做好革命工作，则难带好孩子，若要带好孩子，便难做好工作，内心感到非常矛盾。而恽代英不这么觉得，他说："目前困难之所以产生，主要是由于阶级敌人的存在，目前要打击敌人，就要面临着困难，不在困难面前徘徊、却步……共产党人没有党性和母性的矛盾。我们要去斗争，在斗争中锻炼自己，添加革命的力量；孩子也要安排得当，我们艰苦奋斗，也是为了换取下一代光辉的未来！"就这样，夫妻二人将孩子安排在党秘密办的大同幼儿园里，继续投入为后代的未来而奋斗的事业中去。

李瑞浩：恽代英先辈不愧是有着崇高革命理想的共产党人，在革命、工作、生活的各个方面都做出了表率，这也更让人感到可惜，他年纪轻轻就遭到了反动势力的迫害，在狱中被残忍杀害。

六、恽代英的被捕与牺牲

王家豪：像恽代英在革命一线工作这么久的同志，应当说经验是非常丰富的，那恽代英同志当时为什么突然被捕了呢？

李良明：1930年，党中央的领导人李立三推行"左"倾路线，主张全国暴动，下达命令要"会师武汉，饮马长江"，并将党和工会、青年团等组织改编为各级行动委员会。在敌强我弱的情况下，要工人举行游行、罢工，以显示无产阶级的力量，这样盲目的暴动，无异于将党领导的革命力量暴露在敌人面前，许多革命同志成为革命冒险主义的牺牲品。

1930年2月，恽代英以中央代表的身份，赴厦门指导中共福建省第二次代表大会。会后，他深入闽西苏区视察，写了《请看闽西农民造反的成绩》《闽西苏维埃的过去和将来》，热情讴歌了在毛泽东、朱德领导的红军支持下，闽西革命根据地取得的伟大成就，并初步总结了党在闽西苏区局部执政的经验，认识到毛泽东、朱德开创的中国特色的中国革命道路是正确的，坚决支持毛泽东、朱德的革命创造。1930年3月，恽代英回到上海后，对李立三的"左"倾冒险错误进行了批评和抵制，遭到李立三的打击，将他调离中央宣传部秘书长的岗位，去担任上海沪东区行动委员会书记。

林立：在这之前，毛泽东、周恩来等曾推荐恽代英去担任红四军前敌委员会书记及红军总政治委员、四川省委书记和洪湖苏维埃政府负责人等职务，这些提议因故未能实现。1932年的《上海周报》就有一篇文章讲道，"恽代英在上海曾做过长期的公开活动，派他去做下层工作（区委书记），那简直是等于公然把他送到公安局去牺牲"，应该说恽代英的被捕牺牲不是一个偶然。

李良明：恽代英党性极强，虽然受到不公正的处分，但他还是相忍为党。他住在贫民窟，身着工人装，在工人群众中进行工作。1930年5月6日这天，恽代英穿着短衣，一身工人打扮，带着一包传单到杨树浦韬明路附近的老怡和纱厂门前等人联系工作，突然碰到英国巡捕拦路搜查，恽代英是高度近视，没有看到前面正在搜查行人，当他发现时，已经来不及了。巡捕见他身上有手表、水笔等物件，起了疑心，恽代英因此遭到巡捕一顿毒打。在扭打过程中，恽代英故意把自己的脸打伤、打肿，流了血，用布包了起来，使特务认不出他。巡捕在他身旁不远处查到一包传单，怀疑他是共产党人，又是三番五次地毒打，试图逼供出恽代英的真实身份，恽代英谎称自己叫王作霖，是武昌电话局失业工人。巡捕当即追问恽代英住在哪个客栈，他随口说是鸿运旅馆40号，但当巡捕当天晚上开车寻找这个地方时，发现根本没有这个号码，因此，恼羞成怒，又将他毒打了一顿。因为多次毒打，加上恽代英的有意掩饰，敌人也一直没有认出这个化名"王作霖"的"武昌失业工人"是谁，只好以煽动工人罢工的罪名，判处他5年徒刑，并将他从上海龙华监狱转移到南京国民党中央军人监狱。

恽代英被关进了南京中央军人监狱，又遭受到了国民党反动派在精神上和肉体上的双重摧残，除了严刑拷打之外，每天配给犯人的饮食都很少，而且多半是霉米馊饭，有时甚至能够从饭桶里拖出死老鼠，叫人难以入口。在这样的情况下，恽代英的肺病复发了，他的脸色更加苍白和蜡黄，身形愈加枯槁，但他的理想信念和革命斗志却愈加坚定，他经常对难友进行革命气节教育，他说："对一个革命者来讲，战场固然是考验，但监狱也是一个特殊的战场。一个真正的革命者，在这个特殊战场上，在生死面前，要经受得起严峻的考验。"在监狱中，他用通俗易懂的语言编写了一本解释党的"十大纲领"的工人读本，用这样的方式继续着革命斗争。

恽代英被捕后，周恩来下令中央特科，要不惜一切代价，营救恽代英。营救工作进展顺利，大有希望，陈赓通知恽代英夫人沈葆英，以家属名义前往探监，将这个信息告诉恽代英，要他做好提前出狱的准备。恰在这时，中央特科负责人顾顺章在汉口被捕叛变，指认了恽代英。蒋介石得知恽代英就在中央监狱的消息后，大喜不已，当即决定派军法司司长王震南到狱中核对并劝降。恽代英面对敌人的威逼利诱，坚贞不屈，展现出一个共产党人崇高的革命气节。蒋介石闻讯，下令将恽代英就地枪决。1931年4月29日，恽代英壮烈牺牲。恽代英牺牲前，写下了气吞山河的《狱中诗》。

孙永祥：这是恽代英同志在狱中的绝笔诗，可谓情真意切，蕴含着他对战友深厚的情谊，充满了对革命前途的坚强信念，也真切地表达了他对于革命的忠心耿耿和矢志不渝。我提议，让我们一起重温齐诵《狱中诗》，以表达对恽代英同志的深切缅怀。

> 浪迹江湖忆旧游，故人生死各千秋。
> 已摈忧患寻常事，留得豪情作楚囚。

1931年9月5日，中华苏维埃临时中央政府人民委员会发出通令，通缉叛徒顾顺章。

李良明：1931年9月，恽代英牺牲的噩耗传到中央苏区。毛泽东为痛失好友无限悲恸。尤其当他得知恽代英的牺牲，是叛徒顾顺章出卖的结果后，对这个叛徒更是无比愤恨。毛泽东怀着对恽代英无限深厚的无产阶级感情、对叛徒的刻骨仇恨，于1931年9月5日以中华苏维埃临时中央政府人民委员会的名义，发出通令，通缉叛徒顾顺章，号召全国人民，无论是在苏区，还是在国民党统治区，只要发现这个叛徒，都有责任将他扑灭。违背初心、背叛党组织的叛徒顾顺章，绝对没有好下场。1935年6月，在国民党特务组织徐恩曾（中统）和戴笠（军统）派系争斗中，顾顺章被中统特务秘密枪杀于苏州监狱。这一可耻下场，从他叛变的那一天起，就已经注定了。

孙永祥：通过刚才的交流，我们看到了恽代英同志身上体现出来的"对党忠诚、不负人民"的精神品质，这是党的初心使命外化于行的伟大情怀，反映了中国共产党人忠于党、忠于人民的坚强意志和共产主义的人生观、价值观，它是中国共产党伟大建党精神的底色。

七、让恽代英精神在桂子山上代代传承

孙永祥：弘扬伟大建党精神，在我看来，一方面需要从史料中充分发掘其内涵，另一方面是要培育我们的下一代去传承伟大建党精神，把它转化为奉献社会的奋斗动力。在我们学校就有多个以恽代英名字命名的组织集体，我想请今天在场的几位同学代表谈一谈这方面的情况。

王家豪：我来自华中师范大学马克思主义学院重点建设的恽代英班，这个班级秉持着"让优秀的我们变得更加优秀"的理念，由跨专业、跨年级的60名学生组成。在我大一的时候，恽代英班的同学和华中师范大学习近平新时代中国特色社会主义思想学生研习社一起组织编排了原创沉浸式话剧《你好，恽代英》，我当时扮演的就是恽代英先生，在2021年4月29日，也就是恽代英先生英勇就义90周年纪念日的时候，我们在恽代英广场举办了该话剧的第一次展演。当我站在恽代英先生的雕塑面前，高呼他曾经呼喊过的"国不可不救"时，感觉到有一股力量，跨越时空，直击我的心灵，后来我们也前前后后在各地展演了数十次，每次扮演恽代英先生，我都无法忘记当时的感觉。同时我们也希望，通过话剧表演，感染到更多青年一起传承伟大建党精神，为实现中华民族伟大复兴贡献青年力量。

李瑞浩：我来自华中师范大学的恽代英菁英学校这一学生组织，它创办于2015年6月，由全校各个学院的学生骨干组成，是华中师范大学的校级青年马克思主义者培养工程。七年来，我们这个集体以恽代英为名，以菁英为标杆，接续奋斗，其目的就在于弘扬恽代英精神，培养时代新人。

李良明：以恽代英为名，弘扬伟大建党精神和恽代英精神，这种形式与举措我很赞成，同时也想听一听当代青年集体是如何弘扬的。

李瑞浩：如何弘扬伟大建党精神和恽代英精神，是我们这个集体七年来一直在思考的问题。我们以为，弘扬伟大建党精神和恽代英精神，首先是要解读这些精神，其次是要讲述这些精神，最重要的是要践行这些精神，也就是学在心间、讲在青年、做在日常。

在解读、学习伟大建党精神和恽代英精神方面，我们以理论学习为首要前提，经常邀请李良明教授等专家学者来深入讲解；另一方面，我们还组织开展一系列校园理论宣讲活动，在解读中国共产党人的精神谱系的过程中，把革命精神内化于心，真正从心底去认同。此外，我们还前往广州黄埔军校、南京雨花台、常州恽代英出生地、上海中共"一大"旧址纪念馆等地实地探访恽代英先生奋斗过的历程。

孙永祥：确实，这种方式值得肯定，同一空间，不同时间，更能从翻天覆地的变化中感受到洞穿时空的精神力量。

李瑞浩：最后，就是要发挥主动精神，把他的精神写下来、讲出去。每年的清明节、五四、国庆节，我们都会在恽代英广场组织开展相关的活动；每逢恽代英先生的诞辰和牺牲日，我们也会布置相关的专题展览，充当讲解员，讲述他的生平故事，让伟大建党精神和恽代英精神在桂子山上代代传承。当然无论是学是讲，弘扬恽代英精神最重要的还是要放在实践中来。我们到梁家河、井冈山等革命圣地去实地研学；到城市社区、贫困乡村进行志愿帮扶与支教活动；在抗疫一线，下沉基层，线上教学，在毕业之际选择扎根到边疆基层，实干苦干。在新时代，弘扬恽代英精神，可能不再需要抛头颅洒热血的革命风暴，而是需要投身社会发展的洪流之中，用个人之学识、爱国之情操，在平凡的岗位上贡献社会价值，助力民族复兴。

孙永祥：确实，恽代英的一生，诠释了"坚持真理，坚守理想；践行初心，担当使命；不怕牺牲，英勇斗争；对党忠诚，不负人民"的伟大建党精神。刚才，通过我们的学者视角深入阐释了恽代英是怎样践行中国共产党伟大建党精神的，我们的同学又讲述了恽代英菁英学校的故事、恽代英班的故事。作为一名育人工作者，我深有感触。深耕校园红色沃土，引领青年奋斗自强，继承恽代英等革命先烈遗志，传承学校红色基因，这是当前我们思想育人的重要落脚点。华中师范大学成立的"青马工程""恽代英菁英学校"，还有"恽代英党校""恽代英青年领袖培养班""恽代英新闻采访团""恽代英青年讲师团""恽代英法治宣讲团"等，都是筑牢人才培养的红色基因平台，弘扬伟大建党精神、弘扬中国共产党人的精神谱系，这是当下立德树人的首要任务。

感谢李良明教授，感谢同学们今天给大家带来的分享。

作者简介

刘大洪，二级教授，国务院政府特殊津贴专家，全国科技进步工作先进个人，入选中共湖北省委政法委、省法学会推荐的"全省法学教育十大代表人物"；中南财经政法大学法学院经济法专业博士生导师组组长、经济学院法经济学博士生导师；湖北经济学院校党委副书记、校学术委员会主任。长期从事经济法的教学和研究，在《中国法学》《法学家》《法学》等期刊发表论文118篇，文章多次被《新华文摘》《人大复印报刊资料》摘登或全文转载；主持20余项国家级、省部级课题研究；出版《法经济学视野中的经济法研究》《互联网经济的市场规制：理论创新与法制回应》等著作、教材、工具书等52部；获国家级、省部级优秀科研成果奖16项。

当法律遇上经济学：经济法的经济分析／刘大洪

法经济学是法学和经济学相互渗透、融合而成的新兴理论体系和学术流派。如何利用交叉融合的学科知识面对日益纷繁复杂的社会活动，乃至各种违法活动，是我们每个人都必须去努力的。

——题记

一、应时代而生的法经济学

大家上午好！感谢省法学会、省图书馆及相关部门的精心安排，让我有这么好的机会向大家汇报交流我的一点法学、法经济学的学习体会。时间过得很快，2014年我曾经在这里参加讲坛，一晃8年过去了，再次来到长江讲坛，已经是互联网时代了。此次讲坛既有线下的听众观众，还有线上的朋友。今天我汇报的题目是《当法律遇上经济学——经济法的经济分析》。

多年以前，那时候还没有《中华人民共和国产品质量法》，假冒伪劣商品很多，当时的学者感叹说假冒伪劣商品这么多的关键原因是没有一部产品质量法，后来《中华人民共和国产品质量法》颁布了，但是假冒伪劣商品还是那么多。"皮包公司"也曾一度满天飞，学者们又感叹没有一部公司法，后来《中华人民共和国公司法》颁布了，"皮包公司"依然大量存在。我在思考为什么会是这样的结果，然后提出了一个观点：人们之所以选择法律或者放弃法律、遵守法律或者违反法律，根本原因不在于法律是否存在，换言之，法律自身根本不是人们遵守或违背它的原因，人们行为的动力在于自己的利益，两利相权取其重，两害相权取其轻，守法成本、违法成本、违法收益是法治建设不可忽视的极为重要的元素。

唐山暴徒打人事件，大家都在感叹见义勇为的人不多，尤其是男性很惭愧，据看到的新闻报道，除少数女孩子相助之外，现场没有一个男性敢于站出来。中华民族本应是路见不平一声吼，该出手时就出手，因此人们责怪为什么这么多看客如此冷漠，不来帮助。我的分析以普通人为样本，那种舍己救人、舍生忘死、行为高尚的人不在我的法经济学的分析样本中。那些丧心病狂不计一切后果的恶徒也不在我的分析样本中，我分析的样本是普通人，是以经济学中理性的经济人为样本来进行分析的，普通人或理性的经济人他们行为的动力是成本收益的考量，目前见义勇为行为主要面临两个难题。

第一，如何认定见义勇为。关键在于正当防卫的界定，根据现有法律规定很可能被误认为互殴，为什么呢？根据《中华人民共和国刑法》的规定，当不法行为停止的时候再反击，那就涉嫌防卫过当了，但当不法行为停止侵害的时候，如何去判断我打你一拳打不打第二拳呢？打了一拳之后第二拳没有打出来的时候，那就是不法行为已经停止了，这时候你再一拳打过去，一不小心就会被误认为互殴。准确来说，如果在第二拳即将打出还没打出的时候进行反击，这么一个关键时刻是很难把握的；而且在这样的危急时刻，如果你反击用力过猛，把对方打伤或者打死，这个后果又是不好预见的。

第二，如何激励见义勇为者。你见义勇为之后，对方被判了三五年、七八年，他出来后可能又威胁你，威胁你的妻子、孩子，该如何保护见义勇为者呢？截至目前没有非常完备的法律措施，著名的法学家劳东燕建议见义勇为需要制度加持。人们之所以选择放弃，是出于一种利益的考量。所以若想鼓励大家见义勇为，首先，要非常慎重地认定互殴，要把正当防卫的精神贯彻到底，使见义勇为者没有后顾之忧，这是极为必要的。其次，对待犯罪要保持常态高压的打击状态，要遏制犯罪团伙的嚣张。再次，要对见义勇为者的家人提供保护，一旦见义勇为者因此受伤或伤残，要进行抚恤，如果不幸牺牲了，要给予他的孩子抚恤金。最后，要对见义勇为者进行直接的巨大的物质奖励，同时进行精神奖励，对英勇行为予以宣传，使收益大于成本。毫无疑问，之后见义勇为行为就会越来越多。从宏观层面来说，我们的教育和倡导是必要的，但具体到实际的行动中，成本收益的考量是人们行为选择的关键性因素。

谈到"法律遇上经济学"这个话题，首先要弄清楚我国有哪些法律。在我国，法律主要由宪法、民商法、行政法、经济法、社会法、刑法、诉讼与非诉讼程序法组成。

宪法是一个国家的根本大法，它主要规定国体政体，如《中华人民共和国宪法》规定：我国是工人阶级领导的，以工农联盟为基础的人民民主专政的社会主义国家。

社会法大体包括劳动法、社会保障法、环境保护法，这些法律的特点是限制眼前的经济利益，保护劳动者的基本人权。比如说环境保护法关停污染的工厂，使眼前的经济利益受到一定限制；劳动法保障劳动者的基本人权，如8小时工作制、加班要给加班费等。刑法是法律的最后一道屏障，杀人放火、抢劫掠夺、故意伤害等就是由刑法来进行调整和规制。诉讼与非诉讼的程序法规定到哪里去打官司，哪个法院能够受理，官司如何进行。例如，欠钱不还是看《中华人民共和国民事诉讼法》，杀人放火是看《中华人民共和国刑事诉讼法》，还有一些涉及非诉讼的法律规范，如仲裁法等。

民商法、经济法、行政法这三大部门法一直在法学界都是相爱相杀的，针对不同的调整范围也在发生不同的争论。早期没有经济法这个独立法律部门，民商法早于经济法诞生，那么民商法的经济学基础是什么呢？著名经济学家亚当·斯密所著《国富论》的理想模式是个人利益最大化带来社会利益最大化，人人富有，国家富有，与之匹配的就是管得最少的政府就是最好的政府，政府是守夜人，无为而治，不需要过多地插手，所以在此经济学的理论基础上就有了民商法的主张；意思自治、契约自由。在经济生活中，各位可能做点生意、签点合同，合同合同，合则同，不合则不同，谈得来就谈，谈不来就散，愿买愿卖，这就是民商法的基本理念。为了确保意思自治、契约自由，"管得最少的政府就是最好的政府"，所以限制行政权力的行政法应运而生，控制权力、限制权力，防止政府权力对私人的干扰侵害，这就是亚当·斯密的理论逻辑。但运转之后的情况不完全是这样，个人利益最大化不一定会带来社会利益最大化，人人富有也不一定等于国家富有，这就是所谓市场失灵，政府必须干预。但是，在一个法治国家里，法无授权不可为，干预必须有法律的授权，所以作为国家干预经济之法的经济法应运而生。

我本人从事经济法的教学和研究，所以特别关注经济法。经济法有广义和狭义之分。曾经经济法专业很吃香，用人单位都想要经济法专业的学生，包括公安局，因为经济诈骗类的纠纷太多了；注册会计师有一门考试是考经济法，这也是关于经济方面的法，都称为经济法。这里讲的经济法是广义的经济法，与经济有关的法律都称为经济的法。狭义的经济法即作为独立法律部门的经济法，是产生于市场经济基础上的体现国家干预经济意志的新兴法律部门，是综合运用国家权力或宏观调控手段以不断解决个体的营利性与社会公益性的矛盾，兼顾效率与公平，促进经济的稳定增长与社会良性发展的法律规范系统。

在经济生活中，自己的事情自己搞，以充分的自由竞争开始，结局却是反面，大鱼吃小鱼，小鱼吃虾米，形成了垄断，垄断的出现严重挑战了意思自治和契约自由。举个例子，我曾经去一个旅游景点，新开的旅游景点管理还不是很规范，如厕要五块钱一次，必须同时买一块钱的卫生纸，否则就不让如厕。不合理的垄断高价和拒绝交易，民商法对此无能为力，尽管民商法可以用公序良俗来进行谴责，但没有具体的条款。滥用市场支配地位，这是一种垄断的典型表现、极致表现。市场经济是一个竞争的经济，充分的自由竞争可能带来两个后果：第一，垄断，形成巨无霸企业，大鱼吃小鱼，小鱼吃虾米，形成垄断，消费者权益得不到保护；第二，不正当竞争，欺骗性交易行为。我将商业贿赂行为称为"看不见的脚"，它会导致劣币驱逐良币的后果，尤其在社会主义公有制国家，这一点更要警惕。腐败和商业贿赂会扭曲正常的价值规律，扭曲正常的市场经济，它踩住了"看不见的手"，使价值规律不能正常发挥作用，劣币驱逐良币，由此假冒伪劣商品就占据了一定的市场。商业贿赂是不正当竞争行为，在市场经济中较为常见，尤其是互联网时代网络的不正当竞争行为更加突出。在理想模式下，市场能够摆平搞定一切。供不应求，价格就会上涨；供过于求，价格就会下跌，价值规律自发地调节资源配置。但公共产品的非排他性意味着付费的和不付费的都可以使用，这就产生了"搭便车"行为，"搭便车"行为往往导致市场失灵，使市场无法达到效率。亚当·斯密时代的公共产品可能并不多，大家体会不深刻。我们有一篇文章分析农村的早婚现象，农村孩子结婚早，因为农村没有什么公共产品，日出而作，日落而息，一个人休息也孤单，所以农村孩子结婚比较早，"抱团取暖"。而城市的公共产品比农村要充分，"不抱团也很暖"。在早期不发达的社会，人们对公共产品的需求不是那么迫切，感受不是那么强烈，但随着社会经济的发展和进步，人们需要更多的公共产品。民商法的意思自治和契约自由理念解决不了这些问题，私人力量解决不了这些问题，市场经济本身解决不了它的负面效应。个人利益最大化会带来社会利益最大化，人人富有，国家富有，这是它的理论基础，但任何事物或经济活动都有外部效应。一只小蜜蜂飞到花丛中，农民种油菜的油菜花开，就为蜂农提供了外部的正效应，不需付费，个人利益最大化了；但那些老板把未经处理的污水排到江河，甚至销售一些假冒伪劣产品，这就产生了负外部效益，个人利益最大化并没有带来社会利益最大化，社会利益还因此受到损害，所以在这种情况下，原来设计的理念受到了挑战，老百姓搞不定，需要政府（国家）来干预，但在一个法治国家里干预必须法律授权。因而现在需要一个新的法律部门诞生——管理者管理之法，即经济法。国家政府需要法律授权来管理经济，比如说提供公共产品、反垄断、反不正当竞争等，这都需要国家来做。

我国的经济与经济法还很特殊。我国是一个社会主义公有制国家，国家就是管理者，同时它又是大股东，是唯一股东或控股股东，因此我国政府管经济天经地义，基于政权要管经济，作为股东要管经济。民商法主张股东意思自治，但在我国代表国家的政府就是大股东，所以这就是中国特色社会主义经济法。

数字时代的市场经济与经济法又发生了天翻地覆的变化。在这个全新的时代，有三种人，分别是互联网的原住民、互联网的移民（我们大体都是互联网的移民，有前互联网时代的烙印）以及互联网难民。但互联网不管你是原住民、移民，还是难民，互联网时代的情况已经很特别了。比如，之前出门要带好身份证、手机、钥匙、钱包等，现在带一个手机就可以了；原来抢夺、抢劫等财产性犯罪率已经断崖式下跌，而电信诈骗直线上升，例如虚拟投资 APP、假冒金融 APP、盗用账户等；原来我们觉得任何东西的交易都是真实意思的表示，"愿打愿挨"，现在互联网时代用户画像、用户偏好对号入座的营销看起来也是真实意思的表示，但实际上它已经在牵着我们的鼻子走了，真实意思的表示已经面目全非了。互联网时代我们的生活发生了深刻的变化，而且还将更进一步变化，例如共享经济。事实上"共享"概念早已有之，传统社会朋友之间借书或共享一条信息，包括邻里之间互借东西都是一种形式的共享，当然这仅限于"熟人"之间的私人关系。随着互联互通的数字时代到来，陌生人之间一方让渡闲置物品的使用权而获得一定的对价，另一方支付一定对价而获得闲置物品的使用权。这使得原来只限于"熟人"之间私人关系的"共享"演变成利用互联网等现代信息技术，以使用权"陌生人"分享为主要特征，整合海量、分散化资源，满足多样化需求的经济活动总和。传统的"熟人"社会的私人关系在这个过程中逐渐被赋予了强烈的公共性。再如"饭圈"，从前追某个明星或乐队最多就是买专辑、看演唱会，基本都是"散粉"，并没有饭圈的概念。但随着互联网技术手段的应用，"散粉"终成"饭圈"，逐渐发展成为有组织、专业化的利益圈层，继而形成"饭圈文化""饭圈经济"，出于个人爱好的"散粉"也终卷入"公共事件"。这对以调整私人关系、意思自治为己任的民商法提出了挑战或限缩，迫切需要以调整社会公共利益、国家干预为己任的经济法及时介入和调整。

我们用经济学的概念和方法去研究法律问题，当法律遇上经济学，就形成了新的学科——法经济学。法经济学是法学和经济学相互渗透、融合而成的新兴的理论体系和学术流派。虽然我主张法经济学，也成立了法经济学研究会，但坦率地讲我并不赞成法学的泛经济化，所有的法律问题都用经济学来分析，不一定恰当。比如说婚姻家庭等，这蕴含人世间最真最美的情感，即便能够分析也不要分析。一些非经济类的刑事犯罪也并不一定要用经济学的方法来分析。所以我不赞成法学的泛经济化，都用经济学来分析不恰当。虽然波斯纳用全方位的经济学来分析，但是我个人认为还是应该有所限制。

二、用法经济学推动健全法制

传统法学的价值观是公平和正义，我认为在公平正义之外还要辅之以效益这样的价值观。人类社会要生存，必须讲公平和正义；人类社会要发展，必须讲效益。所以法律要追求公平和正义，同时要追求效益，形成公平正义与效益双重标准的法律价值观，要在公平正义力所不能及的地方让效益有所作为，或者要效益为公平正义辅之以更具实感的内涵。虽然价值观念很抽象，但首先要有价值观念的确立，你必须要有这个观念。例如，回族和汉族因为信念和观念的不同，对具体问题的态度是迥然不同的。面对同一块猪肉，汉族人认为是美味佳肴，而回族人认为不能吃。实际上猪肉既不因汉族人而改变，也不因回族人而改变，它还是那块猪肉，观念和信念的不同，结论迥然不同。如果我们不谈信念，不谈价值观，直接跟回族人谈猪肉的红烧、清蒸、爆炒，这不仅是白谈，还侵犯了其民族信仰，所以价值观很重要。

在法律价值层次里，思想有多远才能走多远。所以法学家和法律人士建议除了传统的公平正义之外，法律也要谈效益，形成双重标准的法律价值观，这是极为重要的。长期以来，法学界比较重视公平和正义，但却忽视了效益的法律价值观，如果不进行改变的话，见义勇为者很难产生强烈的内在动力。

其次，规范层次。马克思在《资本论》中曾用过这样一段话：一旦有了适当的利润，资本就会盲目自大起来。有10%的利润，资本就会到处被使用；有20%的利润，资本就活跃起来；有50%的利润，他就敢铤而走险；有100%的利润，他就敢践踏人类的一切法律；有300%的利润，他就敢犯任何罪行，尽管冒着被杀头、被绞首的危险。马克思分析了资本的本性。所以我们的法律规范要遏制犯罪，要打击假冒伪劣，在规范层次里要科学合理地设立法定成本，这样的法律才是科学的。

最后，运作层次。法律的运作也是极为重要的，你规定得再好，打不起官司，运作成本太高，法律也是脆弱的。20世纪90年代我去某商业大楼买了个婴儿床，回家后组装的时候发现左边少了个螺丝，我就让学生去要个螺丝回来，但得到的回答是：我买的是处理品，处理品少这少那很正常，后来我直接到商业大楼，请出了他们的部门经理。我说处理品包括两类，一类是指虽然合乎质量标准，但因库存积压而削价处理的商品，另一类是指虽然不符合产品质量标准，但仍然可以使用的产品。这是处理品和废品区别的重要标志，处理品不是废品，废品不能使用，而处理品是可以使用的。我买的是处理品不是废品，但少了螺丝就不能使用。因此，经理只好抓了一把螺丝送给我，并报销往返费用，最终我赢了。但事后想想实际上我是侥幸的，假如我不是法学教授，而是个普通的工人、农民，这次维权能否成功？如果售货员有点法律常识，有点自我保护的常识，她可以说螺丝是顾客自己搞丢的，举证很难对不对？如果这不是某著名的商业大楼，经理摆出一副无所谓的态度，那就麻烦了。当时的消费者权益保护法还没有修改，中国没有小额赔偿法，法院能否受理呢？即使受理，诉讼也需花费的一定的金钱成本、时间成本等，非常不划算。总而言之，法律的运作成本很高，打不起官司，不是不懂法，而是懂了法也不愿打这场官司。所以在经济学的分析中，价值层次方面，要形成公平正义和效益的双重标准的法律价值观；规范层次方面，法律规范惩罚的力度要大于违法的收益。

要降低法律的运作成本，这样我们的法制才能够健全。亚里士多德讲的法律有两种含义：一是已经制定的法律得到普遍遵守，二是得到遵守的法律是制定良好的法律，是良法，良法善治。所以经济分析的必要性直接要在这三个层次中达到目的。接下来我们具体对经济违法行为进行经济分析。

一是经济违法行为的成本与收益及经济违法行为发生的关系。从事经济违法行为需要支付成本，同时从事经济违法行为肯定会产生收益。以假酒为例，做假酒的经济性成本包括两个层次：一是从事经济违法行为必然会耗费资源，如酒精、工人、厂房、设备等；二是做假酒必然面临着罚款，这是法定成本。另外，做假酒可能会吊销营业执照，取消其生产酒的行为资格，这是行为性成本。同时，做假酒可能会坏了名声，这是信誉性成本。

经济违法行为的成本包括经济性成本、行为性成本、信誉性成本，而最常见的、最普遍的还是经济性成本。被吊销营业执照的情况是比较少见的，因为企业还是要继续生存。信誉性成本是软约束，取决于人们道德观念评判的标准。所以经济性成本是比较常态的，比较固化的。

经济违法行为的收益表现在两方面。一方面是资源的占有：偷税漏税三千万，就占有了三千万的资源。另一方面是机会的获得：如果把偷税漏税的三千万拿来做房地产，可能赚三个亿。所以结论是：一定范围内成本越高，收益越低，经济违法行为的发生概率越低，经济违法行为发生的概率与经济违法行为的成本成反比例关系。反之，经济违法行为发生概率与经济违法行为的收益成正比例关系。既然如此，那我们就需要对症下药，因此我们要来分析影响经济违法行为的成本和收益因素，以及经济违法行为的成本过低对我国经济秩序的影响。

第一，法律设定。成本的高低，最直接的是法律设定。第二，执法水平。虽然法律规定罚款五万元，但是违法十次抓住一次，平均成本就会降低为五千元。第三，主体能力。经济违法行为的主体能力越强，成本越低。第四，行为机会。如果管理松弛，谁都可以扬长而入，那么成本就低。管理严格，无法进入，如需要进，必贿赂保安人员，增加了成本，收入就低了。

我国经济违法行为的成本过低，首先，追责的概率比较低；其次，力度也不大。对违法行为的追偿和惩罚不够；再次，追偿惩罚不够，判决和裁定难以实际执行。

二是控制惩治经济违法行为的法经济学对策。人们之所以选择法律或者放弃法律，之所以遵守法律或者违反法律，其根本原因不在于法律是否存在，而在于两利相权取其重，两弊相权取其轻，违法成本和守法成本收益才是人们遵守或违背、选择或放弃法律的根本原因所在。所以我们需要对症下药。

第一，要科学设定经济违法行为的法定成本。加大违法成本究竟需要怎样的度，多少才能达到震慑作用，可能还需要"建模"进行各种定量分析，在此打个简单的比方。一次假酒可以赚50万，耗费10万，则罚款至少要在40万以上。法定成本和必然成本之和要大于收益才能够遏制经济违法行为。科学设定经济违法行为的法定成本并不是盲目地走重罚主义道路，我们对假冒伪劣产品很有情绪，很愤慨，甚至有人主张处以极刑，但并不一定能够产生震慑力，假如偷五块钱和偷五万块钱都要被砍掉一只手的话，可能会导致偷五万块钱的概率增加。所以盲目重罚，犯罪或违法行为不一定会减少。

第二，要严格追究违法者的责任，提高违法行为的受罚率。手莫伸，伸手必被抓，要严格追究违法者的责任，提高违法行为的受罚率。

第三，要削弱经济主体的违法行为能力。一方面要严格控制从事违法活动所需要的物质力量，例如违法活动所需的机器设备就不允许在市面上流通。另一方面要控制违法知识的传播。

第四，尽可能消除违法行为发生的机会。篱笆扎得牢，没有空子可钻很重要。

总而言之，法和经济学之间的关系，有很多我们还未可知。我们面前是一条艰难遥远又值得探索的道路。法律的经济学分析发源于美国的科斯，集大成者是波斯纳。引入我国也只是改革开放之后的这几十年，研究并不充分，中国人对交叉学科的认同度也还存在障碍，我们更喜欢分门别类。随着学科的交叉融合，社会问题的复杂性和学科的单一性已经越来越不匹配了。如何利用交叉融合的学科知识面对日益纷繁复杂的社会活动，乃至各种违法活动，是我们每个人都必须去努力的。我们必须有一分光，发一分热，去共同建设好我们美好的家园。谢谢大家！

三、重点提问与解答

主持人：法律工作者追究法律效果、政治效果、社会效果三者统一，那么在评价这三种效果时是否能够引入经济学的分析范式，如成本收益的分析方法？

刘大洪：完全可以，因为我国政治效果、法律效果、社会效果三者统一，这本身就包括了成本收益，不谈成本、不谈收益的效果就不是效果。

主持人：法律和经济学的内在联系是什么？

刘大洪：法律需要经济分析，经济需要法律分析。法律的守法成本、违法成本、违法收益是人们选择或者放弃、遵守或者违反法律的根本原因之所在。经济的法律分析要分析法律制度、政策在经济发展中的地位和作用。打个比方，当年农村搞"双抢"，抢割早稻、抢播晚稻是很重很难完成的任务，城里的学生要到农村去支农搞"双抢"。但是通过体制机制的转变，实行承包经营责任制后，城里人没有去农村帮忙"双抢"，农村的人外面打工也没回来，"双抢"搞得漂漂亮亮。这是制度经济学分析政策、法律对经济发展的影响和作用。

主持人：如何有效遏制经济领域里的违法犯罪，把损失降到零？

刘大洪：要遏制经济领域的犯罪，首先观念、意识、宣传教育很重要，攻心为上。成都的武侯祠有一副对联——能攻心则反侧自消，自古知兵非好战。加强思想政治工作教育，加大良好风气的提倡。其次加大违法成本，让违法者无利可图。违法无利可图，对于理性的经济人而言，他就会放弃这种违法行为，自然违法的行为就会减少。当然对于一些丧心病狂的、不计后果的人而言，须严惩不贷。

主持人：非常感谢您的解答，让我们再次以热烈的掌声感谢刘大洪教授的精彩讲座，大家再见！

第五章　知识百科

作者简介

马昌前，中国地质大学（武汉）二级教授，博士生导师，矿物岩石学国家级教学团队带头人，湖北名师，教育部课程思政教学名师和教学团队成员。1999年3月毕业于芬兰奥博大学，获地质学和地球化学专业哲学博士学位。先后兼任美国地球物理联合会地球物理教育卓越奖励委员会委员、中国矿物岩石地球化学学会常务理事及监事会监事、中国地质学会岩石专业委员会副主任、国家自然科学基金委员会地球科学部会评专家以及《中国科学》《岩石学报》等十多个刊物的编委。主要从事岩石学、岩浆动力学、花岗岩及火山地质学、高等教育国际化等教学和研究工作，先后获全国教育科学优秀教学成果二等奖、湖北省科技及教学成果一等奖等多个奖项。

与怒气冲天的地球相处——火山活动与人类未来

马昌前

火山是地狱之门，生命之光。

——题记

亲爱的市民朋友们，我的老乡们，老师们，同学们，大家上午好！我非常激动、非常荣幸，能够到《长江讲坛》跟大家交流。《长江讲坛》是介绍我们中国传统文化的部精品，是我们武汉江城的亮丽名片。长江讲坛的核心词是长江，长江是我们的母亲河，千百万年来，长江滋养了亿万中华儿女，也带来了很多的灾难和灾害。那么我向大家提个问题，长江的流量非常大，会不会某一天长江的流量急剧减小甚至断流呢？答案是会。武汉江城过去是有名的三大火炉城市之一，那么会不会有一天武汉在夏天下大雪？这种情况在历史上出现过，这就是自然的力量，这就和我今天说的火山喷发有关系。火山喷发会造成全球变暖，所以我们要特别关注火山的影响。全世界有1500座活火山，大约8亿人生活在火山口的边上，中国也有2000万人离火山口比较近。我们现在要建设美丽中国、宜居地球，就应该先了解我们身处的世界，所以今天非常荣幸能结合我的专业跟大家分享，《与怒气冲天的地球相处——火山活动与人类未来》。

一、火山威胁生命安全

我今天分享的内容包括三个方面。第一个方面，火山会威胁生命安全。刚才主持人讲到，今年元月十五日，在南太平洋的岛国发生了一次震惊世界的火山爆发，这个南太平洋的岛国叫汤加，它是由很多火山岛组成的。这一次的火山爆发力度非常大。火山学里面有一个术语叫"火山爆发指数"，它的指标里按0~8排序，0最低，8就是超级火山，它是按喷发火山物质的体积有多大和喷发的高度来计算的。这一次环太平洋岛国汤加的火山，达到了破纪录的6级。这是1991年以来最大的一次火山喷发。特别值得公众和学术界关注的是，从海底里喷出来的火山灰不光影响当地，它的火山灰云和水汽上升到58千米的高空[1]，对全球都有一定影响。美国的NASA也就是美国国家航空航天局做了很多测量，这次喷发，在200千米高空之下的电离层中，产生了极端的强风和异常的电流[2]，这在过去是很少见的。大家都知道，火山喷发产生的海啸在20小时内大约以每小时1000千米的速度向太平洋、大西洋、印度洋穿越，影响非常大。[3]据NASA估计，这次火山喷发的威力相当于美国投到广岛原子弹能量的1000倍。

火山喷发会导致人员生命财产安全的损失，有一些伤亡很大。从图1可以看出，在1600—1982年的时间段内，共计有24万人死亡，其中离我们最近的印度尼西亚火山喷发导致的死亡人数最多，达到了十几万。[4]太平洋沿岸其他一些岛国也都死伤惨重。大家看图2，造成人员死伤的主要原因就是火山灰流。火山喷到空中以后掉下来滚烫的火山灰，不仅污染水源，还会直接造成人员的死亡。另外就是火山碎屑流，其中有很大的石块，会带来伤害。

① CARR J L, HORV A TH A, WUD L, et al. Stereo plume height and motion retrievals for the record-setting Hunga Tonga-Hunga Ha'apai eruption of 15 January 2022. [J].Geophysial Research Letters，2022，49（09）.

② HARDING B J, WU Y J J, ALKEN P, et al. Impacts of the January 2022 tonga volcanic eruption on the ionospheric dynamo：ICON-MIGHTY and swarm observations of Extreme Neutral Winds and Currents.[J].Geophysical Research Letters，2022，49（9）.

③ OMIRA R, RAMALHO R S, KIM J, et al. Global Tonga tsunami explained by a fast-moving atmospheric source.[J] Nature，2022，609（7928）734—740.

④ BLONG R J. Volcanic Hazards：A Source Book on the Effects of Eruptions [M]. Orlando：Florida, Academic Press，1984：424.

火山碎屑流，也就是从空中飘下来的这些碎屑会直接砸到人身上和动物身上，造成伤害。当然也有海啸等其他因素引起的伤亡。

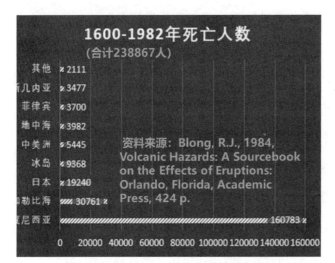

图1　1600—1982年死亡人数　　　　　　图2　近200年火山致死原因变化

　　火山活动不仅造成当地人员伤亡、财产损失，造成水污染、空气污染，更值得关注的是，它对全球气候变化会产生深刻的影响。大家都知道，有一个法兰西帝国皇帝叫拿破仑，他说中国是一头沉睡的狮子，一旦它苏醒过来就会震撼世界。拿破仑在1815年6月的时候，带领法国军队在比利时南边的一个小镇滑铁卢与反法联军作战失败了（我们现在用"遭遇滑铁卢"来比喻失败）。拿破仑这次战败就是极端的天气造成的。在法国浪漫主义大作家维克多·雨果《悲惨世界》的小说里，专门对"拿破仑兵败滑铁卢"这个事件做了描述。他写到，假使在1815年6月17日至18日不下雨，欧洲的局面就会完全不一样，多了几滴雨和少了几滴雨成为拿破仑成与败的一个关键，所以我们都说是"蝴蝶效应"。拿破仑习惯于把全部的炮队集中在一起组织进攻，但是那天大雨，地面很滑，根本没法有效地组织炮队进攻，所以被以英国为首的联军在滑铁卢打败了。

　　整个欧洲大部分地区都被拿破仑以各种方式控制了：有的直接纳入版图，有的成为同盟，范围非常宽广，除了英国、俄国，都是法国的。滑铁卢战争以后，1871年的整个欧洲就是一盘散沙。后面还有好多人如希特勒等都想统一欧洲，始终非常艰难，直到今天，还是一个松散的欧洲，没有形成我国这种大一统的格局。所以，恶劣天气对这次滑铁卢战争的影响非常大。不仅仅是滑铁卢战争，从1815年到1817年这三年时间里，全球都遭遇了恶劣天气的影响。西欧在1816年的夏天整体降温，很多地方下着大雪，西欧纬度比我们高，夏天去很凉快，但是出现下雪也是很少有的。查看他们的文献记载，新英格兰人把1816年的夏天称为"冻死之年"，德国把1817年称为"乞丐之年"，还有爱尔兰的"马铃薯饥荒"，400万人逃亡英国。不仅仅欧洲这样，美洲大陆美国也这样，曾参与起草独立宣言的美国国父托马斯·杰弗逊当起了农夫，但是整个农作物歉收使他变成了穷光蛋。在1816年的6月，纽约下的雪有膝盖这么厚。所以，刚才说武汉江城夏天下雪，这种极端情况，是很有可能出现的。这个时期，对中国也有很大的影响，极端低温天气影响到中国的广大地区。[①]

比如台湾地区，台湾新竹纬度比较低，以往很少见雪，但嘉庆二十年（1815）却下雪了，整个冬天都结冰。嘉庆二十二年（1817）的江西，六月下旬北风寒，七月的安徽有雨雪，在山西、东北地区都有类似的极端低温天气。特别要提到的是，根据文献记载，在1815—1817年（嘉庆二十年至二十二年）期间，云南出现一场罕见的长达三年的大灾荒，20多个县受到影响。[②]有的地方连续三年都有灾害，真可谓惨不忍睹。后来的研究表明，全世界这些低温天气异常现象是有原因的，直接原因就是1815年4月在印度尼西亚发生了一次规模非常大的火山喷发，这座火山的名字叫"坦博拉"，它从1815年的4月5日开始持续了将近半个月的喷发，这是一次千年一遇的大喷发，火山喷发的物质到达了44千米的高空。大家注意汤加今年的火山喷发高度58千米，坦博拉这次火山喷发比汤加的小。但为什么汤加火山没造成明显的全球降温？我把这个问题留给大家。坦博拉的火山爆发指数是7级，比汤加火山的大，它喷出的火山物质达到了180立方千米，很多小岛上布满了火山灰，有的厚达1.5~2米，直接导致印尼死亡了7万多人。当时印尼是荷兰附属的东印度群岛，还没有独立，之后有三年全球变冷，出现了"无夏之年"，全年的平均气温比平时降低了0.5℃。我们来看看微观的情况，这是火山喷发的点，亮点的地方就是坦博拉火山口的位置，它从火山口往外喷发的物质当然是越远就会越来越少，最靠近火山口的位置达到了一米多厚，远在1000千米的地方还有1厘

① 邹逸麟，张修桂，王守春.中国历史自然地理［M］.北京：科学出版社，2013.

② 杨煜达，满志敏，郑景云.嘉庆云南大饥荒（1815—1817）与坦博拉火山喷发［J］.复旦学报（社会科学版），2005（01）：79–85.

米厚的火山灰。直至现在，还可以看到火山灰的地层，而且当时火山灰的影响范围极大，从我国的南方到中东再到西欧，一直到北美，广大的地区都被覆盖有火山灰。

2010年4月14日，冰岛有座火山喷发，导致法国巴黎的戴高乐机场停航好几天。而1815年坦博拉火山的爆发造成了北美、欧洲包括我们中国出现极端天气，是因为它是影响全球的一座火山。我在图上量了一下，从坦博拉火山到纽约的直线距离将近16300多千米，到武汉是4300多千米。所以，印尼虽远，但是一旦有这种大型的火山爆发，对全球的伤害是很大的。火山爆发的影响，可以从几个层次来看。图上横坐标表示距离，插了好多旗子的表示时间（图3）。可以看出，如果左下角这个位置火山爆发，那么它在几小时、几天、几周、几月、几年内的影响是不同的。几小时内的影响是比较严重的，火山喷出来的火山灰直接掉落到周围的地区，住在火山口周围的人就会遭殃，接下来几天内会引发海啸，几周内喷发到比较远的这些火山灰会降落下来，几个月内可能导致全球的供应链中断，尤其是在我们今天这样一个全球化时代，导致全球供应链的中断是一个严重的问题，而几年内会对全球气候产生深远影响。有的火山喷发后对全球气候的影响可以持续十年之久。

图3 火山灾害空间上的变化

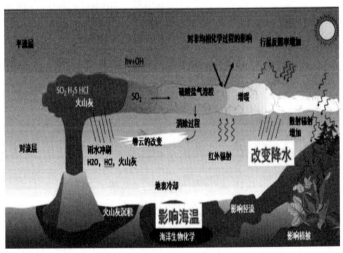

图4 火山冬天

为什么会产生火山冬天呢？它的道理在哪里？主要的原因是，火山会喷出各种各样的气体，其中就有二氧化硫、硫化氢这些气体。大家看（图4），大气靠地表的部分是对流层，再往上是平流层。当喷出的火山灰跟气体进入平流层后会转化成硫酸盐的气溶胶，这种气溶胶形成了一个像遮阳伞似的界面，太阳光会被气溶胶层挡回去，从而改变降水，导致地表降温。因为它持续时间长，影响范围广，上万千米都影响到了，所以就出现了火山冬天。

火山喷发不仅仅引起气候变化，还会间接改变人类社会的进程。我国在新中国建立之前，百年的耻辱，某种程度上，是火山喷发间接推动了西方列强对中国的侵略。因为坦博拉火山爆发以后，全球粮食减产，西方就加大了粮食等资源争夺的力度，强迫中国打开大门。我国农业歉收，开始大量种植鸦片，所以我们中国鸦片扩散的起因也与坦博拉火山喷发有关。

从时间上来看，1835年起进口的毒品鸦片（以吨计算）迅速增加，从1800年开始的200吨，到1880年达到了6000多吨。因其需求量大，所以云南、贵州这些地方开始大量种植鸦片。这次火山爆发导致了一种疾病，从1817年开始泛滥，这种疾病就是霍乱，至今还存在。据说从1961年开始第七轮了还没有消灭掉，不久以前也还有，它主要是水污染、食品污染导致的一种消化道的疾病。国际上有人专门写了一本书，叫《坦博拉：改变世界的喷发》，我今天举这个例子来说明这个火山喷发对人类的影响。

在地质历史上，地质作用对生命的摧残发生了很多次。生命从40亿年前诞生，自6亿年前多细胞生物在地球上出现以来，据地质学家研究，一共出现了五次物种大灭绝事件。比如，在奥陶纪末期也就是4亿多年前，还有泥盆纪末期3亿多年前，再就是二叠纪末到三叠纪末也就是2.5亿年到2亿年的时期，以及大家知道的6000多万年前导致恐龙灭绝的事件，地球上一共出现了五次生物大灭绝。我校老校长殷鸿福院士就研究二叠纪到三叠纪之间的生物大灭绝。他们发现，这次事件导致全世界95%的物种几乎都灭绝了。很多人认为，这五次灭绝事件，多数跟火山爆发有关。现在已经有很多科学家研究认为，我们很不幸可能正迎来第六次的生物大灭绝，这次生物大灭绝不仅仅是自然的作用，更可能跟人类不合理的生产生活方式有关。人类成为世界的主宰，人类的不恰当的行为正在导致第六次生物大灭绝。所以科学家建议把今天这个时代称为"人类世"。

当然，地质历史上的五次大灭绝是有争论的。其中恐龙6500万年前的灭绝有一些人认为与火山有关，因为在印度德干高原同时期有一次大规模的火山爆发，但也有的人认为是小行星撞击的结果，因为在墨西哥尤卡坦半岛就发现了一个撞击坑，直径有180千米，它形成的时间刚好与6500万年这次大灭绝是一致的。据科学家推测，当时有一颗直径10千米的小行星撞击了地球，导致了气候变化。

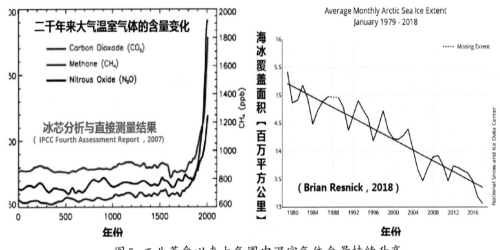

图5　工业革命以来大气圈中温室气体含量持续升高

所以，科学研究的这种魅力，就在于我们可以通过观察，提出不同的认识，通过大家不断的检验最后找到真理。刚才我们提到，人类可能进入到第六次生物大灭绝阶段，就是因为工业革命以来，人类活动向大气圈排放了大量的甲烷、二氧化碳等温室气体。大家从图5可以看到，工业革命以来，产生的二氧化碳、甲烷这些气体的含量是急剧升高的。今天两极的冰盖，包括我们青藏高原的冰川都在快速融化，我们长江的水可能会增多，洪水可能也会增多。这不是一个好消息，因为其结果可能会导致海平面上升，我们的农田会被淹没，生态环境会变化。所以，我们采用更加健康、更加绿色的生产生活方式是非常迫切的。

有的学者研究认为，火山活动的影响可能直接改变了我们国家的历史进程，因为气候的冷暖，直接导致农业的歉收或丰收。所以，在历史上凡是气候比较温暖的时期，往往就是太平盛世，冷期可能就狼烟四起、内战不断。著名学者、曾任浙江大学校长的竺可桢，就在《中国近五千年气候变化的初步研究》中，把中华五千年的历史分为了四个暖期和四个寒冷期。近期有浙江大学的老师进一步开展研究①，发现在过去两千年的时间里，经历过68次王朝覆灭，其中的62次发生之前就有过火山爆发。②比如，明朝的灭亡就可能与菲律宾的火山爆发有关系。另外，三国时期、唐朝与北宋的建立、南宋的灭亡等，都能找到大规模的火山喷发的记录。现在，很多科学家都在做进一步精细的研究。所以，火山喷发对环境、对气候变化的影响非常深远。火山里面硫化氢、二氧化硫这些气体产生硫酸盐气溶胶，从而使地表降温，我把它概括为冰室气候。但是火山岩类型不同，环境不同，所喷发的气体就可能不同，有一些地方不是喷发二氧化硫、硫化氢，而是喷发大量的二氧化碳。大家都知道，二氧化碳、甲烷是温室气体，会导致气温升高。所以，火山爆发可能导致气温升高和异常冷的天气这两种情况。我刚才开场提到的长江水量减少可能跟冰室气候有关，而洪涝灾害可能与全球气候变暖有关，我们人类的活动也是一个因素。所以，火山活动有两个方面的影响。那么为什么火山一会儿喷出温室气体，一会喷出冷室气体？这主要是因为受板块构造所控制，受深部过程的控制。

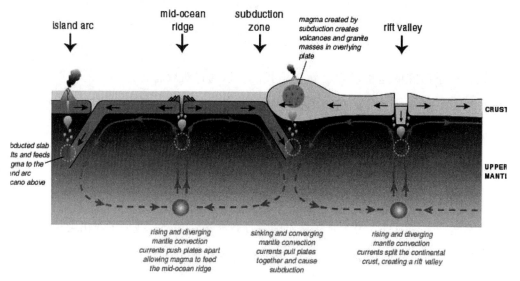

图6 火山气体成分与岩浆形成的板块构造环境有关

① GAO C, LUDLOW F, MATTHEWS J A, et al. Volcanic climate impacts can act as ultimate and proximate causes of Chinese dynastic collapse[J].Communications Earth & Enviornment，2021，2（01）：234.

② SIGL M, WINSTRUP M, MCCONNELL J R, et al. Timing and climate forcing of volcanic eruptions for the past 2,500 years[J]. Nature，2015，523（7562）543-549.

大家看图6，20世纪60年代以来，地球科学的革命就是发展了板块构造学说。今天我们认识到，火山和地震都是受板块构造控制的，而地球上板块构造有不同的环境，比如，日本、汤加、菲律宾、南美这些地方的火山受板块俯冲、大洋的板片下插到大陆之下，或者下插到洋壳之下有关，这些地方的火山喷出最多的是水蒸气，当然有时候也有硫。为什么汤加可能不会造成显著的气候变化？因为它以水蒸气为主。这样大家就理解了，为什么汤加的火山没有造成火山冬天的恶劣影响。

板内、裂谷环境，像东非、中东和埃及、苏丹之间的红海、亚丁湾是裂谷地区，这些地方喷出来的气体，就可能有浓度很高的二氧化碳以及浓度很高的硫化氢。所以，板块构造（对火山喷发的气体类型）起了很大的控制作用。

意大利在公元79年发生了一次火山喷发，这座火山叫维苏威火山，它毁灭了罗马的两座大家耳熟能详的古城——庞贝城和赫库兰尼姆城，直接导致几万人死伤。当时没有记载，一直到考古挖掘出来，才知道两个城市整个都被掩埋了。今天山下这个城市比当年的古城更大，维苏威火山也依然在不停地喷发。

二、火山塑造地球宜居性

我在第一部分举了几个例子，说明火山喷发对于我们人类的负面影响。但是火山作用有两面性，它不仅仅有坏处，它还有很多是我们人类生产发展很关键的要素，我把它概括为——火山塑造地球的宜居性。换句话说，要是没有火山，不会有我们人类，不会有我们绿色的地球，不会有我们长江浩浩荡荡的水，不会有水圈，不会有生物圈。要是没有火山，我们的地球就跟今天的月球、火星一样的，就是一个巨大的石头。

大家都知道，地球是一个充满生机活力的蓝色星球，是宇宙里或者说太阳系里唯一已知适宜生存的宜居星球，这主要靠岩浆活动和火山。简单地说，就是火山孕育了生命。太阳系里有八大行星：水星，金星，地球，火星，木星，土星，天王星，海王星。这些星球当中，只有地球是个蓝色的星球，是有生命的。

去年，中国科学院李献华院士等牵头的科学家，利用嫦娥五号取回的样品，对月球的玄武岩进行年龄测定，测出来的结果改变了我们对月球的认识。[①] 他们发现，月球上最年轻的火山年龄达到20亿年，比过去认为火山活动时间推迟了几亿年，这是一个重大科学成果。但是20亿年以后火山就少了。现在来看，月球表面是一片沙子，到处是陨石坑，是不宜居的。而地球处在宜居带上，不冷不热，有合适的大气，合适的水圈，这些都是靠火山作用维持的。

火山喷出岩浆有两种形式，学术界分别叫作溢流式和爆炸式。至今夏威夷的火山还在喷发，夏威夷的喷发方式就是溢流式：岩浆像钢厂里流出的钢水，像长江水一样，比较平缓地奔涌而出，不断地冒气，不断有红彤彤的熔岩往外涌。这就叫溢流式。

第二种是爆炸式：火山往空中喷发气体、火山碎屑、火山灰，有大有小的各种火山物质。汤加火山属于第二种。刚才主持人提到的日本的富士山，它就是这样一个层火山，一层一层的火山碎屑物质加熔岩流堆积起来，所以长得很高。两种喷发方式，对环境的影响是不一样的。

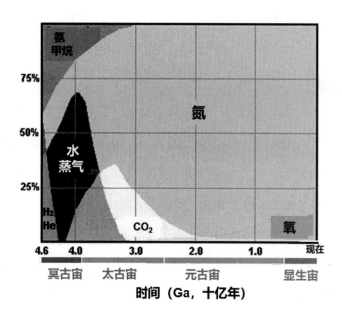

图 7 地球形成以来大气圈成分的变化

① LI Q L, ZHOU Q, LIU Y, et, al. Two billion-year-old volcanism on the Moon from Chang'E-5 basalt［J］.Nature, 2021, 600（7887）：54-58.

我们刚才说到火山是地球的灵魂，是地球宜居性的关键，我们以大气圈成分的变化为例来加以说明。地球形成46亿年以来，前面阶段是没有生命的，大气里面主要的物质是氨气、甲烷，还有一部分水蒸气，然后是氮气、二氧化碳的大量增多。20亿年前开始，氧气逐渐增多，一直到今天这样。从图7可以看到，大气中氮气很多，氧气不算很多，但是它是个关键部分，所以今天宜居。我们在长江报告厅里交流，大家感到很舒服，不心慌，因为我们呼吸的是适合于生存的新鲜的空气，这个有赖于火山作用，通过氧气让地球演变成可以宜居的环境。

实际上，火山活动过程都是受板块构造控制的。我们在中学时候就学过，德国一个叫魏格纳的气象学家，有一天躺在病床上看世界地图，他觉得这个世界地图很奇怪，南美大陆怎么跟西非的形态很吻合，他就赶快去找证据。他发现，一亿多年前两边的生物化石很多是一样的，后来就提出了大陆漂移。在大陆漂移的基础上，科学家们对海洋地质进行研究，对全球地质进行研究，逐渐发展为海底扩张学说，建立了板块构造理论。所以，板块构造理论被誉为自然科学的一次革命性突破。

我们现在回过头来看，火山活动不仅改变了大气，改变了生存的环境，实际上火山活动还促进了人类的进化。东非就有好多火山，现在发现很多古人类的考古点都在火山口旁边。科学家根据化石研究，发现人类有三次大脑快速增长的时期，都跟火山活动是对应的。火山的火把那些野生动物烤熟了，古人吃这些烤熟的动物是不是对健康有利，对大脑的发育有利？

大家都知道钻石，它的学名叫金刚石，金刚石就是从金伯利岩中开采出来的。岩浆上升，从地幔深处把金伯利岩浆带出地表，火山剥蚀掉以后剩下火山颈，火山颈脖子的地方，里边就有钻石。我国最大的钻石常林钻石是被当年的山东姑娘魏振芳找到的，当时这个钻石的重量达到100多克拉，1克拉是0.2克，这都跟火山活动有关。

我大学毕业后第一份工作就是跟着老师到张家口去研究玄武岩。玄武岩里面就有绿宝石，它的学名叫橄榄石。我们今天看到的红宝石、蓝宝石是刚玉。很多宝石都跟火山喷发有关系。我们国家的油气，尤其是石油对外依存度很高，大量要靠进口。习近平主席讲，我们要把能源的饭碗端在我们自己手里。我们关注的火山岩有很多气孔，这些气孔如果连通起来，会成为很好的油气的储层，石油、天然气会装在里面。我们今天从上边打钻，就可以把它们抽取出来，所以火山岩里面可能是有油气的。

另外，火山岩分布的地方可能有地热，最有名的是冰岛。1998年我曾经受欧盟的资助，参加过在冰岛举办的火山地热培训班。冰岛的首都叫雷克雅未克，它是全世界最清洁的首都，原因就是它利用了当地丰富的火山地热资源。另外像意大利，以及我国的东北地区，在火山喷发留下的黑土地上种葡萄、种庄稼都非常高产。所以，这是火山一个好的方面。火山还形成很多美景，很多地质公园，最著名的有黑龙江的五大连池，还有云南腾冲、吉林长白山、福建漳州滨海、山西大同、海南岛的海口、内蒙古的阿尔山等，都有火山地质公园。我国有39个世界地质公园，其中8个是火山地质公园，到这些地方参观游览就可以了解火山地质知识。

图8（挪威）蒙克的《呐喊》（1893）

火山的威力巨大，引起了艺术家们的关注，他们受到了震撼。下边图8是挪威画家蒙克在1893年画的一幅画，名字叫《呐喊》，一共四个版本，其中一个版本在美国苏富比拍卖行拍卖，拍出了一亿多美元。其他的还有很多描写火山的，像英国、法国都有这样的名画，都跟火山有关。我想从上面这几个方面，跟大家介绍火山和我们宜居地球的关系，这是火山与我们生活的方方面面相关联的一些例子。

三、与"怒火冲天"的地球相处

我们今天依然要面对火山的威胁。尽管武汉是没有活火山的，但是我们依然要了解火山，要学会与"怒气冲天"的地球相处，这是我跟大家要交流的第三个方面。

大家看图9，活火山旁边居民最多的十个国家，第一是印尼，第二是菲律宾，第三是日本，然后是墨西哥，我们中国也是，还包括越南、意大利、伊朗。印尼是个大国，有一亿八千万人口，印尼整个国家由好多火山岛构成，所以他们受到火山的威胁最大。我们要加强火山的研究，认识它的规律。

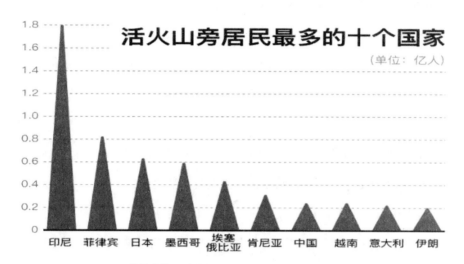

数据来源：Global Volcanic Hazards and Flisk
注：居民为住在火山方圆100公里内的人，数据统计于2011年

图9 活火山旁边居民最多的国家

火山会在哪些地方出现呢？现在地质学家总结出能产生火山的五大环境。第一和第二大分别是岛弧和陆弧，从南极洲开始一直到南美、北美（美国、加拿大），通过阿留申群岛、堪察加到日本，再到菲律宾，然后到澳大利亚东北、汤加以及新西兰，这一带是世界上最危险的地区，称为太平洋火环，全世界75%的陆地火山都在这个40000千米长的火环内。这是第一类火山。当然，海底火山更多，像大西洋和冰岛，主要与洋中脊有关。这些海底火山，往往在我们不知道的情况下在水下喷发。另外夏威夷是热点，火山喷发形成洋岛。还有东非，在裂谷地区拉开产生的火山，这么多环境最值得关注的是环太平洋的火山，非常危险。

有一个网站叫"火山发现"，它每天都会更新全世界火山爆发的地方，大家可以看截止到昨天的情况，我国周边的国家，在日本、菲律宾、印尼、汤加附近有火山喷发，远一点东非裂谷在喷发，意大利在爆发，南美洲、中美洲在爆发，夏威夷在爆发，这都是昨天的事。

我国是一个宜居的国家，尤其武汉是很宜居的城市，但是世界上还有很多人生活在恐惧当中。我们要关注火山爆发受哪些因素影响。第一是岩浆，第二要有一个通道把它输运出来，第三要有一个动力给它加压，气体增多岩浆增多就会顺着一些断裂喷出来。所以我们今天交流以后，大家会知道，虽然我们武汉远离火山，离印尼有4000多千米，但是其他地方的巨大的火山可能也会影响我们。任何一个地方的火山爆发，不要认为与我们无关，而是要看火山的级别有多大。所以，加强火山学、岩石学的研究是非常重要的。

2008年4月的时候，我曾经去夏威夷考察火山。夏威夷就是板块内部的地幔热点生长出来产生的一种火山，所以它的年龄最老的火山是在西北，最新的火山还在喷发，位于其东南。

什么是活火山？中国有活火山吗？活火山就是一万年以来喷发过的，地质的术语叫全新世以来的火山。所以，如果一万年内喷出过的火山就叫活火山。

我国的活火山有很多，比如，1719—1721年（康熙五十八年至六十年）五大连池的火山喷发。五大连池是怎么产生的，就是火山岩浆把一条河拦腰截断，形成几个堰塞湖，这样就产生了五大连池。还有长白山，在1903年也喷发过。据说我国台湾火山群龟山岛在2014—2015年期间也喷发过。海南岛的雷琼火山是四千年前喷发过的。去年，我们有幸去云南腾冲看了火山，腾冲的火山在1609年喷发过。据新疆日报报道，1951年新中国刚刚建立，在昆仑山还有火山喷发，但是这座火山因为所处条件比较差，至今没有详细的资料，它究竟是什么性质的火山还需要研究。

要特别关注周边国家的很多危险的火山。特别日本、菲律宾、印尼，这些国家的火山很多。日本有110座活火山，占全世界活火山的10%。富士山距武汉市2300千米，它高3776米，坐落于东京城边，离东京100千米。东京的海拔是30多米，从海拔30多米升高到3000多米是什么概念呢？拉萨的海拔是3650米，湖北最高峰神农顶是3105米，富士山比神农顶还高。秦岭分割了我们中国的南北，秦岭最高峰太白山海拔有3771米，所以富士山从平地30多米升高到比秦岭最高峰还高5米的地方，可见火山作用是很强大的。因为它不是一天造成的，它在历史上，一万年来有18次喷发，经过这18次喷发逐渐地累积形成的。

特别要关注的是菲律宾，这里有53座活火山，其中很有名的是皮纳图博火山，距武汉1800千米，它在1991年发生过喷发，刚才主持人很专业地说，今年的汤加火山是三十年来影响最大的,三十年是什么概念?就是菲律宾的这一座皮纳图博火山之后,那次很厉害,那次以后就是今年元月的汤加火山了。当时,火山将2000万吨的二氧化硫喷发到了平流层,导致了全球降温。大家记不记得1991、1992年以后有没有降温的印象?我们只记得武汉洪水,可能当时没有关注降温。

特别要重视的是印尼。印尼有129座活火山,比日本还多,其中刚才提到的造成拿破仑兵败滑铁卢事件的1815年的坦博拉火山喷发,1883年的喀拉喀托火山喷发,还有1963年的阿贡火山喷发,这个国家每隔一些年就有一次非常猛烈的喷发。1883年的喀拉喀托火山喷发,刚才提到的世界名画《呐喊》就是画的这次火山喷发,影响非常深远。

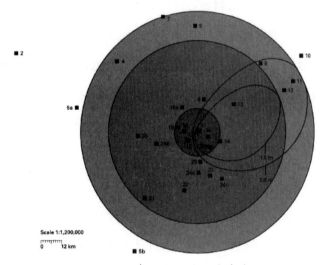

图10 靠近火山的一些城市

我们现在都进入小康生活了,大家出去旅游时请关注一下世界城市离火山的远近。[①]世界上的很多大城市都是坐落在火山口边上,比如,(图10)我这里特别标明的新西兰的奥克兰就在火山边上,还有温哥华离火山口不到100千米,西雅图离火山可能只有几十千米。特别是马尼拉,离塔尔火山也是很近的,东京离富士山只有100千米,意大利维苏威火山口边上是那不勒斯,还有印尼的万隆都在火山口旁边。

刚才我们说到,太平洋的火环是最危险的,全世界75%的火山都在这个火环内,主要的国家和地区是日本、菲律宾、印尼、汤加、新西兰、南美,因为这些火山含水量高。为什

---

① PAPALE P. Volcanic Hazards, Risks, and Disasters [M] .Amsterdam: Elsevier, 2014.

么含水量高？我刚才说板块构造俯冲会把海水带下去，产生的岩浆温度高，蒸汽多，爆发就非常猛烈。整个日本的活火山有一百多座。日本的火山学比较发达，因为他们深受其害，所以有47座活火山受到24小时的监测。

富士山在东京的西南部，离东京只有100千米。前几年我去日本访问，坐飞机通过太平洋，飞机快降落时一转弯，我的舱位在左手边就可以看到富士山，可见富士山离城区的距离很近。富士山最新一次爆发是1707年，也就是康熙四十六年。康熙四十六年火山喷发的时候，整个东京，甚至距东京280千米的西太平洋都被覆盖了很厚的火山灰。我们不说更大的火山喷发，即使像康熙四十六年这样规模的火山喷发，都有可能造成整个东京的消失，这确实是非常危险的。

我们再来看看菲律宾和印尼，菲律宾和印尼的活火山非常多，其中图上深颜色的是人口密度最大的地方——菲律宾。我们刚才提到1991年6月皮纳图博火山爆发留下一个大的火山口，当时的火山喷发指数跟今年的汤加是一样的，火山爆发指数是6级（最大的火山爆发指数只有8级）。当时火山喷出来的二氧化硫有几千万吨。为什么电视台采访时我说今年汤加不会引起火山冬天呢？因为汤加火山喷出的二氧化硫，据计算只有几十吨，虽然喷得高但是（二氧化硫）量少。

最危险的火山，是这两天还在喷发的印尼的喀拉喀托火山，它在1883年发生过喷发，也是6级，释放了250亿立方米的物质，5万人死于非命，导致火山冬天。我算了一下，雅加达距离我国三亚是2700千米，距离武汉是4000多千米，也就是说以武汉为中心画个圆，在2000千米到4000千米范围内都有一系列的火山会爆发。

刚才开场时提到了长江水量可能减少，不是我随便说的，是有科学的数据。大家看一下，1991年菲律宾的皮纳图博火山爆发以后，有人对全世界925条河流的流量进行测量发现，1990—1991年河流水量急剧减少[①]，所以火山的危害是很大的。

火山能预测吗？前一段有记者问我这个问题。跟地震一样，火山学研究还在不断发展当中，今天已经有很大的进展。刚才我们看到，火山分布在哪些地方，大致的喷发位置是清楚

---

① Trenberth K E, DAI A. Effects of Mount Pinatubo volcanic eruption on the hydrological cycle as an analog of geoengineering [J]. Geophysical Research Letters, 2007, 34 (15).

的，大致时间也可以进行推测。曾经在菲律宾比较准确地预测过火山的爆发，但是哪一天喷发，火山喷发的具体位置，还不能准确地预测到。靠什么来预测？火山跟地震往往一起发生，火山喷发前，地震就急剧增多，深部的岩浆增多，导致地表的地形变化，气体热流这些都会有反映，因为火山的爆发是深部作用的产物。所以，像刚才说到的日本47座火山，都有24小时的监控，用地震仪，用卫星等各种方法来监测。

刚才我们提到了火山的规模、体积，包括高度，把它们划分为0~8级。根据USGS的统计，最大的火山爆发频次比较少，比如说8级的火山，每十万年才可能出现2次，7级的每千年出现几次，而0级、1级的天天都出现，随时都出现。对人类的生产生活产生影响的是4~5级的火山爆发，这样的火山每个世纪可能出现几次。所以，火山规模越大，爆发得就越少。

历史上有没有8级火山呢？有的，我给大家举个例子。最大的一次是74000年前在印尼的多巴火山，今天在苏门答腊，这个火山形成了一个大的湖，当时它的火山喷发物质达到2800立方千米。我们看多少物质算8级？大于1000立方千米。大家记住，大于1000立方千米的物质就是8级，而印尼74 000年前喷发了2800多立方千米。把它换算一下，把这些火山物质全盖在我们湖北省18万平方千米的面积上，厚度可达16米，全盖在武汉市上更不得了，厚度可达350米。这次火山造成了6~10年的火山冬天，当时差点导致古人类的灭绝，这次火山如果再猛烈一点，覆盖范围再宽一点，可能就没有人类了。这是毁灭性的，所以74 000千年前这座火山喷发是很严重的事件。

还有比它更大的吗？2013年，美国科学家在犹他州发现3000万年前喷发的超级火山，叫华华泉火山。它3000万年前喷发的火山物质如果盖在武汉厚度可达650米。华华泉火山喷出来的物质体积巨大，是和小行星撞击地球一样的超大型的事件。

我们与"怒气冲天"的地球相处，要注意火山的两种喷发方式。溢流式，岩浆从火山口里面流出来，造成的伤害主要是熔岩流的烫伤，还有是由排气产生的伤害，主要是在人口密集地区受灾。而爆炸式的火山喷发，有80%的灾害是火山灰的坠落引起的，还有20%是由附近碎屑流造成的，威胁的人口也比较多。所以我们特别要关注这两种火山喷发方式。

我今天带了标本，火山岩是什么样的，大家感兴趣的一会儿可以看看。还有一些标本是非常珍贵的，其中像这个黑色的，很多气孔，这是从黑龙江五大连池采集的，清朝康熙五十八年（1719年）、五十九年（1720年）、六十年（1721年）喷出的火山，属于玄武岩，它就是溢流式的，有很多气孔。我手里头还有一块汤加火山岩，当然我没有直接去汤加，这是前几年到澳大利亚东部的小岛新喀里多尼亚去考察时采集的，当地的地质学家告诉我，这是汤加2015年喷出来的火山物质。

我国有个伟大的作家叫徐迟，他写了一篇非常优美的散文叫《黄山记》。徐迟不是武汉人，但他跟武汉很有渊源。《黄山记》里写道："大自然是崇高，卓越而美的，它煞费心机，创造世界。它创造了人间，还安排了一处胜境。它选中皖南山区。它是大手笔，用火山喷发的方法，迅速地，在周围一百二十千米，面积千余平方千米的浑圆的区域里，分布了这么多花岗岩的山峰。"徐迟老先生的语言很美，但并不是说他的话句句是真理。黄山、三清山、天柱山、九华山、西岳华山、南岳衡山都是花岗岩。花岗岩是在地下形成的，没有喷出地表，并不是徐迟老先生说的火山爆发的方式形成的。

花岗岩是哪里呢？图11下面的位置就是黄山的花岗岩，地壳抬升把顶盖都掀出来就暴露出了花岗岩，而火山是在图上的位置，像腾冲的火山群在地表，破坏了就没有了。花岗岩的粒度粗，火山岩的粒度小，还有好多气孔，所以我们今天根据粒度就区分出岩石的类型，其中有火山岩（喷出岩），有侵入岩，花岗岩是侵入岩。

图11 岩浆岩包括火山岩（喷出岩）和侵入岩

图12 2019年11月我校师生在阿曼考察古海底火山

2019年，杨经绥院士带领我们到阿曼去考察枕状熔岩，大家看上面的图12，岩浆从海底里面涌出来，遇到海水后被分离成一个个的枕头。我们系的好多老师参加了这个考察，很有意义。我们当时照相的地方，以前就是海底，地质学家的幸福就是可以走进过去的海底。

老师、同学、朋友们，概括来讲，我们人类在大自然面前是很渺小的，我们要学会与自然和谐相处，要懂得一些科学规律，要加强科学研究。

我们还要记住以下几点：

第一，我们要记住，人跟自然相比太渺小了，我们无法控制自然的过程。火山爆发是阻止不了的，我们只能采取措施，减轻灾害造成的影响。

第二，我们要注意，城镇的重大工程建设要避开火山口和火山危害区。另外，在火山喷发前应该进行人员的疏散、重要财产的转移，平时要加强科普宣传。如果我们到火山活动区去旅游，建议大家要备好防尘的口罩、护目镜。旅游期间要注意饮用水安全、食品安全。在一些有熔岩流的地方，像夏威夷、东非这些地区，我们要注意熔岩流的路线，可以人工引导熔岩流到没有危害的地区；我们还要注意火山灰引起一系列次生灾害，包括洪水、泥石流、海啸，要注意火山的次生灾害的影响。我们要制订火山灾害的应急预案，要通过科普，全民行动起来，有效减灾防灾。我们要特别注意减少碳排放，鼓励低碳绿色的生活方式。因为现在新的研究表明，如果两极的冰盖融化了，会加速地下火山的爆发。冰盖很厚，如果冰盖拿掉了相当于为火山腾出空间来，而我们释放大量的温室气体会加快冰盖的熔化。

总结一下今天讲的主题，火山是地球的血脉，岩浆相当于地球的血液，火山活动造就了生命的支撑系统，也是毁灭生物生灵的罪魁祸首。我们通过今天的讲座了解到，火山爆发不在武汉，不在中国境内，也会对我们造成影响，因为它是通过大气圈的影响来影响全人类。所以，人类应当守望相助，共建地球生命共同体，建设宜居地球、美丽中国。我们要加强科学研究，加强国际合作，认识火山活动规律。我们要认识到火山物质带来的地球的重要信息。地质学家就是通过研究火山岩，来认识深部的。所以，我们的地质学家、火山学家，任重道远，我们要更好地发展地学，服务社会，造福人民。

各位朋友，武汉作家池莉有一部长篇小说，名字非常优美，叫《水与火的缠绵》。这部小说名字很好地表达了我们武汉江城既火辣又温柔的性格。水与火是人类赖以生存的重要物质。研究表明，人类使用火的证据大概开始于150万年前，最初的火要么是山火，要么是火山里面的火。今天，每一次奥林匹克运动会，都会去奥林匹克发源地希腊点燃圣火，实际上就是要纪念火神，纪念普罗米修斯为人类盗得火种。火是我们人类发展的重要方面，实际上跟火山是密切相关的。

所以我们今天要了解自然的作用，更好地利用自然，要把建设美丽中国、宜居地球化为自己的行动，减轻自然灾害对社会的伤害，减轻灾害对民众的伤害。

最后，我要特别感谢来到会场的很多贵州老乡，感谢你们，谢谢你们来捧场。感谢现场所有朋友，大家牺牲周末的时间，共同来研讨火山活动与人类未来！我也特别感谢长江讲坛提供非常好的平台，感谢长江讲坛的杨思老师和其他几位老师，他们在幕前幕后做了大量的工作。谢谢大家！下面欢迎大家提问和讨论。

四、重点提问与解答

听众：富士山火山喷发对太平洋地区会有什么影响？

马昌前：我想大家都能回答这个问题了。日本是环太平洋的国家，首先是对日本的影响很大，如果喷发规模少一点，比如说5级以下，那对我国可能影响比较小，如果大的话，对全球的环境、对供应链、对物流都有很大影响。看我刚才举例，冰岛的火山都影响到法国巴黎戴高乐机场，那也是上千千米。上海距离富士山1600千米，那影响就很大了，有的影响几天。所以，取决于火山喷发的规模，我们今天还不能随便预测，很多科学家还在研究，特别是日本，它们的监测比较多。

提问：火山喷发出来的岩浆能不能成为一种新能源？

马昌前：实际上火山产生的能源就是地热，我国现有绿色能源有的就是跟火山相关的。全世界利用的能源，我刚才讲的像冰岛、新西兰，很多国家地区都充分利用火山地热，但是喷出来的岩浆能不能直接利用，我觉得这是很好的线索。要趋利避害，怎么控制住，特别是一些熔岩流的地方，像夏威夷这样的，控制好是可以利用它来加热。这个问题很好，我们还没有做过这方面的研究。

提问：世界上著名的火山有哪些？

马昌前：刚才我们说了一些了，环太平洋占了全世界的75%，如果要包括海底火山那就太多了，著名的火山包括刚才的坦博拉火山、喀拉喀托火山、阿贡火山，我们国家的长白山，这些都是很有名的火山。

提问：目前人类利用火山资源的技术发展趋势是怎么样的？

马昌前：利用火山资源的技术发展趋势进步越来越快，范围越来越宽，从直接利用到间接利用，这些都有赖于火山学、岩石学的研究，真正认识到火山的规律。

马昌前： 为什么有的火山口里有水？哪位同学说一下？

听众： 因为火山在形成的时候把海洋里的水带进去的。

马昌前： 这也是不错的答案，再补充一下。

听众： 我以前从书里面看到，比如说天池里面的水，它可能是雪水融化，它的温度高一点的时候雪水融化，因为火山口是个大洞，雨水也会积在里面。

马昌前： 鼓掌。他说得不错，很多火山口有个大洞，为什么会有个大洞呢？原来火山下面的岩浆排空了以后，火山下面就空虚而塌下去了，形成一个大洞，就形成了像长白山天池大的洞。雪水融化，刚才他说的雨水填满，形成大的天池，讲得很好。

提问： 看看深一点的问题。在喜马拉雅山崛起前，长江是向西流的，请问马教授，我国科学家的地质勘察是否了解长江向东流是把三峡的哪里冲开的？

马昌前： 有首歌叫《条条大河向东流》，这是什么时候？这是6500万年青藏高原崛起之后，印度板块跟欧亚板块碰撞，喜马拉雅山隆起来，高抬起来了，发源于高原上的这些河流，才往东流。我们把青藏高原称为亚洲水塔，如果没有青藏高原崛起，很难想象如今我们会有这么美好的环境。大家环顾世界，北纬30°左右，往西边就是中东、埃及、伊朗，这些都在北纬30°附近，都是一片沙漠地区，唯独我们华南东部，江汉盆地，长江中下游盆地，水草丰美，江湖遍地，这就得益于"亚洲水塔"青藏高原的崛起，青藏高原抬起来了，上面的雨水就会往东流，东流就要过大山，就会把三峡冲开。

提问： 火山岩能过滤水吗？

马昌前： 火山岩有的是很轻的浮岩，为什么是浮岩？因为它里面的气孔很多很轻，如果连通性好是可以过滤的，但是有的看着孔多，连通并不好，就不能作为油气的储层，必须通过构造把它连起来。

提问：老师，随着人类科技进步，我们可以控制火山的喷发吗？

马昌前：哪位听众朋友能回答一下？有没有可能控制一下火山喷发？

听众：我认为不能，因为火山是由大陆板块中的岩浆构成，所以才会喷发的，我们不能控制大陆板块底下的岩浆，就不能控制火山的喷发。

马昌前：说得很好，刚才咱们说了火山、地震，都是板块构造的产物，板块不断地相互运动，相互挤压，会导致挤到深部的岩石产生岩浆，所以我们是不能阻止岩浆产生的。但是我们可以通过低碳绿色的生活，让一些本来可能要喷发的火山适当减缓，比如说刚才讲的冰盖融化了，下面的火山就会出来，我们就不要让冰盖快速融化，它就待得更长。因为火山要爆发无外乎三个条件，一个要有岩浆，一个要有动力，一个要有通道。如果把冰盖融化掉，相当于提供了动力。下面的压力大，上面的压力小。所以，火山爆发是没有办法阻止的，只能通过人类的自我控制起到一定减缓的作用。

提问：火山爆发会造成低温，或全球变暖，我们能不能用火山的低温解决全球变暖的问题？或者用火山喷发的这种方式来减缓全球变暖？

马昌前：这是国际科学家研究的顶尖问题。我有没有讲明白，火山喷发导致低温，那我们利用火山喷发或者模仿火山喷发让地球变低温，怎么弄？火山爆发低温是什么原因大家记得吗？火山灰里面有什么？有硫化氢、二氧化硫，我们往空中喷点硫化氢行不行？有的人提出来，既然火山喷发往空中注入二氧化硫、硫化氢，干脆人为地往空中注入一点可不可行？这样的话，世界上绝大多数科学家都会坚决反对，因为火山造成的冬天是短期的，而人为造成的火山冬天，比如说导致长江断流，影响是很大的。所以不能轻易尝试，有个名词叫"地学工程"，就是做这方面研究的。多数人认为不能把火山的降温机制轻易使用，改变了自然，可能会造成更大的自然灾害。

提问：火山与战争爆发的频度关系如何？

马昌前：过去是有的，为什么要战争？说得简单一点，所有的战争都是为了利益，都是为了争夺资源，火山引起气候变化，导致粮食、水资源短缺。未来水资源会短缺，争夺水资源就要打仗，所以是有关系的。过去农耕时代则主要是争夺粮食。

提问：日本往大海排出有害物质，这个对您刚才讲的火山爆发的成因，是不是有直接和间接的影响，请您回答一下。

马昌前：老先生的问题非常好，日本往大海里排放很多有害物质，会不会造成或者促进火山的喷发？火山喷发是地球内部运作的过程，海水污染，如果水量没有变化，上面的地形没有变化，对火山喷发影响相对比较小，因为主要是地球内部运作。现在的地学要发展成地球系统科学，过去我们分门别类，研究岩石的只研究岩石，研究深部的只研究深部，不关心表层，现在要把深部与浅部结合起来，用地球系统的思路研究，就是为了攻克人类社会面临的一系列难题，科学之间不交流，各自为战，解决不了重大问题。所以学校在新的人才培养上，就像这位老先生说的，主张系统的思维，大胆地像你这么想，把这些联系起来研究。

提问：火山灰对农业的生产，尤其是土壤方面有没有改善作用呢？

马昌前：有，我们刚才说了意大利的葡萄酒很好，我们东北黑土地很多都是火山灰，火山灰是非常优质的土壤，所以肯定有很好的作用。

提问：东非大裂谷是火山喷发引起的吗？

马昌前：可以这么说，火山是一种地球深部的物质喷到地表，内外物质的交换，裂谷是一种构造的作用，它们俩可能是谁是鸡、谁是蛋的问题。可能裂谷引起火山爆发，火山爆发某种程度上也推动裂谷，这两个可能是相互的，但是主要是深部过程控制着浅部。

马昌前：这个问题大家来看一下，地震、火山爆发对人类造成危害，但是如果没有这些自然现象，没有地震，没有灾害，是否对人类的伤害会更大？请你讲一下。

听众：人的生命有可能源自火山，所以说人需要的很多矿物质都来自火山和地下，包括金子和各种钻石，火山还是给人带来很多美好的东西。

马昌前：说得很好，感谢。前两天徐记者说过，火山是把双刃剑，虽然带来很多危害，但是对人类社会的发展，对地球的演化的推动作用是巨大的。要是没有火山、地震就完了，地球的直径很大，它再大，没有血液流动，没有火山爆发，就是一个大石头，一个巨大无比的石头。为什么今天的深空探测要去认识地外的一些行星、卫星的演化呢？因为它们早已死亡，是个大石头。地球的半径是6371千米，地球之所以有活力，充满生机，正是因为它还在不停地发生构造运动、岩浆活动。

为什么研究月球会为地球提供启示呢？正因为它死了，没有了火山活动，我们相当于用它来认识古老地球当时的状况，它把当时的状况记录下来了，今天地球上已经找不到特别老的记录，因为不停地有构造运动和火山活动，把它破坏掉了，就像我们拷文件把它的信息抹掉一样。所以要从深空探测了解地球从哪里来，最早是什么样。今天已经有比较清晰的认识，但是细节还不是很清楚。深空探测的作用，就是要找到地球远古时期的信息，尤其是月球的探测，因为月球跟地球是个亲兄弟，甚至有人认为是地球砸出去的，它的物质直接记录了地球的远古状态，它是什么成分，当时怎么形成的，研究它给我们带来很大的帮助。

所以无论是科学研究，还是刚才这位先生所讲的火山带来的资源、带来的宜居环境，都是特别重要的。特别是科学研究，我们研究岩石就是要通过了解过去火山的物质，认识它的规律来指导今天对活火山的认识。现在活火山孕育在地面之下大家看不到，但是我们到山上可以看到过去火山留下的遗迹，所以这就是我们的工作。谢谢！

作者简介

雷鑑铭，华中科技大学集成电路学院副院长。主要从事超大规模集成电路设计与嵌入式智能系统开发及相关专业教学工作，曾获得国家级教学成果二等奖。在国内外重要学术期刊和学术会议上发表论文30余篇，申请发明及实用新型专利近30项，编著出版微电子集成电路领域教材、专著及译著12部。作为项目负责人承担国家重大专项（02专项）子课题、国家自然科学基金、湖北省自然科学基金、航天科技创新基金和国际企业合作项目20余项。

神奇的芯片

雷鑑铭

芯片的神奇之处在于芯片之"微"，芯片之"繁"，芯片之"慧"。

——题记

现场的各位读者们，尤其是我们线上的各位读者们、同志们，很高兴今天来到知识的殿堂省图，上次来省图时我还是学生，一晃20余年。由于日常教学、科研而长期在华中科技大学，难得来省图，今天省图给我很大的震撼，特别是来到现场的读者们，我很敬佩你们对知识的渴望，我也很希望带着自己的小孩、自己的家人常来省图。

今天给大家带来的公益科普讲座的主题是芯片。现在芯片成为热点，尤其是最近这一段时间已经成为焦点，可以说芯片已经成为大国竞争的战略物资、战略品，现在构成社会的三大要素，第一大要素是能源，第二大要素是物质，第三大要素是信息。这三大要素已经成为社会不可或缺的很重要的战略资产。

经过将近20年的发展，我国掌握了社会要素中的物资，成为世界的制造中心和制造强国。关于信息目前而言我们还要继续走科技强国之路，最近20年来我们取得了长足的进步。今天主题谈到的神奇的芯片，就是三大要素之一，最重要的社会要素——信息。芯片为什么神奇呢?

芯片成为热点,成为当前中美贸易战、中美科技战的焦点,在2022年8月9日,美国总统拜登签署了《芯片与科学法案》,正式向中国发起了强有力的进攻和挑战。就在前几天英伟达正式禁运了高端GPU,尤其是GPGPU,就是我们通用的图像处理单元,也是我们现在讲的超算,那么为什么将战火放在集成电路,将战火中的焦点放在核心的CPU、GPU这种高端的芯片上,为什么不能国产化呢?

从2018年美国前总统特朗普上台,到今天拜登当总统,都死死地抓住贸易战之科技,科技战之芯片,尤其是集成电路芯片。大家所熟知的光刻机,最高端的极紫外光刻机(EUV)不卖给中国,现在任何一个世界强国作为光刻机的应用的数量,已经成为一个地方一个国家制造中心的以及高端制造水平的一个核心。从2018年4月的中兴事件到现在持续燃烧的华为事件,无处不显示着芯片的焦点性,尤其是它成为现在时代智能化、信息化向前发展的必然。

芯片是竞争之焦点,集成电路何以这么神奇、这么重要呢?我们会讲到它为何成为中美贸易战的战火,成为大国战略必争的核心焦点。美国成立了CHIP4联盟围堵中国,发展成为科技强国的征程中,集成电路扮演了核心关键重要的角色。面对这样的局面,中国该怎么做呢?习近平总书记的视察指导工作过程中,专门到了光谷,谈到了光电子产业,光电子的背后无疑是在显示芯片的核心地位,总书记双手捧着一个晶圆发出指示,"要抓住不放,实现跨越"。

在中国和平崛起跨越发展的背后需要什么?大家可以想一想芯片,我们每个人与芯片的缘分,就像刚才投影屏由于接触不良黑屏了,它其实就体现着芯片,那么我们是不是可以让这样的接触更可靠呢?用芯片来解决,那我们今天的沟通和交流会更有效、更高效;用芯片来解决,我们整个世界就成为一个地球村,芯片发挥重要的作用。所以我们讲到真正在实现跨越的过程中,大国竞争都是"为芯而战"。不到一个月之前,美国总统拜登签署了关于芯片的后续法案,大家可以思考一下,《芯片与科学法案》的内容是什么?实质是什么?而中国应该怎么办?这是系统化世纪化工程,从人才培养到科技发展、科学研究,到我们的社会进步,无一不和相应的政策战略有关。

美国带头成立的 CHIP4联盟，"CHIP"是芯片，"4"是指美国、韩国、日本，再加上中国台湾，中国台湾它在集成电路制造上，尤其是在先进高端的集成电路制造上，如以台积电及台联电为龙头，这两大家是全球高端芯片的80%以上的制造来源，如果按照整个全系列芯片来讲的话，台积电、台联电等中国台湾的集成电路制造技术占据着全球的75%左右的产能。中国大陆的发展是以中芯国际，以长江存储、武汉新芯为龙头的，我们在打造国家存储器产业基地，我们要将中国人的信息存储在我们中国人的产品上，现在大家知道的无论是 U盘、固态盘以及用到的内存，了解更多的是三星、美光，那有没有我们中国人的身影，现在已经有了，并且可以和世界最高端的技术媲美。

所以以长江存储为核心，湖北省在打造自主可控的、国有化存储器系列芯片，走自主可控的国产化道路，并且已经与世界同步。比如，华为系列手机的存储器基本上全是国产化，水平不比国外差，甚至有追赶之势，所以我们应该感到骄傲。今天我站到湖北省图书馆我非常骄傲，我们湖北省特别是武汉市在打造中国半导体产业，是继上海、北京、深圳之后的中国芯片产业的第四极，尤其是我们在芯片的三大件中解决了国家急需，解决了中国人的信息存储在别人的芯片上的卡脖子问题。这也是总书记去参观三星之后做出的重大战略。武汉作为一个工业重镇，现在正在产业转型升级的过程中，已经发展到芯片产业、信息产业、集成电路产业的快速道上。我们也在为国家解忧，这是我们武汉人应该感到骄傲的地方。

今天我站到这里给大家科普，希望大家可以了解芯片，了解中国的经济发展到今天这一刻，尤其是当美国直接聚焦集成电路芯片产业时，我们真的需要有一场没有硝烟的战争，为芯而战，为集成电路芯片而战，为光芯片而战，为传感器芯片而战，已经没有退路了。

讲到为芯而战，美国《芯片与科学法案》有什么目的，大家可以看到，在未来的5年之中，美国投入总额2800亿美元建造专门针对芯片的制造基地。劳动力发展实际上就是人才培养，人才培养应从娃娃抓起，这也是为什么要成立集成电路学院。继清华、北大之后我们成立了第三个集成电路卓越人才培养的学院等，也是为了激励青年人慢慢地投身芯片的事业中来。美国《芯片与科学法案》专门设立110亿美元产业基金，在五年之内专设2亿美元的劳动力和教育基金，国防部的国防基金，专门针对芯片法案专项基金20亿美元，以及国际性的技术安全和创新基金。实际上《芯片与科学法案》就是投钱，就是确保美国在集成电路产业要保持世界的领先地位，并阻碍竞争对手的发展。

20世纪80年代，日本的电子产品，遍布中国大街小巷。可以说其实20世纪80年代日本在半导体产业上是超过了美国的。20世纪80年代中期的美日贸易战，日本的投降宣告失败，导致日本的半导体产业、芯片产业萎缩发展，从此之后美国一家独大，全球皆管。

现在美国还想延续"曾经的辉煌"，和中国的"战争"不是第一例，美欧、美苏之间也存在"战争"。无论是有硝烟的战争还是无硝烟的战争，实际上背后都是关于高科技的战争。美国一定要让自己处于全球绝对领先的地位，如今中国的GDP已经慢慢接近了美国的70%，中国的经济发展，社会发展，人民生活水平的提高，人民对美好生活的需求日益增长，都带动着科技建设、科学发展和人才培养。以前最高端的人才都希望出国，现在我们华中科技大学就能够吸引很多有留学经历的高层次人才。

整个社会在进步发展的同时，必然会存在竞争。那竞争的焦点是什么？科技。罗马不是一日建成的，今天的中国科技发展成就也不是一蹴而就的，不是一朝一夕形成的。2000年开始我国集成电路领域出台了一系列的政策，《国务院关于印发鼓励软件产业和集成电路产业发展若干政策的通知》（国发〔2020〕18号，简称"18号文"）等。我在武汉将近30年，我是湖南人来到武汉读书，再到现在工作，我将最青春的年华奉献给了武汉。在这20年里见证了中国科技的发展，见证了中国芯片事业、集成电路事业从无到有。这些都得益于国家的支持，国家全面打赢脱贫攻坚战的同时，还在打一场科技战，也投入了很多的资金。

2021年，国家"8号文"的具体落实，将对集成电路产业的税收支持扩大到全产业链，对人才进行专门的倾向性的支持和培养。2000—2021年，中国专门针对集成电路进行了强有力的投入，以及利用产业政策倾向性的支持来进行引导，从税收、产业的专项上来讲，集成电路产业未来仍然是重点产业，为什么？因为它是核心，是基础，也因为它重要。集成电路产业是焦点，是大国竞争之要素。在全球疫情肆虐的背景下，2022年上半年整个半导体、半导体制造设备行业增长了50.77%。因此，我觉得在可以预见的未来，大国竞争之要点还是芯片，投身科技，投身信息产业，投身信息产业中的集成电路产业肯定是对的。

尽管我们取得了长足的进步，取得了突破性的发展，航空航天国防的芯片不是想买就能买到的，因为都国产化了。我们整个神舟飞船空间站上的操作系统全部都是汉语，以前大家都去学英文，因为它全球化，为了去接受更先进的技术，学习更先进的文化和知识，而现在世界上有多少人学汉语，数字是非常可观的。这也是我们大国和平崛起的象征。

而不争的现实是，集成电路是当前中国进口最大额度的单品。比如，一台 PC 电脑里运行的是英特尔的 CPU，微软的操作系统软件，这确实是我们心中之痛。另外，华为作为高科技民营企业的代表，华为手机部件国产化率高达99.5%，但导致华为手机作为世界5G 移动通信标准的缔造者、领航者，所生产的手机却不支持5G 的功能，因为5G 功能的核心部件需要进口，而华为却又是被制裁的对象，这结果更令人痛心。

华为作为高科技民营企业的代表，在制裁中顽强地活着，并且引领着世界的发展。华为在2022年秋季技术发布会上发布全新5G 手机，新推出的手机解决了5G 的问题，可以做到100% 国产。这多么骄傲啊！同时给大家发布一项顶破天的技术，什么是顶破天的技术？意思就是手机可以支持卫星通信了。因为5G 的技术美国已经落后于中国，落后于华为，现在美国的5G 完全比不上中国，原因是什么？他们想用一种新的技术"低轨道卫星"，在低轨道上发数以万计的卫星，然后大家直接和卫星通信，不需要基站，这就是马斯克的一个梦想。这背后的是什么？还是芯片。我们每一个语音的信息、文字的信息、视频的信息，包括我今天在这里和大家交流，尤其是与线上的读者们进行交流，这全部都是信息化的东西，都是芯片在背后辛勤运行工作。

社会在进步，大家一直认为石油进口是排名第一的，其实不然，真正的第一大进口单品是集成电路芯片，而且进口额远远超过石油，石油其实只有2500亿美元左右，而高端芯片进口是4300亿美元，假设集成电路芯片国产化率能够提升5% ~ 10%，大家算一算这个数据，10% 就是430亿，每一个集成电路设计工程师，人均年产值假设为200万，我们再需要增加多少人。因此，我们要加大人才培养力度。在中美科技战的背景下我们有钱也买不到了，尤其是高端的处理器、云计算、自动驾驶的人工智能核心芯片等，不再卖给中国，那我们是不是要加速国产化？现在高端的工艺如5nm、3nm 的技术，而美国却对14nm 以下的所有中国的芯片公司进行出口管制。

集成电路芯片是建设科技强国的战略之魂，我相信数以万计、数以亿计的工程师都在铆足劲，都在前进，都在发展。习近平总书记专门谈道："科技是国之利器，科技兴则民族兴，科技强则国家强。"还做了重要批示，"赞成将半导体芯片（集成电路）工业作为战略性产业抓住不放、实现跨越"。目前我国有专门的部门在领导半导体芯片产业作为战略性产业抓住不放、实现跨越。

一、芯片是什么？

以上作为引子和各位读者进行沟通和交流。今天的报告就是简单地讲一讲华中科技大学在芯片领域都进行了哪些研究，取得了什么样的阶段性成果，后续的目标计划，以及怎么承担国家使命。大学的使命是进行人才的培养，没有好的平台、好的技术、好的教师队伍是培养不出人才的，教材加黑板也培养不出高端的集成电路创新型人才。那我们要靠什么？就需要这样一个好的平台，需要依靠技术，要有大的投入才行。

今天会和大家进行简单的交流，首先来看看，芯片是什么？回答第一个问题，20世纪最伟大的发明是什么？大家可以想一想这个问题，是我们现在用到的 iPad？是我们开的智能化汽车？是手机？是我们今天航空航天发射的火箭？是我们讲的要解决能源问题的核反应堆，解决全国能源危机的问题？还是我们要远洋出海的、保家卫国的航空母舰？又或是我们丰富文化生活的娱乐卡通片？我认为都不是。20世纪最伟大的发明，其实应该是晶体管，无论中学生还是小学生，稍微有一点物理知识的，都知道这其实是半导体。可能有一部分人认为半导体就是收音机，其实不对，半导体这个词它本来是一个学科的专业化名词，20世纪70年代人们误解了这个学科名词，那个年代说的半导体就是收音机，导致后来不断地衍生出新的名词，比如，由半导体衍生出的微电子，"Microelectronics"，也就是电子微型化、电子器件微型化、电子电路微型化，所以称为"微电子"，而我们所说的集成电路，第一因为它是电路，第二因为它是集成的，是基于一个微纳制造工艺手段而实现集成的。

20世纪最伟大的发明是晶体管，其实整个集成电路产业兴起时间并不长，相较于传统的航空航天产业、汽车产业，它是非常年轻的，这个产业从无到有，大约70年的历史。1947年，在贝尔实验室 William Shockley（威廉·肖克利），Walter Brattain（沃尔特·布拉顿），

John Bardeen（约翰·巴丁）三人发明了世界上第一个晶体管（如图1所示），手机主芯片有数以亿计的晶体管，将晶体管微型化，相当于在指甲盖上集成数以亿计的晶体管数量。这是一个何其高端的制造技术。类比来看，等效于在我们头发丝的直径上要制作数以万计的晶体管，在指甲盖大小面积上集成数以亿计的晶体管。可以想象集成电路制造技术的高端化，以及这种技术是其他所不可比拟的。

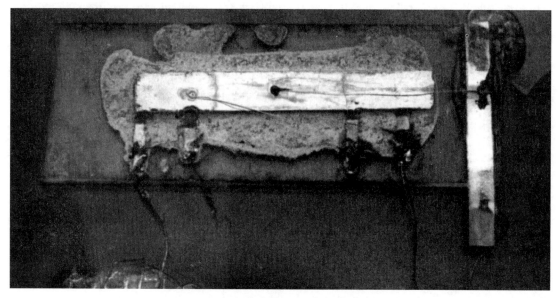

图1 世界上第一块集成电路

　　那么晶体管是什么呢？我们要解决芯片卡脖子问题，就是要从基本器件入手。晶体管可以简单理解为一个开关，信息就是通过电子化的器件来处理的，处理的信息是什么？电压、电流和电荷，我们要控制这些电流、电压、电荷整个运动的方向，来解决我们信息的编译和处理的过程。也就是说晶体管就是一个可控开关。那么晶体管可以干什么呢？就是由数以亿计的开关通过互联互通实现控制，构成功能需的电路，比如，中央处理器（CPU）可以处理数字信息、图像信息、音频信息，进而成为一个复杂的系统，也成为一个完整的学科化的知识。通过学习科学知识去认识世界、了解世界。面前摆着的这张桌子是木头做的，它是绝缘体，其结构中的分子、原子是不可动的。而金属是导体，其内部结构中的原子、分子是不可控的，外层电子可自由运动。前面提到的半导体，其性质介于绝缘体与导体之间，具有可控的特征，它既可以表现出绝缘体的特点"断开"，也可以表现出导体的特征"连通"。当前最常用的半导体材料是什么呢？是硅，化学课程中学习过。硅、锗是元素半导体，当然还有化合物半导体，如砷化镓、碳化硅，因此，这牵涉新材料，由新材料构成新器件，由新器件来形成新电路，搭建新系统，来丰富我们今天的信息化生活。

1947年有了第一个晶体管，到了1958年才有了第一块集成电路，研究开发第一块集成电路的科学家们到了2000年才获得诺贝尔奖。世界上第一块集成电路就像我们厨房里面的菜板一样，做了几个晶体管，加了几个电阻，便形成了一个可以处理信息的电路。那么这一切，从第一个晶体管到第一块集成电路，其工作都是美国人做的。讲到是谁缔造了芯片的奇迹呢？不可否认确实是美国，因为美国在集成电路产业上，发展更早、崛起更早。1958年新中国还在建设阶段，还在解决温饱问题。美国缔造了芯片的奇迹，从第一个晶体管到第一块集成电路，再到摩尔（摩尔现在是英特尔的名誉董事长）提出摩尔定律，推进整个技术的发展。再到第一块门阵列、英特尔推出的第一片动态随机存储器，那个时候的存储芯片容量才1kb，现在大家随便拿一个盘都是几M、几百M、几G、几十G、几T的存储容量。

集成电路芯片可以做什么？制造计算机，有了芯片才能够让我们的汽车智能化，让我们的生活信息化、智能化。整个计算机的发展由第一代只能完成简单的加法减法的机械式计算机，到整个房间是一台计算机，再到今天功能强大的PC机，然后再到我们的手机，它其实是一个功能更强大的计算机了，现在还可以折叠，显示更大尺寸，然后面积更小、更轻、更薄、更便携。

集成电路芯片还可以做什么？随着早期的简单的电话的发展，一些年龄比较大的观众应该经历过没有电的时代，到今天二三十年的发展，从有线电话到无线电话，由模拟无线电话到数字无线电话，从BB机到今天的智能化手机，越来越高端，实际上背后和我们的生活息息相关，电脑、电话，它的技术发展轨迹背后重要的推动技术是什么？是集成电路芯片。

那芯片长什么样呢？如果把笔记本电脑拆开，把手机拆开，你就可以看到一个印刷电路板上一颗一颗的，或大或小的集成电路芯片（如图2所示）。国产CPU代表龙芯，解决了国防方面的重大需求及国家战略需求。图3就是我们华为麒麟系列的麒麟9000，实现了华为手机核心芯片国产化，麒麟9000到现在还在被制裁，为什么？麒麟9000是全球第一个用台积电5nm工艺制造出来的，可以支持5G的手机基带芯片，当时它的技术远远高出高通以及苹果等。现在我们整个强大的设备商背后，每一个公司的背后都有一家强大的集成电路芯片公司。比如，苹果从原来单一做手机、平板，到现在它的芯片很强大，打造苹果 A 系列，就是它自己的团队在研发芯片。遗憾的是因为中美贸易战，在 2019 年华为麒麟 9000 世界首款最先进的手机基带芯片成为绝唱，为什么？因为缺芯片，缺高端芯片工艺制造。华为其实是受害者，作为一个民营科技企业的先驱代表，与超级大国竞争非常不容易。

麒麟芯片是我们国家的集成电路产业高速发展的代表，华为作为一个民营化的科技企业，它能够领先世界，正说明我们在进步，在某些方面弯道超车实现了跨越式的发展，要有这个自信，中国特色社会主义道路自信、理论自信、制度自信、文化自信四个自信非常重要。芯片确实无处不在、无孔不入、无所不能。我们的幸福生活肯定是离不开芯片的，我们的周围充满了芯片，遍布着芯片，扫地机器人、炒菜机器人、洗碗机器人等，你能够想到的所有用电的设备都有芯片。我们应该要感恩于这样的时代，感恩于集成电路技术的发展。逆向思维一下，如果没有芯片这个世界会怎么样？就比如我们设想一下如果没有水我们会怎么样？像水、粮食等都已经成为我们生活中不可或缺的部分。集成电路芯片为什么会成为我们大国的战略物资、战略品呢？我们国家为确保粮食安全，解决三农问题，持续保留耕地的红线，现在没有哪一个地方的政府能够突破这个事情，目的是什么，就是要确保粮食安全，因为它是农业的必需品，是农业之"粮食"。那么工业的"粮食"是什么？不是钢铁，是集成电路芯片。武汉由原来的钢铁之都，产业转型升级成为芯片之都，由此让武汉在现在整个特大型城市的发展中有自己的一席之地。芯片作为工业的粮食，就和农业的粮食一样，是要坚守、固守的，这是一条护城河，要确保我国长足的发展、进步和国泰民安，要把握好农业和工业两大产业型支柱。

图 2　集成电路

图 3　华为麒麟系列的麒麟 9000

集成电路它能够赋能万物，智能汽车、区块链、无线通信技术、下一代通信技术、物联网、科技金融、人工智能、工业、生物、医药等，甚至选药、用药、制药都能智能监控。新冠疫情的防控攻坚战，其实也可以看到科技在进步。现在的核酸检测点位，就像我们20世纪90年代到21世纪初的电话亭一样到处都是，用喇叭通知大家做核酸，就像原来大街上面的叫卖声一样，挑着担子去大街小巷卖货一样，现在买货需要吆喝吗？不需要，为什么？因为信息化，都是线上商城，买你所买、购你所购、选你所选。

集成电路是什么？是从基本的开关到设备，再到系统，最后到构成整个社会核心的关键部分。让我们的生活更智慧、更精彩。从移动通信到高速计算，到智慧能源、智能汽车，到我们现在手上的穿戴设备，到智慧医疗，集成电路芯片无处不在。又如，社区医疗、家庭医疗的装置智能化、信息化，可实时监测健康，这些都和集成电路相关。

一颗颗集成电路芯片就是工程师们的智慧（如图4所示）。作为集成电路芯片设计工程师，身边一颗颗芯片就是工程师们的作品，好像画家一样，在绘制信息产业的蓝图。再看看手机中的芯片。手机外壳很亮丽，然而把外壳打开里面就是一颗颗奔腾不息的芯片，像蚂蚁一样为你日夜辛劳。大到基站芯片，小到结构芯片、存储芯片等，还有我们刚才提到的麒麟9000，是我们手机中最大、最贵的芯片，当然这已经是四年前的事情了。华为由于受到制裁，它不能够用到最高端的制造工艺技术，但是现在经过工程师们夜以继日的研究，为了紧追时代的步伐，马上就要发布他们新技术、新产品，来解决产品所需、技术所需。麒麟9000芯片是华为公司于2020年10月22日20∶00发布的基于5nm工艺制程的手机，SoC系统，八核，最高主频可达3.13GHz。一颗芯片里面集成了153亿个晶体管。相当于在截面积为0.003平方毫米的头发丝上，要制备4.5万个晶体管，这还是两年前的技术。麒麟9000是世界上第一个晶体管数量过百亿的全网通5G的SoC系统芯片，

图4　电脑中的"芯片"

这非常值得骄傲。

也有读者说那华为不做手机就行了。其实不是这么简单，手机是现在最大的导流节点，华为要面对整个智能终端、智能产业链。为什么华为要做车子？车子也有可能会成为我们生活中一个很重要的导流点。未来什么值钱？是信息。那么谁掌握信息？大家试想一下十年后的手机会是什么样？我觉得十年之后的手机很有可能不要钱，并且十年后的手机有可能直接戴在眼睛上，为什么？当我们整个云计算、云存储的技术解决了之后，我们要解决显示的问题，实际上大家现在是不是很矛盾？我们希望屏幕大一点，给我们看的信息可以多一点，但是又希望这个产品薄一点、小一点，所以才会有折叠手机。那折叠之后再怎么办呢？卷起来，柔性电子。卷起来它还是个东西，需要揣在兜里，那接着下一步怎么办？虚拟显示。也就是说它能够解决我们眼之所及，心之所及，信息之所及。这就是在座的青年学子们要解决的问题，要从机理、材料、器件、电路、系统等技术各个方面来解决。因此，要丰富我们的生活，就像是二十年前或者十年前大家会想到今天用的手机是这样的吗？这就是技术。大家试想一下，假设我们要定位自己的人生，尤其是看到在座的好多青年学者，有大学生、中学生，你们投身这个行业，思考未来的路要怎么走，要投身到什么行业，技术在指引着我们的方向。当我们解决了信息显示问题，解决了信息处理问题，解决了信息存储问题，那就只需要一个连接了。所以大家现在可以看看新能源车里面，车载的事情解决了之后其实际上就是个屏，车机系统是不是变简单化了？这就是我们的集成电路芯片和系统集成技术。

话题再回到芯片上，设身处地想一下，它能改变世界，改变我们的生活。我们再讲一颗芯片，市面上当前大家所看到的芯片、最贵的芯片（如图5所示），一颗就要24199元，这是英特尔至强，用在服务器上面的芯片，而我们的麒麟，一颗芯片就是数以千计。这也是华为手机那么贵的原因。实际上我们讲的芯片是什么？它就是一个从沙子里面提炼出来的黄金（如图6所示），这就是知识，希望大家尤其是青年学子们真正去了解这一门技术。当然，整个芯片产业链，集成电路产业链它是漫长的，只需要选择某个环节作为事业的方向就可以了。为什么选择它？第一，因为它是半导体；第二，因为到处都是。如果是稀有的那这个产业将无法发展。稀土、能源等是宝贵的资源，但沙子它却经过时代岁月的积累处处都是。前段时间我们要把最高质量的沙子作为一个战略平台，为什么？因为沙子通过工程师一系列高端的技术，最终能够得到一颗颗芯片和产品。

图5 市面上最贵的电脑CPU芯片英特尔至强W-3175X

图6 芯片——沙子中提炼出来的黄金！

集成电路芯片它能做什么呢？在中国的硬核科技中，尤其是在中国科技长足发展和进步的长河中它扮演着什么角色？第一，中国北斗卫星导航系统。北斗导航的技术是有一段很曲折的历史的，为什么曲折呢？2000年左右，由于我们没有自己的导航，我们的舰艇在海洋里面成为"瞎子"，不知路在何方，怎么远洋，怎么保卫在海外的中国人和中国资产呢？这也是为什么中国要花这么大的力气去建北斗导航系统。中国的经济、科技发展到今天，国防建设、航空航天建设就像雨后春笋一样冒了出来，这些年在集成电路芯片技术上经过长足的积累，使得它集中爆发和发展，这是非常值得骄傲的。

第二，空间站，深空技术。现在的大国竞争中，除了海洋、地面，空间也成为竞争之要地。"天宫二号"空间实验室，是我国首个载人航天科学实验空间实验室。它在短短的时间内，已经拥有了我国航空航天领域的多个第一。如首次实现航天员30天中期驻留、首次应用推进剂补加技术、提前验证空间站技术并开展大量载荷科学和应用试验。我国深空技术的背后，集成电路芯片起到了非常重要的作用。

第三，来谈日常生活中的中国硬核科技。我们今天的支付技术领先于世界，我们的网络构建，安全安防系统从社区到校园到城市，上到神州遨游太空，嫦娥奔月，下到蛟龙出海下洋捉鳖，再到我们今天世界第一的超算，可以说我们日常生活中处处有硬核科技，而硬核科技中处处有芯片。现在的天气预报可以按小时，甚至可以精确到分钟，包括我们现在的航空母舰能够出海保家卫国，再到超级稻智慧农业，芯片无处不在，它的重要性不言而喻。

二、为什么神奇？

前面和大家沟通交流了芯片是什么。今天公益讲座的关键词之一是芯片，另一个就是神奇。我们再来看一看它为什么神奇呢？

1. 芯片之"微"

我们先简单地让大家认知一下尺寸之微，芯片之微小。我们看到一只甲壳虫尺度在厘米级别，到一只跳蚤尺度约在毫米级别，到我们的头发的直径大约在亚毫米级别，生物学中的细胞、病毒、血球等尺度在纳米级别，如病毒的尺度大约100nm，正是因为病毒小才会侵蚀我们的身体，进入我们的血液。现在集成电路芯片最小尺度已经达到3nm，甚至到2nm，5nm技术已经成熟，3nm的技术已经可用，如果从国有可控自主化的集成电路芯片技术而言，全国产化自主可控的加工技术在28nm左右，基本上可以解决90%以上的我们生活中用到的芯片。准国产化，用现有设备，不被"卡脖子"的技术，我们可以做到7 ~ 14nm。再往前发展，可能要在这个技术节点上停留一定年份，因为没有EUV光刻机。围绕集成电路国家战略，不能简单地以项目的方式去看集成电路产业，去看泛半导体产业，而是聚焦于高端微纳制造能力建设上。我们要全力进行高端微纳制造能力建设，有了这个能力项目自然而然地就来了，不要为一时的某个项目去竞争，发展到今天这一步，我觉得这是很重要的。

关于高端微纳制造能力建设，有专业机构做过调研，以高端光刻机的数量为例，武汉大概有100台，集成电路芯片、光芯片、传感器芯片等都要用到光刻机。回到国家存储器产业基地长江存储，闪存的国产化之路走得很坚实，基本实现国产化，这就是战略，打不垮、推不倒的战略，做别人不能做的，这就有了领先性的竞争优势，但如果没有光刻机，没有微纳制造结构制备的"刀"，如何去做？再往下走，路在何方？潜心研究，奋力搏击。

2. 芯片之"繁"

再看几个数据，基于28nm工艺技术制造集成电路芯片，可以全国产化自主可控，从加工厂启动芯片制造第一道工序，先后就要经过695道工序，纳米级的尺度要在车间生产线运行整个行程200公里。如果有机会的话大家可以去长江存储的参观通道看一看，整个工厂是智能化的，无人无尘的，10级超净间，完全是全自动化的机械手，很少有人在里面控制。要经过一百天左右才可以完成。国家存储器产业基地长江存储2020年4月发布了两款128层3D NAND产品（如图7所示）。现在一个U盘是2T标配，2T是什么概念？手机内存的容量是512G左右，1T已经很高端。长江存储Flash，从无到有，到今天成为中国存储器产业基地不可或缺的一支力量，也成为世界不可忽视的力量，已经能够和三星存储器、美光存储器同台竞争。包括我们自主知识产权的技术，X-tacking技术（如图8所示），完全自主知识产权。128层3D NAND存储器产品中有1.2万万亿余个通孔，总的工艺互连沟槽长度总长10万余公里（地球赤道周长才4万公里）。我们可以看到，集成电路芯片制造技术非常繁杂。但我们要有量化的话就可以量化，长江存储128层3D堆叠的NAND存储器要打这么多孔，要走这么长的线，要将数以亿计的晶体管连起来，才能用来给我们存海量信息，还可以格式化、删除、拷贝、增加。武汉的半导体产业发展了16年，从2006年开始建设武汉新芯，而长江存储不到6年时间，从破土动工到今天拥有可以与世界媲美的技术和产品，的确值得国人骄傲。

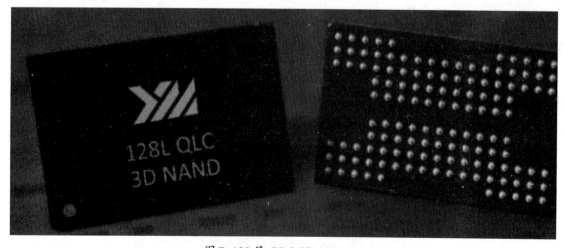

图7 128层 QLC 3D NAND

图 8　3D NAND 架构 Xtacking

3. 芯片之"慧"

芯片是高新技术产业，是人工智能、大数据、物联网等产业的基石和心脏，没有芯片不谈人工智能，没有芯片不谈大数据，没有芯片不谈物联网，没有芯片不谈通信技术。做一切的前提是要解决芯片问题，因为它是一切新兴技术、高科技技术的基石。就说无人驾驶的概念车，没有方向盘，也就是说以后上车直接把目的地一输，就能找到最佳路线，直接送你回家。我们试想一下未来的虚拟世界和社会，阿里巴巴的背后有个达摩研究院，它提出了如影随形的计划，它认为手机在五年之后有可能会消失。以后的支付宝可能是这样的概念，在你的手上就可以启动支付宝的 APP，动动手掌就可以打开支付宝，到消费的地方，想购买就可以识别购物行为，分析出商品的价格自动扣款，与无人售货的概念类似。有些物品你不了解，你动动指尖碰一碰就可以完成付款。还有现在的共享单车也要靠手机，进行身份识别，但以后人与人之间建立了信用，实现诚信的沟通之后就不需要那么复杂的验证过程，通过你的生物特征信息，在你摸车把的时候就完成了身份识别，解锁了单车，未来的共享单车会有个虚拟屏，会提醒路线，骑行人的身体状况，等等。还有当你吃饭的时候，桌面有虚拟显示，可以自己完成点餐，同时你有兴趣可以玩游戏，可以了解这个店以及每个菜品的信息，这就是未来的事情。

我们想一下，这一切的背后需要谁支撑呢？集成电路芯片。我们还是要将话题回归到芯片的神奇上。支付宝基于现代化的技术提出"如影"的计划，在逐步地推进和实现中。"如影计划"就是在生物薄膜上集成了支付宝系统，并内置生物识别功能，通过脉搏、血管和掌纹等生物特征，确认你的身份后激活使用。当它脱离你的身体时就会失效，安全方面有极大的保障。意味着未来我们可以彻底告别身份证、手机、钥匙、钱包。而我们为什么要有登月计划、火星计划？为什么要探寻深空、深海？在未来，如果我们可以拥有这样的技术，计划不是没有可能实现的。未来和你同行在路上的人，有可能是第三世界的，就是你的虚拟化身去完成你的指引。前段时间小米推出了全比例的人行机器人，只要允许，它走在大街上和你一起共存是有可能的。有可能在深空中是机器人在干活，还可能移民月球。我们华中科技大学前段时间推出了"智能建造"。给出了一个问题，怎么去月球上建房子？我们学校原来传统的土木工程是去修桥、修路、修房子，为此专门成立了一个新的土木工程专业——智能建造，就是研究怎么去月球上建房子。我们前校长丁烈云院士，带领着全国的各大团队在解决这个问题。我们的月球车已经稳稳登月了，下一步是怎么建房子？如果能够监测到月球风暴，为了避免上次美国的月球车因为风暴，最后不能传信息，失去联系，还要等相当长的一段时间，利用下一次风暴把它的风沙吹开，让它重见天日与地面联系。所以我们要解决的是月球车能不能够避难。又如，我们下次用一个月球人，看看它能不能在那里生活。华中科技大学的使命就是联合信息专业，从传统的土木专业来解决这种智能建造的问题。大家千万不要认为这个专业不热，其实是老专业结合新兴的科学技术发新枝。这就是我们讲的芯片的神奇所在。

三、芯片——华中科技大学

最后跟大家汇报一下华中科技大学在集成电路芯片上做了什么。芯片产业是湖北省产业升级转型的引擎，要再造世界光谷。在座的观众们，我们每一个湖北人都应该感到很高兴。湖北省从上次的两会就确定了"一芯两带三区"战略，专门把芯片放在第一位，要做大做强光、芯、屏、端、网五大产业。武汉市的光电产业规模要实现下一个5000亿的规模，成为国内最大的存储器产业基地。

武汉由传统的钢铁城市、工业城市到今天的科技城市。在这高科技产业飞速发展的当下，华中科技大学在人才的培养上，2021年7月14日成立了集成电路学院。从2003年获批国家集成电路人才培养基地，在20世纪60年代前就有了半导体专业，持续了六十余年。在国家级人才培养基地上，有国家重点学科微电子学与固体电子学，有国家集成电路人才培养基地，有国家示范性微电子学院，有国家集成电路产教融合创新平台、有国家首批集成电路科学与工程一级交叉学科、有三个国家一流本科专业等完整齐全的人才培养系列国家级人才培养平台，也培养了数以万计的人才。

华中科技大学在集成电路装备上，在研发光刻机的卡脖子国家工程方面，也做了很多突破性的工作，"纳米精度多自由度运动系统关键技术"获2012年国家技术发明二等奖。"复杂振动的宽域近零超稳抑制技术与装置"获2019年国家技术发明二等奖。另外在设备识别标签封装装备以及在薄膜制备原子层堆积的装备上面也取得了很好的成绩。在存储器方面，对接国家存储器产业基地，我们也承担了国家一系列的重大项目，在先进存储器里面的材料、工艺、器件等，前后将近有数以亿计的经费，有经费、平台、设备、最先进的项目、先进的技术来培养人才。我们的技术得到了转移，也得到了长江存储的认可，三维相变存储器芯片，93项专利整体打包实施许可，成为国家存储器产业基地长江存储新兴弯道超车、换道超车的很重要的撒手锏。

在人才培养上，产教融合，科教协同，建立了一流的平台，有力支撑了武汉产业的转型升级，以及特色的存储器技术的国产化、自主可控化。比如，射频收发器系统芯片也取得了丰硕的成果，也发表了一系列高水平的文章，以及专利也得到了很好的转化。在这些领域也储备了一系列的教材专著，华中科技大学在集成电路芯片人才培养上做出了较大的贡献。

华中科技大学在集成电路产业，在芯片产业有高水平的科研平台、科研基地，无论是国家级的、产业化的、教学类的，全系列多样化。当然也有很强大的人才队伍，取得了显著的人才培养成效，在这里就不展开了。总结一下，集成电路芯片产业已经上升到国家战略，建设科技强国，高水平科技自立自强。芯片是核心，人才是关键。华中科技大学拥有一流的平台，一流的学科，一流的专业，一流的师资，所有进入到华中科技大学的每一个人才也会有一流的前景。

感谢各位的聆听，非常感谢在座的每一位观众，谢谢大家！

四、重点提问与解答

提问：非集成电路专业的应该怎么系统学习集成电路专业领域？

雷鑑铭：首先非集成电路专业的学生有两类，第一类是信息类专业，虽然不是集成电路，但至少是弱电类。弱电类包含哪些？计算机专业、人工智能专业、自动化专业、软件专业、网安专业、电信专业、光电专业、电子专业等，刚才我列举的一系列专业都是信息学科弱电类的。我觉得对于弱电类的本科生来讲，主要是强基础，学好基础知识，信息类专业和集成电路专业其实有很强的相通性，在攻读集成电路硕士的时候，可以作为未来的选择方向，我觉得是比较顺利的，也是比较好的。第二类是非信息大类的本科专业的同学，其实也一样，我觉得你可以有很多种方式，可以在本科期间辅修第二专业，也可以通过自我学习，加强电子信息类的课程知识学习。应该怎么学习呢？这个问题没有系统的回答，不能够展开，对于这个问题我就回答到这里。

提问：现在有替代硅晶片的材料吗？

雷鑑铭：首先一点，硅材料作为集成电路制造的基础性材料占到95%，就是用沙子做芯片，那有没有替代？其实是有。比如，我们第三代半导体，化合物半导体，针对高端芯片产业来讲的话，但是不可能像硅这么广泛，这么普及。目前来讲，从技术上我们发展碳，基于碳做的集成电路，新的集成电路，北京大学有位院士他取得了进步，这就是替代硅的。其实大家不要怀疑材料，我们现在的强基计划，重视基础学科，我们要培养基础人才，大家要认识到基础学科的重要性，才会有长足的进步。

提问：量子计算机用什么芯片？

雷鑑铭：量子计算机是基于量子效应也是有芯片的，它和电芯片从机理上有一些差异，这背后的物理和机理在发生变化，比如，量子纠缠的技术，它就不是传统的固体物理，半导体物理，技术知识的范畴。所以量子计算机里面用的就是基于量子效应所制造出来的基于量子信息处理的芯片，它和传统的硅芯片、传统的电子芯片有差异。

提问：中小学生应该怎么学习集成电路方向？应该如何准备？是把数学编程学好吗？

雷鑑铭：这个问题涉及专业问题。中小学生首先要培养兴趣，我觉得兴趣是一个人未来成长与发展最好的伙伴，怎么来培养他的兴趣呢？我们可以有意识地引导，让他对这些东西有兴趣，愿意去思考，去动手，有好奇心。到了学知识的阶段，这个专业的基础就是数学。我们高考要求考物理，就只需要考物理。当然化学重不重要？重要。我们做材料，做工艺也很重要。你说生物重不重要？刚才讲了我们有生物芯片，我这里有一部分没有跟大家讲，是和我们生命健康相关的生物芯片。

大家可以想一想，现在糖尿病成为富贵病，并且年轻化，那么糖尿病可能由轻症到重症。我们家里老人有糖尿病都十多年了，以前一感到不舒服就马上带到医院去检查，现在只需要带个装置设备检测，数据一切正常。突然有一天不正常了，它就会建议你用多少量的药，要定时用药，这就是我们讲的生物芯片。大家想一想检测核酸为什么这么快？以前我们去医院做个化验要等半天，血常规的检查和尿常规检查要等很久，为什么现在这么快？因为芯片，这就是我们通常讲的生物芯片，这是另外一个很大的分支，关于人的生命健康方面的。

所以刚才讲了中小学生首先要培养他的兴趣，然后培养他的爱好，下意识地让他对这些内容感兴趣，要能够去思考。在学习时可作为基础学科，无论是我们的义务教育阶段还是高中教育阶段，确实都是物理探索世界奥秘。所以学习好最基础的学科很重要，这是我给大家的回答。

提问：中国航天这么发达，所用芯片是进口的还是国产的？

雷鑑铭：我可以很自豪地告诉大家，是国产的，不可能是进口的。因为信息安全。我们所用的手机里面，尤其是进口的每一个工业控制设备，包括手机芯片设备都是有后门的。假设我们用了国外的某一款芯片被国外知道了，它通过后门卫星直接掉下来，直接自毁就可以了。所以说从软件到硬件都是国产的。

提问：能不能展开讲一下脑袋和机器接口的交互系统技术？

雷鑑铭：首先脑机接口是马斯克的一大产业，关于马斯克大家可能知道特斯拉，其实马斯克做的星链计划还有一个很大的产业，就是脑机接口。脑机接口技术发展到了今天它有两大技术流派，第一大技术流派就是表皮的，脑皮的，就是戴个帽子就可以接收到脑电信号；第二大技术流派是植入式的。国内国外对这两大技术都有研究，植入式的是什么呢？我们可以把脑机的传感器，接收脑电的信号，这种实验已经在动物身上做了，这个技术的发展从系统级、器件级到工艺级，包括在医院里面做生物兼容性的实验。比如，你说反话会面色潮红，感觉到羞耻感，导致心跳加速等，通过这样的信号表达。你心里所想和口里所讲之间的不一致性就可以通过脑机接口表现出来。

一种是通过训练，一般你脑袋产生什么样的波，是什么样的想法，想说什么样的文字，通过脑机接口技术都可以表现。对于芯片来讲的话，它又是很重要的分支，脑机接口技术已经被应用了，作为技术来讲的话，基于大数据、人工智能，因为脑电波首先要提取，然后要分析，要识别，这是人工智能和控制技术已经得到了，所以说刚才讲了要通过戴帽子。在审讯时可以戴个帽子监测有没有说谎，这已经是作为辅助的侦查手段了。第二种是讲的语言表达不清楚，比如，我想喝水，它讲不清楚，但是可以通过脑电波的识别，人体的基本动作和意识体现，这是一种辅助的作用。第三种就是失去了意识，在医疗上面，现在慢慢开始戴一个部件，戴的就是这个。第四种就是植入式的。

说实话任何一个技术的发展，它都要有场景去牵引，一定要找到应用，没有应用永远放在橱窗里面，这个技术慢慢会失败。这个问题是芯片技术很重要的发展方向，我们讲了四个方面，由原来的三个面向又增加了一个面向，要面向人民的生命健康，这就是技术的发展。

提问：我国华中科技大学作为重要的芯片技术产业基地之一，对于改变我国光刻机的缺口有什么计划？

首先我们讲一下背景。集成电路制造有再多一流的人才设计，但没有人制造都是不行的，想得再好也没有用。所以先进制造技术现在成为高端制造业、装备业的核心，成为集成电路的高端制造业的"光刻机"。在中美贸易冲突、中美科技战的背景下，我们国家在20年前就开始布局，在装备制造业，其实我们有个上海微电子装备有限公司，它制备的光刻机从原理到样机到现在已经国产化28纳米，90纳米光刻机已经量产，并且出口了，包括像台积电都用到我们90纳米光刻机。不是说每个工艺节点就得要有一个类型的光刻机，现在我们可以遗憾地告诉大家，极紫外光刻机能够满足5nm芯片制造的光刻机现在没有国产化，即使有5nm芯片生产制造的人才也做不出来，因为没有机器。还有中芯国际，它有"N+2技术"，但是没有光刻机，7nm的技术我们用第一个代次的深紫外光刻机可以做，但是成本很高。比如，5nm光刻机的一条线一次搞定，我们用深紫外光刻机可能要刻两次以上。所以说工艺技术变得更加复杂，成本更高。那么我们怎么办呢？我们有了完整的90纳米深紫外光刻机，现在基本上28纳米光刻机新样机正在试用，但是试用到量产有很大的距离，这个不是说看起来可以就可以了，它的优良率，它的稳定性要达到一定的要求，那都是超级高端精密的制造。光刻机仪器装备首先要有光源，比如，我们做激光产业的华工激光，习近平总书记专门去华工激光，就是要解决光源的问题。一般的光刻机我们都有，现在只是没有极紫外光刻机，但是最近已经有很好的突破，中科院联合攻关光源的问题，据说有了重大突破。做任何一项研究是要讲究效益的，比如，研制90纳米光刻机，如果卖不出5台、10台的话，这个公司马上就要关门了。国家再继续投入多少钱都是不可能起死回生的，所以我们要研究高端光刻机，并且一定要自主。

有两点总结：第一，有差距，并且这个差距摆在这里。第二，我们有进步，并且自主可控的光刻机的技术在稳步地推进，已经逐步达到我们所想要的技术节点。

作者简介

　　黄恺，二级教授，主任医师，博士生导师，教育部长江学者特聘教授，专家会员 Fellow of American College of Cardiology，（FACC）。现任华中科技大学同济医学院附属协和医院副院长，心血管内科教研室主任，同济医学院梨园心血管临床医学中心主任；湖北省心血管疾病防治中心主任；湖北省代谢性心血管疾病医学临床研究中心主任；中国胸痛中心联盟副主席、湖北省胸痛中心联盟主席；中华医学会心血管病分会委员、代谢性学组副组长；中国医师协会理事；中华预防医学会心脏病专委会常务委员、湖北省预防医学会心血管专委会主任委员；湖北省医学会心血管专委会副主任委员。担任《中华心血管病杂志》在内的多个国内、国际专业杂志编委。先后主持十多项科技部、教育部、国家自然科学基金委、湖北省和武汉市支持的研究课题。荣获"第九届国家卫生健康突出贡献中青年专家"、2021年中华医学科技奖医学科学技术奖一等奖。

健康代谢与心血管 / 黄　恺

冠心病、急性心肌梗死是我们最常见的代谢性心血管疾病，我们需要进行长期的多种危险因素的共同管理。我们要降压、降脂、降糖，改掉吸烟等不良生活习惯，还要做运动、健康饮食，保持健康、平稳、平和的心态。

——题记

一、防治心血管疾病，疏治生命的"河道"

各位朋友上午好！非常高兴我们今天在此交流心血管的健康、代谢的健康，以及由于代谢不健康所引起的一些心血管的并发症，也可以叫心血管疾病。

从20世纪90年代开始，对于我国居民来说，心血管疾病已经成为我们国家所有的人，不论男女、民族、地域的第一大死亡因素。这是根据2020年《中国心血管健康与疾病报告》所做的两个图（图1、图2），一个是中国的城市居民，另一个是中国的农村居民，我们可以看到从20世纪90年代开始，整个心血管疾病的死亡率呈现上升的趋势，这一现象在农村居民群体中更加突出，远远超过了其他疾病所导致的死亡率，这就是为什么说现在心血管疾病是我国居民头号杀手。到了2016年，我国统计发现如果每死亡100个人，其中就有45.5个人死于心血管疾病，那么这就意味着我国每死亡两个人，就有一个人死于心血管疾病，所以对于我们来说，不管从哪个方面我们都必须重视心血管疾病的预防和治疗，因为它的危害太大了。《中国心血管健康与疾病报告2021》《中国卫生健康统计年鉴2022》数据显示，从2002年到2021年的二十年间，急性心肌梗死的死亡率在我国农村地区上升了5.94倍、2021年高达83.26/10万，在城市地区上升了2.84倍、2021年高达63.25/10万。

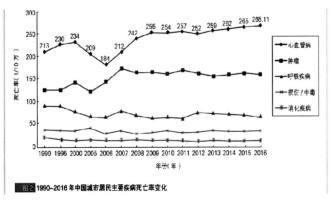

图 1　城市居民

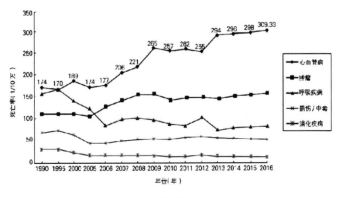

图 2　农村居民

如果按照这个速度发展下去的话，到了2030年，我国将会有2260万急性心肌梗死的患者。急性心肌梗死是一种非常凶险的疾病，非常凶险意味着死亡率很高，而治疗急性心肌梗死这种类型的冠心病的最好办法是做支架，做支架是在血管狭窄的地方放一个支架撑开。我国从2009年开始做支架，放开支架的准入，二级以上的所有医院都可以开展。2009年我国一共做了22万台支架手术，其中有30%用来处理急性心肌梗死情况，另外70%是做心绞痛，或者是觉得不舒服但还没有到急性心肌梗死的程度，就会择期去做手术。经过十年的发展，2019年我国支架手术数量创造了一个历史的高峰——102万台，这也就是说从2009年到2019年我国支架手术增加了将近4倍，从22万台变成了102万台，如果按照同样的高速度再过十年，我们会再增加4.7倍，也就是从102万台增加到470万台，将近500万台，这500万台不是30%用来治疗急诊的病人，而是全都用来治疗急诊的病人。我们可以算一下，除去500万还剩1760万的病人，并且这1760万的病人，均匀地分布在全国各地，那么如果出现这种情况，我国整个心血管的救治系统就会崩溃，更何况也没有那么多大夫，我们整个湖北省心血管内科大夫加起来也就2000人，所以说目前的形势是非常严峻的。发病率极高且快速增长的心血管疾病，尤其是以冠心病为代表的心血管疾病肆无忌惮的话，再过十年，我国整个医疗救治系统就会出现很大的问题，一旦出现散发的慢性病情况，后果将会不堪设想。所以我们始终认为湖北省卫生健康委员在湖北省委、省政府的带领下提前十年提出来的"323"攻坚行动心血管疾病防治专项行动是一个伟大的计划，是非常具有前瞻性的，通过十年的努力，我们希望能够把心血管的发病率降下来，到时候就可以两手抓两手硬，才能够真正有效地减少整个心血管疾病对人的危害。所以这就是为什么我们全省的心血管学界、整个卫生战线在省委的领导下全身心地投入工作中，如果现在不抓紧，十年后情况将不堪设想。湖北省卫生健康委员会做了一个非常重大的、有意义的并且在全国都有模范作用的工作，高瞻远瞩、提前谋划、提前布局。

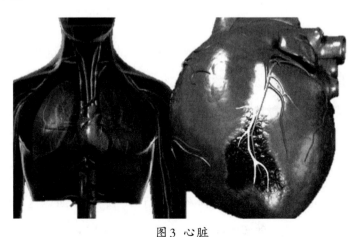

图3 心脏

我国目前每年约有260万人死于心脏病，每12秒就会有一个人被心血管疾病剥夺生命，而心血管疾病最常见的是冠心病。我们从图3可以看出，这是一个红红的心脏，这里有一个黑斑，黑斑是心脏缺血所造成的心肌细胞坏死。心脏大家都很清楚，它从我们一出生就开始跳，跳到人的最后一口气，一旦心脏不跳了，人所有的器官组织就没有血液供应的来源了，那么人作为一个生物体也就不存在了，所以心脏细胞是一个最重要的核心器官。那么组成心脏的细胞主要是什么呢？我们称之为心肌细胞，它是一个不断收缩的细胞。心肌细胞是一种非常不一样的细胞，是不可能再生的，尤其是对于哺乳动物来说；而低等动物如鱼类的心肌细胞是可以再生的。不能再生是什么意思呢？我们可以打个简单的比喻，如果你们的亲戚、朋友或者邻居得过一些肝脏的疾病，那么得了之后需要进行切除手术，我们可以进行肝叶的切除。一般来说肝脏的组织再生功能很强，切掉的肝脏可以通过再生补回来，但是心脏不行，对于人类来说心肌细胞死了就是死了，永远不可能再生，这也就是为什么我们一定要防止冠心病患者心脏缺血情况的发生。目前的研究表明，心肌细胞耐受缺血的时间最多也就是40分钟，40分钟以后心肌细胞就会不可避免地死亡。包括我们自己的实验室，以及国际的实验室都在想办法让缺血的心肌能够活得更久一点，同时让坏死的心肌通过其他的机制，让它长出来新的。但是目前来看，这是一个世界性的难题，没有任何一个实验室在这方面取得显著的突破。所以我们当下最主要的就是保证这一部分的心肌供应，这部分心肌的血管不发生堵塞，保证下游的供应血液这部分心肌细胞的组织不发生坏死，也就是黑颜色的坏死区永远不发生。

一般来说，如果我们把整个心肌组织看成一片土壤的话，那么这些红颜色的血管就称为灌溉土壤的血，就是河道。在心脏里沿着心外膜行走的这些动脉血管，供应血流，我们称为冠状动脉。冠心病就是冠状动脉堵塞所引起的心脏病，因为冠状动脉堵塞，所以它无法给下游的心肌细胞供应血液，心脏就会发生坏死。如果我们把这个看成一片区域的话，一旦河道被堵死了，土壤得不到灌溉，那么土壤就会干涸，在土壤上生长的生物就会死亡，这也就是冠心病。心肌坏死大家很清楚，一旦发生坏死，由于不可再生，所以这个地方就不能收缩，一旦大面积地坏死，心肌细胞不能收缩的时候，那就意味着心脏不能收缩，人也就没了。

冠心病危险因素包括什么呢？首先是年龄，年龄是一个绕不过去的坎，这个是自然规律。我们随着年龄的增加，冠心病的发病率也会明显地增加，一个人40岁和70岁的时候，他发生冠心病的概率是不一样的。目前认为40岁以后年龄每增加10岁，患病的可能性会增加1倍以上。其次是性别，一般来说女性因为在绝经期以前受到雌激素的保护，所以血管不容易发生斑块，在绝经以后她的危险性会存在，而男性就是终生存在的风险。再次是遗传因素，如果发现父亲是冠心病，爷爷是冠心病，都过早地死亡了，而检查后发现儿子的基因有问题，就容易发生冠心病，死亡的可能性增加，我们称为"早死"，在这种情况下就是很危险的遗传因素。最后是性格因素，我国医学传统尤其强调我们应生活在一个平缓的世界里，所有的事情要有一个中庸的政策，不能太过于激动。这与西医是一个道理，当你特别激动的时候，交感神经系统会非常活跃，一旦有一些神经递质超过正常的水平，就会增加血管的损害，导致细胞损伤，从而会出现一系列问题，这也是我们要在工作中保持平静的心情的原因。

冠心病一般来说有哪些症状呢？很多人会突然一下子倒在工作岗位，或是倒在家里，或是倒在运动场所，他们实际上是有症状的，但是他们没有认识到是心脏病，尤其是冠心病。有人在胸前感到压迫性的疼痛，或者是感到胸闷，有个石头压着，很多人，尤其是在冬天或是早春的时候，都会认为这个病是感冒，是由于肺部不舒服造成的。我一个同学的老师，在武汉的冬春之际，有一天晚上觉得胸闷，他怀疑是感冒，就准备第二天去附近的医院看一下，结果当天晚上躺下就再也没起来，后来发现是由于急性心肌梗死导致的死亡。还有一个同学，他在深圳是一名外科大夫，有一段时间总觉得上腹部不适，就觉得他是胃的问题，后来他觉得不要紧，下午去打篮球，打完以后回家洗澡，结果一下子倒在浴室的门口，再也没起来。所以大家一定要注意类似的情况，一旦出现了疼痛、咳嗽、喉咙不舒服、上臂或前臂不舒服的情况，大家一定要想到心血管疾病发生的可能、冠心病发生的可能，及时去医院进行检查治疗。

有人会问，为什么心脏不舒服会导致喉咙或者肩膀甚至上臂、前臂的不舒服呢？这是有原因的，因为每个人的遗传背景不一样，发育的背景不一样，有一些人的神经就是支配心脏的神经和支配前臂、上臂、喉咙甚至背部、肩部的神经，存在于一个共同的区域，也就是说一旦心脏发生缺血后，就会影响到那些感觉神经，一旦感觉神经出现异常，就可能感觉到心脏缺血了。如果这个神经和我们肩膀的感觉神经在同一个区域里面，通过异化作用就会导致我们整个肩膀的不适，而心脏本身是没有感觉神经支配的，所以说即使心脏再疼你也是感觉不到的，只会感觉到体表的其他部位出现不适。如果发生了大面积的心肌坏死的话，还会出现胸痛、出汗、呕吐、恶心、猝死的情况。因此，我们要习惯在生命过程中捕捉到一些冠心病的蛛丝马迹，上半身的任何一个地方出现不适的话，都有可能是心脏出血所引起的，一定要赶快去医院就医。

那么冠心病、心绞痛、心肌梗死从临床上来看怎么分类呢？我们把非常凶险的，包括加重的劳累性的心绞痛以及突然出现的心绞痛和心肌梗死，称为急性冠脉综合征。目前看来这是一种最凶险的冠心病，它是冠心病的一种急症，也是冠心病导致死亡的主要原因之一。急性心肌梗死是属于急性冠脉综合征的一个类别、一个亚类。所以这是一个综合征，是要命的一种综合征，并且复发的风险非常大。

对于大多数人来说，我们该如何针对冠心病做好一级预防呢？在医学上关于预防有两个概念，一个叫一级预防，一个叫二级预防，这都是针对慢性病人的。那么什么叫一级预防呢？没有发生急性冠脉综合征，没有发生心绞痛、劳累性心绞痛等，我们都称为一级预防，也就是说这个事件还没有发生的时候我们称为一级预防。那么什么叫二级预防呢？比如说一些朋友发生了心绞痛或者心肌梗死后被医生抢救过来了，那么为了防止复发，我们称为二级预防。冠心病的危险因素包括高血压、高血脂、高血糖，所以我们要降压、降脂、降糖。吸烟对血管有极大的损害，所以要改掉吸烟等不良生活习惯，同时还要做运动、健康饮食。

冠心病患者可以做些什么呢？首先是生活方式。我们需要调整生活方式，同时情绪要好，不要过度紧张、焦虑。过度紧张和焦虑会通过刺激交感神经释放超量的激素，而激素对于我们维持正常的生理活动来说很重要，一旦超量就会引起一系列的损害，导致我们容易发生冠心病。所以在日常生活中一定要保持一个健康、平稳、平和的心态。此外还需要和亲友、病友多多进行沟通。

其次是饮食方面。我们一定要强调饮食，根据《中国居民膳食指南（2016）》推荐，食物应该多样，蛋白质或者能量的来源要以谷类为主。中国最新的膳食指南以及世界卫生组织、世界粮油组织，包括中国的心血管协会、美国的心血管协会、欧洲的心血管协会都推荐大家要吃全谷物，到面包店要买全谷的面包，不要买精白粉的面包。华中农业大学张启发院士团队研发了一种健康的黑米，它是全谷物，和我们现在所吃的精白米相比，那要好得多。因为精白米在加工过程中会把一些蛋白质、维生素、微量元素等全部抛光去掉，留下来的只是一种糊精的成分，而我们看到的白米其实就是糊精的一个结晶体。糊精吃进去以后会转化成葡萄糖，然后转化成能量。如果和汽车做一个类比的话，那精白米和精白面就相当于汽油，除了提供能量，基本上没有其他意义。因为通过饮食可以补充一些热量，热量补充越多以后反而会导致你在短时间内血液的血糖水平增加，进而损害我们血管的内皮细胞。因此在这种情况下，我们不主张吃精白米、精白面，同样这也是世界卫生组织和其他国家所有与健康饮食相关的学科和协会都共同推荐的。我们也期待湖北省的拳头产品是一个科技革命的成功的产品，健康的黑米在未来能够成为我们湖北省，甚至整个中国南方以米为主的中国南方地区中国60%以上的汉族人的主食来源。如果能够大力推广的话，饮食的问题就解决了。还要少盐、少油、控糖限酒。考虑到民族的生活习惯，可以少喝点酒，但按照目前的情况来看，还是尽量少喝为好。所有的饮食一定要以植物蛋白和植物摄入为主，吃的60% 东西都应该是植物，而不应是动物，或者可以吃鱼肉和白肉。最近的研究显示，吃太多的奶制品对成年人来说也不好。吃过多的奶制品，会和恶性肿瘤等疾病有一定的相关性；奶制品喝多后，尤其是全脂奶制品的话，对人的健康也不利，因为奶制品里含有大量的脂肪，脂肪含量高了以后就成为心血管的危险因素，所以大家即使喝奶制品的话，也一定要喝脱脂牛奶。还有糌粑实际上是最不健康的一种饮食，在我国凡是以糌粑为主食的居民，他们心脑血管的发病率是其他地区居民的两倍以上。同时腌制品腊肉也必须少吃。

再次是运动方面。运动非常重要，因为人类是从类人猿灵长类进化而来的，所以我们天生具有擅于运动的机能。大量的证据表明，每周应该保持150分钟以上的出汗运动，而且一定也是让你能够坚持下去的运动方式。如果你喜欢打球，那么在充分热身的情况下，如羽毛球、乒乓球等可以锻炼全身的活动能力以及协调能力，对于延长寿命最为有利。

最后是医疗方面。虽然冠心病的高危因素包括高血压、糖尿病、肥胖、高血脂、抽烟等，但有一些是可以克服的。而高血压发生的时候只能靠药物，因为高血压一旦发生，如果不把血压降下来，高血压本身会对血管产生各种各样的损害，没有办法进行避免，所以高血压患者一定要把血压降下来。高血脂也一样，血脂高了以后，坏的胆固醇会损害我们的血管，在这种情况下，如果不把血脂降下来，任由坏的胆固醇在血里乱跑，到处损害血管，就会很危险。高血糖也是一样的道理。对于具有这种危险因素的病人来说，首先是要把危险因素降下来，同时一定要相信医学，医生给患者开的药物都能够降低心肌梗死发生的概率，还可以延长寿命。我们还可以使用一些现代化的手段，一旦患者发生冠心病以后，我们会根据轻重程度进行治疗，如果轻度的话就用药物治疗，较重的话就需要进行支架手术。如果更严重的话，我们会进行心脏外科搭桥术，比如我们乳内动脉截取一段动脉出来，把主要血管的入口打一个孔将乳内动脉接过去，搭到下游，绕过狭窄的血管，将狭窄的下游再接上去，那么就相当于搭了一个桥，这样一来也保证了心肌细胞的血供应。

如果我们得了心肌梗死，或者得了一些相关的疾病，那么我们一定要进行规范化的治疗，做好冠心病的二级预防。一旦得了冠心病或者有一些很严重的危险因素，药物应该终身吃。为什么终身吃呢？因为如果把血管看作一棵树，把主动脉看作树的主干的话，那么每个分支血管，包括心脏的冠状动脉都可以看作树上的枝丫。如果这是一棵苹果树或是一棵橘子树的话，那么一旦枝子上结了一个苹果或橘子，那么其他枝丫上同样会结苹果、结橘子。这就意味着如果在血管上长了一个斑块，那么其他分支上同样也会长斑块。所以我们做的支架或搭桥手术就相当于解决了一个局部的血管问题，而对于其他的血管问题，我们没有一个非常好的解决办法，要想不发生动脉粥样硬化斑块、不发生其他心肌缺血的情况，唯一的办法就是通过吃药改变整个的代谢内环境，才会阻止疾病的发生。吃药对于慢性病来说，就是要改变你的内环境，将导致疾病的内环境扭转过来。所以对于患病的人来说，一定要终身治疗，做好二级预防。

二、提防心血管疾病的三大"帮凶"

为什么冠心病等心血管疾病从20世纪90年代以后会成为中国人群的头号致死性疾病呢？在20世纪90年代，按照死因的排位，第一顺位的致死性疾病是下呼吸道感染，也就是我们现在所说的肺炎合并肺部的感染；第二顺位是新生儿出生的缺陷导致的死亡，这是我国在20世纪90年代以前的两大致死性疾病，但20世纪90年代以后心脑血管疾病就变成了第一位。当心脑血管疾病变成我国第一顺位疾病的时候，恰逢中国的改革开放，随着国家改革开放的不断深入，心脑血管疾病的发病率所引起的死亡会越来越多。当然我们的寿命肯定是在不断地延长，中国刚刚解放的时候，国人的平均寿命是39岁，而到了去年国人的平均寿命是78岁，寿命翻了一番，随着寿命的延长，疾病谱发生了深刻的改变，心脑血管疾病成为我国第一大危险性疾病。所以心脑血管疾病和我们的社会经济发展密切相关，但是发展并不会直接引起我们心脑血管疾病的发生，我国和国外同行的研究表明，在冠心病这类的心血管疾病发病率高涨的背后，是人体代谢异常的发病的急剧增加。肥胖、高脂血症、糖尿病、非酒精性脂肪肝的发病率不光在我们国家迅速增长，在美国在欧洲也是一个很大的社会问题。今年4月份我和美国一位非常著名的心脏病学家 Joseph Hill 有一次对话，去年我们行业里的很多教授组织了一个学术机构，叫作"中国心血管代谢联盟"，来克服人体代谢所带来的一些不好的心血管的并发症，或者是心血管疾病的发生，降低它的发病率和死亡率。但目前我们面临很大的问题，有时候我们也希望与国外的同行携手，通过基础和临床的研究把问题克服。Joseph Hill 教授跟我说实际上这并不只是中国人所面临的问题，在美国、在欧洲同样面临着非常大的问题。他说如果我们十年前心血管的一个热点就是怎样去做支架，怎么样去解决血栓，而未来二十年我们将面临的一个最大挑战，同样也是全世界所有的心血管大夫的挑战，那就是代谢异常引起的心脏问题。不管是脂肪肝也好，还是肥胖、糖尿病也好，它都可以通过各种途径释放。因为我们知道血管对人来说是一个管道系统，静脉把经过代谢的血液回溯到心脏，动脉从心脏把经过的氧合血液打到全身，这是一个循环系统，而循环系统也就是所有参与代谢的主要器官，包括脂肪组织、胰岛、肝脏等，它在这个系统里不断地循环。一旦肥胖或者糖尿病发生以后，一些有毒的脂代谢或者中间产物都会同样排到这个血管。在血管里面就会不断地损害血管的细胞、损害心脏的功能，代谢性心血管疾病的原因就是这样。冠心病、急性心肌梗死是我们最常见的代谢性心血管疾病，因此对于这种代谢异常所引起的心血管疾病尤其是冠心病来说，我们需要进行长期的多种危险因素的共同管理。因为很多人都会同时存在这些危险因素，70%的糖尿病患者会有高血压，50%以上的糖尿病患者会有脂代谢，30%的糖尿病患者会出现肥胖。

首先讲一下肥胖。我们知道在唐朝的时候以胖为美，但现在来看，他们的心血管肯定不是健康的。根据去年国际糖尿病联盟（IDF）发布的中国糖尿病发病率数据，现在中国有1.4亿的糖尿病患者，1.4亿是什么概念？我们中国有14亿人，那么每10个人里面就有一个糖尿病患者。而目前我们对糖尿病的知晓率太低，这是为什么呢？因为糖尿病有三个指标，我们目前的常规体检只查其中一个指标，剩余两个指标都没有查，所以全国所有省市的糖尿病知晓率也就是30%多，不到35%，甚至60%~70%的糖尿病病人都不知道自己得了糖尿病，这也是为什么我们经常在临床上碰到病人很小心，一查就会查出一个糖尿病患者。已有的研究表明，如果我们收100个冠心病患者的话，那么其中会有22个左右是在住院前已经知道其患有糖尿病，25个左右是住院的时候被诊断为糖尿病，而剩下的60%~70%的患者，虽然没有诊断为糖尿病，但已经到了糖尿病前期，这也就是说此时的高血糖患者虽然没有达到糖尿病的标准，但是血糖已经比正常人高一些了，代谢紊乱已经对血管有损害了。所以今年湖北省的心血管大夫和内分泌大夫在湖北省卫生健康委的领导和基层的大力支持下，在全省发起了一个2000万人的35岁以上的糖尿病、高血压、高血脂、房颤等的筛查活动，目的是希望能够把以前漏诊的那一批糖尿病患者筛查出来，该吃药的吃药，该调整生活方式的调整生活方式，医生告诉病人该怎么做，这样才能够减少糖尿病带来的心血管危害以及其他危害。糖尿病是很危险的，肥胖类似于糖尿病的孪生兄弟，不是所有的糖尿病患者都胖，但是在糖尿病患者的一生中，肯定是有一段时间肥胖的，而发生糖尿病的时候，他通过拼命减肥可能不胖了，但是损害已经出现了，并且是不可逆的。一般来说，青少年的肥胖对于所引起的糖尿病前期以及糖尿病是非常危险的，肥胖的原因有很多，但是饮食是最重要的，这是第一点。第二点是要增加运动，大量的运动会让活动和进食之间形成一个平衡。

肥胖会引起一系列的问题。肥胖患者肿瘤的发生率很高。曾经有一种观念认为：长得胖，得了心血管疾病，不容易得肿瘤。这个观念是绝对错误的！因为心血管疾病来得快，生命马上会丧失，根本来不及发现有肿瘤，或者是肿瘤还没有发展到很严重的程度，患者就已经因为心脏的问题而过早死亡了。所以肥胖不仅增加心血管疾病发生的概率，它还会引起肿瘤疾病的发生。肥胖和代谢与心血管疾病息息相关，包括肿瘤、抑郁、焦虑、睡眠呼吸暂停综合征等，会出现一系列的问题。

　　什么才算是胖呢？我们以体重指数（BMI）来分析，一般来说体重指数在24以内是正常，超过24是超重，肥胖是28以上，但是实际来说，BMI在26已经算是肥胖了。因为是西方先开始套用这个公式，根据我们中国人群的调整，大家认为体重指数在22左右可能就算超重了，到了26应该算肥胖了。除此之外，大家现在认为按腰围统计的肥胖增长率比按BMI指数统计的肥胖增长率危险性更大。为什么呢？因为腰围反映人体的内脏脂肪。脂肪分为两种，一种是皮下脂肪，一种是内脏脂肪。皮下脂肪一般来说是中性的，为保暖或者提供一种能量的储备。而内脏脂肪对人体非常有害，腰围的增加反映的就是内脏脂肪的增加，所以大家都认为腰围大比体重指数高的危害性更大。我国腹型肥胖的标准是男性腰围大于等于90厘米，女性大于等于80厘米。我国一半以上的成年人存在腹型肥胖的问题，同时2型糖尿病合并腹型肥胖的成年人将近16.2%。不论体重指数如何，腰围越大，患糖尿病和心血管疾病的风险越高。这也就是说在同样体重指数的情况下，腰围越大，危害性越高。

　　进行体重管理，首先应降低腰围，腰围降下来之后，可以把胰岛素抵抗缓解过来，逆转对心脏和血管的损害。同时减肥或减重后，不光体形好看，而且心血管疾病发生率也会降低，心血管的总死亡率也会降低。

　　其次来讲糖尿病。糖尿病是我国以及世界上共同面临的最大的公共卫生问题，全世界每10个人就有1个糖尿病患者。同时80%的成年糖尿病患者生活在中低收入国家，调查表明，收入越低，糖尿病发病率越高，包括糖尿病前期，这和其他国家是一致的。1980—2021年，我国糖尿病的发病率增加了19.3倍。在这基础上，我们的冠心病发生率才会迅猛增加。糖尿病等代谢性疾病与我们现代生活方式所带来的代谢异常息息相关，与古老、传统的生活方式比较，现代生活方式的危害性很大。中国有全世界最大的糖尿病患者人群，1.4亿人是很吓人的数据。20世纪80—90年代的时候，糖尿病还不是非常常见的疾病，并且那时的糖尿病30%以上都是1型糖尿病，也就是因为出生缺陷或者免疫性疾病所引起的糖尿病。

　　糖尿病会增加心血管疾病发生的风险，这是由两方面的原因所造成。第一，高的血糖可以迅速通过血管的第一层细胞，我们称之为内皮细胞。内皮细胞对很多物质都要经过选择，当人体血液浓度高的时候，那些物质可以进到内皮细胞里，使转运体功能失活。这种内皮细胞对于高血糖没有任何的抵抗能力，因为表面表达了很多的转运体，我们称之为葡萄糖转运体。一旦血液里的血糖升高，可以迅速地扩散到血管的内皮细胞。而糖对于任何一个细胞来说，它都是一种绝佳的能量供给物质，就像烧的汽油一样，一旦进入细胞就会马上进行代谢，在代谢过于旺盛的情况下，像锅炉一样不加限制地加入大量的能量进去，锅炉反复地烧，不加以控制锅炉自己就会被烧化了。在这种情况下，高血糖对于血管内皮细胞来说，血管内皮细胞可以摄取大量的血糖，会导致自己的功能发生紊乱，出现内皮紊乱，甚至死亡。一旦血糖升高，它对血管内皮的损害是不可逆的，并且是非常快的损害，会立即加重整个以动脉粥样硬化为代表的血管功能衰退以及血管疾病的进展。

目前来看，糖化血红蛋白每升高1%，心血管疾病的风险就会升高18%，这是相当大的概率。同时，糖尿病的发生实际上是渐进的过程，如果在糖尿病前期不加以干预，一旦到糖尿病阶段，体内50%的血管就已经出现了损害。再继续发展下去的话，90%的血管会出现损害。在糖尿病前期的时候，大血管并发症和微血管并发症一起出现，随着血糖的持续增加，糖尿病各种各样并发症的风险性也会明显增加，糖化血红蛋白和糖尿病患者微血管并发症的风险也会上升，类似于直线的一条曲线。谈到微血管，实际上微血管是非常重要的。打个比方：湖北省图书馆的大水管我们称之为大血管，微血管是每个房间、每一个办公室的水龙头的小水管，它负责组织和细胞器官最小组成单位的直接血液供应。一旦大面积的微血管发生病变，局部就会缺血，出现坏死。糖尿病是造成中国成年人失明的主要原因，糖尿病视网膜病变导致的失明就是微血管发生病变引起的。糖尿病导致的肾病、糖尿病也是由微血管病变引起的，所以糖尿病的微血管并发症非常严重。

从另外一个角度来说，视网膜病变、肾病、糖尿病足等微血管病变以及出现中风、冠心病、下肢病变、动脉狭窄、外轴走路一走就疼、脚不能落地的情况都是糖尿病所引起的疾病。贾伟平院士2016年在DIABETES发表了一篇研究，1985年和2012年相比，我国成人糖尿病的发病率增加了1倍，糖尿病前期的发病率增加了1.5倍，我国青少年糖尿病前期的发病率增加了4倍。这意味着什么？青少年是我们国家的未来，如果现在不对青少年进行干预的话，将来就会出现一大批的糖尿病患者。也许30~50年后，很大一部分人都面临着失明的风险，如果失明，工作和生活能力就都不复存在了。

糖尿病前期预防以及糖尿病所引起的大血管和微血管病变预防在目前看来非常重要。除了会引起失明之外，20%的肾功能衰竭也是由糖尿病引起的。一半糖尿病患者死于心血管疾病，28%患者死于肿瘤，糖尿病会引发各种各样的血管疾病，引发靶器官损害、肾功能损害、昏迷以及肿瘤，对于人体代谢有很严重的影响。

在中国，目前有超过1/3的糖尿病患者至少发生过一次或者一种心血管疾病。此外，还有大量的糖尿病患者正处于发生疾病的路上。这就是"323"攻坚行动的根本原因所在，我们将糖尿病的防治中心与心血管疾病防治中心一起来抓，一起来防治，因为糖尿病是95%以上冠心病的前期，是上游。冠心病上游是糖尿病肥胖，下游是心血管疾病。

我们对糖尿病的管理一定要做到心中有数。很多患者不知道血糖该控制到多少，一些医生对血糖的认识更是非常有限，我们对基层大夫的教育工作真的要加强。一旦空腹血糖超过5.6mmol/L，就会引起微血管和大血管的损害。所以我们对于患者和基层医生的教育任务迫在眉睫。从长期来看的话，至少要把糖化血红蛋白控制在7.0mmol/L，如果是早期的患者我们希望控制在6.5mmol/L，血压要控制在130~80mmHg，体重指数控制在24以下。对于糖尿病要进行全面的管理，控制高危因素，进行药物治疗，同时干预生活方式。

对于代谢异常来说，饮食和运动是基石。对于控制血糖的饮食和治疗实际上和冠心病差不多，都强调低糖的饮食。每天进食150~200克的升糖指数很低的谷物，如第一粗粮、全谷面粉、杂粮粗粮等，而精面粉、精白米、月光米、香米、梗稻米等的升糖指数特别高。

张启发院士研发的健康黑米正在扩大种植面积，健康黑米含有很多抗氧化和抗衰老的物质。对于武汉人而言，喜欢吃热干面的习惯非常不好，这并不是说热干面本身不好，仅仅是希望将来热干面改用全谷物的面粉来制作，而不是精白面。现在西方国家都在吃黑面包、全谷面包，所以我们也希望将来热干面有所改良，以全谷物面粉来制作。

如果吃升糖指数高的食物，进食后一两个小时血糖一下子上去了，但是吃同样重量的全谷物制品血糖就上不去，它的高峰值只有精白面的1/3，甚至1/4左右，所以可以减少对血管的损害。

第二，一定要控制体重，一定要进行治疗，同时还要强调调脂治疗。

我们对糖尿病和心血管疾病危险性的认识也是经过了一个阶段，在早期的认识中，血糖降低后，冠心病发病率肯定会降下来。实际上情况并不如此。糖尿病之所以叫糖尿病，是因为刚开始有个美国教授，尝了一下糖尿病患者的尿，发现是甜的，所以称之为糖尿病。实际上糖高只是糖尿病患者体内的多种代谢物质紊乱的一个表现。血糖高确实可以导致一个人的心血管事件的风险增加和冠心病的微血管损害的增加，但是对于糖尿病患者来说，能够引起血管病变增加的在血里面的物质，绝对不只血糖一个，所以这就是为什么单纯把血糖降下来以后，能够得到的获益很有限，也就是为什么我们始终强调，现在常见的治疗糖尿病的药物，一定要选择减少心肌梗死、脑中风、因心脏功能衰竭住院、导致心血管死亡的药物。

现在有两类药物可以减少糖尿病患者心血管疾病的发生，一类是GLP-1受体激动剂，另一类是SGLT-2抑制剂。这两类药物一个是鲁肽类的药物，另一个是列净类的药物。

这两种药物出来后，中国、美国、欧洲的治疗糖尿病指南已经完全发生改变了。以前针对糖尿病患者，我们都强调每天打一针胰岛素，而现在我们建议打胰岛素最多不要超过一个月，对于成人2型糖尿病患者来说，大部分要吃药。像之前磺胺类的药物，刺激胰岛素分泌的药越多效果越不好，现在全世界所有心血管和糖尿病大夫推荐的都是鲁肽类的药物和列净类的药物。

糖尿病要有长期的管理，在这过程中有很多真真假假、虚虚实实的说法。有人说他们家有家传秘方，可以把糖尿病完全治疗好，彻底治愈，这是不可能的事情，这种说法千万不要相信！出于对糖尿病本身的认识，糖尿病根本不可能得到彻底的治愈。有人说把血糖控制好就够了，这也是不行的。因为对于糖尿病患者而言，糖尿病患者体内有一系列的物质会对心血管带来损害，首先是坏胆固醇的增高，其次是好胆固醇的降低。

最近心血管界临床权威杂志发表了一篇文章，其比较了三种情况，第一种是长期的生活方式干预，第二种是吃降糖的药物——二甲双胍，第三种是和对照人群相比较，看心血管事件的发生率高不高。结果发现只要三组人群坏的胆固醇控制的水平都降下来了，并且降的水平都差不多，所以不论你是否用治疗糖尿病的药，心血管事件的发生率都是一样的，没有明显的差别。唯一的差别是用了抗糖尿病药物的时候，糖尿病的发病率是降下来了，但是并没有带来明显的心血管事件减少。换句话说，只要把血液胆固醇控制在很低的情况下，心血管事件包括心肌梗死、脑卒中、心衰住院、心血管死亡的发生率就不会增加。所以说大家始终要注意胆固醇，不要认为糖尿病患者只有血糖的损害，没有胆固醇的损害，坏胆固醇的损害永远是第一位的。

坏胆固醇是导致心血管疾病发生的罪魁祸首。我们什么称之为坏胆固醇呢？坏胆固醇就是低密度胆固醇，低密度是低密度脂蛋白的简称。2/3的低密度胆固醇是人体自己合成的，也就是说我们吃的糖和淀粉在很多情况下，除了变成游离脂肪酸、脂肪酸储存起来外，另一部分会变成胆固醇进行储存。而这种胆固醇储存增多之后，会对心脏和血管产生非常不好的作用，人体内2/3的胆固醇是自己的，还有1/3是从食物里产生的。目前来说，降胆固醇的药物一个是他汀类的药物，另一个是胆固醇吸收的抑制剂。目前在市面上有一种叫PCSK9抑制剂的药物，它就是加速体内所有的胆固醇排出去。所以说现在目前降胆固醇的有这三类药物，效果最强的是PCSK9抑制剂。但是大量的临床证据表明，单纯抑制它的合成对于大部分病人来说已经足够了，尤其是一级预防的病人。所以说这就是现在很多人在吃他汀类药物的原因，包括立普妥、可定等。

目前看来，如果有动脉粥样硬化，有斑块的情况或者低密度胆固醇高，吃他汀类药物就可以了。但是如果一个人已经有明确的冠心病、中过风、缺血性脑卒中了，在这种情况下且斑块很大，可能需要在他汀类的基础上加上PCSK9抑制剂。

还有人说服用降胆固醇的药物好了以后，血脂化验单达标之后就不用再治疗了，这种说法肯定也是错误的。因为目前学界对心血管病也好，糖尿病也好，代谢也好，对胆固醇的认识与根据危险因素的认识不一样，达标目标值也不一样。换句话说，一旦病人又有糖尿病、又有高血压，那么坏胆固醇的达标值肯定比没有高血压和糖尿病的患者低得多。目前首先要减少患者心血管事件的发生。对于糖尿病患者来说，坏胆固醇要降至1.8mmol/L以内，这是没有得过心梗和卒中的情况而言。一旦糖尿病患者得了卒中和心肌梗死，那么坏胆固醇要降至1.4mmol/L以内。如果血糖没有到达7.0mmol/L，还在八点几，这个时候要降到1.0mmol/L以内。这也就说明危险因素越多（所谓的危险因素就是帮助血液里面的坏胆固醇，进入血管内皮下形成动脉粥样斑块的因素），就要把血液的坏胆固醇降到越低，才不容易进入血管里，不容易形成动脉粥样硬化。

更甚者说长期服用药物是有害的，这绝对是无稽之谈。我们现在推荐的药物都是经过大规模的临床试验，证明能够减少心血管事件的发生，能够减少死亡的发生，是能够延长寿命的药物。一旦停药，病人所获得的益处马上就没有了，代谢的状态又会回到之前的状态，又会发生其他的疾病。所以早在十几年前，世界卫生组织就明确地说过，对于已经确诊的冠心病患者，他汀类药物降坏胆固醇的治疗要长期支持，应该终生持续。

最后，我们谈一下高血压。在中国14亿人民里有2.7亿的人患有高血压，在湖北省6000万的人口里有800万的人患有高血压。现在中国高血压的标准是140/90mmHG，但欧美和英国、日本，乃至中国台湾地区已经把高血压的标准定位在130/80mmHG，之后可能随着大陆的大规模实验数据出来后，也会把高血压的标准调整到130/80mmHG。很多高血压是没有症状的，在我国高血压和糖尿病的知晓率仅为30%~40%，不到50%，有一大半的人患有高血压却不知道，这是很危险的。目前湖北省要把35岁以上的2000万人进行筛查，筛查究竟有没有高血压，如果有高血压就要马上开始治疗了。

如果病人长期血压高，对血管壁的损害持续存在，一旦不吃药，不把血压降下来，那么损害会日积月累，越来越重，最后一发不可收。高血压除了会引起冠心病、脑梗死以外，还会出现肾功能衰竭、视网膜病变等。高血压疾病是心血管死亡的主要原因，2017年我国因高血压死亡的人数高达254万，这是相当庞大的数字，还包括引起的中风、心肌梗死等。降压治疗肯定能够获益，这也是我们叮嘱高血压患者一定要降压的原因。

管理血压首先要明确血压的目标，其次要规范地治疗，尤其要关注清晨的血压以及平稳地降压。高血压患者要在家里每天测一次血压，测了以后记录下来，一两个月后就会对自己的血压波动过程有个很好的认识。一旦不舒服或者血压高了后，就知道该怎么进行调整。一定要测清晨血压，清晨血压一般是指早上6点钟到10点钟所测量的血压值，这时候由于人体交感神经特别兴奋，特别容易出现高血压。一旦血压高了后，再加上交感神经的活性增加，会导致中风。很多老人突然发生中风和心肌梗死，正是因为清晨血压高了没有控制好。

所以我们一定要把清晨的血压控制好，同时还要控制长期目标和近期目标，一般来说血压至少控制在140/90mmHG。如果耐受的话，我们建议控制在130/80mmHG。同时我们强调平稳降压，也就是说所有的药物必须要达到平稳的标准，以前像心痛定（硝苯地平）这种药物也可以降压，但是它降压的时效很短，降压的效果也就个把小时，这会引起高血压病人血压的大幅度波动。后来发现，如果血压波动太大，吃短效的降压药物不仅不会降低血压，反而会增加脑中风的风险。所以后来医学界就把所有短效的降压药全部放弃了，全都改为现在的长效药物。

当发现高血压后不要求快速降压，如果一个人血压特别高，发现的时候有200mmHG多，这个时候我们首先要把血压降在安全范围内，也就是高压降到160mmHG，低压控制在100mmHG以内，这可以保证病人血压虽然高，但不至于发生致命的危险。在160/100mmHG的时候，用一到三个月的时间把血压降低到正常就可以了。因为高血压患者长期在高压的状态，他的组织器官已经适应高压的血流了，血压降得太快后，会出现组织器官血液供应不足的情况，所以我们要求平稳地降压，长期地降压。

同样，高血压也千万不能停药。因为很多病人是原发性的高血压，并且长期处于高血压发病的过程中，它的血管结构、心脏结构都已经发生了相应的改变，一旦不吃药，它又会恢复，血压又会升高，使得之前降压所获得的益处消失得一干二净。在这种情况下，降压药可以减量维持在一定水平，但是千万不能停药，也就是说保证血压在非常平稳的水平，要坚持每天测血压，终身管理。

最后谢谢大家，祝大家身体健康！

三、重点提问与解答

提问：如何看待食药同源？

黄恺：其实不能说食药同源。为什么不能说食药同源呢？因为食是食，药是药，虽然有一些食品确实可以起到一定的保健工作，但却远远达不到治疗的效果，治疗必须用药，所以食药同源是一种容易让人产生误解的说法。我们可以通过不同饮食来实现一级预防，但饮食永远是饮食，它不可能是药物，不能够治疗。医学上评判一个物质是不是药物，主要看它能不能治病。

提问：有没有自学医学的系统书籍？看科普书怎么样？有非专业人士可以考取的证书吗？

黄恺：没有。学医本科生五年，硕士研究生加博士又是五年，这是个系统的工程。你可以通过学习很多的科普书籍增加对健康的认识，但是千万不能用它来治病，那会出问题的。

提问：请黄老师对鲁肽类的药物再介绍一下。

黄恺：这是一种新型的降糖药物，我们称之为 GLP-1 受体激动剂，最新一种叫作司美格鲁肽，这种药物既可以减肥，又可以降低血压，降低冠心病及心血管事件的发生，在一定程度上可以保护肾功能，效果很好。

提问：心血管检查的项目要做哪些？

黄恺：目前有超声、血管造影、抽血的生化检查、查血脂血糖，我建议如果做检查的话，要到大医院的心血管专科做检查。湖北武汉的三甲医院做心血管检查都是比较专业的。

提问：确诊冠心病最多堵了50%，多久做一次？

黄恺：在吃药的情况下，把 LDL-C（低密度脂蛋白胆固醇）控制在1.5mmol/L 以下；如果没有症状，我建议一年做一次评估；如果不放心的话，可以两三年做一次 CT 的造影。我们现在使用他汀类药物降 LDL-C，大量病人的斑块都可以被逆转，甚至逆转到10%。所以适当注意很重要。

提问：早晚体重差可以反映代谢水平吗？

黄恺：不可以，代谢水平必须通过检测来反映。因为代谢的指标主要还是胆固醇和血糖，体重是看不到的。

提问：如果长期低血压，高压是90mmHG，低压是60mmHG，60岁以后怎么办？

黄恺：如果没有头昏，没有行动不便，血压低比血压高好，只要能够满足日常需要就可以了，当然还要检查看是否有其他问题。

提问：糖尿病腿部溃疡怎么办？

黄恺：这是大血管和小血管病变同时存在引起的很严重的结果。腿部的溃疡是由于腿部肌肉血液供应不足所引起的，没有别的办法，这是一个非常头疼的问题，很重的病人甚至需要截肢。

主持人：有一位朋友想问，他的父亲很瘦，得了糖尿病，控制血糖之后体重过轻，同时还伴随冠心病、心衰，该如何保养？

黄恺：瘦的糖尿病患者同时患有冠心病，在这种情况下要和所有的糖尿病患者保养一样，长期坚持把血糖控制好，在控制血糖的同时，一定要把血脂和血压控制好，除此之外就没有别的方法了。

主持人：有位网友问，降坏的胆固醇同时好的胆固醇也降了该怎么办？

黄恺：好的胆固醇的作用一直存疑，单纯通过增高高密度脂蛋白胆固醇，希望心血管可以得到获益，这种临床的证据一直没有。所以说目前所有的指南，都是推荐要把坏的胆固醇降下来，好的胆固醇降下来问题不大，这是非常明确的。只要把坏的胆固醇降下来，心血管疾病就会减少。

提问：来自B站的网友想问他汀类药物的副作用有哪些？

黄恺：他汀类药物的副作用一般来说最主要的，尤其是非常值得我们关注就是横纹肌的溶解。吃了他汀类药物后，感觉到肌肉酸疼，检查发现激酶增加，这就意味着我们的横纹肌发生了溶解，其他对于肝功能的波动一般来说不会有太大的影响。

作者简介

　　李荣建，武汉大学教授，湖北省礼仪学会会长，湖北省演讲协会副会长。曾任中国驻伊拉克大使馆一等秘书、政治处副主任。编撰出版《礼仪训练（第四版）》《外国习俗与礼仪》《谈判艺术品评》《社交礼仪》《现代礼仪教程》等书，主编《华夏文化与文明礼仪》《现代礼仪丛书》等。

中西礼仪文化的发展与交流 / 李荣建

在天上礼仪是亲切的问候，礼仪是真诚的微笑，礼仪是友善的目光，礼仪是得体的举止。

——题记

尊敬的各位听众朋友，大家上午好！今天很高兴和大家分享《中西礼仪文化的发展与交流》这个板块。什么是礼仪呢？礼仪是人类文化的结晶，礼仪是社会进步的标志。具体地讲什么是礼仪呢？礼仪是亲切的问候，礼仪是真诚的微笑，礼仪是友善的目光，礼仪是得体的举止。用一句话概括什么是礼仪：礼仪是做人的规范、做事的规矩。礼仪无处不在，无时不在。像今天上午我们在座的各位提前和准时到了现场，就是讲礼仪。现在大家认真听课就是讲礼仪，礼仪博大精深，又细致入微。

一、礼仪概论

我希望，大家首先记住礼仪的精髓三个字：第一个字，干净的"净"，从我们的头发到我们的服饰到我们的心灵，再到我们的环境都要干净；第二个字，安静的"静"，我们在公共场所要保持安静，今天上午是一个安静的课堂，另外在比较浮躁的社会里，我们要保持心灵的宁静；第三个字最重要，尊敬的"敬"，我们要尊重父母，我们要尊重老师，我们要尊重领导，我们要尊重群众，我们还要自尊，这就是礼仪的核心"尊重"。

二、中国礼仪文化的发展

谈到礼仪，应该说我们中国人最有发言权，为什么这么说呢？因为我们中国是礼仪之邦。但是朋友们，如果有外国朋友到武汉来问大家，我们在座的各位市民都是武汉市文明大使，为什么说中国是礼仪之邦，你怎么回答呢？如果他问我们，中国的礼仪是怎么发展过来的，有哪些名家名言，你怎么回答呢？今天上午给大家讲讲中国礼文化的发展，讲一讲中国是礼仪之邦的三大理由。

第一，中国重视礼仪理论研究。我们中国经历了夏、商、周、秦、汉、隋、唐、宋、元、明、清，到民国再到现在，经历了这么多朝代，但是朋友们，你们知道中国流传至今的比较早的礼仪专著是哪一本吗？我们都知道，在原始社会，当有人群活动的时候，在社会活动中就产生了礼仪的萌芽；到夏商朝时，礼仪初步形成；到了周朝，周公为礼仪的发展做出了很大的贡献，因此我们现在看到比较早的礼仪著作就是这本《周礼》。大家平时工作很忙，可能没有看过这本书，我为大家做一个简单的介绍。大家都知道，现在我们中国有外交部、国防部、教育部等20多个部委，那中国在周朝时期有多少部委呢？那个时候只有六大部委，六大部委的首长分别是天官、地官、春官、夏官、秋官、冬官。天官管什么呢？就相当于我们现在中央办公厅主任，地官相当于现在教育部的部长，春官相当于文旅部的部长，夏官相当于现在国防部的部长，秋官管司法和外交两大部门，冬官管建设。当然大家知道，部长下面还有司局长、处长、科长。这本书记载了周代的383种官名。《周礼》不仅是一本官职表，还记录了我们中国早期的礼仪，比如说，我们告诉孩子"长辈坐上席，晚辈坐下席"，在这本书里面就有记载，这是我们中国流传至今的第一部礼仪专著。

再往后，我们中国第一部诗歌总集《诗经》面世了。《诗经》大家都读过，一共有305

首诗歌，但是大家注意了没有，其中，有首诗歌专门写的饮酒礼仪，用今天的话讲，喝酒不要贪杯，不要喝得酩酊大醉，东倒西歪。大家看，早在2500多年前，我们中国的诗歌里面已经写到了礼仪。再往后到了春秋时期，出现了我们中国第一位大教育家——孔子。谈到孔子，我们大家都记得孔子的很多名言，比如说"三人行，必有我师""温故而知新""有朋自远方来、不亦乐乎"都是孔子的名言。孔子在礼仪方面有很深的造诣，我把他称为中国的第一位礼仪大师。老子也是一位大学问家，他的岁数比孔子还大20岁，当年孔子专门到洛阳和老子切磋学问。但大家都知道，术业有专攻，老子重点研究道，著有五千多字的《道德经》。而孔子重点研究礼文化，比如说孔子提倡"仁者爱人"，孔子希望每个人要做一个善良的人，要做一个关爱他人的人。再往后到了战国初期，出现了中国第二位礼仪大师——孟子。谈到孟子，我们大家也记得孟子的很多名言，比如"天将降大任于斯人也""天时不如地利，地利不如人和""穷则独善其身，达则兼济天下"，这都是孟子的名言，孟子还提出要修身，要培养浩然之气。

我们大家一定记得孔子的名言"君子坦荡荡，小人长戚戚"，换句话说，孔子也好孟子也好，希望每个人要做一个心胸坦荡的君子。到了战国末期，出现了中国第三位礼仪大师——荀子。荀子认为孔子也好，孟子也好，提倡讲文明、讲礼仪没有错，但是还不够，他说，一个国家要治理好，要做到两手都要硬，一手要讲文明讲礼仪，用今天的话讲就是要德治。但是对那些不讲文明，不讲礼仪，违法乱纪的怎么办？要实行法治。所以从中国到外国，从古代到今天，治理国家和地区都是两手都要硬，就是要隆礼重法，用今天的话就是要德治和法治。再往后到了汉代，有了大儒董仲舒，董仲舒提出了天人合一，总结出了三纲五常。我们说三纲已经过时了，把它废弃掉，但是五常——仁、义、礼、智、信，到了今天也是我们进行思想建设、道德建设的重要内容。再往后到了唐代，大家都知道唐代是我们中国诗歌的高峰，涌现出了李白、杜甫、白居易很多大诗人，我相信在座的各位朋友都可以背诵很多李白、杜甫、白居易的诗歌。李白的诗歌《赠汪伦》："李白乘舟将欲行，忽闻岸上踏歌声，桃花潭水深千尺，不及汪伦送我情。"我在几个月前到应邀到广州给一家大型国企做讲座，讲到这个地方，有一位企业家举手问道："李教授，汪伦是干什么的？李白为什么给他写诗？"汪伦在唐代就是一名七品芝麻官，相当于现在的一名县长。大家知道，李白是大诗人，游走天下的，有一年李白到了汪伦所在的县，位于现在安徽境内，汪伦热情接待。不仅如此，当李白要走的时候，汪伦为李白准备了大量的礼品：第一是酒，大家知道李白是斗酒诗百篇；第二是服装，绫罗绸缎，第三是盘缠。最让李白感动的是，汪伦安排了群众跳踏歌舞为李白送行，李白既感动又激动，提笔就写了这么一首流传千古的名诗《赠汪伦》，汪伦一个小小的七品芝麻官从此名垂青史。什么叫接待礼仪？汪伦在接待李白这件事上就做得相当好。

我国唐代不仅有李白、杜甫、白居易，唐代的学者还编纂了《大唐开元礼》等著名的礼仪著作。再往后到了宋代，北宋大家司马光是一名高官，同时还是一名历史学家。刚才我们主持人介绍，我是武汉大学历史学院的教授，我是一名历史学家，我重点研究世界历史，但是关于中国古代的典籍，我读的最多的只有两本，一本就是司马迁的《史记》，大家知道，《史记》是我国第一部通史，全书文采斐然。第二本就是《资治通鉴》，这本书是司马光和他的团队花了十九年时间才写成了这么一部流传千古的名著。我为什么给大家讲这个故事？希望大家要提倡团队精神，要提倡合作意识。司马光还写了一本礼仪著作叫《涑水家仪》，家仪就是家庭礼仪。为什么叫《涑水家仪》呢？司马光家乡有一条河，这条河叫涑水，所以他的这本书就叫《涑水家仪》，而司马光也被称为"涑水先生"。再往后到了南宋，出了大师朱熹，谈到朱熹都知道他的诗歌写得好，我们都知道朱熹以《四书集注》名扬天下，其实朱熹还写了《家礼》，我们现在把它称为《朱子家礼》。现在日本人讲日本是礼仪之邦，韩国人讲韩国是礼仪之邦，你们知道韩国人读得最多的礼仪著作是哪一本吗？不是《礼记》，不是《论语》，就是这本《朱子家礼》。由此看来，原来日本人也好、韩国也好，都是中国礼文化的学生。

到了明代，又有大师王守仁，也就是王阳明。提到王阳明，我们都知道习近平主席号召我们全国的干部、员工要做到王阳明所倡导的"知行合一"。再往后，孙中山这些先行者，都对中国礼仪文化的发展做出了巨大的贡献。一句话，中国的礼仪著作汗牛充栋、浩如烟海，所以说我们中国是礼仪之邦。

第二，中国人民讲究礼仪实践。今天上午我们省图在这个地方举办讲座，虽然天气很热，但是我们在座的各位读者朋友放弃休息时间，冒着酷暑来听我讲座，而且在座的各位认真听、认真记，没有一个人说话，没有一个人做小动作，这说明什么问题？说明在座的各位素质高，说明了我们大家讲礼仪。但是我要提醒大家，讲礼仪并不仅仅是在座的各位讲礼仪，也不是从我们开始的。我们的祖先，我们的先辈们就非常讲礼仪，大家想想，在我们中国的历史上发生过多少动人的礼仪故事啊，"孔融四岁让梨""黄香九岁温席""花木兰十五岁替父从军""刘备三顾茅庐，礼贤下士""廉颇负荆请罪"，在我们中国这种讲礼仪的故事太多了。正是中国人从古到今，从上到下都讲礼仪，所以说我们中国是礼仪之邦。但是再好的礼仪之邦如果说与世隔绝，就像陶渊明写的桃花源记，与世隔绝，那么国外的人还是不知道我们中国是礼仪之邦。

第三，中国实行睦邻友好政策。换句话说就是长期对外开放。大家可能想问，李教授，中国不是实施闭关锁国政策吗？我们中国是从哪个朝代开始闭关锁国的呢？正确的答案是明朝开始的，明朝的开国皇帝朱元璋是农民出身，他的思想比较保守，所以他上台之后下了一道旨，"片板不能下海"，就是一条船也不能下海，那个时候叫"海禁政策"，虽然后面有郑和七下西洋的壮举，但是郑和下西洋之后，到了明代的中期开始闭关锁国，一直到清朝。在唐宋时期，中国作为一个泱泱大国有着博大胸怀，很多东亚的日本人、朝鲜人来到中国留学、经商、做官，还有很多西域的阿拉伯人和波斯人到中国来留学、经商、做官，他们来到中国发现中国有《周礼》，中国有《论语》，中国有《礼记》，中国的礼仪著作汗牛充栋、浩如烟海，再一看，中国的皇帝讲礼仪，讲皇恩浩荡，中国老百姓讲礼仪，讲究礼尚往来，不得不感叹，中国果然是一个礼仪之邦。

2010年我出了一本书叫《阿拉伯的中国形象》，当时我在书中写道，我参考了8世纪著名的阿拉伯商人、旅行家苏莱曼的著作，他到中国后发现，中国地大物博，皇帝治理得很好，老百姓勤劳智慧，所以早在唐宋时期，中国作为一个礼仪之邦已经是名扬四海、名扬天下。我们中国是礼仪之邦，我们感到自豪，感到骄傲，但与此同时，我们意识到我们身上的担子，我们是中华民族，我们应该继承和发扬中华民族优秀的传统文化。

三、西方礼仪文化发展

谈到西方，大家都知道一句话"言必称希腊"，因为古希腊是西方文化的源头之一。古希腊哲学家对礼仪有许多精彩的论述。例如，毕达哥拉斯（公元前580—前500年）率先提出了"美德即是一种和谐与秩序"的观点，我国古代的圣贤也提出了"和为贵"的观点。所以，无论是中国还是西方文化都提倡"和谐"。

古希腊有三位哲学家，被誉为"希腊三贤"。第一位是苏格拉底，苏格拉底（公元前469—前399年）认为，哲学的任务不在于谈天说地，而在于认识人的内心世界，培植人的道德观念。他不仅教导人们要待人以礼，而且在生活中身体力行，为人师表。他的学生柏拉图是三贤的第二位，柏拉图强调教育的重要性，指出理想的四大道德目标：智慧、勇敢、节制、公正。第三位是柏拉图的学生亚里士多德，恩格斯评价亚里士多德是古代西方世界知识最渊博的学者，因为亚里士多德的研究领域涉及多个学科，他在自己撰写的《政治学》里写道："人类由于志趋善良而有所成就，成为最优良的动物。如果不讲礼法，违背正义，他就堕落为最恶劣的动物。"

公元1世纪末至公元5世纪，是罗马帝国统治西欧时期。此间，教育理论家昆体良撰写了《雄辩术原理》一书。书中论及罗马帝国的教育情况，认为一个人的道德、礼仪教育应从幼儿期开始。换句话说，礼仪教育要从娃娃抓起。诗人奥维德通过诗作《爱的艺术》，告诫青年朋友不要贪杯，用餐不可狼吞虎咽，我们的《诗经》里面同样讲到不要贪杯。公元476年，西罗马帝国灭亡，欧洲开始封建化过程。12世纪至17世纪，是欧洲封建社会的鼎盛时期。中世纪欧洲形成的封建等级制，以土地关系为纽带，将封建主与附庸联系在一起。此间制定了严格而烦琐的贵族礼仪、宫廷礼仪等，而欧洲的贵族礼仪、宫廷礼仪，是我们现在通行的国际礼仪的来源之一。14世纪至16世纪，欧洲进入文艺复兴时期，这个时期涌现了大量文人巨匠以及一些优秀作品。比如，意大利作家加斯梯良编著的《朝臣》，论述了从政的成功之道和礼仪规范及其重要性。尼德兰人文主义者伊拉斯谟撰写的《礼貌》，着重论述个人礼仪和进餐礼仪等，提醒人们讲究道德、清洁卫生和外表美。

中国人同样讲礼仪，我们讲究要尊重领导、尊重长辈、尊重老师，讲究要食不言，寝不语，不要贪杯，助人为乐。

四、中西礼仪的差异

由于东西方地理环境、历史背景和文化传统有所不同，所以中西礼仪在一些方面存在明显的差异。中西在礼仪方面主要的差异，可以概括七个不同。

第一，大相径庭的问候语。如果在图书馆碰到熟人，见面以后通常会问"吃饭了吗"。标准的问候是"早上好"，但是为什么问"吃饭了吗"？我们中国早些年是温饱型社会，那个时候"民以食为天"，所以彼此问候"吃饭了吗"，是一种关心。现在中国进入了小康社会，但是礼仪具有传承性，到了今天我们依然这么问候、关心对方。但是如果我们到了西方，或者外国人来到我们中国，见面以后问候"吃饭了没有"，他一定在想，你是不是要请他吃饭。因为社会的经济文化不同，习惯不同，所以，我们要注意了解各国不同的习俗礼仪。

第二，截然不同的宴请语。西方人请客时，会非常热情地介绍这些菜是他们国家最有名的菜，是地方的特色，这道菜是我夫人专门做给你的，等等。而我们中国人非常讲究待客之道，把最好的拿出来请客人吃，会过谦道："没什么菜请随便用。"中国人讲究谦虚，讲究含蓄，但是外国人则不一样，很直爽。所以我建议，大家了解了中西方的差异之后，以后请客不要过谦。

第三，毁誉不一的"老"。中国人讲究尊老，对于一些有资历的人，我们通常会称呼他为"老领导""老专家""老教授""老师傅"等，但是西方人不一样。举个例子，我们都知道外国人到我们中国人来旅游，甚至来访问都要爬长城，有一个美国人50多岁，旅行到了中国爬长城。大家知道长城有的地方很陡，到了比较陡的地方，导游过来搀扶了一把，这个美国人把胳膊袖子一甩，"我老了吗，我自己能行"。因为在西方"老"就意味着要退休了，"老"就意味着要进养老院了，所以他们非常忌讳"老"这个字眼。

第四，泾渭分明的送礼礼仪。俗话说："千里送鹅毛，礼轻人意重。"中国人很实在，要请别人帮忙或者答谢别人会送重礼，但是西方人不一样。在西方送礼讲究礼品的文化品质，讲究礼品的文化韵味。西方人在礼品的金额上也有限制，比如在美国，一次送礼不能超过十美元，比如过去的西德，送礼不能超过55马克，都有上限。所以，外国人不能送重礼。

另外，中国人收到礼物后通常比较含蓄，不会立马打开礼物，但是西方人则不同，他们会在收到礼物的第一时间打开，并表示开心或者惊讶。所以，我们在东西方送礼礼仪上要充分了解彼此的习惯，并且要很好地融入彼此的文化中，保证交流的顺畅。

第五，各有千秋的餐饮礼仪。文化背景不同，衍生了几种不同的形式：桌餐与自助餐，夹菜与自取，热闹与安静。中国人喜欢桌餐，喜欢热闹；西方人更喜欢自助餐，喜欢安静。

第六，不尽相同的交谈礼仪。中国人尊称对方的父亲为令尊，对方的母亲为令堂，我们称呼自己的父亲、母亲、兄长为家父、家母、家兄。中国人对长辈非常尊重，但是到了西方，很多外国人的小孩子可以直接称呼父母的名字，这是和我们不一样的地方。

另外，西方人非常客气，他们会不停地说"谢谢""请""对不起"，而过去中国人不太善于把自己的心里话表达出来。礼仪不仅要心里有，还要表达出来，不仅要表达出来，还要对方感觉得到，所以建议大家要学会表达，要给父母问候，给朋友们问候，珍惜这些表达情感的机会。

第七，其他礼仪的差异。比如，交际礼仪，中国人见面以后会握手，西方人会拥抱，另外西方人还会亲吻对方的脸颊或者手背，表示欢迎和友好。

五、中西礼仪文化的交流

从古代到近代都有很多中西交流，比如西方的马可波罗来到中国，把中国的很多情况带回了西方，梁启超在他的书里面也介绍了很多西方的礼仪和文化。新中国成立之后，特别是改革开放以来，中西的交流越来越密切，我们很多的国人到西方去观光、留学、旅游，也有很多的西方人来中国观光、工作、旅游，中西的交流日益密切，我国传统礼仪对西方的影响也在与日俱增。

孔子说："己所不欲，勿施于人。"现在西方广泛的认可孔子的这句名言。现在西方领导人也喜欢我们中国的拱手礼，还有很多西方女子穿着我国的传统服饰唐装、旗袍。反过来说，西方对我国礼仪文化的影响也有很多，比如握手礼、女士优先、西服、餐饮 AA 制、西式婚礼等。

六、跨文化交流

什么叫跨文化交流？跨文化交流指的是不同文化背景的人们进行的语言和非语言交流。在跨文化交流中，来自不同国家、不同地区的人，往往会自觉或不自觉地流露出各自文化背景的特点，大家彼此熟悉，相互理解，可以顺利地进行交流；反之，有可能引起误会甚至矛盾。我们中国人有我们的文化背景，西方人有西方的文化背景，大家要彼此熟悉，相互理解，才可以顺利地进行交流。为了更好地开展跨国交流，就需要了解不同文化的背景，求大同，存小异，尊重对方，相互适应，从而和睦相处、友好往来。今天的演讲到此结束，谢谢大家。

七、重点提问与解答

提问：作为我们武汉的普通市民，怎么样做好中西文化礼仪的推动和推广？

李荣建：每个武汉市民都是武汉的形象大使，武汉市已经三次获得全国文明城市称号，而且武汉是一个越来越开放的城市，也有很多的西方人在武汉工作。作为武汉的市民，首先我们要和西方的朋友们友好地相处，同时，要通过我们言行举止，让他们看到我们中国人的修养。另外，我们可以跟他交流分享我们中国的礼仪文化，包括武汉的地方的礼仪文化，都可以进行交流，一方面做好自己，另外一面可以非常坦率地、真诚地、朴实地进行交流。

提问：请问李教授，习近平总书记提出人类命运共同体的概念，我们可不可以理解为人类实际上也是一个礼仪的共同体？而且中西方礼仪的交融是不是我们对外开放的一个前提？

李荣建：我刚才讲到了中西礼仪文化，有相同的地方，也有不相同的地方，大家互相交流，互相吸收，互相借鉴。不管怎么说，我相信通过将来越来越多的交流，人们之间的心灵是会越来越接近的。

提问：请问礼仪与情商的关系是怎样的？礼仪能够提高情商吗？

李荣建：应该这么说，我们学习礼仪的目的是提升自己，是为了更好地和人打交道，学习礼仪之后对自己严格要求，同时学会换位思考。所以从这个角度来讲，我们学习礼仪有助于提高我们的情商，我们要换位思考，站在别人的立场上进行感受，这样的话，我们做事的时候就可以做得更好，想得更加周到，这是礼仪的功能。

提问：请问即将成为一名老师，应该注重哪些方面？

李荣建：首先欢迎这位朋友即将成为我的同行，我们成为一名教师非常光荣，同时也感到责任重大。那么作为一名老师，首先要讲究自身的修养，我们要不断地提升修养，包括我们的业务修养、素质修养。另外我们要注意我们的服饰，要注意我们的表情，我们和学生打交道，我们的表情对学生要非常的友善，对同事要进行合作。所以我们成为老师以后会发现，我们跟学生打交道时，我们把更多的爱给了他们，我们和同事打交道时，我们把更多的合作给了同事，同时把更多的尊重给了学生的家长。

提问：东西方礼仪是否有相互矛盾和冲突的地方？

李荣建：中国和西方有没有一些冲突的地方呢？实际上是有的。西方受基督教文化影响比较大，所以说西方有一种"人生下来就有负罪感"的观念；而我们中国人受儒教文化、道教文化影响比较大，因此我们可以发现，中国人和西方人在某些方面对事物的理解和判断会有一些不一样。

提问：夫妻之间可以讲礼仪吗？

李荣建：这个问题提得好！当然，我的观点仅供大家参考。一般情况下夫妻之间是要讲礼仪的。我认为，夫妻之间是平等的，要互相尊重，在看法上谁对听谁的。第一点，夫妻之间要彼此尊重；第二点，夫妻之间要互相关照。讲一个我自己的故事，我成家几十年了，但我和妻子从来没有吵过架，更没有打过架。很多人问我：李教授，你们是怎么相处的？我回答，就八个字："互相尊重、彼此关照。"比如说我这个人很笨，没有剖过一条鱼，没有杀过一只鸡，有人说：李教授，你那么笨还那么幸福吗？我很笨，但是我不懒惰，比如说，我炒菜不好，但是我会用电饭煲把饭焖好，吃饭了以后，我抢着洗碗刷锅。我在家没有大男子主义，我的妻子也没有"气管炎"（妻管严），所以，我们相处非常轻松。另外我可以想象，今天在座的很多朋友成家以后，我相信你们在家里也会这样的，会尊重另外一半，跟他／她进行合作。在这里我也祝愿今天所有的听众朋友家庭生活幸福美满。

作者简介

　　王小琴，教授，主任医师，博士生导师。湖北省中医院肾病学科主任，湖北省第二届医学领军人才，中华预防医学会肾脏病预防与控制专业委员会委员，中国中药协会肾病专业委员会副主任委员，湖北省中医药学会肾病专业委员会主任委员，《临床肾脏病杂志》副主编。近五年主持国家中医药行业科研专项1项，主持国家自然科学基金面上项目3项，参与原卫生部泌尿系统疾病重大项目1项；作为项目负责人获得部省级科技进步二等奖2项。

名著里的中医文化 ／ 王小琴

　　从红楼水文化看生命价值之美，从湘云辨阴阳看中医哲理之美，从钗黛病症看人文关怀三境界，从膳食章法品味天人和谐之美，从查脉论病领悟医学伦理之美。

——题记

　　尊敬的各位老师、各位书友，非常荣幸和大家一起来重温这部伟大的经典。个人认为读《红楼梦》有四重境界，第一是看过了，第二是看懂了，第三是看通了，第四是看透了。要告诉大家的是，作为《红楼梦》的业余爱好者，我只是看过了。我今天只是从中医的角度和大家一起来探讨这部经典里面的医学人文之美，毕竟它是一部文学著作，而不是一本专业的医书。所以在这里抛砖引玉，和大家共同探讨。

　　什么是医学人文呢？习近平总书记说过这样的一句话："中医药学是中国古代科学的瑰宝，也是打开中华文明宝库的钥匙。"为什么能从中医学这门古老的学科中找到一把钥匙，来打开中华文明的宝库？这里讲的就是医学人文，中医药学这个宝库也为世界贡献了一个诺贝尔奖（屠呦呦）。我们人类和地球上的其他所有生物共享这个物质世界，但是只有人类有自己独特的语言、情感、文化与文明，所以如果医学离开了情感、文化和文明，那人类就不需要医生了，只需要能给各种动物看病的兽医就可以了。

人类从事的所有社会生产活动，所有的科技活动的终极动力是什么？很简单，就是要让我们自己活得更好，活得更长。医学研究的对象是人，它一定会吸收社会活动中产生的一切精华，服务于人类。尤其是中医药在几千年的创建和发展过程中，吸收并且保留了各个历史时期中国传统文化及自然科学的精髓，形成了独特的医学人文体系，非常注重社会心理对生命、健康、快乐、疾病、死亡的影响及其意义，并且体现在医疗实践的各个环节来推动医学的进步。

实际上西医也讲究人文，西医只是不像中医的发展历史这么长久，它属于现代的一个医学体系。随着它的发展历程的延长，肯定也会打下各个时代的烙印。西方有一个医生叫特鲁多，他得了肺结核，用了很多药也没有效果，自己感到时日不多，于是便找了一个安静的一个地方，希望在家人的陪伴下，度过人生最后的时光。哪承想，在那么一个清净美好的环境中，再加上家人的陪伴和安慰，最终他的结核奇迹般地好了。这让他悟出了医学的真谛，写下他行医的座右铭："偶尔去治愈，常常去帮助，总是去安慰。"临床医生面对成千上万种疾病，特别是慢性疾病是不可能全部治愈的，只有一些急性疾病可以治愈，也就是说医学是有局限的，生命也是有限的，即使是医术再高明的医生，他也不能把病人治好并让其活到几百岁，这就决定了我们只能偶尔去治愈。"常常去帮助，总是去安慰"，这是什么？这就是人文关怀。

《红楼梦》是中国文学史上的无上至宝，它也是一部百科全书，或者说像一部3D电影，你得带上一个3D眼镜可能才看得明白。每一个环节都有光芒，每一个视角都值得研究。今天我们从中医药的角度，来探讨曹雪芹对中医人文美学的认识。说到曹雪芹对中医药学的理解，个人认为曹雪芹对中医的研究已经到了专家级别，不是一朝一夕，不是现学现用，而是长期学习研究，深入到了中医学的骨髓。他将中医养生治病的智慧融合到人物的塑造当中，来推动整个故事情节的发展，浑然天成，打造出无与伦比的中医学人文之美，有极高的学习和研究的价值。

《红楼梦》里面写了几百号人物，关系也非常复杂，概括来看总共写了贾府的四大家族的五代人。这五代人里面它主要是从贾宝玉的视角来看十二钗的命运，然后通过十二钗的命运再看四大家族的命运，通过四大家族的命运，再来看这个封建王朝的命运。下面从五个方面和大家进行分享。

一、从红楼水文化看生命价值之美

水在《红楼梦》里面被分为无形之水和有形之水。无形之水就是贾宝玉说的女儿是水做的骨肉。红楼梦起源于水，因为红楼梦整个的主线就是贾宝玉跟林黛玉的木石前盟，这段姻缘的起源就是水。林黛玉的前世是极乐世界三生石畔灵河岸边的一棵绛珠仙草，这株草不具备人形，在贾宝玉的前生神瑛侍者用甘露的灌溉之下，这棵绛珠草具备了人形。后来神瑛侍者贾宝玉降临到人世，绛珠草化身林黛玉来到人间来报答灌溉之恩。

老子说，上善若水，水利万物而不争。一部《红楼梦》就像一块幕布一样，曹雪芹把大幕拉开，让世人看看世界上还有这么美、价值这么高的、如水的女儿，矫正封建社会男尊女卑思想，表达对人性的欣赏，对生命价值的赞美与尊重，寻找亲近、和谐、温暖的生命之源。孔子曰："君子见大水必观"，君子要像水一样有高尚的品德，要有仁义，要有智慧，要勇敢，要善于观察，要包容，要善于变化，要公正，要有度量，等等。水具备一切智慧与美德，这就是水的品格。

红楼写的薛宝钗、林黛玉、史湘云、元春、探春、宝琴这些出身富贵的姑娘，平儿、袭人、晴雯、香菱、鸳鸯等这些地位比较低下的丫鬟，还有芳官、蕊官、藕官这些小戏子，她们个个都有如水的灵性，洁净的人格，洋溢着灵秀之气，被贾宝玉视若珍宝，这就是说生命的价值之美，只有水能和它媲美。所以曹雪芹把生命的价值美，人性的美好和人性的黑暗写到了宇宙的尽头，这是无形之水。

再来看看红楼梦里面的有形之水，生命的原始形态就是水。人类探求宇宙的奥秘，对地球之外的生命充满无尽的好奇，因为只有水才能孕育生命，胎儿就是在水里面孕育的，所以在宇宙中寻找水源也是寻找生命。大观园的命脉就是它的水系，孕育了众多红楼女儿。

李时珍把水誉为"百药之王"，《本草纲目》就把水视作药物的一种，水部列于其中之首，共包含了43种水，其中天水13种，地水30种，分别有不同的性味和功效。包括立春时分的雨水、梅雨季节的雨水、立冬的雨水等，也都各有各的作用。以前没有环境污染的时候，水可能有这么多功效，但是现在环境污染太严重，水也应该失去了它原本的功效吧。但是水还是最有效的药物，为什么呢？大家去医院看病，如果一些不太严重并且查不到原因的病症，这时医生说得最多的一句话就是回去多喝水。那这个水该怎么喝？在这里给大家推荐一下温开水，早上一杯温开水是非常有效的。它有什么功效？首先一晚上没有补充水分，血液是浓缩的，一杯温开水能把血液稀释，同时也清洁了你的肠道，滋养了你的呼吸道黏膜，润泽了你的肌肤，也唤醒了我们身体里的所有的细胞。还有很多的中老年人每天晚上睡觉前要吃药，降脂的一些药都是晚上吃的，还有很多人吃安眠药物以及镇静的药物，长期服用这些药物都有一定的副作用，早上喝一杯温开水可以促进这些药物的排泄。所以早上空腹喝一杯温开水是非常有利于健康，建议大家一定要坚持。过烫的开水是不能喝的，特别是65℃以上的水被世界卫生组织列为致癌物，长期饮用过烫的水会诱发我们的口腔还有食道的恶性肿瘤癌症，所以不要喝太烫的水。

二、从湘云辨阴阳看中医哲理之美

说到中医大家都听过《黄帝内经》，为什么大家都这么推崇《黄帝内经》呢？这本书成书于公元前1世纪，相当于西汉时期。它是个什么样的地位呢？如果我们把看病治病形容为打仗的话，那《黄帝内经》就相当于《孙子兵法》，它是从战略的高度来认识疾病，认识生命，防病治病。《黄帝内经》给的都是战略的意见，它里面并没有具体的怎么治，用什么药，用什么方剂。内经它分两部，一部是《素问》，一部是《灵枢》。《素问》讲的是内科杂病理论的一些基础，《灵枢》主要是讲的经络、针灸，所以《黄帝内经》应该说是我们中医理论的一个起源，一个系统的起源。素问认识疾病用了两个非常重要的哲学理论——阴阳和五行。古代自然科学技术是不发达的，它怎么来认识生命，怎么认识身体的各种现象的？在当时的历史条件下，自然而然地选择了哲学的方法来认识生命和疾病的现象。世界上的万事万物都在不断地变化，此消彼长，它就是阴阳，就是讲的对立统一事物变化的一个规律。它把寒热细化，热属阳，寒属阴，实属阳，虚属阴。如果一个人得了这样的热症，就会用寒药去给平衡，如果是实症就用泻法平衡，如果是虚症就用补法，来给身体建立一个平衡，就是阴阳学说的具体应用。

再就是事物变化的规律。一天的昼夜晨昏，一年四季的春夏秋冬，人类的生老病死都有一个这样的循环，叫盛极而衰，阳盛及阴，阴盛及阳，这样一个变化的规律。往大了说，太阳系、银河系所有的系统都是这样的规律，都在进行阴阳循环，所以他认为阴阳是天地宇宙的道理，更是认识万物的纲纪，也是所有变化生死的一个根本的原因，所有的道理都在这个阴阳的理论里面，在这个变化的规律里面。那么我们治病，我们认识自己的身体的变化，认识疾病的变化也要遵循这个阴阳运行的规律，这就是阴阳理论。

曹雪芹在《红楼梦》第三十一回"撕扇子作千金一笑，因麒麟伏白首双星"，对阴阳理论的阐述非常巧妙。首先他选中史湘云论阴阳，为什么？阴阳是万物之纲纪，宇宙的法则，为什么要这个女孩子来论？因为史湘云她的性格非常好，"幸生来，英豪阔大宽宏量，从未将儿女私情略萦心上，好一似，霁月光风耀玉堂"，这个女孩子她心里装得下天地，装得下阴阳，所以她才有资格论阴阳。

史湘云对翠缕说："天地间都赋阴阳二气所生，或正或邪，或奇或怪，千变万化，都是阴阳顺逆，多少一生出来，人罕见的就奇，究竟理还是一样。"翠缕道："这么说起来，从古至今，开天辟地，都是些阴阳了？"湘云道："什么都是些阴阳，难道还有个阴阳不成，阴阳两个字还只是一个字。"所以曹雪芹真的是领悟了内经的精髓，"阴阳两个字还只是一个字"已经超越了经典！他讲了阴阳对立统一，并借史湘云的口说出来，实际上说的是贾府兴衰的一个规律，也预示着人的生老病死，阴极生阳，阳极生阴，互根互用，生生不息的规律，也是对贾府生老病死和家族盛衰的预测。

还有一个非常重要的理论就是五行理论，在《红楼梦》里面也是论述得非常深刻。大自然是由金木水火土组成的，那么金木水火土组成的大自然也是有感情的。大自然的感情就是春夏秋冬，俗话说春有百花秋有月，夏有凉风冬有雪，这就是正常四季轮回，当大自然生病了就是风雨雷变、洪水、火山、地震。人有五脏六腑，心肝脾肺肾，按它们的属性可以归属到金木水火土，肺属金，肝属木，肾属水，心属火，脾属土。脾为什么属土？我们吃的饭菜要通过它消化来滋补我们的身体，像土壤一样滋养我们。金木水火土也是相生相克的，五脏六腑赋予了我们人体正常的情感，就是喜怒哀乐。如果喜怒哀乐过度，也会反过来伤及五脏六腑，使我们生病。所以内经讲百病皆生于气，所有的病最终归结为情志的异常，过度的抑郁、过度的愤怒或者过度的悲哀、长期的压抑等心理因素是疾病的根源。这就是我们人文医学现在为什么强调社会心理对于人的影响。为什么现在人们的生活越来越好，科技越来越发达，但是我们的病越来越多？这就和社会心理的压力有密切的关联。

基于五行理论，对生命的认识就是整体观。这个整体就是天人合一，人跟大自然是一个整体，一定要和谐相处，大自然的环境遭到破坏会伤及我们人类，我们会受到大自然的惩罚。贾宝玉看到林黛玉和薛宝钗的时候惊为天人，后来他又看到了薛宝琴，更是非常灵秀又很有才华，所以他发出感叹："老天，老天，你有多少精华灵秀，生出这些人上之人来！"这是对薛宝琴说的一句话，实际上他说的是人与大自然的关系，这么秀美的女儿就是大自然生出来的。整体观的另一个观点是人也是有机的整体，在结构上、生理上都是不可分割、互相影响的，所以我们看病通过摸脉、看舌苔和看病人的面色，可以推测出身体内是个什么状况。

基于五行理论整体观，在治病的时候，就要考虑季节、气候、东西南北地域的不同，因时因地来进行调治，这就是五行理论给我们认识人体的一个战略上的指导。《红楼梦》第八十三回，黛玉生病，吃着人参养荣丸也一直不见好，于是贾母便请了宫里的太医来医治。太医给她细细地诊脉，看了她的气色，询问了黛玉身边的丫鬟最终分析出了病情：黛玉的肝邪偏旺，因为肝属木，土生木，木太旺反克脾土，导致她饮食无味，所以她长得那样瘦弱；脾土被克了以后不能生津，导致她咳和喘。总之就是心肝脾肺肾五脏相互影响，都出了问题，最终给她开的方子是黑逍遥。太医用的黑逍遥是什么呢？就是逍遥散加了一味生地黄，生地黄是一个滋补肝肾的药，就用了一味滋补的药，主要是用了逍遥丸，疏肝理气。就是说补药人参养荣丸并不适合林黛玉，她的病根是肝气郁结，情志不舒，应该早用疏肝顺气的药才对。这就是曹雪芹《红楼梦》里面对五行理论的一个具体应用。

三、从钗黛病症看人文关怀三境界

薛宝钗和林黛玉是太虚幻境正册里面并列的两个女一号。十二钗每人都有一首判词和判曲，但薛宝钗和林黛玉两人的判词是一样的，玉带林中挂，金簪雪里埋，这预示着她们两人命运的结局。玉带林中挂说的是林黛玉最后死了，金簪雪里埋说的是薛宝钗的命运要好一些，跟她性格有关系，金簪雪里埋，雪总是有融化的那一天，所以薛宝钗的结局要好一些。

《红楼梦》第七回讲到周瑞家的去给薛宝钗送宫花，见薛宝钗在吃药便问道吃的什么药？宝钗答："再不要提吃药，为这病请大夫吃药，也不知白花了多少银子钱呢。凭你什么名医仙药，从不见一点效。后来还亏了一个秃头和尚，说专治无名之症，因请他看了。他说我这是从胎里带来的一股热毒，幸而先天壮，还不相干。若吃寻常药，是不中用的。他就说了一个海上方，又给了一包药末子作引子，异香异气的，不知是那里弄了来的。他说发了时吃一丸就好。倒也奇怪，吃他的药倒效验些。"这里说的药丸就是冷香丸，所以薛宝钗的病症实际上就是肝胃郁热症，她总是面色红润比较富态，表明是实症，据此推测她应该还有一些心烦、头胀、头痛、口干的症状，只是不说出来而已。

反观林黛玉弱不禁风、头晕、食欲不振、胆怯、失眠、多梦、咳血，这是典型的心脾两虚症，但这也和先天有关系。中医认为疾病的根源是由先天决定的，指遗传父母寒、热、虚、实不同的体质，这和西医讲的道理是一样的，疾病的追根溯源最终都与基因多态性有关，也是说遗传导致的疾病易感性，同样是感冒，有的人引发了肾病，有的人却不会，这还是和先天有关系的。

曹雪芹是怎么样通过《红楼梦》关怀薛宝钗和林黛玉的呢？他遵从了《内经》理论。内经素问也提出来了防病治病的最高的原则"恬淡虚无，真气从之，精神内守，病安从来"。

《红楼梦》里面对两个女一号的关怀有三重境界：第一重是宗教境界，第二重是情感关怀，第三重是现实的照顾。比如，在林黛玉三岁的时候曾有癞头和尚化她出家，癞头和尚在红楼梦里佛教代表，试图把她的人生指向空门，但是她的父母固是不从，宗教关怀这条路断了；不许见外姓人，这是改造她的生活环境，恰恰她被送去贾府；最后就是不许见哭声，这是改造性格，偏偏她天生爱哭，对林黛玉来说，宗教关怀彻底失败。再来情感关怀，给她安排的灵魂伴侣贾宝玉，两人三观相合，确实是天生的一对。另外林黛玉还有一个知己——妙玉，她们两人心有灵犀，这两个几乎是一个人，只是一个出家一个没出家而已。她们两个都很有才华，喜欢写诗，但性格孤傲，孤芳自赏，看不起穷人，看不起刘姥姥，妙玉不给刘姥姥敬茶，黛玉说刘姥姥是母蝗虫，暗示她们德才不是相配的，所以命运都不好。情感关怀的失败，造成了黛玉凄凉的心境。大观园花柳繁华地，温柔富贵乡，但是在黛玉心里一年三百六十日，风刀霜剑严相逼。她的心境是这样的，别人看那么好的地方，在她心里，每天像受了酷刑似的。林黛玉到了贾府以后，贾母给她安排丫鬟照顾她的饮食起居，这就是第三重境界。再看薛宝钗，宗教关怀非常成功，癞头和尚给的冷香丸，由白牡丹花、白荷花、白芙蓉花、白梅花的花蕊各十二两研末，并用同年雨水节令的雨、白露节令的露、霜降节令的霜、小雪节令的雪各十二钱加蜂蜜、白糖等调和，制作成丸药，放入器皿中埋于花树根下，这一丸药吸收了天地之精华，对女孩子是极好的养料。宝钗吃花、黛玉葬花，从她们对待花的方式，我们可以看到两个角色的心境，心境决定了她们的眼睛，心境什么样眼睛看到的就是什么样。薛宝钗的心境敞亮，所以她看待一切都是美好的。林黛玉心境是凄凉的，所以她看到一切都是凄凉的，宝钗把花拿来吃，吸收大自然精华，滋养自己，而黛玉她也爱一花一草，却把花拿来埋葬，让美丽的花儿质本洁来还洁去，这就是区别。《终身误》是薛宝钗的判曲，"山中高士晶莹雪"，这就是对宝钗性格的一个赞美，赞美她晶莹剔透的品格，是宗教关怀成功的案例。

曹雪芹设计了非常有趣的一个场景，《红楼梦》第四十回刘姥姥在大观园吃早饭，餐桌上，王熙凤和鸳鸯两个人设计给刘姥姥拿了一副很长的银筷子，把鸽子蛋放在刘姥姥的跟前，让她用那副长的银筷子去夹鸽子蛋，刘姥姥夹不起来，滑稽的样子逗得一个个都笑了，林黛玉笑岔了气，宝玉也是滚到贾母怀里笑，还有其他的人都笑到弯不起腰。而元妃省亲的时候，整个红楼从头到尾都是哭，包括林黛玉每天都是哭，那么只有这一次史无前例的开怀大笑，这个笑对林黛玉来说才是最有力的补剂，最新鲜的气血，别说她天天笑这么一次，就算她一个月笑这么一次，她的气血也就补上来了，气血也就通了。

四、从膳食章法品味天人和谐之美

在贾府这样的钟鸣鼎食之家，吃的喝的太多了，但是根据小说里的描写，他们并没有胡吃海喝，而是遵循一定的章法，就是讲究天人合一的理念。他们是南方人生活在北方，讲究因时、因地、因人而异。食物跟人一样，也是有性格的，这个性格体现在性味属性，寒、热、温、凉四性，辛、甘、酸、苦、咸五味，从植物来说，一般说偏淡的、偏苦的、偏酸性的属于凉性的，偏香、偏辣、偏甜的属于温性。从动物来说，跑得慢的就偏平性的，动物跑得快的就属于热性的。另外，任何种类的酒都是热性的。从茶来说，根据发酵程度来分，不发酵的绿茶、微发酵的白茶偏凉性，发酵程度重的红茶、黑茶是热性的。说到茶，其最初作为药来用的，现在直接用茶制药的有复方大红袍止血片，还有川芎茶调散就直接用茶叶入药。《神农本草》提道："神农尝百草，日遇七十二毒，得茶而解之……"《神农本草》的问世大概在公元前1世纪左右的。神农是我们的祖先，他是通过反复地试毒发现茶可以解毒，认为茶的味道是苦的，饮之使人益思、少卧、轻身、明目。所以茶是非常好的东西，茶也是药，同时我们可以通过品茶起到修身养性的作用。

红楼梦里面对茶的描写是最细致、最极致也是最美的。在太虚幻境里面警幻仙姑给宝玉喝的茶是用红楼女儿的血烹成的香醇浓厚的茶，称为"千红一窟"。茶的美是通过茶具来衬托的，在大观园一日游完去栊翠庵喝茶的时候，妙玉给贾母敬茶，贾母就说了一句，我不喝六安茶，六安茶是绿茶，妙玉说我知道，这是老君眉，老君眉是乌龙茶。贾母又说这是什么时候的水，妙玉就说这是隔年蠲的雨水，也就是比较好的水，给她的茶杯是成窑五彩小盖钟，那都是价值连城的古董。给黛玉的茶具是点犀乔，给宝钗的是瓟瓟斝，给宝玉的是绿玉斗，大家知道绿玉斗是妙玉自己喝的杯子，一个出了家的女人给一个男人用自己喝的杯子，这是不成体统的。宝玉很聪明，说我不要这样一件俗器，我要宝姐姐、林妹妹那样的茶杯，所以妙玉也无趣，又给他找了一个杯子，就是九曲十环一百二十节蟠虬整雕竹根，这样的一个杯子也是古董，给他喝了一碗，其他的人也用了古董，就是一色官窑脱胎填白盖碗。

红楼梦也通过茶品来写人品，这个妙玉的人品很差，为什么呢？在大观园一日游，一行人到栊翠庵，其中年纪最长的是刘姥姥，但妙玉没有给刘姥姥敬茶，刘姥姥的茶是贾母喝了一口随手给刘姥姥的。但是妙玉刚要去取杯，见是刘姥姥喝过的茶杯，便不要了。宝玉打了个圆场，将那准备丢弃的成窑五彩小盖钟给了刘姥姥。妙玉说幸好是我没有吃过的茶杯，要是我吃过的，我就是砸碎了也不给她。这么一个出家的人，待人接物的品性却很差，可见她的心没有真正出家，相比之下宝玉就非常善良。红楼梦里也写了不适合喝茶的情况，特别是林黛玉，她的体质很差，贾雨村把林黛玉带到贾府去的时候，林父反复叮嘱她饭后一个时辰内不要喝茶，因为茶里面含很多的鞣质，它会抑制人体对食物里面的微量元素的吸收，包括铁、钙的吸收，会引起营养问题。

再说酒，酒是粮食的精华，同时也是药，它也可以温阳、祛寒、行气、健脾，它可还以用来养身、抒情、救命。张仲景的瓜蒌薤白白酒汤就是用来救命的，救什么命呢？就是相当于现在的冠心病、心梗，那个时候没有现代医学介入，也没有消心痛，只能用这个来治疗。在太虚幻境里面给宝玉喝的酒，就是用红楼女儿的泪酿成的芳醇甘冽之酒，被称"万艳同悲"。红楼里面的酒也比较多，有惠泉酒，惠泉酒是贾琏从南方带回来的，所以黛玉是喝了惠泉酒的，因为是从家乡带来的酒，是由糯米酿作的酒。喝得最多的是黄酒，是由江米酿造的，刘姥姥喝的酒就是黄酒。还有合欢花浸的烧酒，这是黛玉喝的药酒。然后是屠苏酒，也是药酒，同时红楼里面已经有了西洋葡萄酒。

红楼梦里的美食也有很多，他们的膳食顺应四季，春天吃一些芽儿、花儿、玫瑰露，夏天吃莲叶、莲子、西施臂（莲藕），还有夏天要运脾香薷饮。宝玉跟黛玉吵得最厉害的那次就把吃的香薷饮全部吐出来了。秋润肺，吃燕窝粥、螃蟹宴。冬补肾，大补的一道菜是牛乳蒸羊羔，它是补元气的，宝玉嚷着要吃，贾母说这是没见天日的东西，是没有出生的羊的胎儿，我们上了年纪的人吃的，你们年轻人不能吃，为宝玉他们准备了鹿肉，所以在食物的选择上，年老和年少是有区别的。

五、从查脉论病领悟医学伦理之美

红楼梦里面也讲了很多的病症。秦可卿的气虚血於症，月经不调；王熙凤小产，也是属于肝郁脾虚；贾元春也是肝郁脾虚痰湿症；贾瑞大家都知道，热入心包，高热；秦钟是心肾不交症；晴雯感冒、发烧、加上蒙冤愤怒，导致热陷心包症。贾母年老体衰，又劳心劳神，是心脉瘀阻症。导致这些病症的原因多与情志致病有关。探春曾说，别人都还羡慕我们这样的大户人家，但是没想到在我们这个大户人家里面，也有很多不顺心的事。家家有本难念的经，越是大户人家，人多嘴杂，关系更复杂，长期的忧思郁怒，导致肝气瘀滞，衍生出各种病症来，这就是内经讲的"百病生于气"。元春在那"见不得人的地方"，心情肯定不好，加上宫里吃得喝得又好，所以她的死与情志和饮食不节有关。王熙凤好强，她的月经不调与过度操劳有关。秦钟、贾瑞的暴病而亡与纵欲过度有关。林黛玉的病与先天不足，情志不舒，后天调养不当有关。另外，还有毒物中毒：贾敬长期炼丹烧药，导致汞中毒；夏金桂是砒霜中毒，她本来是想害死香菱的，结果把自己弄死了。

唐代医学家孙思邈写了一篇誉满天下的论医德的文章《大医精诚》，他说："凡大医治病，必当安神定志，无欲无求，先发大慈恻隐之心，誓愿普救含灵之苦。"大医看病，先要排除一切私心杂念，心怀慈悲，无欲无求。张太医，给秦可卿看病的，他把秦可卿脉左边的寸关尺、右边的寸关尺都细细地诊了，诊了以后又进行了详细的分析，分析了以后再跟秦可卿家里照顾她的婆子来说是不是这些表现，两边一致，然后再分析她得的什么病症，病因病机由来，用什么方法来治，用什么方，用什么药，然后吃了药以后会是什么样的反应，预后如何，都交代得清清楚楚，这就是大医生的样子。那平庸小医呢？宝玉请来胡医生给晴雯看病，一般来说丫鬟、下人是不给请医生的，宝玉就瞒着贾母，请了个姓胡的医生来看病。这个姓胡的医生他有没有安神定志呢？你看他的注意力在哪里？"那大夫见这只手上有两根指甲，足有三寸长，尚有金凤花染得通红的痕迹"，因为晴雯心比天高，命比纸薄，她还爱美，涂的指甲油，大夫只注意到这些。

最后说到安慰剂，安慰剂不是近些年才有的，在《红楼梦》里面就有了。有些病人晚上睡不着觉，医生给他一片维生素，告诉他这是安定，病人吃后睡了一晚上好觉，这就是安慰效应。以前认为安慰剂是假药，其实不然，现在认为这个安慰剂它是非常神奇的，我们现在临床上用的所有的药，在应用到病人身上的时候，都是以安慰剂来做对照研究出来的。

红楼梦里王一贴的"疗妒汤"可以说是一剂治疗嫉妒病的安慰剂。王一贴在故事里出场不多，但也是个生龙活虎的人。那年贾母带着他们到郊外的齐天庙去还愿，休息的时候请来了王道士给宝玉说笑话。这个道士平时弄一些秘方来给人治病来挣钱糊口，常在宁荣二府走动，那个庙的外面挂着招牌上写着"丸散膏丹、色色俱备"，说他的膏药很灵验，一贴病就好了。人们就给他起个诨号，唤他叫"王一贴"。当下王一贴进来，宝玉歪在炕上面，看到王一贴进来便笑道，来得好，我听见说你极会说笑话的，说一个给我们听听。王一贴笑道："正是，哥儿别睡，仔细肚子里面筋作怪。"说着满屋的人都笑了。宝玉也笑着起身整衣，王一贴命徒弟们快沏好茶来。焙茗道："我们爷不吃你的茶，坐在这屋里还嫌膏药气息呢。"王一贴笑道："不当家花拉的，膏药从不拿进屋里来的，知道二爷今日必来，三五日头里就拿香熏了。"宝玉道："可是呢，天天只听见说你的膏药好，到底治什么病？"王一贴道："若问我的膏药，说来话长。其中底细，一言难尽。共药一百二十味，君臣相济，温凉兼用。内则调元补气，养荣卫，开胃口，宁神定魄，去寒去暑，化食化痰；外则和血脉，舒筋络，去死生新，去风散毒。其效如神，贴过便知。"宝玉道："我不信，一张膏药就治这些病？我且问你，倒有一种病，也贴得好吗？"王一贴道："百病千灾，无不立效，二爷只管揪胡子，打我这老脸，拆我这庙，何如？只说出病源来。"

王道士知道贾宝玉成天在女孩堆里面玩，难不成纵欲过度，要补肾之类的药。哪知道宝玉道："我问你，可有贴女人妒病的方子没有？"王一贴听了，拍手笑道："这可罢了。不但说没有方子，就是听也没有听见过！"宝玉笑道："这样还算得什么。"王一贴又忙说道："这贴妒的膏药倒没经过。有一种汤药，或者可医，只是慢些儿，不能立刻见效的。"宝玉道："什么汤？怎么吃法？"王一贴道："这叫做'疗妒汤'。"我们来看"疗妒汤"："用极好的秋梨一个，二钱冰糖，一钱陈皮，水三碗，梨熟为度。每日清晨吃这一个梨，吃来吃去就好了。"宝玉道："这也不值什么，只怕未必见效。"王一贴道："一剂不效，吃十剂；今日不效，明日再吃；今年不效，明年再吃。横竖这三味药都是润肺开胃不伤人的。甜丝丝的，又止咳嗽，又好吃。吃过一百岁，人横竖是要死的。死了还妒什么，那时就见效了。"说着，宝玉、焙茗都大笑不止，骂："油嘴的牛头！"王一贴道："不过是闲着解午盹罢了，有什么关系？说笑了你们就值钱。告诉你们说，连膏药也是假的！我有真药，我还吃了做神仙呢，有真的跑到这里来混！"这就是一碗水的幸福。

医和药是用来拯救生灵疾苦的，无论是真药还是安慰剂，《红楼梦》都给予了最高的赞美。晴雯生病那次，王太医来把胡庸医开的方子调整以后，老婆子来取了药，宝玉就命人把煎药的银吊子找出来在火盆上煎。晴雯说："正经给他们茶房里煎去罢咧！弄的这屋里药气，如何使得。"宝玉道："药气比一切花香果子还香呢！神仙采药烧药，再者高人逸士采药制药，最妙的一件东西，这屋里我正想各色都齐了，就只少药香，如今恰好全了。"所以宝玉非常善良，他用这种方式来安慰晴雯，同时也给予了医药最高的赞美。

　　曹雪芹将书写《红楼梦》的艰辛浓缩成四句话："满纸荒唐言，一把辛酸泪。都云作者痴，谁解其中味。"这个味是什么呢？这个味就是《好了歌》的味。《好了歌》可以说是红楼之魂。"世人都晓神仙好，唯有功名忘不了！古今将相在何方？荒冢一堆草没了。世人都晓神仙好，只有金银忘不了！终朝只恨聚无多，及到多时眼闭了。世人都晓神仙好，只有娇妻忘不了！君生日日说恩情，君死又随人去了。世人都晓神仙好，只有儿孙忘不了！痴心父母古来多，孝顺儿孙谁见了？"眼下鸡汤文很多，看多了觉得腻，但曹雪芹为我们熬的这首《好了歌》，是千古不变的一碗鸡汤。

　　今天就跟大家分享这些，我从医学的角度跟大家一起分享了《红楼梦》里面医学人文的智慧，但是取之不尽的医学人文智慧，仍然深藏于《红楼梦》这本书当中，希望和各位共同爱好者去做进一步的探讨，感谢！

六、重点提问与解答

　　提问：林黛玉调养为何一直不见好？

　　王小琴：心疾难医。为什么不好呢？我们前面也说了，林黛玉她从小就吃补药，人参养荣丸，因为小孩子不适合大补。她主要是心病，她的情志致病，她的心境一直非常凄凉，她的肝郁嘛。包括王太医、宝钗给她分析的就是肝木太旺，要治好这个病的话就要多笑，要把她的心结打开，她的病就会好。包括她后面弹琴，抄心经，如果能够坚持的时间长一点的话，宝玉如果不跟宝钗结婚，我估计她应该很有希望好起来。

　　提问：现在中医中药的疗效，会不会因为中草药的大量人工种植受到影响？

　　王小琴：因为我不是学中药专业的，但是现在国家有很多大规模的中药产业，因为中药是个产业，从种植到加工，到保健，到治病，就是到保健医疗这个行业，它是非常大的健康产业。人工种植的话我觉得不会有影响，因为大面积的种植它可以更好地控制质量，包括它的一些有效成分的含量，它种植的规范，中药采摘的规范，更容易管控，所以大规模的种植和管理应该是我们以后中药种植产业发展的趋势。

提问：肾系方面有什么规律，有没有保养身体的方法和建议？

王小琴：我在这里说到肾，我们有两个概念，我们中医的肾和西医的肾脏它的概念不完全一样，我们中医所说的肾是个功能单位，它包括我们的肾藏精，各种精微物质先天之精，后天之精就藏在我们肾里面的。肾藏精主骨，我们骨骼的生长需要我们肾藏的精气去滋养。肾主水，也就是说调解水液代谢，包括我们尿的生成，调解水液代谢这个功能跟西医的肾脏是完全一致的。当然现代医学也发现，我们肾脏生成的活性维生素D3就是管骨骼生长的。肾藏精、主骨、生水，还有开窍于耳，就是肾精充足，我们的耳朵就很灵敏。

所以中医肾是功能单位，如果我们说肾精亏虚的话，就是讲的肾精不足，不能够滋养我们身体，就会导致头发软、肌肉萎缩，包括腰酸、腿软、疲乏，还有脱发、耳朵听力的下降、耳鸣，然后就是男性的性功能障碍、女性的月经少甚至闭经、小孩子发育迟缓，这些都可以归到肾虚证的范畴。但是肾虚它是个证，它不是病。如果出现这种情况，我们还要去检查是哪方面的病，比如说你有水肿或者腰痛，我们去医院做化验检查肾功能、尿常规看看有没有肾脏病。判断肾脏病有没有病，需要去医院做系统检查。而肾虚证，我们通过望闻问切就可以知道有没有肾虚证，所以证和病是两个概念。当然有些病里面可以兼虚证，有了这些虚证我们可以去补。如果是肾阳虚的话，比如说怕冷、腰膝酸软、大便溏稀这种我们去补肾阳，用温阳的药。肾阴就是口干、烦躁、失眠、大便干，六味地黄丸、知柏地黄是可以用的。如果肾脏有病的话，就要把病因搞清楚，到底是哪一种肾病，所以西医根据病来治，中医根据证来调理。

至于肾脏的保养，第一个境界，其实我们今天讲的就是精神境界，神疗。就是"恬淡虚无，真气从之"，心情要宁静，要有好的心态。第二个就是体疗、运动。运动也是第二好的药，通过运动锻炼来增强体质。第三就是食疗，通过好的饮食习惯来调养我们的身体。最后才是药疗。通过前面心态的调整、运动锻炼、饮食的调整达不到效果，这个时候我们才用药。

　　作为医生，我们希望你最好不要到医院来吃药；能够通过吃药的办法解决，那就要到医院找医生给你用药，不要到外面一些找一些偏方，或者自己去挖药吃。现在有些病人小便不舒服，自己就去野外挖车前草、鱼腥草煮水喝，这样就有隐患。首先挖的这个药对不对？第二，有可能被环境污染了，如果误吃了，那肯定对身体是有害的。

题字墙

大勇元节义所生
大精神诗书所泽
家田校训
陈睌律

追求卓越，
——奥林匹克精神

2022年2月12日

大庐魂魄
壮高歌向
未来
陈佐衍
二〇二二年夏

了解过去，
理解未来

张召平·2023.7.6.

敦煌在中国
敦煌学在世界

刘世宝
2022.8.13

感时思报国
拔剑起蒿莱

钟芸宝
2022.9.17.

金榜作品.
长江诗传
品牌呈彰
口碑永传
潘振宇
2022.9.24

侠足伟大
同情.

江保红
2022.9.2x

爱自己
爱他人

魏天真
2022.9.10

热爱生活
热爱文学

魏天无
2022.9.10.

读中国经典

树文化自信

柯卷
2021.7.9.

高山仰止

致敬中国传统

徐勇

祝《长江讲坛》

越办越好.

二〇二二、元旦

祝

长江讲坛

越办越好.

赵连
2022.07.23

感于乐

诗从来
湖北省
图书馆
多关注
湖北本土
音乐 海彻

《大寿赞不息—武汉三镇
五个景点的历史瞬间》
程水容
2020.1.18

读书是一
种有品位
的生活
王蒙
2022.2.4

弘扬中国共产党
伟大建党精神
李良川
2022年4月2日

生活的理想
是为了理想的
生活
二次元
2022.6.18

共建
宜居地球
美丽中国.
陆昊
2022.6.25

科技强国
"芯"我中华

2022.9.3

夜有图

越来越好

李荣达

2022. 8. 20.

读万卷书

普书籍培

强国我征

健

伟承优秀文化

服务大众阅读

2022.8.07.

后 记

聆听思想的声音，沐浴智慧的阳光。至今，"长江讲坛"走过了它的第十个春秋。过去的一年里，在湖北省委、省政府的大力支持下，在社会各界人士的关心爱护下，省图书馆继续发挥公益性讲座平台优势，将"长江讲坛"栏目打造成了一张湖北的名片，在把讲坛办成全国知名讲座、打造成一流文化品牌的道路上，又迈开了坚实的一步。

关注社会发展、提供文化服务一直是"长江讲坛"的宗旨和目标。2022年，"长江讲坛"继续坚定不移地开展公益讲座，邀请大批专家学者来汉讲学授课，为湖北经济社会发展贡献才智，进一步扩大了讲坛在全国的品牌影响。期间，"长江讲坛"坚持创新理念、升级场地设施、完善线上直播、扩展讲座内容、扩大宣传渠道，为各层次、各领域、各地区的听众朋友送来了一场又一场精神盛宴，极大强化了讲坛的社会文化服务功能。"长江讲坛"肩负着听众的期待，肩负着讲师的信任，承载着提供知识、分享知识、传播知识的义务和责任。每一次当专家学者的侃侃而谈和广大听众的心灵颤动交织在一起时，都是"长江讲坛"充满荣誉和欣喜的时刻。带着这份欣慰和感动，"长江讲坛"继续将思想化成文字，让智慧之声传播更为悠远、绵长，以飨读者。本书的出版，同时也为创建"书香社会"、倡导全民阅读做出贡献。

在省委、省政府领导的关怀及省直有关部门的支持下，在各位专家学者的无私奉献下，在省图书馆同仁的共同努力下，在出版社各位编辑的辛勤劳动下，本书得以付梓印行。

限于才识和水平，书中难免存在纰漏之处，敬请海内外专家、学者和各位读者朋友批评指正。

编 者

2023年6月